特殊儿童早期教育

王培玲　编 著

天津出版传媒集团
天津科技翻译出版有限公司

图书在版编目（CIP）数据

特殊儿童早期教育 / 王培玲编著 . — 天津 : 天津科技翻译出版有限公司 , 2018.8（2024.4重印）
ISBN 978-7-5433-3877-7

Ⅰ . ①特… Ⅱ . ①王… Ⅲ . ①儿童教育 – 特殊教育 – 早期教育 – 研究 Ⅳ . ① G760

中国版本图书馆 CIP 数据核字（2018）第 189018 号

出　　版：天津科技翻译出版有限公司
出 版 人：刘子媛
地　　址：天津市南开区白堤路 244 号
邮政编码：300192
电　　话：022-87894896
传　　真：022-87895650
网　　址：www.tsttpc.com
印　　刷：三河市华东印刷有限公司
发　　行：全国新华书店
版本记录：787 × 1092　16 开本　15.5 印张　361 千字
2018 年 8 月第 1 版　2024 年 4 月第 2 次印刷
定价：98.00 元

前　言

儿童是祖国的花朵，也是我们的未来，每个孩子的成长都需要家庭、学校和社会的关怀和支持，而特殊儿童更需要我们给予更多的关爱和帮助。特殊儿童由于身心障碍差异的多样性和复杂性，不容易接受基础教育。随着我国社会经济的进步与特殊教育和医疗康复事业的发展。特殊儿童的教育与康复越来越受到社会的关注和重视。这不仅仅是因为特殊儿童教育有着不同于其他儿童教育的“特殊之处”，更重要的是教育与康复对特殊儿童而言，是保障他们平等参与社会生活，促进其健康成长和公平享有社会发展成果的重要途径。为了总结特殊儿童早期教育的成熟经验，了解新方法、新技能、新理论，编者在参考国内外最新文献资料的基础上，结合多年的工作经验编写了《特殊儿童早期教育》一书。

本书共分九章，详细介绍了语言与言语障碍儿童教育、智力障碍儿童教育、视觉障碍儿童教育等内容。本书努力做到循序渐进、概念清楚、重点突出、层次分明、结构严谨、语言流畅。力求为广大工作者提供一部资料新、内容全、专业性强、临床实用价值较高的参考书。

由于编者水平和时间有限，书中难免存在不足，敬请广大读者批评、指正。

目 录

第一章 绪论

第一节 概述

一、基本概念

(一) 特殊儿童定义

特殊儿童可以有广义和狭义两种理解。广义的理解，是指与正常儿童在各方面有显著差异的各类儿童，包括各种能力超常的儿童、行为问题的 (包括轻微违法犯罪的) 儿童、智力发展低常的弱智儿童、视觉或听觉有不同程度障碍的儿童 (包括盲童、低视力儿童、聋童、重听儿童)、肢体障碍儿童、言语障碍儿童、学习障碍儿童、情感障碍儿童、多重障碍儿童等。近年，有的国家统称为“有特殊重要的儿童”，当然，这个概念包括的范围比上面列出的还要大。另一种是狭义的理解，专指生理或心理发展上有缺陷的残疾儿童，仅包括智力、视觉、听觉、肢体、言语、情绪等方面发展障碍、身体病弱、多种残疾儿童等，故又可称“缺陷儿童”或“残疾儿童”。

(二) 特殊儿童早期训练与指导

美国心理学家布鲁姆曾形象地说过：“假如一个人 17 岁时的智力为 100 的话，那么，在 4 岁以前已经完成了 50%，4 ～ 8 岁又完成了 30%，9 ～ 17 岁完成 20%”。因此，对于特殊儿童的早期训练与指导要提倡“三早”，即早发现、早诊断 (评估)、早康复 (训练)。例如唐氏综合征儿童的训练与指导要从 0 岁就开始，有语言、运动障碍儿童要从 2 ～ 3 岁开始，对环境缺乏反应、抽象概念很差的儿童从 4 ～ 5 岁开始，但不能超过 6 岁。

特殊儿童早期训练与指导指的是以医教结合为基本指导思想，多学科康复训练理论、技术与文化教育的相互渗透与整合，实现特殊儿童整体康复的特殊教育理论和实践。其目的是通过教育与康复训练和指导的整合，最大限度地减轻障碍的负面影响，达到“优势发展、缺陷补偿”的目的。训练形式为机构 - 社区康复 - 家庭。

(三) 特殊儿童分类

1. 目的

特殊儿童具有人的各种属性，也具有人类个体间的差异性。可以根据各种特征把其归入某一群体。例如可以按性别、地区、民族、社会地位等分类，也可以按心理或生理发展状况分类；可以按接受教育年限和程度分类，还可以按医学诊断的结果分类。

对特殊儿童的分类工作要服从于分类的目的。分类主要是为了更好地了解每一类特殊儿童的特殊性，更好地根据各类特殊儿童的特点培养、教育他们，使他们健康成长，与普通儿童一起成为社会上平等的劳动者和主人。简言之，是为了更有效地进行教育工作。

2. 原则

各个国家在不同时期由各个部门或国家对特殊儿童的分类不尽相同。一些同家由法律加以规定，一些国家则由学术界加以统一。

美国百科全书第九卷“教育”条目(1980年版)中的特殊儿童教育对特殊儿童的定义是在智力、感官、情绪、身体、举动或表达能力上与正常儿童情况有较大差距的儿童。根据这个定义，把特殊儿童分为：天才、智力落后、身体和感官缺陷(包括视觉障碍，分为盲和低视力；听觉障碍，分为聋和重听)、畸形和健康缺陷、言语障碍、行为异常(包括行为混乱，非机体原因障碍)、学习障碍。1975年美国通过的联邦法令PL94～142《所有残疾儿童教育法》中把狭义的特殊儿童，即障碍儿童分为11类：①智力落后；②重听；③聋；④言语缺陷；⑤视觉障碍；⑥情感严重紊乱；⑦畸形损害；⑧其他健康损害；⑨聋；⑩多种障碍；⑪特殊学习障碍。

20世纪80年代以来，随着美国特殊教育的发展，在特殊儿童的分类上又出现了一些新的观点。一种是“取消分类”的观点，即不要把残疾儿童分类。这类观点的支持者认为，应该让很多残疾儿童和普通儿童在一个学校，一个班级内学习，使残疾儿童“回归主流”，分类会给儿童贴上“有害的标签”；另一种是“交叉分类”的观点，主要认为不宜以残疾种类分类，而以残疾的程度分类。例如，不再区分学习障碍和行为障碍，而分为轻度学习和行为障碍，中度学习和行为障碍，重度/极重度学习和多种障碍，把每种程度的障碍儿童放在一起进行教育。

在我国，1951年政务院《关于改革学制的决定》中仅提到“袭哑、盲目”两种特种学校，1982年《中平人民共和国宪法》第45条中提到“盲、聋、哑和其他有残疾的公民。”1986年，《中华人民共和国义务教育法》中谈到“盲、聋哑和弱智的儿童、少年”。1987年，全国残疾人抽样调查时，规定的5类残疾是：视力残疾、听力语言残疾、智力残疾、肢体残疾、精神残疾。实际在调查和统计中又增加了综合残疾(多重残疾)，即有上述残疾中的两种或两种以上者。1989年，国务院转发的《关于发展特殊教育的意见》中提到了以下类别：盲、聋、弱智、肢体残疾、学习障碍、语言障碍、情绪障碍等类残疾少年儿童。1990年底颁布的《中华人民共和国残疾人保障法》中规定残疾人包括视力残疾、听力残疾、言语残疾、肢体残疾、智力残疾、精神残疾、多重残疾及其他残疾的人。以上可以看出，我国对于残疾人的认识和规定是逐步完善的，但区分的均是狭义的特殊教育对象，即残疾儿童，对于残疾儿童的分类已逐渐与发达国家相类似。

我国的科学研究中也包含有广义的特殊教育概念，1990年出版的《教育大辞典(第2卷)》特殊教育部分中就包括了天才儿童和有轻微违法、犯罪儿童的教育。

二、早期训练与指导的重要性

障碍儿童，不论其障碍类型是单一还是多重的，也不论障碍程度如何，他们也同样拥有这样的发展时期，他们的奠基时期并不因为障碍的存在而消失，同样是他们发展的关键时期。所以，开展针对障碍的各种基本能力的训练不仅是可能的，而且是必要的，事关生命的始终。

对特殊儿童进行早期训练与指导具有以下几个方面的意义。

(1) 能降低残障的出现率，有效地杜绝一些残障的发生。即早期训练与指导能够把一些本来会发展成为残障儿童的儿童变为正常儿童。

(2) 能减轻残障的程度，有效地阻止残障的进一步发展。即早期训练与指导能够把一些本来会发展成为程度较重的残障儿童变为程度较轻的残障儿童。

(3) 能及早补偿残障的功能缺陷，如早期的定向与行走训练能有效地克服视力残疾儿童的盲目，早期言语听力训练能有效克服“十聋九哑”的现象。

(4) 为残障儿童融入社会主流做能力上的准备。各种能力的训练将是残障儿童步入社会过“正常化”生活的重要条件。

对于障碍儿童而言，儿童早期即是他们发展的关键时期，也是他们障碍获得有效矫治的最佳时期，为此，特殊儿童家长、特殊教育工作者和儿童康复治疗师等应该非常珍视障碍儿童这段易逝时光，充分利用这一时间段，尽可能使这种智慧、技能得到大限度地发展。严重障碍儿童的主症和伴随症状决定了对他们进行各种能力的康复训练和教育是十分必要的，是他们早期家庭生活和学校教育的重要内容，甚至是主要内容，而且会持续相当长的一段时间。

三、早期训练与指导的内容与原则

(一) 内容

1. 儿童生长发育

儿童青少年时期又是人生相对短暂的时期。人生发展奠基阶段只有短暂的 6 ～ 8 年，占全部生命历程的 1/10 左右，所谓人生发展的黄金时期。其中，0 ～ 3 岁，是人生各种能力发展铋快的时期，构建了自身赖以生存和发展的绝大部分基础能力：该阶段自全部生命历程的 1/25 左右，各种能力的发展表现出相对严格的程序性和阶段性，一旦错失，难以甚至不能弥补，是一段非常珍贵且非常易逝的时期，可谓人生的“稀缺资源”。障碍儿童的这一资源并不因为障碍的存在而顺延，相反因为障碍的阻滞显得更加稀缺。

2. 特殊儿童早期筛查

对特殊儿童的鉴定是指经过适当的检查、测验或其他方式把特殊儿童与普通儿童区分出来，确定特殊儿童的特异性。有一些地方称为对特殊儿童的鉴别、诊断、评估、判定等。

确定一个儿童是不是特殊儿童，是哪一类特殊儿童，有什么特点等，是一件既严肃又复杂细致的工作。有一些特殊儿童有明显的外表特征，可以用自测来判定，例如唐氏综合征 (先天愚型) 儿童面部有典型的特征，先天性无眼球致盲的视觉障碍儿童等都可以一眼看出，但要进一步了解其病因、身心发展特点和发展水平却不是一眼可以看出的。对于弱智、重听、低视力、情绪障碍等儿童的确定需要进行科学的检查和测验。不经过准确鉴别和判定一个儿童的特异性就很难客观说明属于什么范畴，对其早期训练也难以有针对性地开展。

3. 早期诊断方法

(1) 正式测验：又称标准化测验或常模参照测验。

测验有常模参照和效标参照两种，大量的心理或教育测验是常模参照的测验。常模参照是经对年龄段、地区、年级、城市或农村等地区一群取样的儿童建立常模。用常模参照测验的结果可以把个别学生在测验上的表现和其他学生、班级、年级、学校、学区等因素进行比较。

正式测验可以把一个儿童在一个测验上的表现和常模取样儿童的表现进行对比。如果在施测时的各个环节掌握得比较好，这种比较可以看出儿童的水平。标准化测验是成套订制的，所以相对来说，使用时免去了许多自己找材料及设计等一系列烦琐的工作。如果把测验当作整个评估过程中的一部分，标准化测验的用处就可以得到恰当的发挥。

有些正式测验设计也存在一定不足之处，我国有些测验在汉化的过程中，没有充分考虑文化差异和常模代表性，使得测验的可信度不足。因此施测人员必须经过良好的训练，对测验的使用和操作技术有深入的理解和经验，才不至于在使用上造成偏差。使用正式测验时，应该牢牢地遵循以下 4 条原则：①问自己为什么要使用这个测验？②从这个测验中想要得到什么资料？③如何使用测验所得的结果？④列举这个测验的优点与缺点？

在施用正式测验时，应注意：①避免过度解释和使用测验的结果。每个测验都只能获得特定范围内的资料，超过那个范围便会失真。比如依据测验的分数对儿童分班、分组或用来决定儿童进入特殊学校或随班就读是对分数的不恰当使用。事实上分数只说明曾经测验过的儿童所得分数与所测儿童分数的一个比较的位置。②缺少指导教学的资料。许多标准测验只能提供某个学科或某一领域一般的、综合的情况。而无法指出儿童在学习这个学科或培养这个领域的能力的优点与缺点，所以对教学来说标准化测验并没有提供可依据的材料，这是标准化测验的主要缺点之一。③低信度。测验的可行与可信主要的依据是信度，不幸的是，许多测验本身在设计技术上的缺陷使得信度较低，取得的结果不能直接说明问题。④儿童和施测人员造成的差异。我们每人每天的表现差异是存在的，尤其是学习困难的儿童，他们每天表现差异是特征之一。比如他们有集中注意力的障碍，容易有多动行为，被其他不能做的事物所吸引，而恰好这些缺陷行为可以影响他们受试的测验结果。所以测试无法证实儿童的真正水平。

(2) 教师自制测验：是一种非正式测验，由教师来进行施测的一种测验形式。通常非正式测验的进行是为了弥补标准化测验的不足。比如，收集标准化测验所不能收集的资料，或补充标准化测验所取得的资料。

不同的目的，可以采用不同的非正式测验，教师可以自制一些测验题来理解学生某方面能力，如 10 以内加法、对汉字声母的掌握情况等。测验制订时，可根据需要宏观一些或微观一些都可以。

教师自制测验的优点：①教师自制测验可以直接和教学挂钩；②由教师实施测验，可以使测验更直接地为教学服务；③设计简单。

教师自制测验在设计和施测时，应该尽可能地客观、科学和仔细。为了使测验结果对教学有益，在解释结果时，也应该实事求是。在测验过程中，如果发觉学生某方面的行为需要进一步的理解时，也可以采用其他方法，如观察或标准化测验等来进一步了解情况。为了使教师自制测验行之有效，必须仔细地计划、施测、解释结果，否则结果便失去效用。

(3) 效标参照测验：是根据预定的标准来考核儿童。

每个儿童的标准可以有差别，比如用 50 个生字，对某个学生要求做对 90%，对另一个学生要求做对 80%，如果一个学生，达不到预期标准，教师需要考虑是否有以下两种情况：①选择的标准不恰当；②需要其他有关的技能才能学会这项内容。

特殊教育中，部分内容是用个别辅导的方式来进行的，对于特殊困难的学生，要求和集体去比较没有实用价值。效标化参照可以确定学生在某部分学习的情况，所以对教学设计很有帮助。它能回答针对某个教学目标，学生是成功了，还是失败了。

这种测试的优点：①可以对不同个人的需要灵活使用；②用于经常性长时间的评价，可掌握学生的进步情况；③可以和各种课程结合，也适用于各类不同特殊需要的儿童；④可以单独对学生的优、缺点进行判定，而不用和集体的表现进行比较。

这种测试的不足之处：主要的问题在于标准的确定不恰当。如标准定得太高，学生便在极为困难的情况下也达不到预期的效果；标准定得太低，学生的潜能又不能得到发挥。

(4) 观察：观察技巧已越来越被认为是诊断过程中一项很必要的内容。观察可以用来确定经由正式或教师自制测验所取得的结果是否属实，也可以用来补充正式测验所缺乏的评价内容或材料。

观察也有许多种形式，针对儿童的某种行为或能力进行观察并记录是基本原则。观察看起来容易，但要培训和丰富的经验才能做到准确和有意义的观察。观察时以用纸、笔记录，也可用因仪器如录像、计算机等技术。

教师在课堂上可以随时随地观察学生，如朗读课文时，可以看出学生认字、发音和对内容理解能力，又如提问、写黑板解题时都是观察的好机会。体育课是观察学生大动作、稍细动作、个性、社交能力的好机会。教师有意识地记录这些行为对深入理解学生大有益处。

下面介绍 3 种主要的观察技术：时间取样、事件取样、行为评定表与评分表。

1) 时间取样：在一定的时间段里观察某种特定行为。比如一个行为每天发生超过 25 次，或在某种情况下有奇怪行为，用来观察特别困难的行为。可以提供教师有关某种行为发生的资料，每次发生行为持续的时间。

2) 事件取样：在事件取样中对特定行为的发生进行详细描述。事件取样是为了对整个行为的前因后果进行连续的详细描述，以便对行为进行分析。

3) 行为评定表与评分表：可以帮助观察者专心地观察特定行为，使观察更集中和严谨。行为评定表与评分表的使用，对系统观察和总结观察很有帮助。两者在设计上有相似处，通常有主要观察的行为和在哪里观察这些行为。

(5) 个案历史：对儿童的个案历史研究，可以提供许多有助于了解学习困难的资料。家庭消极因素很可能是学习困难的原因。但如果理解如何应用家长的积极因素也可以很好地帮助学习困难的克服。

个案的历史可以用许多方法来建立，比如对家长或亲人的访谈、填写个案历史表、和儿童交谈等都可以得到许多有用的资料，包括：①个人资料；②家庭历史；③医疗史；④出生史；⑤婴儿期发育；⑥社会心理历史；⑦教育史；⑧言语问题；⑨其他问题；⑩建议。

把个案历史写成书面报告，可以对儿童的特殊需要取得基本的和全面的资料。用家访、校访的方式来通过访问家长、亲人、邻居、同学、教师、校长。访谈是一种有用的收集资料以便诊断的方法，但访谈如果目的不明确，事先筹划不足，很容易流于形式。访谈比评定或评分表的优势在于往往可以获得意想不到的资料。但访谈前最好先写一个访谈提纲，熟练的访谈需要技巧和时间，访谈人应保留主观的看法，避免过早地做出结论。

(二) 原则

为了严肃、慎重地做好鉴定特殊儿童的工作，应努力做到下列要求。

1. 鉴定的客观性

家长和检查人员都不应事先带有主观的框框，或认为这个儿童有问题，或认为这个儿童没有问题。一切结论要产生在全面检查、分析之后，而不要在检查之前。主观的带有感情色彩的框框会使搜集材料乃至检查、分析、判断失去客观性。

2. 鉴定材料的准确性

为了鉴定所搜集和利用的有关被检查儿童的全部材料应该是准确的。不管是儿童发展中的材料，家族史、个人成长史的材料，还是身体的医学检查、心理检查和学写作业的材料都应能反映出儿童的真实情况，而不要用“大概”“可能”“差不多”词句组成的材料。一下子弄不清楚的可以延长检查和分析时间，千万不能臆想或编造事实。

3. 鉴定方法的科学性

使用经过实践检验的对这类儿童有效的科学方法来检查，否则得到的结果不会准确。检查的方法和工具最好是经过标准化了的，应该由专门训练过的人来实施，而不应该随便由一个人来使用任意的方法来检查。方法、工具本身以及对方法、工具的运用都应是科学的。

4. 鉴定材料的全面性

对一个儿童的检查和鉴定要考虑到儿童的各个方面情况及发展变化，要对所有材料进行综合的全面分析，决不能只检查某一个方面或某一种心理活动，更不能只用一种材料和检查就分析得出结论。

5. 鉴定的慎重性

一个儿童的特殊性和与其他儿童有典型意义的差异有时不是在一次短时间的观察、测查或接触中就能表现出来的。当儿童进入一个新环境或者与一个生疏的人接触时，常常不能充分地、自然地表现自己的情况，而是拘谨、抑制或者过度兴奋，这种情况下的表现是不能代表该儿童实际特点的。所以，检查可以非一次地进行，可以有较长时间的观察、接触，直至该儿童能较自然地活动，表现出其真实的典型特征为止。这种慎重是必要的。

6. 鉴定要个别进行

每个特殊儿童有自己的特殊性，在集体或小组中的活动可以起到筛选做出，也可以观察到该儿童与其他儿童的关系和交往，但真正作为判断所需的材料还是要个别检查、个别搜集。

四、早期训练的发展与提高

(一) 特殊教行的发展历程

古代社会，残疾儿童是不受保护的，残疾的婴幼儿常常遭受忽视或抛弃，甚至受到不人道的待遇。在古代人看来，身体或精神上有缺陷的人是魔鬼附身的产物，因此要将他们杀死以使他们免受折磨。古希腊和古罗马最早开始尝试对残疾儿童进行分析和治疗，并制订了些政策限制对残疾婴儿的危害。到中世纪，教会给予残疾人较多的保护和怜悯。14 世纪开始的文艺复兴运动引起人们对人道主义的关注，同时发起人们对残疾儿童教育的兴趣，进而产生了真正意义上的特殊教育实施。

1770 年，法国人莱佩在巴黎创立了世界上第一所特殊教育学校——公立残障儿学校 (主要对象是聋哑儿童及部分贫苦儿童)。1767 年，英国的数学教师布莱德沃在爱丁堡创立了英国第一所聋校。布莱德沃的聋教育法融合了口语和手语教学的元素。

1778 年，德国教师海尼克在莱比锡建立了德国第一所公立聋校，他发展了纯口语教学方法，强调唇读与发音技能的教学。这种教学方法得到德国的另一个聋教育先驱海尔的进一步发展，成为全世界口语教学方法的基石。

1784 年，法国慈善家维在巴黎建立了第一所盲校。该校既接收盲生也接收明眼学生，以免盲童与同伴隔绝。在随后的 15 年中，欧洲先后建立了 7 所相同模式的盲校。1829 年，美国医生豪威建立了美国第一所盲校。随后，美国寄宿制盲校得到了快速的发展。帕金斯盲校建立之初，只招收全盲学生，后来逐渐开始对有残余视力的学生开放。寄宿制盲校的模式一直延续到 20 世纪初。1913 年，波士顿开办了第一个为有残余视力的学生提供教育的特殊班。1892 年，美国教育家弗兰克•郝发明了盲文打字机，1893 年创设了盲文印刷系统，从而极大地方便了盲文的印刷。

智力障碍儿童的教育起源于 1799 年，当时，人们在法国阿维龙山区发现一名 11 岁的野孩维克多，他是一名智力障碍儿童。法国精神病医生伊塔德采用个别化的方法对维克多进行了系统的训练。经过一段时间的训练，维克多最终能够说出少量词汇、直立行走、用碗碟吃饭、与人沟通等。伊塔德训练的方法为之后一个多世纪的智力障碍儿童教育奠定了基础。伊塔德是第一位采用个别教育的方法对特殊儿童进行教育的，在课程设计上以儿童的需求为中心，由此，他被誉为“特殊教育之父”。另一位对智力障碍教育做出巨大贡献的，是法国精神病医生塞甘。他是伊塔德的学生，受伊塔德的鼓励，塞甘致力于对智力障碍的病因以及教育训练方法的研究。1839 年，他创立了第一所智力障碍教育学校。1846 年，他出版了《智力障碍以及其他障碍儿童的精神治疗、卫生保健和教育》一书。这是有关智力障碍儿童教育训练最早的论著。

中国具有真正意义上的特殊教育历史只有一百多年。1870 年，英国传教士威廉穆瑞来到中国，在个别教授 2 个盲童获得初步成功以后，1874 年穆瑞创办了“瞽叟通文馆”(现北京市盲人学校)。“瞽叟通文馆”为中国近现代特殊教育提供了基本范式，对学制、课程、教材等都提供了样板。同时，“瞽叟通文馆”也成为近代中同早期特殊教育的重要人才培训基地。穆瑞在中国最早引入了布莱尔盲文系统，并加以中文认读的改造。盲文的中文构建是一件难度极大的工作，穆瑞经过不断的试验，初创了中国历史上第一套中文盲字系统——“康熙盲字”，这是中国最早使用的盲文。

1887 年，美国传教士查尔斯米尔斯夫妇在山东登州(今蓬莱市)创建了中同第一所聋哑学校“登州启喑学馆”(现烟台市聋哑中心学校)。1916 年，实业家张謇在江苏南通创办了南通盲哑学校(现南通市聋哑学校和南通市盲童学校)，这是中国人自办的最早的特殊学校之一。中国第一所公立盲聋教育机构是南京市盲哑学校(现南京市聋人学校和南京市盲童学校)，该校创办于 1927 年，设盲、哑两科。截至 1948 年，全国共有盲聋哑学校 42 所，在校学生 2 380 人。

20 世纪 80 年代以来，我国内地特殊教育得到了快速发展。据中国残疾人联合会统计，到 2005 年底，全国视觉、听觉、智力三类障碍儿童少年义务教育入学率已达到 80%，特教学校发展到 1 662 所，在校生达到 56 万人。其中，盲生 6.3 万人、聋生 18 万人、弱智生 31.9 万人。高中阶段特殊教育发展迅速，其中特殊教育普通高中学校(班)达到 66 所，残疾人中国收教育学校达到 158 所。残疾人高等教育取得新进展，5 年内达到普通高等院校录取分数线的人数累计为 1.8 万人，录取人数为 1.6 万人，高等特殊教育院校录取人数 4 067 人。259.2 万残疾儿童少年范围逐步扩大，“彩票公益助学”等项目已资助近 5 万人次，资助对象拓展到贫困残疾的高中生、大学生及贫困残疾人子女。

(二)特殊教育的法规与政策

尽管我国的特殊教育历史已逾百年，但特殊教育法规的建设却相对滞后。1994 年颁布的《残疾人教育条例》是我国第一部有关残疾人教育的专项行政法规。自 1982 年《中华人民共和国宪法》颁布以来，陆续出台的各类教育法律、行政法规对特殊教育的相关问题进行了规定，成为我国特殊教育发展的重要依据。

第二节 特殊儿童的分类

特殊儿童的分类是一个非常复杂的问题，尤其是关于障碍儿童的分类，它不仅仅涉及教育，还涉及特殊儿童教育历史、社会心理、情绪伦理、法律法规和公共政策的方方面面。

一、特殊儿童分类的原则

特殊儿童的分类首先牵涉分类的伦理问题，有赞成分类的，有反对分类的。持不同观点的人都有着各自的理由。如赞成分类者认为，分类有助于明晰特殊儿童的障碍性质和类别，这样就可以有针对性地对特殊儿童进行恰当的安置，并提供相应的特殊教育与服务，也有助于对特殊儿童进行因材施教。反对分类者认为，一些现行的分类及方法容易导致严重的标签化问题，比如把视觉障碍儿童说成“瞎子”，不仅带有消极的贬损歧视意味，还强化了特殊儿童与普通儿童的区别，给残疾儿童烙上无形的标记，往往造成个体消极的自我概念，同时也让教育者降低了教育期望。这不仅不公平，也无助于提高教育质量。因此，特殊儿童的分类犹如一把双刃剑，积极性与消极性相伴而生。

尽管关于分类的争议不断，但是越来越多的人还是认为对特殊儿童进行分类是有必要的，关键是如何找到一种比较好的分类方法，尽可能地减少分类带来的消极影响。因此，对于特殊儿童的分类，一般认为必须秉持两个基本原则：无歧视原则和去标签化原则。

(一) 无歧视原则

无歧视原则是指必须以尊重的态度和科学的方法来进行分类。这是消除分类造成消极标签化影响的首要原则。其实，标签的危害不在于分类本身，关键在于分类时所持的态度和方法是否正确合理。因为开展具体的教育教学活动或特殊儿童的教育研究，都需要进行分类。这样才能明晰和把握特殊儿童的身心特点，实施有针对性的教育。但是，在对特殊需要儿童进行教育时，应确立一种无歧视的教育理念，以科学有效的方法进行分类。只有这样才能充分维护障碍儿童的尊严，肯定他们的价值地位，也只有这样才能对他们抱有更高的积极发展期望。

(二) 去标签化原则

去标签化原则是尽量采取尊重性标签分类，以求最大限度地降低标签化消极影响。去标签化并不意味着完全地消除标签、不分类，而是说要在无歧视原则的基础上，尽量避免贬低性的标签术语的使用，提倡尊重性的标签术语，运用一些如“障碍”“特殊需要”等肯定性的术语来描述儿童的特点。因为“标签是不可避免的，一种标签被废除，又会被另一种标签所代替，即使废除标签，也不会从根本上消除社会上对残疾人的歧视和偏见”。去标签化分类的策略是采取选择性的标签称谓来替代传统具有贬损意味的标签术语，如把弱智儿童改为智力障碍儿童或智力挑战儿童，把特殊儿童称为有特殊教育需要的儿童等。

二、特殊儿童分类的依据

根据不同的分类目的、范围，特殊儿童有不同的分类依据和方法；同样，不同的国家和地区、不同的教育发展时期，对于特殊儿童范围的理解、界定和类别划分也各有不同。一般对于超常儿童的分类相对比较简单，也没有多少复杂的争论。相比之下，障碍儿童的划分就要复杂得多。

目前，对障碍儿童分类有多种方法，有以相关法规为依据的，有以障碍的系统特征进行划分的，也有按障碍程度区分的，还有以障碍发生率进行分类的。尽管这些划分角度不同，在范围上有所重叠交叉，但基本涵盖了各国或不同地区的障碍分类。

(一) 以相关法规为依据的划分

障碍类型根据相关法规的规定划分是各国特殊儿童分类的主要依据。这种划分主要以医学诊断为基础，辅以心理学为依据，即以临床症状，解剖、病理或生理特征为基础来划分，这种划分可以比较明确地区分不同的残疾或障碍类型及其性质，成为特殊儿童分类的基本原则和根据。下面分别介绍一下我国大陆、台湾地区和美国有关的划分情况。

1. 中国大陆的分类

我国 2011 年《残疾人残疾分类和分级》国家标准规定，按不同残疾类型分为视力残疾、听力残疾、言语残疾、肢体残疾、智力残疾、精神残疾和多重残疾七类。各类残疾定义如下。

(1) 视力残疾：视力残疾是指各种原因导致双眼视力低下并且不能矫正或双眼视野缩小，以致影响其日常生活和社会参与。视力残疾包括盲及低视力。

(2) 听力残疾：听力残疾是指各种原因导致双耳不同程度的永久性听力障碍，听不到或听不清周围环境声及言语声，以致影响其日常生活和社会参与。

(3) 言语残疾：言语残疾是指各种原因导致的不同程度的言语障碍，经治疗一年以上不愈或病程超过两年，而不能或难以进行正常的言语交流活动，以致影响其日常生活和社会参与。包括失语、运动性构音障碍、器质性构音障碍、发声障碍、儿童言语发育迟滞、听力障碍所致的言语障碍和口吃等。

(4) 智力残疾：智力残疾是指智力显著低于一般人水平，并伴有适应行为的障碍。此类残疾是由于神经系统结构、功能障碍，使个体活动和参与受到限制，需要环境提供全面、广泛、有限和间歇的支持。智力残疾包括在智力发育期间 (18 岁之前)，由于各种有害因素导致的精神发育不全或智力迟滞；或者智力发育成熟以后，由于各种有害因素导致智力损害或智力明显衰退。

(5) 肢体残疾：肢体残疾是指人体运动系统的结构、功能损伤造成的四肢残缺或四肢、躯干麻痹 (瘫痪)、畸形等导致人体运动功能不同程度丧失以及活动受限或参与的局限。

肢体残疾主要包括：①上肢或下肢因伤、病或发育异常所致的缺失、畸形或功能障碍；②脊柱因伤、病或发育异常所致的畸形或功能障碍；③中枢、周围神经因伤、病或发育异常造成躯干或四肢的功能障碍。

(6) 精神残疾：精神残疾是指各类精神障碍持续一年以上未痊愈，由于存在认知、情感和行为障碍，以致影响其日常生活和社会参与。

(7) 多重残疾：多重残疾是指同时存在视力残疾、听力残疾、言语残疾、肢体残疾、智力残疾、精神残疾中的两种或两种以上。

2. 中国台湾地区的分类

我国台湾地区在有关特殊教育的规定中认定：特殊儿童包括身心障碍和天赋优异 (即超常或天才) 等两类人群，其中身心障碍包括智能障碍、视觉障碍、听觉障碍、语言障碍、肢体障碍、身体病弱、严重情绪障碍、学习障碍、多重障碍、自闭症、发展迟缓以及其他显著障碍等 12 类。

3. 美国的分类

美国 2004 年《残疾人教育促进法案》(简称 IDEA) 把特殊需要儿童分为 13 类，并对每一类都做了定义。目前，国际上大多数国家沿用“IDEA”的界定。

(1) 学习障碍：学习障碍指在涉及理解或使用语言、说话或写作的基本心理过程中，存在一种或多种障碍，表现为听、说、读、写、思考及数学计算方面存在缺陷。

(2) 言语或语言障碍：言语或语言障碍属于一种交流障碍，如口吃、口齿不清、发音器官损伤等。

(3) 智力障碍：智力障碍指智力显著低于正常水平的儿童，其伴随症状为适应性行为的不足，从而导致学业不良。

(4) 情绪障碍：情绪障碍指在较长时间内表现出某种程度的情绪症状，从而影响学业成绩。

(5) 多重障碍：多重障碍指同时伴有多种功能损伤，导致其教育需求不能单独由各个单项障碍的特殊教育计划来满足。多重障碍不包括“聋 - 盲”障碍。

(6) 听觉障碍：听觉障碍指在听觉功能上存在永久性或暂时性缺陷从而影响儿童的学业成绩。

(7) 肢体运动障碍：肢体运动障碍指由于某种身体损伤导致儿童的学业成绩不良，包括疾病引起的先天畸形 (如小儿麻痹症)，以及由于其他原因 (脑瘫) 引起的后天缺陷。

(8) 其他健康障碍

其他健康障碍指力量、灵活性或警戒性不足，以及对环境刺激的过分紧张，从而导致儿童对学习环境的适应能力不足。其产生原因是一些慢性或急性疾病，如哮喘、糖尿病、癫痫、血友病、白血病、肾炎、风湿热等。

(9) 视觉障碍：视觉障碍指视觉功能缺陷，包括低视力及全盲。

(10) 自闭症：自闭症是一种发展障碍。它在 3 岁前便能明显影响儿童言语交流能力及社会交流能力，从而影响儿童的教育表现。

(11) 聋 - 盲：聋 - 盲指伴有听觉及视觉障碍，仅凭听障儿童或视障儿童的特殊教育计划无法满足他们的交流、发展及教育需求。

(12) 外伤性脑损伤：外伤性脑损伤指由于外界物理因素造成的脑损伤。它将导致脑功能或心理功能全部或部分受损，从而影响儿童的学业。

(13) 发展迟缓：发展迟缓指经过一定的诊断工具及程序确定，在以下一个或多个领域，如生理发展、认知发展、交流能力、社会情绪发展以及适应能力等方面存在问题。

(二) 以障碍的系统特征划分

障碍的系统特征划分是指根据障碍的某些相似性特征进行归类的一种划分方法，这种方法在特殊教育活动中运用得最为普遍，主要可分为感官性障碍儿童、发展性障碍儿童、身体健康障碍儿童、沟通障碍儿童、多重障碍儿童五类。

(1) 感官性障碍儿童：感官性障碍儿童是指因感觉器官问题造成感觉通道存有障碍的儿童，主要指视觉或听觉障碍儿童。

(2) 发展性障碍儿童：发展性障碍儿童是指因感觉发展迟滞、失调、损伤，或在认知、沟通、社交及运动能力等发展领域存在着障碍，导致在生活自理、社会参与等方面有着明显限制的儿童。发展性障碍儿童在其发展的某些阶段或过程中存在着一些共同的特征，主要包括智力障碍、自闭障碍、脑瘫、脑外伤、癫痫及情绪行为障碍。但需要说明的是，美国《残疾人教育法案》中是把发展迟缓作为一种与智力障碍分开单列的类型，主要是指儿童在9岁以前，在生理发展、认知发展、语言及沟通发展、心理社会发展或生活自理等方面，显著落后于同年龄儿童，但其原因未知或难以进行障碍的分类，同时也为了避免标签化，而统一用发展迟滞来指称。

(3) 身体健康障碍儿童：身体健康障碍儿童包括肢体障碍和身体病弱两类。身体病弱儿童又称健康障碍儿童，是指因身体长期患有疾病或体质羸弱而存在学习困难的儿童。

(4) 沟通障碍儿童：沟通障碍儿童是指因言语或语言问题造成沟通交际障碍并影响学习的儿童，主要分为言语障碍和语言障碍两类。

(5) 多重障碍儿童：多重障碍儿童是指兼有两种或两种以上障碍，且障碍之间没有因果或其他连带关系的儿童。

(三) 以障碍程度划分

根据障碍对儿童影响的程度，或障碍引起特殊需要的支持程度进行划分，可分为轻度与重度障碍儿童。在教育上，障碍程度相同的儿童可以采取某些类似的教育方式或措施，因为同一程度的障碍儿童的许多特征都相同或相近。

(1) 轻度障碍儿童：轻度障碍儿童主要是指障碍的综合影响带来的教育问题程度较轻，在学习和生活中的特殊需要支持简单、有限的儿童，主要包括轻度智力障碍、轻度学习障碍和轻度情绪障碍这三类儿童。轻度障碍儿童有很多的相似特征，很多的干预措施也是通用的，并且在普通学校的课堂里随班就读时，他们不需要特殊教育老师全天候提供帮助就能够有效地进行学习。

(2) 重度障碍儿童：重度障碍儿童指那些因为严重的肢体、智力或情绪问题，需要较高的专业化教育、社会、心理和医疗服务以使他们的潜能得到最大发展，才能在社会中有质量地生活，有意义地参与社会事务，进而实现自我的儿童。重度障碍儿童包括有严重情绪困扰(包括精神分裂症)、自闭症、重度智力落后，以及有两种或两种以上障碍的多重障碍者，如又盲又聋者、智力落后且盲者、脑瘫且聋者。重度障碍儿童一般都有严重的言语语言障碍或认知缺陷，以及明显的不正常行为，如不能对社会刺激做出反应，又如有自残行为、自我刺激、紧张、长时间发脾气等。他们一般都缺乏基本的言语交际能力，有些儿童身体状况也很虚弱。总之，重度障碍儿童在适应技能方面所需要的支持非常广泛，并且一般来说，会同时存在两种或更多的障碍。

需要指出的是，这里所谈及的障碍程度划分，主要指类别划分。实际上，某一类别障碍儿童的内部也可以按其障碍程度进行更细的程度层次划分。根据我国《残疾人残疾分类和分级》的国家标准，对其中每类残疾按其程度分为四级：残疾一级、残疾二级、残疾三级和残疾四级。残疾一级为极重度，残疾二级为重度，残疾三级为中度，残疾四级为轻度。

0～6岁儿童发育商小于72的直接按发育商分级，发育商为72～75的按适应行为分级。7岁及7岁以上按智商、适应行为分级；两者的分值不在同一级时，按适应行为分级。WHO-DASD分值反映的是18岁及18岁以上各级智力障碍者的活动参与情况。适应行为4个级别表现：极重度——不能与人交流、不能自理、不能参与任何活动、身体移动能力很差；需要环境提供全面的支持，全部生活由他人照料。重度——与人交往能力差、生活方面很难达到自理，运动能力发展较差；需要环境提供广泛的支持，大部分生活由他人照料。中度——能以简单的方式与人交流、生活能部分自理、能做简单的家务劳动、能参与一些简单的社会活动；需要环境提供有限的支持，部分生活由他人照料。轻度——能生活自理、能承担一般的家务劳动或工作、对周围环境有较好的辨别能力、能与人交流和交往、能比较正常地参与社会活动；需要环境提供间歇的支持，一般情况下生活不需要由他人照料。

(四) 以障碍发生率进行划分

发生率又称出现率，是一个统计学词汇，它是指在某时间内一组人群中新发生的例数。依据障碍的发生率，可以把障碍儿童划分为低发生率障碍儿童和高发生率障碍儿童，而每个国家或地区的障碍发生率也有所不同。

低发生率障碍儿童的总数低于所有障碍儿童人数的20%，主要包括自闭症、中重度障碍或多重感官障碍、肢体及其他健康障碍儿童等。低发生率障碍儿童的最显著的特征是需要多样、复杂的特殊教育支持和精细化的教学辅助。

与此相反，高发生率障碍儿童总数高于所有障碍儿童人数的80%，主要包括言语或语言障碍、学习障碍、情绪障碍或轻度智力障碍儿童等。高发生率的障碍儿童有三个方面的共同特征。

首先，如果不是因为障碍，在一般的生活场景中(尤其是在非学习场景中)，他们很难与其他同伴区分出来。

其次，他们常常表现出与行为、社交和学业相连的综合性问题。

最后，这些儿童需要系统的、具体的、结构化的教育教学及干预措施。与低发生率障碍儿童相比，高发生率障碍儿童的教育主要是通过教学的调适来满足其特殊需要，而不是对课程的全面调整。

第三节　特殊儿童的鉴定

特殊儿童是指有着特殊教育需要的儿童。那么谁有特殊需要？又有哪些特殊需要？满足这些特殊需要应采取哪些相应的教育教学措施？这些是开展特殊儿童教育工作的前提，也是特殊儿童教育活动的重要组成部分。因此，特殊儿童教育活动的首要任务就是要对教育对象进行鉴定。

特殊儿童鉴定是指根据一定的原则，通过检查、测评或其他方式把有特殊教育需要的儿童鉴别、诊断出来的过程。特殊儿童的鉴定主要有两个基本目的：一是鉴别诊断一个儿童是否有特殊教育需要；二是如果有特殊教育需要，评估决定采取哪些相应的支持措施。

特殊儿童的鉴定首先是一项严肃的工作。它必须遵循一定的原则规范、程序步骤和方式方法，其中包括在鉴定过程中人员的组成和内容的分布等。其次，特殊儿童的鉴定也是一项谨慎的工作，它关系到一个儿童发展的命运。只有采取严肃的态度、科学的方法、恰当的工具，才可能得出正确的鉴定结果，也才能够使一个有特殊教育需要的儿童得到及时、有效的教育，从而对他(她)的发展起着积极的推动作用，反之则会带来消极的后果。如果把一个正常发展的孩子误诊为有障碍的儿童，不仅贴上了消极的标签，还会给其身心带来极大的伤害，甚至会对儿童的发展带来灾难性的后果。

一、特殊儿童鉴定的原则

特殊儿童鉴定作为一项严肃认真的工作，首先必须遵循下列几项原则。

(一)公正性

公正性要求特殊儿童的鉴定必须秉持客观、公正的态度进行。任何科学的鉴定都应该是无偏见、无歧视性的，就是说整个鉴定过程中，鉴定者不能渗透着个人的情感好恶，或者以某种先入为主的主观臆断色彩来影响鉴定工作。任何具有主观倾向性的成分介入到鉴定中，都会使收集的资料以及检查、分析、诊断等带有主观色彩而失去客观性。

(二)科学性

科学性要求特殊儿童的鉴定必须依托科学的方法和工具进行。鉴定本身就是一种科学的行动和过程，要保证鉴定结果的真实可靠，首先必须运用科学的方法和相应的评估工具。鉴定方法的选择上要使用经过实践检验的有效的方法来检查，评估工具也最好是经过标准化了的，或经过实践验证与鉴定对象实际情境最相关的工具。鉴定用语必须确定明晰，不能模糊，且不能有“大概”“可能”“差不多”等含糊不清的词语。

(三)全面性

全面性要求特殊儿童的鉴定必须达到一定的广度，不能以偏概全。特殊儿童的鉴定也是一项系统工程，在方法、工具、内容、队伍等方面，没有任何单一的东西可以作为鉴定的基础，必须做到全面、多样、具体。在鉴定方法上，应该将测验、调查、访谈、观察等综合起来运用；在评估工具的选择上，应该整合多样的不同的评估工具实施评估；在鉴定内容上，要涵盖儿童生理、认知、行为和发展诸因素的各方面情况；在成员的组成上，要有专业人员、教师、家长和儿童等的共同参与。

二、特殊儿童鉴定的过程

特殊儿童的鉴定有一个过程，不是一蹴而就即可下断语的行动。一般而言，特殊儿童的鉴定需要经过筛查、干预、评估三个步骤。不过，由于特殊需要的不同，其鉴定过程的步骤也不尽相同。那些有着感官障碍或中度以上障碍的儿童，如重度智力障碍、多重障碍等，在其生命的早期就可以识别他们的障碍，不需要过多的观察以及相应的干预反应就能直接实施特殊需要的评估程序；相反，不少学习障碍、轻度智力障碍或其他轻度障碍的儿童在小学阶段，其某些发展领域落后于其他儿童，往往遭遇到学习或社会行为等方面的问题，但是这些差异很小，与大多数普通儿童出现的学习困难相比难以辨识出明显的区别，因此需要通过筛查、干预后，在仍然不足以解决问题的情况下，才进入诊断评估环节，经进一步确诊后才能实施具体的特殊需要评估测量。

(一) 筛查

筛查是通过观察来测查儿童的学习、行为等表现，进行特殊教育需要初步普查的活动，也是鉴定的起始环节。筛查可以是有组织的自觉测查，也可以是随机的自发测查。在美国，所有在校儿童一般都将按惯例接受筛查测试，以便帮助学校鉴别哪些儿童可能需要更进一步的测试以确定其是否有特殊教育的需要。随机自发的测查往往是家长、教师和其他人员在儿童平时的生活和学习表现中，发现儿童在学习速度、学习结果和适应性行为等方面有明显低于同伴的现象，进而通过作业、测验、考试和体检等来观察测试儿童是否具有学习障碍、智力障碍或其他障碍的可能。筛查的目的是“帮助学校教师确定儿童是否存在由轻度或隐性的障碍所造成的困难，决定他们是否需要进一步的检查和诊断障碍引起的原因”。

(二) 干预

为了慎重起见，通过筛查怀疑具有轻度或隐性障碍造成学习困难的儿童并不能立即进入诊断鉴别的环节，因为许多疑似有潜在障碍的儿童很可能经过一些积极的干预性训练，可以克服困难进入常规的学习状态。只有那些干预无效的儿童才需进入下一步的评定步骤。干预就是针对处于障碍危险的儿童，采取相应的教育措施及时给予适当的帮助，使之克服学习困难的活动。如果在学龄前实施干预，一般称之为早期干预，即对学龄前有障碍或存在着障碍危险的儿童提供系统的教育、保健等康复措施，以减轻或降低障碍(或可能发生的障碍)所带来的消极影响。

当代特殊儿童教育干预措施发展了一种全新的模式，称之为干预反应(简称“RTI”)。干预反应是随着融合教育发展形成的一种新的分析儿童学习、行为问题的方法，“主要用于向学习困难或问题行为的儿童提供系统的高质量的教学指导和行为支持，又同时为儿童的鉴定和学习规划提供数据和信息的干预模式”。干预反应模式克服了传统评定模式的缺点，把儿童的鉴定与教学紧密地结合起来。其主要目的有三：一是为那些处于障碍边缘的儿童提供直接和必要的学习帮助；二是防止把儿童误定为障碍，导致严重后果；三是为潜在障碍儿童的鉴定和学习规划提供数据和信息。干预反应一般要经过以下几个步骤，即教师、家长和学校其他专业人员一起讨论，首先确定儿童存在的问题的性质，进行系统分析、制订计划，然后付诸行动，并对这个行动进行评价。

(三) 评估

评估是通过正式、全面的检查、测评或其他方式把特殊需要儿童鉴别出来，确定其特殊需要的活动。对特殊儿童的评估是整个鉴定过程中最重要、最严肃、最复杂、最具体的阶段，必须遵循无歧视的原则，进行正式、全面的鉴别诊断，以确保鉴定结果的科学和公正。说它是正式的，是因为它必须遵循一定的原则、程序和规范来进行；说它是全面的，是因为鉴定是由不同的人员、工具和程序等组成。如果不遵从科学、规范的鉴定要求，“你可能会将一个儿童错误分类，导致应该接受特殊教育的儿童没有机会，或者不应该接受特殊教育的儿童被划分到特殊儿童的范围内，也可能同样会把具有某种特殊性的儿童划入别的范围”，这些都是不可取的。下面我们着重讨论特殊儿童评估的内容。

特殊儿童评估的内容广泛而复杂，涉及被测对象的诸多领域，主要分为三个方面。

1. 背景情况

首先应该了解被评估儿童的基本情况、家族史、生长发育史和个人发展情况，包括胎内生长期、出生时和出生后的情况。

2. 身心状况

其次要从医学、心理、教育的角度分领域评估儿童各种身心状况，包括健康状况、视力、听力、社会和情感状况、智力认知、学业表现、沟通交际情况以及运动能力等。

3. 特殊需要支持

最后根据身心状况各领域的评估，继续测评与儿童教育需要相关的所有领域，以确定儿童的特殊教育需要支持措施。如对一名低视力儿童的近视力、远视力、放大需求、色彩反差、辅助器具等进行进一步的评估确认，确定儿童在学习中所需要的放大镜、大字课本、书写用纸等具体的特殊需要支持和服务措施。

第四节 特殊儿童的发展

儿童的发展既指其机体的生物性成熟过程，也指其认知、个性和社会性发展的过程。身心发展包括身体的发展和心理的发展两个方面，身体的发展是指机体的正常发育和体质的增强；心理的发展是指认知、情感、态度及行为的发展。身体发展和心理发展相互联系、相互影响。一般来说，儿童的发展实质是遗传、环境和教育以及自我内部矛盾运动的相互作用下身心各方面所发生的量、质、结构变化的过程与结果。特殊儿童的发展遵循着儿童身心发展的一般规律，但个体差异的显著性又决定了他们在发展起点、发展过程以及发展方式和需要上又有其特殊性。辨证地看待特殊儿童的发展，理解障碍对儿童发展的影响，是做好特殊儿童教育工作的前提。

一、特殊儿童发展的辩证观

特殊儿童发展是普遍性与特殊性的统一，这是特殊儿童发展最基本的辩证观。

(一) 特殊儿童发展的普遍性

特殊儿童首先是儿童，其次才是有着特殊教育需要的儿童。这就意味着，特殊儿童的身心发展首先遵循着个体身心发展的一般规律。不管是“超常儿童”还是“残疾儿童”，也不管残疾障碍的类别或程度的轻重，他们身心发展的基本规律与一般儿童相同。在生理上，绝大多数特殊儿童的身高、体重、内脏器官的功能、大小肌肉的运动能力等，都会随年龄的增长而增长。在心理上，特殊儿童的感知觉、记忆、语言、想象、记忆、思维的认识活动，以及情绪情感、意志等的进行和发展，也都遵循着从简单到复杂、从感性到理性、从不完善到逐渐完善的普遍规律。特殊儿童发展的普遍性告诉我们，对特殊儿童的教育与对普通儿童的教育，其基本规律、基本原则和基本要求也是相通的，是互相联系的。我们不能因强调特殊而忽视最基本的普遍规律。

(二) 特殊儿童发展的特殊性

但是，与一般儿童相比，身心之间的巨大差异又决定了特殊需要儿童发展的特殊性。这种特殊性主要表现在三个方面：一是身心条件存在着很大的落差，不仅影响着发展的起点，也影响着发展的过程和结果。二是在发展过程中，障碍给学习认识活动带来许多不便和困难，影响着发展的速度和深度。三是个体特殊需要的差异性，使得特殊需要儿童的发展各具特点，呈现出更为复杂多样的特殊性。特殊需要儿童发展的特殊性又决定了他们发展中的特殊需要。从特殊教育的角度看，只有满足这些特殊需要才能使其获得良好的发展，重要的是认识这些特殊性的表现、原因及差异的意义，努力创造条件，来满足儿童的特殊教育需要，促进他们的身心发展。

二、特殊儿童的非典型发展

特殊儿童的非典型发展是特殊儿童发展特殊性的集中概括。

(一) 儿童的典型发展

典型发展也可称之为正常发展，即个体的生长、变化和获得复杂技能的过程遵循大多数儿童的发展模式，可以有明确的发展预期。典型发展不是等同的发展，也就是说，典型发展的儿童在发展过程中也有差异，但这种差异没有超出正常发展区间的范围。

实际上，由于个别差异的影响，个体在群体中总有不同的差异。即使在同一个社会文化背景下或出生于同一个家庭的孪生儿童，也不可能完全以同样的速度和速率生长发育。有的儿童能在 8 个月大时走路，有的则到 18 个月大时才能走路。大多数幼儿学会走路的时间在 8 ～ 18 个月之间。这种一定区间内不同的偏离中线的变化都可以看成是典型的发展。

(二) 特殊儿童的非典型发展

非典型发展也称为异常发展，是指个体在发展的阶段、速率以及身心的某些方面并不按照大多数儿童所遵循的发展模式不断地生长和变化，而是超出了典型发展的应有区间范围，呈现出一种“异常”特征。特殊儿童的发展是一种非典型发展，这也就意味着特殊需要儿童不可能像典型发展的儿童那样在其发展阶段中有着明确的预期，或者说他们的发展水平会落在正常发展区间之外，要么落后，要么超出这种区间范围。非典型发展是特殊需要儿童发展的本质特征，非典型发展是相对于所谓的典型发展而言的。

绝大多数特殊儿童的主要表现是，在其发展的关键阶段 (或某些发展领域) 呈现非典型特征，或迟滞或超越。例如，有些重度以上的智力障碍儿童，10 岁还不能进行 20 以内的加减运算；而有的超常儿童，在 3 岁即能心算 1 亿减 1 等于几的算题，4 岁会进行加减乘除的混合运算，5 岁半懂得“正负数”“0”的概念以及负数的加减法，他们在数理逻辑方面的发展，远远超出普通儿童。

因此，特殊儿童的发展是在自身既有的身心水平基础上的发展，与大部分普通儿童相比，他们在发展的起点上存在着“起点差”。超常儿童的发展具有“超越性”，身心有障碍儿童的发展具有“迟滞性”。对于障碍儿童来说，他们的发展也是受损伤的机体和心智功能不断改善和康复的过程，且在身心障碍儿童的发展过程中，身体发展和心理发展之间不断相互影响、相互作用的关系表现得更为突出；一方面生理神经系统的发展，决定着心理发展的物质基础，直接影响、制约着他们心理的发展；另一方面，特殊需要儿童的心理发展水平也明显地影响其生理发育的状态和程度。

三、障碍对儿童发展的影响

障碍是造成特殊儿童非典型发展的最重要原因。认识特殊儿童发展中障碍产生的原因及其相关因素是我们了解特殊儿童发展多样性和复杂性的基础。出于本书的表述风格，这里的障碍主要指的是残疾概念。

(一) 障碍产生的原因

障碍形成的原因非常复杂，牵涉的范围也十分广泛，几乎所有的儿童在其出生前、出生过程中以及出生后都面临着障碍的风险。概括起来，障碍主要来自于两个方面：一类是生理原因，主要包括生物、遗传的影响；另一类是环境原因，主要包括物理环境和社会环境影响。遗传是造成身心障碍的重要因素，几乎所有类别的身心障碍儿童中都能找到遗传的影子，染色体异常、先天性代谢失调是导致遗传性障碍的祸首；环境是造成身心障碍的又一主要因素，许多疾病、外伤和事故导致的身心障碍都与环境的质量，特别是环境的恶化有关，而心理健康往往与家庭、学校、社会的氛围联系在一起，社会诸多的消极因素会导致儿童认知、情感和个性的失调，进而产生许多情绪困扰并反映在行为方面，形成身心障碍。

(二) 障碍相关的因素

障碍因素差异是指构成障碍的性质、程度、时间等因素之间不同的差异。因素不同所形成的障碍差异对儿童的发展影响也不同。

1. 障碍性质

障碍的特性而言，可分为进行性障碍和非进行性障碍。进行性障碍是指障碍的发展是不可逆的，最终导致器官功能的完全丧失；反之，如果障碍发展到一定的程度，基本保持在一定的水平或逐步减轻，则属非进行性障碍。如，同样是低视力，视网膜色素变性和继发性青光眼导致的障碍性质完全不同，前者属进行性障碍，后者则是非进行性障碍。

2. 障碍程度

障碍程度差异反映了障碍在量上对儿童发展的影响。障碍程度越高，发展遇到的困难就越大，反之则越小。目前在对儿童进行残疾鉴别上，主要是以医学的标准进行程度的分类分级，但在具体教育教学中，则区分得相对简单一点。在三类障碍儿童的教育划分上，视觉障碍儿童一般以低视和全盲进行分类，听觉障碍和智力障碍儿童一般以轻、中、重度进行划分。

3. 障碍时间

障碍时间是指个体发生障碍时间的早晚特征。根据障碍时间对儿童教育的影响，一般划分为先天障碍和后天障碍，或学龄前障碍和学龄后障碍。障碍发生时间的早晚对儿童的身心发展和教育都有重要的影响。先天盲儿童和后天盲儿童、先天聋儿童和后天聋儿童 (或者学语前聋和学语后聋) 对于外界事物感知、理解的范围、速度和程度远不一样。比如，同属于后天聋的儿童，学语前聋和学语后聋因听觉障碍时间的差异，其习得语言和理解知识的速度也远不一样。同样，由于语言形成的关键期是 3 ～ 6 岁，障碍发生的早晚也会直接影响听力语言训练的效果。

(三) 障碍的影响

障碍对儿童发展的影响是客观的、显而易见的，但障碍对儿童发展的影响又是辨证的。从作用的方向上看，障碍对儿童身心发展的影响是双向的，既有负向影响，又有正向影响，只不过其比重不同，作用的方式也不同。从作用的关系上看，障碍对儿童发展的影响又是有层次的，层次之间有因有果，相互作用。

1. 障碍的负向作用

一般来讲，障碍更多地表现出它的负向影响作用。障碍的负向作用是指制约、阻碍儿童发展的作用，主要表现在以下几个方面。

身体发展：主要表现为对身体发育和体格、体形的影响。有关研究者对听觉障碍、视觉障碍和智力障碍儿童身体发展的调查数据表明，特殊儿童身体发育和体质发展的总体水平与普通儿童有差距。这是因为感官或智力上的障碍往往限制了儿童活动的范围、频率、强度，或者健康、营养等方面知识的缺乏也可能间接影响他们体质的发展。另一方面，在体表行为特征上也经常伴随着特有的“障碍相”，如视觉障碍儿童的盲相、智障儿童中的先天愚型特征和唐氏综合征等。

感觉运动发展：主要表现为各种原因导致的感觉统合失调所带来的运动及其他一系列消极发展影响。感觉统合是大脑和身体相互协调的学习过程，主要指机体在环境内有效利用自己的感官，以不同的感觉通路(视觉、听觉、味觉、嗅觉、触觉、前庭觉和本体觉等)从环境中获得信息输入大脑，大脑再对信息进行加工处理，并做出适应性反应的能力，简称“感统”。感觉统合失调是指外部的感觉刺激信号无法在儿童的大脑神经系统进行有效的组合，而使机体不能和谐地运作，久而久之形成各种运动障碍并最终影响身心健康。不管什么障碍都会使儿童存在不同程度的感觉统合失调，造成许多运动、行为等问题，诸如动作不协调、前庭失去平衡、好动不安、注意力不集中、笨手笨脚、严重害羞等。而感觉统合能力不足又会导致其智力水平得不到充分发展，使得学习能力下降、语言表达不畅，并带来沟通交际能力差、情感情绪脆弱等一系列心理问题。

认知能力发展：主要表现为影响认知的广度、速度和深度。有关障碍对儿童认知方面的具体影响，我们将在下节内容中结合障碍儿童的学习特点做具体分析。

沟通、交往发展：主要表现为缺乏比较典型的、常用的或用有意义的方式与他人进行交流的能力或机会。视障儿童很难用书面语言(非盲文)进行交流、听障儿童很难用口语和他人交际，而一些发展性障碍儿童(尤其是自闭症儿童)则本身就存在沟通交际的问题。因为无法言语，许多多重、重度障碍儿童使用了常人很难理解的交流方式，这些交流方式包括控制性反应、呼吸形式、手臂动作、实物使用、符号和声音反应。当这些交流方式不能一贯地被识别和强化时，障碍儿童在建立和维持人际关系时就会极端困难。

除此之外，负向的作用还包括对与沟通交际相联系的如儿童言语与语言的发展、适应性行为和生活适应性技能的发展等的影响。

2. 障碍的正向作用

障碍对儿童身心发展的负向影响是客观的、显而易见的。同时我们也应该看到，障碍也有其正向作用的一面。障碍的正向作用是指有助于改善、促进儿童发展的作用。任何障碍对人的发展都存在着负向影响和正向影响，障碍的正向影响主要表现在障碍导致代偿功能所起的积极作用上。通过代偿，其他感官的感知功能得到强化，能够发挥超出常人的水平。如，视障儿童视觉受损，听觉的辨音功能就得到强化，而听觉障碍儿童听觉受损，则视觉的“看话”功能得到发挥。比如，有不少聋童能够通过口形、唇齿的运动变化，来判断别人说话的内容。在特殊教育教学中非常重视借助于代偿的作用，对障碍儿童进行各种教育补偿，这就是下一章中即将详细阐述的“缺陷补偿”。当然，分析障碍的正向影响，并不意味着论证“障碍”的积极意义，只是强调，面对障碍时，必须证看待障碍对儿童发展的影响，既要关注到负向影响，也要充分认识到它的正向影响，并积极利用这种正向影响，创造条件促进儿童的发展。

3. 障碍的层次性影响

障碍层次又称缺陷层次，是指由障碍因果关系所形成的区别性障碍形式。关于障碍层次的区别性差异及其教育意义是苏联著名的心理学家维果茨基提出的，我们把障碍层次间的相互作用关系以及对儿童发展的影响称为“障碍层次论”或“缺陷层次论”。维果茨基针对特殊需要儿童，特别是障碍儿童的教育问题，提出了障碍的生理观与文化观所有的传统的缺陷儿童教育学一切关于异常儿童和发展的学说都比儿童心理学更多地渗入了片面性的思想和儿童发展过程同一的思想，并把缺陷的第一性的——生理学的——特点和派生的——文化的缺陷并列起来。在维果茨基看来，缺陷对儿童的影响是有层次的，层次之间既有区别又相互联系。

障碍的第一层次是原发性的，可称第一性的障碍或原发性障碍，主要表现为生理方面的障碍，如视觉障碍、听觉障碍等；第二层次障碍是生成或派生性的，可称为第二性障碍或生成性障碍，既表现在生理方面也表现在心理方面，如由于听觉障碍导致的言语语言障碍，即所谓“十聋九哑”；第一性障碍与第二性障碍主要呈现因果关系，但相互影响，第一性障碍对第二性障碍起决定作用，第二性障碍又可以反作用于第一性障碍。

障碍层次论告诉我们，在诊断评估儿童的身心障碍时一定要分清障碍的性质、层次，通过现象抓住事物的本质，从解决主要矛盾入手，采取积极的教育教学措施，才能事半功倍。

第五节 特殊儿童早期教育

特殊教育面对的这个特殊群体，要从生理、思想、心理、学习等方面分析原因，并实施相应的关爱教育。教师要能够善于走进学生的生活、勇于做学生思想上的引导者、有意识地对学生进行心理操练、乐于和学生一起学习。

自从美国提出了“早期干预”的概念以来，针对特殊儿童的早期干预工作就在世界范围内引起了广泛的关注，它的目的就是通过提供各种服务给特殊需要儿童以提高他们未来康复或成功的可能性。本章主要介绍特殊儿童早期干预的概念、对象、意义及发展趋势。

一、特殊儿童早期干预的概述

[早期干预的概念]

早期干预的概念是在 20 世纪 60 年代末期由美国首先提出来的，原来主要是针对经济、文化等环境不利儿童采取补救性的措施进行补偿性的教育。随着社会的进步和科学技术的发展，人们对早期干预的认识和理解程度不断深入，早期干预概念有了新的发展，尤其在干预对象及内容方面发生了很大变化。现在早期干预主要是指为学龄前 (0 ～ 6、7 岁) 儿童中具有发展缺陷或有发展缺陷可能的儿童及其家庭提供各项专业服务，即早期鉴别、早期发现、早期诊断，并针对其特殊需要提供医疗、保健、康复、教育、社会服务及家长育儿指导等综合性服务。希望通过及早而持续的医疗、康复和教育等措施，协助相关问题的解决，使儿童在身体、认知、行为、情绪和社会适应等方面的发展得以改善和提高。

从上述概念可看出，早期干预这项工作性质上属于一种综合性服务。其服务对象为学前特殊儿童，包括身心障碍儿童、发育迟缓儿童及高危儿童等。服务的时间越早越好，多半为 0 ～ 3 岁的婴幼儿，有些服务也包括 3 ～ 6 岁的学前儿童。服务的内容为早期发现、早期诊断、医疗、保健、康复、教育及社会服务等。服务提供的方式以专业整合性方式进行，并根据每个儿童及家庭的特殊需要，提供个别指导与服务。

1. 对象的种类

(1) 身心障碍婴幼儿：指存在着先天性或后天各种有害因素造成的明显可见的身心缺陷，需要医疗与康复的残障儿童。这类儿童相较于发育迟缓儿童、高危儿童更容易被发现并进行干预。包括智力障碍婴幼儿、听力障碍婴幼儿、视力障碍婴幼儿、自闭症婴幼儿、运动障碍婴幼儿、脑性瘫痪婴幼儿、多动症婴幼儿、颜面损伤婴幼儿、多重障碍婴幼儿等。有明显生理缺陷的新生儿，在日后发展过程中会出现一系列问题。不少研究者认为，这些问题是可以通过对孩子后天所处环境的影响来加以改善的。相反，那些身体健康的新生儿，如果后天所处的环境不良，或者所接受的刺激不当，也会在学前阶段表现出明显的发展障碍。

(2) 发育迟缓婴幼儿：在认知发展、生理发展、语言及沟通发展、心理社会发展或生活自理技能等方面，产生异常情形或可预期发展异常情形的婴幼儿。

(3) 高危儿童：由于遗传、怀孕、分娩或环境中的不利因素，具有较大风险产生发育迟缓或缺陷的儿童。主要有：高危妊娠母亲的婴儿，包括高龄母亲；母亲在妊娠期间曾发生疾病史的新生儿，包括各种感染性疾病、妊高征、糖尿病、心脏病等；早产儿，胎龄＜ 37 周；低出生体重儿，出生体重在 2 500 g 以下的；出生重度窒息的；新生儿颅内出血的；新生儿惊厥；生物化学代谢异常 (如低血糖血症、高胆红素血症)；有疾病的新生儿等。这些儿童在胚胎期、新生儿期、婴儿期等成长发育的早期，受到一些不利因素的影响，这些不利因素增加了儿童以后发展迟缓的可能性。

(4) 上述三类婴幼儿的家庭：在早期干预工作中，都会把上述三类婴幼儿的父母及其家庭列为早期干预的服务对象。家庭是长久教养特殊儿童的基地，父母及其他家人是亲密照顾特殊儿童的人员，家庭生活是呈现父母与幼儿互动状态的最佳场所。父母在养育特殊儿童过程中会遇到不少问题和困难，在早期干预计划中，必然少不了对家长自身各种心理问题的疏导以及育儿的指导，帮助家长掌握护理、教育和训练特殊儿童的基本知识和技能技巧，让特殊儿童能受到及时的家庭干预，使其缺陷和障碍得到有效的补偿和矫治。

2. 年龄范围

学前期是儿童身心发展十分迅速的时期，也是可塑性很大的时期，所以大多数学者认为早期干预的对象以 0 ～ 6 岁、7 岁儿童为宜。目前我国大部分地区仅为 3 ～ 6 岁残疾儿童提供早期干预服务，0 ～ 3 岁特殊儿童早期干预工作还很薄弱。现代儿童生理学和儿童心理学研究表明，儿童 3 岁前大脑发育很快，3 岁时已达到成人脑重的 75%；从出生到 5 岁又是儿童智力发展的最快时期。因此，应加强对 3 岁以下特殊儿童的干预工作。

3. 智商范围

经过诊断，证明儿童在发育的某一方面或几个方面落后，而不论落后表现在哪一领域，包括运动、语言、认知、社会行为及生活自理等领域，该儿童就需要接受早期干预。具体是指：①在标准化的智力测验中智商得分低于平均分两个标准差以上的儿童；②智商在边缘范围，即1岁以内发展商在75以下，1岁以上在85以下的儿童；③总的发展商并不低，但某一个至两个领域的发展商在80以下的儿童。

二、特殊儿童早期干预的意义

(一) 早期干预可以促进特殊儿童健康发展

大量的研究和实践证明早期干预对特殊儿童自身发展有直接意义。早期干预能够治疗或补偿特殊儿童的缺陷，防止残疾程度加深，增进儿童的认知、语言及适应能力的发展，为其以后顺利入学、适应社会创造条件。

1. 能够治疗、补偿或矫正已经存在的缺陷

可利用新的科学技术、工具与手段使机体被损害的功能得到部分或全面康复。如对视力障碍儿童及早进行手术治疗 (如白内障康复手术) 或配备使用相应的助视器材，可防止其视力下降。而早期的方位辨别和定向行走训练，能够有效地克服视力障碍儿童的盲相；给听力障碍儿童配备合适的助听器材，并进行早期的语言听觉能力训练，能够合理地补偿其听觉和语言的缺陷。

2. 进行二度障碍的预防，即预防继发性缺陷

人作为一个整体，其生理的、心理的各个方面是相互影响的。如对听力障碍儿童及早配备合适的助听器，及时进行听觉技能和言语能力的训练，不仅可以克服“聋”的原发性缺陷，还可以预防“哑”的继发性缺陷的产生，进而可以预防潜在的社会交往及心理行为问题。同时，早期干预工作的宣传，可以消除特殊儿童家长的焦虑，抚慰家长的心理和情绪，帮助家长接纳特殊儿童，这样就预防了家长的不良情绪殃及孩子，也可防止家长延误其发展的关键期或是引发其他继发性障碍。

3. 避免发展落后，使特殊儿童发展滞后的可能性降低到最小的程度

婴幼儿发育的速度并不完全一致，存在个体的差异性。但如果某些发育领域已经超过个别差异而出现延后时，则应该进行早期干预。接受早期干预的特殊儿童可以在有组织、有计划、有目的、教育环境中缩小与普通儿童的差距，更加稳妥地朝着健康合理的常态发展。

4. 消除或减少高危儿童的风险因素，促使其发展

通过医学、护理、心理及教育等方面的早期干预措施，可以减少高危儿童不利的风险因素，降低其死亡率和造成残疾的可能性，促使其正常或较正常地发育。

(二) 早期干预使特殊儿童家庭拥有希望

家长及其家庭成员最关心子女的前途，都希望子女能够成才，但是当家里降临了一个残疾孩子时，不少家长会感到迷茫、不知所措。通过早期干预可以帮助家长端正态度，树立正确的观念，并向家长提供育儿指导，协助家庭成员采取有效的措施，促进特殊儿童科学合理的发展。

1. 促使家长端正态度，树立正确的儿童观

在我国，家庭中产生残疾儿童后，大多数家长由最初的震惊到拒绝、不理解，然后感到内疚，

直到最后盲目无奈地接受。其中不少家长能积极帮助儿童克服缺陷，发展潜能。但也有些家长，采取不正确的教养方式：有的过分溺爱，事事包办代替；有的只看到孩子的缺陷障碍，认为孩子一无是处；有的则对残疾儿童弃之不管，忽视对儿童的教养。这些不正确的育儿态度，将严重地影响残疾儿童的健康发展。特殊教育专业人员要提供给家长必要的早期干预知识，促使他们端正态度，形成正确观念，这样才会抓住儿童早期发展的关键期，补偿缺陷，发展潜能，为儿童以后的健康发展打下坚实基础。

2. 能够为家长及家庭成员提供科学的育儿指导

在儿童的早期教育过程中，家庭教育是核心，家长是孩子的第一任老师。大部分家长能够正视自己孩子的缺陷，但如何教育特殊儿童问题上却束手无策，往往会感到力不从心，缺乏必要的专业知识，盲目地效仿别人的训练方法，忽视特殊儿童的个体差异性，从而错过儿童发展的关键期。早期干预专业人员可以向家长传授有关早期干预的专业知识，提供专业的育儿指导，这样家长就能配合教育训练机构对儿童进行家庭教育，并能收到良好的效果。

3. 能够减少家庭的负担和压力

特殊儿童的存在对整个家庭而言，不仅带来了沉重的精神负担，而且其发展的过程需要强大的经济投入，又充满着物质压力。如智力障碍儿童缺乏必要的生活自理能力，需要家长及家庭成员给予悉心的照管，这样往往给家庭带来沉重的负担和压力。通过早期干预就可以由专业人士提供针对性的早期干预，有效地培养特殊儿童的生活自理能力，减轻家长乃至整个家庭的负担与压力。

4. 能够解放家庭的劳动力，创造新价值

因特殊儿童本身存在的特殊因素，需要专门的人员陪护左右，这就束缚了家庭的部分劳动力，一些家长也就放弃了工作。如绝大多数自闭症儿童的家长，放弃工作专门照管孩子。如果进行早期干预，培养特殊儿童基本的生活技能，或是将他们送往早期康复机构，无疑解放了家长的劳动力。这样，一方面，家长可以继续工作，增加家庭经济收入，改善生活水平；另一方面，家长可以参与到社会建设中去，为社会的发展创造财富。

(三) 早期干预具有重大的社会效益

对于社会而言，早期干预不仅能够减少特殊儿童对社会的依赖和被机构性收容 (如福利院、收容所) 的可能性，还能够减少特殊儿童入学后进入特殊学校接受特殊教育的可能性，增加了其以后适应社会的能力和独立生活、工作的机会，具有重大的社会经济效益。而且，早期干预可以提高公民的社会意识，推进社会的文明进程。

1. 能够降低对社会资源的依赖程度

特殊儿童的发展不仅依靠家庭的支持，还需要整个社会的关心与支持，如特殊儿童所就读的特殊教育学校，这些学校的设置和运作经费要远远大于普通学校的教育费用，这就依赖和要求社会对这部分学校给予较大的投资援助。由此可知，通过早期干预可以减少为残疾婴幼儿及达到入学年龄的儿童提供的特殊教育及其相关服务，来为我们的社会包括公立学校节省教育成本，降低了他们对社会的依赖程度。

2. 能够创造更多的经济效益

早期干预从长远利益来看具有很大的经济效益，这主要体现在：一方面家长及家庭成员因此可以节约许多时间，减少烦恼，可以安心工作，创造经济价值；另一方面，特殊儿童生活自理能力和社会适应能力的提高，增加了其以后独立生活和工作的可能性，这样不但减少了对社会经济援助的依赖，而且还可以通过自己的劳动创造一部分经济价值。

3. 能够推动社会文明进程

儿童早期干预的发展体现了特殊教育与全民教育发展的进步，更充分体现了社会对特殊儿童的关心和重视，使许多特殊儿童在早期就享有与普通儿童相当的发展权利，获得平等的发展机会，树立起正确的人生观和世界观，这些将有利于全社会精神文明建设，有利于构建和谐社会，有利于促进社会成员共同发展。

三、特殊儿童早期干预的发展趋势

随着特殊教育和残疾人事业的发展，目前，特殊儿童的早期干预呈现出一些明显的发展趋势。

(一) 突出“早”的倾向

近些年来，许多国家都十分重视特殊儿童的早期教育和早期干预，认为早期教育和干预越早、越及时，特殊儿童的缺陷补偿和潜能开发的可能性就越大，第二性缺陷的发生率就越低。当然，早期干预究竟从几岁开始更有效，还与家庭的社会经济地位、儿童障碍的程度、障碍的类型等有关。有研究指出，针对从出生到 2 岁这个群体来说，干预越早开始越好；对轻度障碍的婴幼儿而言，如果在出生之后 6 个月之内，就接受早期干预，那么受惠是最大的；针对自闭症的孩子，如果干预能够越早介入，成效也会越大。

(二) 融合教育

进入 20 世纪 70 年代，越来越多的国家和地区主张特殊儿童 (包括学前的特殊儿童) 回归主流，和普通儿童融合在教育和社区环境中。大量研究和实践证明，高水平的融合能促进特殊儿童认知能力、社会适应能力等各方面的发展并能阻止或减少问题行为的产生。融合教育已成为全球特殊教育的一种发展趋势。由于学前特殊儿童融入正常环境和回归主流有一定的困难，早期干预应以更复杂和更充满挑战的方式促进他们的融合。在促进学前特殊儿童与普通儿童的融合方面，具体建议如下。

1. 提供有感染力的物品

可以通过鲜艳的颜色、大小不一的尺寸、各种声音等增加物品的感染力；立体的、新奇的物品能激励学前儿童；如果物品能符合儿童的兴趣和发展水平也具有感染力；这些都会促使学前特殊儿童与普通幼儿一起参加活动，为融合的实现创造条件。

2. 鼓励特殊儿童自己选择活动和物品

给儿童选择活动和物品的自由，当活动和物品由儿童自己挑选时，才能在更大范围内促进融合。

3. 在活动中给特殊儿童安排一定的角色

当儿童只是消极地参与活动时 (如听故事、看别人表演等)，他们不可能真正融合到普通儿童之中。融合只能产生于所有儿童都参与的活动中，所以在活动中要给特殊儿童安排一定的角色，当然角色的设计必须符合每个儿童的能力和水平。

4. 教师要引导和启发特殊儿童与普通儿童的融合

特殊儿童与普通儿童的主动融合是很困难的，教师要注意加以引导，可以用语言提醒，也可用动作、眼神暗示，以促使两类儿童的交往。

5. 了解儿童的偏好

人们倾向于使用喜爱的用品和参与喜好的活动，学前特殊儿童亦如此。他们在遇到自己感兴趣的用品或活动时，才会变得易于融合。所以学前教育教师要通过仔细观察了解每个学前特殊儿童的偏好，然后向他们提供偏好的用品和活动，促使他们的融合。

(三) 家长参与

家长参与特殊儿童早期教育和干预工作，是当前国际特殊教育发展的一个重要趋势。不少国家的相关法律都明确规定了特殊儿童家长在早期诊断、个别化教育计划的订制与实施以及评估中有充分参与的机会。我国相关政策法规也要求特殊儿童家庭应当重视对特殊儿童的早期发现、早期康复和早期教育。由于通常父母最了解自己孩子的长处、缺点，所以，很多教育训练措施，特别是早期干预措施的订制更需要家长的配合，有的还需要依靠家长来加以实施。

(四) 各部门合作

目前，学前特殊儿童的早期干预工作越来越重视各部门的协同合作。不同的部门从各自的角度参与到特殊儿童早期干预之中，除了教育部门外，医疗、福利、社会工作、心理辅导等部门也对特殊儿童提供了重要的帮助。这种多部门的参与及合作，克服了单一部门工作的局限性，拓宽了早期干预工作的思路，扩展了特殊儿童早期干预的资源。

(五) 医教结合

近年来，随着社会的发展与进步，融合教育理念的逐步深入，招收特殊儿童的学前教育机构的教育对象发生了很大变化，具体表现在：①残疾程度越来越严重；②障碍类型越来越多样化；③多重残疾儿童越来越多。这些残疾儿童在接受学前特殊教育的同时必须要进行康复训练。由于残疾儿童的康复是一个长期的过程，康复的任务必然会在学前特殊教育机构开展，医教结合是特殊儿童早期干预发展的必然趋势。因此，学前特殊教育机构的教师必须坚持此理念，担负起康复与教育的双重任务。

(六) 多重干预

当今，人们对特殊儿童的早期干预，已不再只强调某一方面的工作，由于不少学前特殊儿童患有多重残疾，即使某一类残疾儿童也可能表现出多种障碍，所以仅依赖某种单一干预手段或某一领域的训练，并不能促进特殊儿童的有效康复。

黄昭鸣和杜晓新等人 (2007) 提出多重干预的观点，即采用多种手段和方法对特殊儿童进行干预，通过社团的合作和综合康复，来满足特殊儿童生存和发展的需要多重康复，从手段上讲，是指可结合采用医学康复和教育康复的方法对特殊儿童进行训练；从内容上讲，是指对特殊儿童的多重障碍进行综合训练。为此，他们提出了康复训练的七个模块，即言语功能训练、听觉功能训练、语言能力训练、认知能力训练、学习能力训练、情绪行为训练、运动功能训练。这七个模块涵盖了医学康复、教育康复、心理康复等领域，力求形成康复合力以促进儿童最佳发展。

四、特殊儿童教育的意义

教育是一种有目的、有计划地培养人的社会实践活动，教育最核心的价值与意义在于促进人的发展。发展，是人的存在形态，从其最一般的意义上来看，它主要包括个体的身心发展以及个体的社会化进程。特殊儿童作为存在与发展中的人，对其实施教育无疑具备重要的意义和价值。然而，我们也清楚地意识到，在人类历史漫长的发展过程中，特殊儿童的教育经历着一个艰难的从无到有的过程。在特殊教育越来越受到人权和平等的观照的今天，进一步认识特殊儿童教育的意义，对于促进特殊儿童的发展和整个社会文明的进步无疑具有重要的作用与价值。

(一) 特殊儿童教育的本体意义

教育具有促进个体发展与社会发展的双重功能。从教育最本质的内核来说，促进人的发展是教育最核心的意义。对于特殊儿童来说，促进特殊儿童的发展也理应是特殊儿童教育的本体意义，是我们思考特殊儿童教育的起点，也是特殊儿童教育所追求的最终目标。对这一本体意义的认识，来源于两个层面，一是特殊儿童发展的可能性，一是“以人为本”教育理念在特殊教育领域内的内涵展现。

人类文明史上很长的一段时期，人们对特殊儿童的认识都是片面的、肤浅的，甚至是扭曲的。这从历史上人们对于残疾人认识态度的变迁可窥其一斑。美国著名的特殊教育学者柯克和加拉赫认为，历史上人们对残疾人的态度可分为四个阶段，即公元前的歧视或虐待、基督教布道时的保护和同情、18 世纪和 19 世纪开始的收容和训练、20 世纪后开始的融合改革运动。特殊儿童的命运始终与“缺陷”“残疾”等联系在一起，甚至在西方文明发展的古希腊、古罗马时期，残疾儿童还曾面临着被遗弃、被灭绝的悲惨命运。我国也有学者进一步归纳出，人们对特殊儿童的认识经历了从中世纪前的“非人”，到文艺复兴以来的“异质人”，再到当前“同质人”的变迁过程。对特殊儿童的认识也必然地决定着人们对特殊儿童发展的认识。在“非人”的认识时期，特殊儿童没有被作为自然生命体的人来看待，而是被异化为人类的异类，生存的基本权利都很难得到保障。这个漫长的历史阶段是很难谈及他们作为“人”的发展的。文艺复兴之后，特别是西方启蒙运动之后，人们对特殊儿童开始了收容与训练，医生、宗教界人士的特殊教育实践促进了特殊儿童认识观的发展。然而，在发展中，特殊儿童仍然被作为“残疾人”“低能人”“弱势人”等与世界发生联系，世界也以这种观点态度划定了对他们的认识，带来了对他们平等参与社会的怀疑态度，否定了他们做主流社会的“人”的资格。特殊儿童虽然摆脱了被遗弃或无视的命运，但他们的发展仍然面临着一种近似畸形的“异质人”发展状态。例如，在教育中，将残疾缺陷转移到对成长规律的认识上，由残疾缺陷推衍出成长规律的必然差异，认为他们有完全不同于健全人的身心成长特点与规律，将特殊儿童排斥在差异普遍存在的人之外，把特殊儿童作为完全不同于其他人的特殊的、偶然的、例外的、边缘状态或非主流的存在。教育发展到今天，一方面随着社会公平与人权理念的深入人心，另一方面随着人们对特殊儿童认识的逐渐深刻，特殊儿童的发展才步入了一个新的时期，同时也为教育提供了一个新的思考问题。随着现代心理学、医学等自然科学以及哲学、教育学等人文社会科学对特殊儿童研究的不断加深，我们已经认识到，“特殊儿童的发展是普遍性与特殊性、可能性与现实性、有限性与无限性的统一”。特殊儿童的身心发展规律与普通儿童相比既有共性，又有个性。就某一特殊儿童来说，既存在个体内的差异，也存在个体间的差异。但我们更应该认识到，特殊儿童首先是人，是儿童，是与普通儿童一样具有发展需要，也遵循个体身心发展一般规律的人。他们同样具有个性发展与全面发展的可能性。这种可能性为特殊儿童教育提供了前提，也为特殊儿童教育提供了价值，促进特殊儿童的发展必然要成为特殊教育应有之义。

而现代教育发展中“以人为本”的教育理念为确认特殊儿童教育的本体意义提供了更上位的界定与要求。“教育中的以人为本是尊重和关爱学生的生命本性，是培养学生丰富多彩的社会属性和个性，是关注学生的全面持续发展。”“以人为本”理念首先体现了对人的尊重和关爱，这为我们实施特殊儿童教育提供了一个不容驳斥的理论前提，而“以人为本”中对儿童个性与社会性发展，对儿童全面发展的关注与呼吁，同样也是对特殊儿童教育提出的最高要求和目标。

（二）特殊儿童教育的社会意义

促进人的发展是教育的本真价值。教育同时又是一种培养人的社会实践活动，教育无疑具有重要的社会意义。从教育的一般社会意义来说，它对于促进社会文明的进步、人类文化的传递，以至政治经济的发展都具有重要的作用与价值。人类社会越进步，教育的社会意义与价值也会越发凸显。

这是从教育的一般社会意义来论及教育的价值，然而从特殊儿童教育发展的历史来看，实事求是地说，从教育的一般社会意义很难直接推导出特殊儿童教育的社会意义。这是因为，特殊教育的发展历史与教育的整体发展历史不是完全对应的。整个特殊教育的发展历程其实质是一个不断争取残疾人受教育权利与教育公平的漫长过程。换句话说，人们对特殊教育的社会意义的认识、思考和探讨远远没有对一般意义上的教育之思考深刻，对这个问题的探讨甚至久未登上历史舞台。正如上文中所提及的人类对残疾人态度的演变过程所彰显的，特殊儿童的教育在一个很漫长的历史时期中处于被遗弃、被边缘化、被隔离的状态。在我们看来，其原因与其说是人们还没有找到完美地解决特殊儿童教育问题的方式方法，更不如说是人们对特殊儿童教育的社会意义认识程度肤浅甚至忽视了对此类问题的思考。

随着经济社会的持续发展，人们开始越来越趋向于从人权和公平的角度来思考特殊儿童教育问题，以及特殊教育的社会意义。应该说，半个多世纪以来，国际组织的一些公约、宣言等对全球范围内人权和教育公平的促进起到了极大的作用，也为人们打破固有的关于特殊儿童的传统认识，反思和探讨特殊儿童教育的社会意义提供了良好的契机。譬如，《世界人权宣言》《儿童权利公约》等已经成为世界多数国家普遍承认的规范与准则，这也进而带动了世界各国为保障特殊儿童的权利所做的立法与实践。因而，当人们开始将特殊儿童的教育问题与经济社会发展联系在一起思考和实践时，特殊儿童教育的社会意义便鲜明地浮现了出来。

具体来说，特殊儿童教育的社会意义主要体现在对于社会文明程度的促进上。社会发展到今天，在很大程度上甚至可以将特殊儿童教育的意义与整个社会文明的进步联系在一起。在这一方面，人们越来越能达成共识，即一个国家或地区特殊教育发展的程度与水平，反映出这个国家或地区文明与社会进步的基本情况。当特殊儿童教育日渐普及，当这种教育形态越来越成为人们普遍意识中的一种正常存在，而非基于“怜悯”“同情”等具有救助色彩的动机时，人们对特殊儿童、对整个残疾人群体的接纳程度会更强，教育公平与社会公正的理念才会真正落实到实践之中。就我国目前来说，我们可以毫不犹豫地断言，在追求社会公平、构建和谐社会的今天，特殊儿童的教育问题已经远非一个简单的教育安置形式问题，它已上升为彰显国家文明进步与社会发展的一个重要旗帜与窗口。从另外的角度来说，基于特殊儿童发展的可能性，对特殊儿童实施有效的教育可以促进儿童自身的发展，为未来他们的就业和谋生奠定坚实的基础，从而减轻社会负担和家庭压力。在这个意义上，特殊儿童的教育无疑也显现了其潜在的经济价值所在。而特殊儿童自身的奋斗和成长历程，其个体发展中所蕴含的自强不息的精神，对于人们的鼓舞和促进精神文明的进步意义也是不可忽略的。

概而言之，特殊儿童教育的本体意义与社会意义构成了特殊儿童教育价值领域中最核心的部分。特殊儿童教育的实践与发展，必须将其本体意义与社会意义放在一个统一的框架内来理解，两者是不可分割的。

五、特殊儿童教育的内涵

特殊儿童的教育有其自身的内涵，它反映了特殊儿童教育的特征及其本质属性。特殊儿童的教育通常也被称为特殊教育，其内涵也是随着人们对特殊儿童的认识而不断变化的，把握特殊儿童教育的本质与特征是做好教育活动的前提。

(一)特殊儿童教育的定义

早期特殊儿童教育的定义很简单，就是从教育对象出发，把有关残疾儿童(或称之为缺陷儿童、损伤儿童)的教育称之为特殊教育，如1930年我国出版的《教育大辞典》对特殊教育的定义是指对于一部分身心具有缺陷而非普通教育所能奏效之儿童所施之特别教育而言。

“仅从教育对象的不同来定义特殊教育，还未反映出特殊教育的本质特征，唯有从特殊教育与普通教育最主要的区别入手来定义特殊教育，才能更好地揭示特殊教育的本质特征。”1948年出版的《第二次中国教育年鉴》对特殊教育的定义有所变化特殊教育系对于精神或身体之一方或双方有异常者所施之教育……因其必须用特殊教学方法，与常人教育不同故称特殊教育。这样在突出了教育对象之后，强调了教学方法的特殊性。

在当代，我国许多学者对特殊儿童教育的内涵提出了自己的认识。

朴永馨认为:“特殊教育是教育的一个组成部分，是指使用一般的或经过特别设计的课程、教材、教法、教学组织形式和教学设备，对有特殊需要的儿童进行的旨在达到一般或特殊教育培养目标的教育”。这一定义突出了特殊教育的对象、教学设计、培养目标及其方法和任务方面的特点。

方俊明指出：“特殊教育，是根据特殊儿童的身心特点和教育需要，采用一般或特殊的教学方法或手段，最大限度地发挥受教育者的潜能.使他们增长知识，获得技能，拥有良好品德，提高适应能力的一种教育”。该定义最突出的特点是，强调了特殊儿童的教育在于“最大限度地发挥特殊儿童潜能”的教育目标与任务。

汤盛钦提出：“特殊教育是由实施学前和义务教育的普通或特殊教育机构提供的，以满足特殊儿童的独特教育需要设计的教育教学和相关服务”。不难看出，此定义把关注重点放在学前和义务教育阶段的特殊儿童上，强调了特殊需要相关服务的重要性。

盛永进尝试突破以上描述性的定义方法，认为“特殊教育是基于学习者个体差异的显著性，通过尽力满足其特殊的学习需要，促进其身心充分发展的教育”。此定义试图对特殊教育进行纲领性的界定来阐述特殊教育区别于其他教育活动的根本属性。

（二）特殊儿童教育的特殊性

中外对于特殊儿童教育的定义，尽管各有自身的视角与见解，定义的方法也有一定的区别，但都强调了特殊儿童的教育是基于其独特的身心差异性及其引发的特殊教育需要，特殊儿童教育活动的特殊性就在于如何满足其特殊的教育需要，并提供一系列特别设计的教育教学支持性服务。因此，归结不同的观点，可以对特殊儿童教育的特殊性内涵做一些概括的描述。

第一，特殊儿童的教育涉及教育的价值理念问题。对于特殊儿童的教育，从理念上要树立平等的教育观。无论是所谓的正常，还是超常或低常，都有同等的教育发展权利，应该抱有积极的教育期望，向他们提供与其他儿童同样的有质量的教育，不能因为其有残疾或障碍而有任何的歧视或是消极的态度。

第二，特殊儿童的教育必须遵循身心发展的特点与规律。由于身心差异的显著性和多样性，特殊儿童的教育必须进行个别化的设计，以满足其独特的教育需要。因此，每一名特殊儿童的教育目标、任务、内容及其方法和具体措施都应该个别化，适应个体的学习需要，以便他们能够成功地应对学习和生活，进而最大限度地促进其学习成长与发展。

第三，特殊儿童的教育本质上表现为一种特殊性的支持服务。所谓特殊教育需要，实际上就是给特殊儿童学习上提供特别的支持与服务，而特殊需要的满足取决于支持服务的水平。其中干预性的支持服务是特殊儿童教育的核心内容。无论是预防性、治疗性的干预，还是补偿性的干预，都是旨在防止、消除或克服那些影响儿童参与学习和生活的障碍的支持性服务。

第四，特殊儿童的教育依赖于团队相互的充分合作。特殊儿童的特殊需要是多方面的，需要来自不同背景、不同专业人员的信息、知识、技能和配合。作为完整教育合作的一个重要组成部分，家庭成员、社会相关专业人员的参与以及学生与教师的合作都至关重要。

六、特殊儿童的教育任务

明确特殊儿童的教育任务是对特殊儿童实施有效教育的起点。对特殊儿童的教育任务的认识首先要基于教育的根本任务，特殊教育的教育任务不能脱离教育根本任务之规定；其次要了解特殊儿童的教育目的，然后根据教育的根本任务和特殊儿童的教育目的来确定特殊教育的教育任务。

（一）教育的根本任务

教育的根本任务是育人。人民教育家陶行知先生有句名言："千教万教，教人求真；千学万学，学做真人。"对人的培养是教育的根本任务和核心目标。我国的教育目标体系通过教育方针与教育目的规定了教育的根本任务。1995 年的《中华人民共和国教育法》规定，我国的教育方针是：教育必须为社会主义现代化建设服务，必须同生产劳动相结合，培养德、智、体等方面全面发展的社会主义建设者与接班人。其中，"培养德、智、体等方面全面发展的社会主义建设者与接班人"是我国总的教育目的，是一切教育工作的出发点和最终目标，也是确定教育内容、选择教育方法、检查和评价教育效果的根据。教育的根本任务为特殊儿童教育任务的确立提供了基本的规定性。

（二）特殊儿童的教育目的

明确特殊儿童的教育任务，还必须和具体的特殊儿童的教育目的联系起来，特殊儿童的教育目的同样规定了特殊儿童的教育任务，为特殊儿童教育的任务指明了方向、目标和依据。

事实上，对特殊儿童教育目的的认定首先是和特殊儿童的教育权利联系在一起的。在真正意义上的特殊教育产生之前，特殊儿童几乎是没有受教育的权利的。对特殊儿童认识的不够深入以及社会固有的偏见，剥夺了特殊儿童接受教育的机会。即使在西方特殊学校正式产生之后，对特殊儿童教育目的的认识在很长的时期内依然处于模糊不确定的状况，特殊儿童仅是被提供一个隔离保护兼具教育功能的场所，特殊儿童的教育并没有提升到权利的角度和高度。到了20世纪中叶，随着一系列国际公约、宣言的出现，特殊儿童的教育权利问题得到重视和明确，这为特殊儿童教育目的的确立提供了准则。1948年，联合国大会通过了《世界人权宣言》，提出了“人人都有受教育的权利”，所有人不得因种族、肤色、性别、语言、宗教、政治或其他见解、国籍或出身、财产、家世或其他身份等不同而受到歧视。《世界人权宣言》为特殊儿童教育权利的获取提供了最基本的保障。1989年第44届联合国大会通过的《儿童权利公约》提出要为残疾儿童提供必要的援助，这些援助的目的应是确保残疾儿童能有效地获得和接受教育、培训、保健服务、康复服务、就业准备和娱乐机会，其方式应有助于该儿童尽可能充分地参与社会，实现个人发展，包括其文化和精神方面的发展。2006年第61届联合国大会通过了《残疾人权利公约》，在其第24条“教育”中，对残疾人的教育权利做出了相应明确的规定：充分开发人的潜力，培养自尊自重精神，加强对人权、基本自由和人的多样化的尊重；最充分地发展残疾人的个性、才华和创造力以及智能和体能；使所有残疾人能切实参与一个自由的社会。这些世界性的宣言、公约，使我们对特殊儿童的教育权利以及教育目的开始有了一个统领性的认识和方向。

对于我国来说，特殊儿童教育目的的确定主要是通过制订特殊教育学校培养目标来实施的。1998年12月，教育部颁发了《特殊教育学校暂行规程》，对特殊教育学校的培养目标进行了总的规定：“培养学生初步具有爱祖国、爱人民、爱劳动、爱科学、爱社会主义的情感，具有良好的品德，养成文明、礼貌、遵纪守法的行为习惯；掌握基础的文化科学知识和基本技能，初步具有运用所学知识分析问题、解决问题的能力；掌握锻炼身体的基本方法，具有较好的个人卫生习惯，身体素质和健康水平得到提高，具有健康的审美情趣；掌握一定的日常生活、劳动、生产的知识和技能；初步掌握补偿自身缺陷的基本方法，身心缺陷得到一定程度的康复；初步树立自尊、自信、自强、自立的精神和维护自身合法权益的意识，形成适应社会的基本能力。”在此基础上，国家又制订了盲、聋、培智三类学校的培养目标，将特殊学校培养目标的总的规定进一步具体化。

(三)特殊儿童的教育任务

教育的根本任务和特殊儿童的教育目的为特殊儿童教育任务的确立提供了规定性。在教育任务的性质上，特殊儿童与普通儿童并没有质的差别，他们都要完成国家所规定的培养身心发展的建设者和接班人这一目标。但由于特殊儿童与普通儿童身心发展的差异性，特殊儿童的教育任务要达到这种一般性，还要强调如下几个方面的特点。

1. 实施缺陷补偿

缺陷，原本的含义是指欠缺或不够完备。在特殊教育领域，缺陷一般指残疾儿童由于自身发育问题造成的障碍。《中华人民共和国残疾人保障法》中指出，缺陷是指“在心理、生理、人体结构上，某种组织、功能丧失或者不正常，全部或者部分丧失以正常方式从事某种活动能力”。由于特殊儿童存在缺陷，而缺陷的存在会使儿童全部或部分丧失以正常方式从事某种活动的能力，因而消除或降低缺陷所带来的消极影响，使儿童能够尽可能地以正常方式从事某种活动的系列措施就称之为缺陷补偿。补偿这个词的基本意思也是指弥补缺乏、抵消损失。事实上，缺陷补偿这个词语是一个多学科的概念，不同学科视角的缺陷补偿具有不同的指向与含义。通常情况下，有生理学、医学、心理学、社会学与教育学等学科视角。简单地说，从生理学的角度来看，缺陷补偿主要表现为机体相应器官的代偿，即个体出现组织受损或功能障碍时，由其他器官、组织的强化来补偿的过程。从医学的角度来看，主要是指通过医学的手段和措施对因缺陷造成的功能受损现象进行治疗、康复、补偿的一系列活动。从心理学的角度来看，缺陷补偿主要是指个体通过心理的调节来克服缺陷所带来的消极心理影响，从而积极应对和追求发展的心理机制。社会学意义上的缺陷补偿指的是社会基于公平和人权的角度对弱势群体所进行的各种措施的补偿，防止这类群体被社会边缘化，使这类群体尽可能融入主流社会的活动过程。而教育学意义上的缺陷补偿则不同于以上几种学科概念的缺陷补偿，它远远超越了机体生物学的代偿特征，综合地运用了生理学、心理学、医学、社会学理论中的补偿原理。具体来说，是指在教育教学活动中，根据障碍学生的身心特点，综合地利用一切有利的因素，通过各种途径替代、改善或恢复因障碍造成的功能性损伤，进而促进学生充分发展的活动过程。可见，缺陷补偿对于特殊儿童的发展来说具有重要的意义和价值，对特殊儿童实施缺陷补偿的教育理应是特殊儿童教育的根本任务之一。

从特殊教育最初的产生来看，特殊儿童的教育就是一个不断地寻求缺陷补偿的过程。真正意义上的特殊教育是以体制化的特殊教育学校的产生为标志的。如1760年法国神父莱佩在巴黎建立了世界上第一所聋校，1784年法国慈善家阿羽依在巴黎建立了世界上第一所盲人学校。特殊教育学校的产生，从很大意义上来说是与当初的普通教育学校没有能力接纳残疾儿童相关，缺陷的存在造成了残疾儿童无法进入普通教育系统学习。而特殊教育学校的独立以及特殊教育措施的实施，在其原本的意义上就是要尽可能地通过教育措施来补偿这种缺陷，这在教育目的、教育手段与方法上都鲜明地体现了这一点。特殊教育产生与发展的历史让我们清晰地意识到，缺陷是残疾儿童的一种客观存在，这是任何特殊教育的发展都无法回避的关键问题。特殊教育只有首先尽可能地通过对特殊儿童缺陷进行补偿，才能使这种缺陷造成的损失或影响降到最低，才能为特殊儿童其他方面的发展和提高提供一个基本前提和可能性。即使特殊教育发展到今天，缺陷补偿的教育也始终是特殊教育发展的一个基本任务，只是在表现形式和实施方式上更加多元和富有成效。譬如，各种教育辅助技术与手段的探索和应用丰富了技术手段补偿的研究，对人的关怀、爱护、激励则更进一步地激发了残疾儿童勇敢面对缺陷，追求发展的能力。

2. 注重潜能开发

潜能即个体潜在的能力。心理学的研究表明，每个个体都具有潜在的能力，个体外显的能力极可能只是个体能力的一小部分，个体中如冰山一样存在着巨大的潜在能力。只是在日常生活与教育中，由于多种原因，这种潜在能力并未被识别和开发出来而已。对于个体潜能的研究，最典型的莫过于美国心理学家加德纳的多元智能理论。加德纳认为，人的智力是多元的，智力不是一种能力，而是一组能力。加德纳区分了智力至少包括八种能力，每个人在一定程度上都拥有这些能力，只是在外在表现上有差异。这样来看，个体与个体之间的差异只是智力组合上的差异，事实上，每个人都有实现自己潜能的可能性。多元智能理论丰富了对人的心理发展的认识，更对教育产生了深远的影响。由于每个人都具有多元智能，实施潜能开发的教育，激发个体潜能，就成为教育努力追求的目标。从一般意义上来说，潜能开发意味着将通过各种有效的方式去激发、开放个体的潜能，从而为个体获得更高层面的发展提供可能。

潜能开发对于特殊儿童的教育同样具有重要意义。特别是随着特殊教育的深入发展，人们对特殊儿童认识的增加以及对特殊教育更深刻的理解，对特殊儿童实施潜能开发的教育越来越成为特殊儿童教育最不可或缺的核心任务。潜能开发任务的确立，与人们对特殊儿童认识的逐步深入有着紧密的关联。在人类漫长的历史中，残疾儿童往往与残废、低能甚至无能联系在一起，人们对残疾儿童身心发展特点的认识长期停留在武断而肤浅的层面上。如此，很难将残疾儿童与潜能、与未来高成就的可能性联系在一起。而事实上，每个个体都是一种独特的存在，残疾儿童也是如此，残疾儿童与其他人一样。从多元智能的理论来看，他们同样具有发展的潜在可能性。正如阿姆斯特丹博士所说的，"的确存在这样一些人，他们本身存在各种各样的缺陷和特殊需要，但同时他们也在八种智力因素中某一项或某几项方面拥有过人的天赋"。现实中也确实如此，残疾人群体里也存在大量的天才，虽然存在缺陷，但他们在某些方面具备超出常人的天赋或能力，这样的例子不胜枚举。以往的特殊儿童教育往往忽视了这一点，而更多地将教育与其缺陷联系在一起。

缺陷补偿与潜能开发构成了特殊教育活动最核心的一对基本任务。应该指出的是，缺陷补偿与潜能开发两者并不是对立的关系，而是相辅相成、相互影响、相互促进的。缺陷补偿是实施潜能开发的基础和前提，没有缺陷补偿，很难做到有针对性的潜能开发。如果说缺陷补偿的教育是为特殊儿童的身心发展提供了基础和可能性的话，潜能开发则从一个更高的层面来审视和规定特殊儿童的发展问题。因而在实际教育工作中，两者并不是对立的，不可片面强调其一，应该注重两者的统一。

3. 强调社会适应能力的培养

适应能力是人的一种综合心理特征。社会适应能力主要是指人为了在社会中更好地生存而进行的心理上、生理上以及行为上的各种适应性的改变，使自身与社会达到和谐状态的一种执行适应能力。一般认为社会适应能力包括以下一些方面：个人生活自理能力、基本劳动能力、选择并从事某种职业的能力、社会交往能力、用道德规范约束自己的能力等。社会适应能力是个体对环境、社会的一种能动的反映，是个体融入社会、被社会所接纳的表现，所以社会适应能力的高低在某种程度上表明个体的成熟程度。社会适应能力的养成一方面取决于个体在与环境互动过程中的适应与不断成熟，另一方面更取决于教育的作用。教育是一种有效地促进个体社会适应能力提高的方式，而儿童社会适应能力的培养同时也是教育所肩负的重要任务之一。

特殊儿童的社会适应能力与普通儿童相比又有所不同，主要表现为两个方面的基本特点。其一，特殊儿童的社会适应能力结构更为复杂。特殊儿童社会适应能力可以概括为两个维度和四个领域。两个维度是指，从整体上看，特殊儿童的社会适应能力可分为内在适应能力和外在适应能力。内在适应能力实质是指个体对自我的适应能力，它包括个体对自我生理及变化的接纳，对自己情绪和行为的洞察与掌控，对自我生活状态的正确感知和调控，以及由此发展的自主性（自主决策、自主选择）。内在适应能力不是孤立存在的，它总是投射在人的社会生活的方方面面。内在适应能力对人来说是最根本的适应能力，它调控着人的外在适应能力。外在适应能力是人适应家庭、社区、学校、职业等生活领域的能力，是妥善完成各领域内任务或活动的能力。就特殊儿童来说，他们要适应的生活主要有家庭生活、学校生活、社会生活以及未来的职业生活。如果我们把四个领域放在两个维度来分析的话就能分析出一些核心的适应能力。这些核心的适应能力可以分为内在适应能力、沟通和交际能力、家庭和社区生活能力、学习能力、职业劳动技能、休闲生活能力等六个方面。其二，特殊儿童的社会适应问题较多。与普通儿童相比，特殊儿童受到障碍的影响，社会适应能力通常会普遍低于普通儿童，表现出较为明显的社会适应问题。普通儿童在入学时已经具备了初步的社会适应能力，如厕、就餐、穿衣等，而很多特殊儿童在这方面则相对较弱。另外，特殊儿童在社会适应能力的发展速度上也与普通儿童存在着差异。同时，由于残障类型不同、残障程度不同，特殊儿童的社会适应能力在差异性上也有不同的表现。多数中重度智障儿童、多重障碍儿童，他们的社会适应问题甚至涵盖了他们成长中的多个领域。总体来说，特殊儿童的社会适应问题主要表现为自我意识较弱、社会认识不足、生活能力较差、体态语言发展缓慢、人际交往能力水平较低等方面。

特殊儿童社会适应能力的复杂构成以及存在的普遍问题，决定了对特殊儿童社会适应能力的培养是特殊儿童教育的重要任务之一。如果教育不对特殊儿童社会适应能力的差异性做出反应，并采取有针对性的教育举措，特殊儿童非但不能在未来更好地融入社会，即使是在特殊学校里面，特殊儿童也很难适应学校生活，更不用提及为其提供有效的教育。从这个意义上来看，社会适应能力的培养是对特殊儿童实施教育的一个基本前提和基础，对于特殊儿童的身心发展，特别是对他们未来的职业生涯和社会生活具有奠基性意义。实质上，从特殊教育最根本的目的来看，重视特殊儿童的社会适应，使特殊儿童在未来能够更好地融入社会生活，始终是特殊教育的核心目标和应有之义。

4. 渗透生命意识教育

从整个世界教育的发展来看，尊重生命、理解生命、关爱生命的生命教育或生命意识教育已经越来越成为教育的核心使命和价值。随着经济社会的发展，人的自身发展面临着诸多问题，其中，如何理性地面对生命已经日渐成为教育必须要思考和面对的问题。我国学者冯建军认为，生命教育是关乎生命的教育，它必须以生命为出发点，直面生命，满足生命的需要，完善生命的发展。台湾学者吴庶深认为，“生命教育就个体本身而言，是关乎全人类的教育，目的在于促进个体生理、心理、社会、灵性全面均衡发展；就个体与外界的关系而言，是关乎与他人、与自然万物、与天(宇宙主宰)之间如何相处之教育。其目标在于使人认识生命(包括自己和他人)，进而肯定、爱惜并尊重生命；以虔敬、自护之心与自然共处共荣，并寻得与天(宇宙)的脉络关系，增进生活的智慧，自我超越，展现生命意义与永恒的价值”生命教育是一种立足于人的存在，关注人的生存的教育，这种教育已经渐渐超出了传统道德教育的范畴，它从一种更高的层面来审视教育和人，努力实现教育的任务、价值与人的终极发展的统一。

特殊教育是教育的一种形式，它和教育一样，最核心的任务是关注人，关注人的生命尊严和成长。这就意味着特殊教育的任务不仅要包括根据特殊儿童的身心发展特征对他们实施缺陷补偿的教育、潜能开发的培养，以及社会适应技能的训练，更要培养特殊儿童作为人的存在的意识和尊严，通过教育达到“人之为人”的终极目标。从某种意义上来说，对特殊儿童的生命教育具有更独特的意义与价值，其重要性更为突显。这是因为对于特殊儿童这个群体来说，由于受到身心障碍的影响，他们与普通儿童之间的差异性在现实情况下经常会被放大，从而使他们的缺陷成为其身心成长中一个必须面对，而经常又很难逾越的障碍。这种障碍会对他们的心理不可避免地产生影响，甚至在某些情况下，这种心理影响会非常严重，从而给特殊儿童心理发展带来系列的问题，如恐惧心理、对社会的逃避行为，甚至一些仇视社会的心理与行为。对他们自身来说，自卑、自我怀疑与否定、自暴自弃等消极心理影响会经常存在。如何让特殊儿童认识自我生命的价值，如何使他们学会面对自我、面对社会，是特殊教育必须要面对的一个重要任务。这个任务意味着特殊儿童的生命教育首先是一种理性的生命意识教育，简单地说就是如何认识自我，如何认识残疾这种自然存在，从而使特殊儿童形成正确的自我意识，树立对自身残疾以及残疾这种存在的理性认识。唤醒儿童的生命意识是特殊儿童生命教育的前提与基础，而后才是一种全人的生命教育，即树立身残志坚的意识、激发自强不息的精神，从而焕发人的生命意义，实现生命价值。

七、特殊儿童的教育安置

通过何种形式为特殊儿童提供适当的教育，以保障特殊儿童教育的质量，实现特殊儿童教育的目的，是自特殊教育产生以来人们一直在努力思索和探讨的问题，也即特殊儿童的教育安置问题。特殊儿童的教育安置事实上是实施特殊教育的一个前置性问题，采取何种有效的教育安置方式在很大程度上决定着特殊儿童的受教育水平。特殊教育的发展历程表明，特殊儿童的教育安置形式并不是一成不变的，而是一个不断发展的话题与不断变迁的实践，在现实中，特殊儿童的教育安置也是多元的。

(一) 世界范围内特殊儿童教育安置形式的演进

特殊儿童教育安置形式的发展是与特殊教育整体的发展历程基本对应的。从整个世界范围来看，特殊教育经历了一个从无到有、从隔离走向融合的过程，特殊儿童的教育安置也经历了一个漫长的由无到有、由单一到多元、由封闭到开放的发展历程，迄今已形成了相对成熟的特殊儿童教育安置模式。

1. 制度化特殊教育之前的特殊儿童安置

在人类文明产生之后的很长一段时期内都没有真正的特殊教育，残疾人的地位低下，甚至面临着被遗弃的命运。这与人们对残疾人的认识与态度息息相关。我们可以把历史上人们对于特殊儿童的观念与态度大致归纳为“遗弃”“歧视”“救济”和“教育”四个阶段。特殊教育学校的出现，标志着特殊教育开始走向制度化与规范化。在制度化的特殊教育产生之前，特殊儿童基本没有受教育的机会，被遗弃、被歧视是他们普遍的遭遇和命运。到了中世纪，西方基督教在社会中占据了统治地位，一些慈善性、养护性机构在基督教支持下开始陆续建立，特殊儿童进入了“救济阶段”，开始被隔离养护，但还是很难得到受教育的机会。文艺复兴和启蒙运动促进了人类文明意识的觉醒，同时医学、精神病学以及教育学的发展使特殊儿童开始有机会接受教育。但必须要认识到，这种教育机会还不是普遍意义上的，在特殊教育理念和实践上还处于探索时期，尤其是在教育组织形式上，主要是采用个别教学的模式。例如，16、17 世纪在西班牙，修道士庞塞 (Ponce，1520–1584 年) 和牧师伯内特 (Bonet，1579–1629 年) 分别对聋童进行个案研究和实践。荷兰的一名医生阿曼 (Amman，1669–1724 年) 受托教一个聋女童学习说话，获得了成功，继而开始了聋童的言语语言训练。总之，在这一时期，在个别教学的组织形式之下，少数特殊儿童开始有机会接受教育。这些探索尝试可视作特殊儿童教育安置的雏形与初始时期。

2. 隔离式的教育安置形式

18世纪下半叶，专门为特殊儿童教育所设置的特殊教育学校开始在西方陆续出现，这促进了特殊教育的进一步发展，也使得以个别教学为主的特殊儿童教育安置形式开始在走向规范化和体制化的特殊教育发展背景下，形成了较有规模的、独立的教育安置模式——特殊教育学校。1770年，法国人莱佩在巴黎建立了世界上第一所聋校，这也是世界上第一所真正的特殊教育机构。法国人阿羽依1784年在巴黎建立了世界上第一所盲人学校。法国人谢根于1837年在巴黎创办了世界上第一所弱智者训练教育学校，使用感觉运动训练的方法教育训练智障儿童。随后，在欧美国家如雨后春笋般出现了越来越多的各类特殊教育学校。正如学校的出现促进了教育的普及和规范化一样，专门的特殊教育学校的设置为特殊儿童接受系统的、正规的教育提供了机会，这种安置模式逐渐取代了传统的个别教学，慢慢成为西方特殊儿童教育的主要形式。

应该说，特殊教育学校的出现是有其特定背景的。一方面，它主要受益于科学的发展和文明意识的不断进步。医学、心理学等的发展以及越来越多的特殊教育实践转变了人们长久以来固有的特殊儿童无法接受教育的观念，为特殊儿童提供受教育机会越来越成为国家和公众的诉求。独立设置的特殊教育学校能够为大量特殊儿童接受专门化、集中系统的教育提供可能。另一方面，则是与现实情况下普通学校没有能力和准备接纳特殊儿童有关。普通学校最初的设置主要考虑的是普通儿童的共性和需要的满足，特殊儿童由于身心发展的差异使得普通学校不愿意，也没有能力接纳这类儿童，特殊儿童因而被排斥在了普通学校之外，独立设置的特殊教育学校则自然地成为特殊儿童主要的安置模式。从这个意义上来说，特殊教育学校的出现是特殊教育发展的必然选择和趋势，顺应了特殊儿童接受教育机会的诉求，从而使得教育史上开始出现特殊教育与普通教育并行的双轨体制。这种双轨体制由于缺乏互通，特殊儿童基本没有机会进入普通教育系统接受教育，也缺乏与主流社会的沟通，我们通常把这种将特殊儿童放置在独立设置的特殊教育学校的安置模式称为隔离式的特殊教育。这种隔离式的特殊儿童安置方式在特殊教育学校出现之后的相当长时期内占据了主流位置，成为特殊儿童教育安置的主要形式，乃至唯一的形式。

3. 融合背景下的多元安置模式

制度化的特殊教育的建立与不断成熟，推进了特殊教育的快速发展，隔离式的特殊教育在公平和人权的关照下开始受到质疑和批判。独立设置特殊教育学校来接纳特殊儿童进行教育是唯一合理的教育安置方式吗？特殊教育越发展，人们越开始从教育质量和公平这种更高的层面来思考特殊儿童的教育安置形式问题，也引发了一系列的实践，形成了多元的安置模式，这与整个特殊教育发展的趋势由隔离走向融合是密不可分的。而全部教育的出现则将特殊儿童的教育安置引入了一个更理想的目标。

具体来说，首先打破这种特殊教育学校单一安置形式的是特殊班的出现。所谓特殊班，是指在普通学校内建立的专门招收特殊儿童的班级。它与特殊教育学校相比最显著的差别就是，这种班级是设置于普通学校内部的，将同一类别的儿童编入同一个班级，主要由受过特殊教育培训的教师承担教育任务。20 世纪，特殊班级开始出现在美国的普通学校中。这在当时是一种教育安置新模式，人们褒贬不一，但持反对意见的儿童、家长很快就发现，这种教育并不如他们原先想象中的那么不可取。儿童在特殊班级中获得了个别注意和教育，而这在普通学校和班级中是不可能做到的，学生们似乎更适合于接受针对他们的特殊训练。一旦人们看到了特殊学校和特殊班级建立的优势，很多人便改变了先前的态度，转而积极支持开办特殊学校和特殊班级，特殊学校与特殊班级也就很快发展起来了。特殊班的出现打破了单一的特殊教育学校安置形式，将特殊儿童安置模式引入了一个新的实践领域。

20 世纪四五十年代，特殊教育开始缓慢地由隔离走向融合，与此相对应，特殊儿童的教育安置形式也变得追求合理、趋于丰富。20 世纪中叶，北欧率先出现了“正常化”(Normalization) 思潮。1968 年，瑞典学者本格特 • 尼尔耶 (Bengt Nirje) 出席美国召开的智力落后问题研讨会，对正常化的思潮做了介绍，提出“应尽可能使智力落后者日常生活的类型和状态与成为社会主要潮流的生活模式相接近”。在正常化思潮的传播和影响下，欧洲和北美国家开始反思传统的隔离式特殊教育，并力图将正常化思想融入和践行到特殊教育改革之中，从而产生了特殊教育史上具有里程碑意义的融合教育运动，从根本上打破了特殊教育与普通教育之间的藩篱。正常化思潮下的融合运动在以美国为代表的北美洲通常被称为“回归主流”运动，而在以英国为代表的欧洲国家则被称为“一体化”运动 (Integration)。两者之间只是称谓上存在差异，其核心理念与实施模式都是趋同的，都是在正常化思潮影响下将特殊儿童融入普通教育机构和主流社会中的实施活动。“回归主流”和“一体化”运动彻底打破了固有的将特殊儿童安置于隔离机构的做法，开始在普通学校内寻求合理的安置形式。1970 年，美国人迪诺 (Deno) 提出了一个等级森严的特殊教育安置体系。这一体系根据学生的不同残疾与教育需要提供从最少限制的环境 (即普通班) 到最多限制的环境 (即不具备教育性的医院或其他养护性机构) 的七个层次，整个结构形同瀑布，上下贯通，被称为“瀑布式特殊教育服务体系”。1973 年，美国人杜恩 (Dunn) 将迪诺的安置体系加以修改，提供了 8 ～ 11 种不同的安置选择，整个体系形状如同倒置的金字塔。这一体系主要包括：普通班、巡回教师辅导制 (农村较多使用)、资源教室、特殊班、特殊学校、家庭或医院等教养机构。我们可以看到，当特殊教育逐渐由隔离走向融合时，特殊儿童教育安置形式也由封闭走向开放，由单一走向多样化。

然而，特殊教育的融合运动以及由此形成的多样化的安置模式在实践发展中还存在着一些无法解决的矛盾和问题，典型的如特殊儿童的教育质量问题、普通学校缺乏变革问题等。对其实施模式的批评与反思，特别是对教育公平的根本诉求，引发了人们开始思索更合理的融合教育发展形势。20 世纪 90 年代开始出现的全纳教育 (Inclusive Education) 则从更高的层面为特殊教育的发展和特殊儿童教育安置指明了方向。1994 年，联合国教科文组织在西班牙萨拉曼卡市召开了“世界特殊需要教育大会”，共有 92 个国家、25 个国际组织和机构近 400 人参加。大会通过了《萨拉曼卡宣言》和《特殊需要教育行动纲领》，首次正式提出了“全纳教育”这个概念，号召世界各国广泛开展全纳教育。以《萨拉曼卡宣言》为标志，世界范围内的全纳教育正式拉开了序幕。建立在人权和公平基础上的全纳教育顺应了世界教育发展的趋势，很多国家都把全纳教育作为其 21 世纪教育与社会发展的目标。《萨拉曼卡宣言》里提出了构建全纳学校来推进全纳教育的设想，“有特殊教育需要者必须有机会进入普通学校，而这些学校应以一种能满足其特殊需要的儿童中心教育学思想接纳他们”“以全纳为导向的普通学校是反对歧视态度，创造受人欢迎的社区，建立全纳社会以及实现全民教育的最有效途径；此外，普通学校应向绝大多数儿童提供一种有效的教育，提高整个教育系统的效率并最终提高其成本效益”。《特殊需要教育行动纲领》则更详细地对接纳所有“有特殊教育需要儿童”的全纳学校进行了阐述，全纳学校的基本原则是：在一切可能的情况下，全体儿童应在一起学习，无论他们有何种困难或差异。全纳学校必须认识到和照顾到学生之间不同需要，顺应不同的学习类型和学习速度，通过适宜的课程、组织安排、教学策略、资源利用及社区合作，确保面向全体学生的教育质量。实际上，为了适应学校内不断遇到的特殊需要，应该有连续的支持与服务。“在全纳学校里，有特殊教育需要的儿童应该得到他们可能需要的各种额外支持，以保证对他们的教育效果。全纳教育是训练有特殊需要的儿童与其他儿童团结合作的最有效途径。将有关儿童送入长期性的特殊学校或一个学校里的特殊班，只能成为个别情况下的例外，只有在事实证明普通班级里的教育无法满足这个儿童的教育或社会需要时，或当这种安置有利于这个儿童及其他儿童时，才做此安置。”我们可以看到，全纳教育与我们以上所提及的融合教育不是完全相同的概念，全纳教育从概念归属与观照对象上来看已经远远超出了特殊教育的范畴，它指向的是整个教育领域，它反对任何歧视与排斥，要求教育要满足“所有有特殊教育需要的儿童”的教育需求。在这样的理念下，全纳教育希望通过构建能够满足“所有有特殊教育需要的儿童”的教育需求的全纳学校来作为所有儿童共有的教育安置模式。全纳学校的提出对当前的普通学校和特殊教育学校都提出了严峻的挑战。普通学校需要从理念和实践上为向全纳学校转型做好准备，而从世界范围内来看，在全纳的大趋势下特殊教育学校将日渐式微，在功能上将向为全纳学校提供支持和专业服务的指导中心转型。全纳教育为整个教育的发展营造了一个理想的目标和愿景，在未来的特殊教育发展中，特殊教育学校、特殊班等安置模式将日趋削弱甚至消失，融合教育背景下多元的特殊儿童教育安置模式将渐渐归于以一全纳学校为主导的安置模式。特殊儿童作为“所有有特殊教育需要的儿童”的重要组成群体，全纳学校必将替代独立设置的特殊教育学校而成为特殊儿童教育的主流教育安置模式。

(二) 我国特殊儿童的教育安置

新中国成立以来，我国特殊儿童的教育安置与世界范围内体制化特殊教育建立之后的安置模式较为相似，都是采取特殊教育学校为主的安置形式。20 世纪 80 年代之后，随着残疾儿童普及义务教育的需要，以及全球范围内全纳教育思潮的影响，特殊班和随班就读开始成为越来越重要的安置形式。目前我国已经初步形成了“以随班就读和特教班为主体，以特殊教育学校为骨干”的特殊儿童教育格局。

1. 特殊教育学校

迄今，通过独立设置的特殊教育学校来招收特殊儿童实施教育，依然是国家发展特殊教育的重要举措。新中国成立之后，我国特殊教育面临着学校数量少、招生规模小、大量特殊儿童无法入学等问题，国家一直在通过宏观的政策来加大特殊教育学校建设，以尽可能满足我国特殊儿童教育的基本需求。在我国目前的特殊教育格局中，特殊教育学校在招生人数和所占特殊儿童入学比例上都占领先地位。可以预见的是，在我国东、中、西部特殊教育发展仍不均衡的背景下，未来的很长一段时期内，我国还将大力兴建特殊教育学校，以扩大特殊儿童教育规模，满足特殊儿童接受九年义务教育的需要。

2. 特教班

特教班也是我国当前对特殊儿童实施有效教育安置的重要形式。在我国特殊教育学校数量和规模还无法完全满足当地特殊儿童教育需求的背景下，通过在普通学校内创设特教班来招收同一类别的特殊儿童成为很多地区普遍的做法。从特殊教育隔离与融合的视角来看，特教班的存在也可视作我们探索特殊儿童融合教育的一种发展形态。

3. 随班就读

随班就读是指特殊儿童在普通学校内的普通班级中和普通儿童一起接受教育的一种安置形式。我国政府大规模推行随班就读始于 20 世纪 80 年代后期，在普及残疾儿童九年义务教育而特殊教育学校数量少又无法满足这种需求的背景下，将特殊儿童就近安置于普通学校，缓解了特殊儿童无学可读的窘况，极大地提高了特殊儿童义务教育入学率。与此同时，这种安置模式促进了特殊教育与普通教育的融合，顺应了全球范围内全纳教育发展的理念和诉求，因而越来越成为我国推进特殊儿童教育的主导模式。

第二章 语言与言语障碍儿童教育

拥有言语与语言，可说是人类独有的瑰宝，大部分的人们可以自然学会言语及语言从而拥有沟通的能力。但不幸的是，仍有相当多的人无法顺利获得，他们需要专业的协助，努力克服言语、语言及沟通的困难。本章通过对言语、语言及沟通等基本知识的简要阐述，协助读者对言语障碍、语言障碍及沟通障碍的界定与治疗介入策略有初步的概念。

第一节 特殊儿童语言与言语治疗的实施

通过各种方法，协助儿童沟通，就是治疗 / 介入。一旦我们透过专业程序评量了特殊儿童的语言或言语后，治疗师或教师开始依据评量结果，选出最合适的目标，作为治疗 / 介入的方向。

一、特殊儿童语言与言语治疗的方向与原则

治疗 / 介入的目的就是让儿童的沟通表现变得更好。治疗师要依据儿童的年龄、障碍的本质、治疗史、儿童的家庭情况及其学习风格和喜好，设定介入的目标。

(一) 治疗 / 介入的方向

语言与言语治疗的方向，根据 Olswang 和 Bain 的研究，可分为三种，说明如下。

第一个方向是从根本上消除引起障碍的原因。例如为一个 9 个月大轻度听力损失的儿童佩戴合适的助听器，或者是对极重度听力损失的 4 岁儿童，建议其进行人工电子耳手术，都可能预防或减低听力损失儿童因听力损失所带来的口语语言障碍。

第二个方向是以补偿策略改进沟通功能。例如一个无法言语的智力障碍儿童，经常因为无法表达自己的需求，而出现尖声怪叫的问题行为；在无法有效教导他言语的情况下，先透过沟通板协助他表达自己的需求后，他的尖叫行为就改善了。这个沟通板就是一个补偿的策略，虽然他仍无法言语，但透过沟通板促进了他的沟通功能。

第三个方向是改善儿童的说话、语言及语用行为，促使他成为更成熟的沟通者，以减少其障碍情形。例如为一个构音有问题的儿童进行言语治疗，教导他正确的构音方式，增加他的说话清晰度，将有助于他的沟通。或是对一个缺乏口语及沟通意图的自闭症儿童，我们可透过图片兑换系统，诱发他的口语及增加他的沟通意图，一旦其口语能力增加后，沟通障碍的情况就可能减少。

除了上述三种方向外，改变环境以增加个案的沟通能力，也是治疗或介入时可考虑的方向，例如升上初中的小美，最近说话时有口吃，同学的讪笑更加重了这种情形。可利用小美不在班上时，教导班上同学如何协助小美。当小美的同伴改变态度，其口吃的问题也可能会得到改善。

(二) 治疗 / 介入的原则

规划一个治疗 / 介入方案时，先要考虑到介入后的预期成果，也就是要先确定在此治疗 /

介入方案中预期达到的沟通行为目标是什么，这称为长期目标。如果已达到长期目标，治疗即可终止。

一旦确定长期目标后，治疗师必须说明个案如何向长期目标迈进。长期目标难以一蹴而就，所以需要将之切割为更具体、可行的小步骤。这些可以观察及测量的明确步骤，称为行为目标。

行为目标必需的三个成分如下。

(1) 行为：清楚地描述希望个案表现的行为。这个描述必须包含一个动词，而且是可观察的动作，例如指出、标示出、重复、说、配对、写、命名等。在描述行为时，要避免使用较不具体的动词，例如了解、体会、学习、记得、发现等。

(2) 情境：要说明此目标行为是在何种情况或条件下产生的。言之，即这个行为是在何时、何处、何人及何种材料或提示下产生。例如“从 10 张图片当中，挑选出所有的水果”中，“从 10 张图片当中”就是行为产生的情境。

(3) 标准：这个行为表现的标准即达到目标的程度。如 90% 正确、10 次尝试对了 8 次以上等。

在开始治疗 / 介入之前，我们要先确定个案是否已能独立完成我们设定的行为目标。如果还没有接受治疗，个案已经可以独立达成行为目标，那么这个目标就不是个好的行为目标。

治疗师 / 教师可以用前测来了解个案在介入前的表现水平。等到介入一阵子后，可以再以同样的行为、情境及标准进行后测，若已达原先预定的标准，就可终止此行为目标的介入。

例如，我们设定的行为目标是“小明在治疗师的示范下 (情境) 能正确地发出摩擦音 (行为) 达到八成以上 (标准)”。那么在进行介入之前，我们就可以先做前测。治疗师 / 教师先呈现 10 张包含塞擦音的语词图片，例如“草原”的图片，然后治疗师说“这是草原，告诉我这是——”，借由个案的回答来评估治疗前塞擦音的表现情形，并判定此行为目标的合宜性。

二、特殊儿童语言与言语治疗的方法与程序

语言与言语治疗 / 介入导向可依它的自然性，也就是与日常沟通情境一致性的程度。

(一) 治疗师导向

治疗师导向 (简称 CD 导向)，顾名思义，就是治疗师是方案中的主导人物，决定所有介入的事宜，从决定治疗目标到选择刺激材料、选择增强的类型和使用频率、决定介入的顺序及确认所要诱发的目标反应等都是由治疗师规划决定的。

治疗师导向起源于行为主义的 ABC 理论。A 指的是前事或刺激 (antecedent)，是指治疗师先提供理想的行为范本或给予提示。B 指的是行为 (behavior)，是指个案表现语言与言语治疗的目标行为。C 指的是后果 (consequence)，即治疗师根据个案行为给予鼓励、修正和忽略等，如果个案产生的行为是正确的，治疗师会给予个案鼓励以便增强。如果个案的行为不正确，那么治疗师要提供回馈、修正或者是忽略这个不正确的行为。

ABC 理论认为所有的行为发生都会随着明确的前事刺激而出现，而且这个行为会因为后果而保持或消失。所以在此种方法中，治疗师要做的就是设计前事及后果。为了要达到这样的管理，行为主义者非常依赖操作制约的技巧。以下是操作制约应用在语言与言语治疗时常用的技巧。

(1) 暗示 (cue)：提醒个案反应的一个口语或非口语的信号。例如轻拍个案的手暗示个案要对提供的刺激做出反应。

(2) 延迟的模仿 (delayedimitation)：在治疗师示范后，呈现其他的教材，然后要求个案仿说刚刚治疗师示范的言语。例如，治疗师指着一张图片对个案说“这是小猫，是我最喜欢的动物”，然后再次指图片问个案“这是什么动物”，希望个案能说出“这是小猫”的句子。

(3) 直接模仿 (directimitation)：要求个案在治疗师呈现刺激后，立刻仿说。例如，治疗师指着图片说“这是小猫，告诉我这是什么？”或“这是小猫”后马上轻拍个案的手，要其仿说“这是小猫”。

(4) 提示 (prompt)：提供线索以协助个案表现出目标行为。例如，要诱发个案发出鼻音时，治疗师可以用手指着自己的鼻子，提示个案发出鼻音。

(5) 增强 (reinforcement)：在个案出现正确反应后，提供个案所喜欢的物品或活动，可以增加个案正确反应的频率，这个过程叫作增强。例如当个案每次表现出正确的目标行为时，就给个案其所喜爱的食物或允许个案玩一下玩具等。在增加的过程中，治疗者必须选择个案喜爱的事物或活动作为增强物 (reinforce)，用以增强其正确行为的频率。增强物的种类可概分为三种：①原级增强物 (primary)，生理上必须的或是很重要的，例如食物和水。②次级增强物 (secondary)，和原级增强物联结后变得很重要、有增强效果的事物，例如收集贴纸、点数后可以换取食物或饮料等。贴纸和点数就是次级增强物。③社会性增强 (social)，当目标行为出现后，治疗师的称赞、肯定、注意、肢体接触等都是属于社会性的增强。安排增强的频率 (reinforcementschedule)，亦可概分为两类：①连续性增强 (continuous)，即每次正确反应后都给予增强，通常都是用在建立目标行为的初期。②间歇性增强 (intermittent)，并不是每次正确反应后都给予增强，例如连续表现出正确反应三次后才得到一次增强，通常是用在行为已经建立后的维持阶段。

(6) 逐步养成 (shaping)：当目标显得不易达成时，可以将目标拆成较小的几个目标，每达成这些小目标都给予增强，如此一步步达成目标行为。

治疗师导向法强调高结构的训练 (drill) 或将训练融入游戏 (drillplay) 中。

在训练中，由治疗师 / 教师决定目标行为、选择促发语言与言语反应的材料，并且依事先决定的顺序进行结构化的训练，然后再依个案的行为表现，选择合适的增强物增强其正确反应，例如给予物质增强，如糖果、饼干、小玩具，或代币类增强，如贴纸、盖图章等，或是言语上、肢体上的增强。

治疗师 / 教师也可以把这些训练含纳在事先设计的游戏活动中，这样可以增强个案的参与动机，在游戏中，如果个案表现正确，一样会得到各式增强。

在刚开始建立新目标行为时，治疗师导向法是非常有效的一种介入方式，一旦习得新目标后，可以慢慢将此行为目标移转到更自然的情境中。但这个导向的缺点是：这个方法不是在自然的沟通环境中进行，因为治疗师掌控了大部分，而且此方法缺乏与个案交互式的沟通。

(二) 个案中心导向

个案中心导向 (简称 CC 导向) 和上述治疗师导向相反，强调在个案真实的环境中提供治疗 / 介入。此方法认为在个案熟悉的环境以及沟通伙伴的温暖互动下，不仅较易习得目标，而且所习得的行为，会更容易、主动地类化到日常沟通中。

个案中心法，是由个案引导介入的方案，包括治疗内容、时间及治疗顺序等。此方法有一个关键的步骤，就是要“等待”个案开始一个沟通行为后，治疗师 / 教师则把握这个沟通行为，给予合适的沟通回应。

和治疗师导向法不同的是，个案中心法是高自然性的一种介入，个案是在善于响应及沟通的伙伴互动下，参与有趣、快乐的及有意义的日常活动。

1. 促发游戏法

最常见的个案中心法是促发游戏法。

在此方法中，治疗师 / 教师在游戏或日常活动中，安排丰富的环境，透过以下说话技巧鼓励儿童主动产生目标行为。

(1) 自我对话：治疗师观察儿童在某活动中的行为，接着也加入这个活动，然后生动地描述在活动中所做的行为。例如，儿童正在游戏角堆积木，治疗师也学着他堆积木，然后说："我正在堆积木，堆得高高的。你看，好高哇！"

(2) 平行对话：治疗师观察儿童正在进行的活动，然后清晰地描述这个活动。例如，儿童正在游戏角堆积木，治疗师专注地看着儿童的行为，然后说："你正在堆积木，堆得好高哇！你看，真的好高"！

(3) 扩充：扩充儿童不完整或不合语法的句子或词组，使其成为合乎语法的句子。例如儿童说"妹妹喝喝"，治疗师先表示了解其语义，再将此句子扩充为更完整的句子说："妹妹正在喝开水"。

(4) 延展：治疗师透过加入新的语义讯息，延展儿童的句子，使其成为语义更丰富完整，且合乎语法的句子。例如儿童说"妹妹喝喝"，治疗师除了予以回应表示了解外，还加入了妹妹喝水的原因，说："对呀，妹妹口很渴，所以要喝水。"

(5) 重铸：治疗师用新的句子形式，把儿童的话语完整地表达出来。例如儿童说"妹妹喝喝"，治疗师就把这个句子从肯定句变成疑问句的方式。譬如治疗师可以说："是谁在喝水啊？是妹妹吗"？

2. 功能性治疗法

除了促发游戏法外，对于年纪较大的青少年也可考虑使用功能性治疗法。在功能性治疗中，透过治疗师的支持，个案在日常生活的例行活动中练习沟通技能，达到沟通功能。例如一位有口吃的青少年，可以和他的治疗师在电话中练习如何与他人电话沟通；最后在治疗师的提示下真正打电话给朋友。

3. 对话群体治疗法

对话群体治疗是一位治疗师与一群个案一起对话的活动。活动的架构和主题也是由个案们所决定。当每位个案表达后，都会得到其他个案中肯、清晰且合适的回应。治疗师在对话群体治疗中要运用一系列的促进技巧，鼓励个案参与、与个案讨论治疗目标，示范如何表达、对于每位个案的表达要给予回馈、处理个案之间的争执、做总结、随时提供口头称赞和鼓励，并且避免离题等。

(三) 混合法

混合法是介于高自然性的 CC 法与低自然性的 CD 法之间的折中方法。它采用高自然性的介入活动，但由治疗师掌控整个治疗环境，使学习效果和类化效果达到最大。常见的混合法有焦点刺激法、情境教学法及脚本治疗法。

1. 焦点刺激法

由治疗师故意安排一些口语或非口语的情境，去诱发个案主动表现目标行为。治疗师 / 教师经常在有意义及有功能性的情境中示范目标行为的使用。

有两个常用的技巧可以鼓励个案表现目标行为。第一个技巧是错误的断言。治疗师有目的地制造错误的描述，来促使个案做出包含目标的沟通行为，例如拿起个案的帽子说“这不是你的帽子”来诱发个案说出“我的，它是我的”的话语。第二个技巧是强迫的选择。提供两个选项，强迫个案做选择，例如拿出两种口味的冰激凌，问：“你要芒果口味的，还是草莓口味的呢？”

2. 情境教学法

情境教学法强调运用正在进行的活动作为介入的活动，同时也将操作制约的原则，如模仿、示范及增强等运用在自然情境之中。

随机教学是情境教学法中常用的方式，以下是随机教学的步骤。

治疗师先布置好环境，把儿童想要的东西放在他看得到但拿不到的地方，用此来诱发儿童口语或非口语互动的意图。例如把儿童最喜欢的巧克力放在很显眼但又碰触不到的地方。注意观察儿童是否开始口语或非口语的互动行为，例如，眼睛看着巧克力，或手指着巧克力，或说出“巧克力”等。

治疗师选择要诱发的目标反应，例如希望个案会说出：“我想要吃巧克力，可以拿给我吗？”

观察儿童的反应，提供各种“提示”来诱发他更精细的反应。首先要设法让儿童注意到巧克力饼干。如果个案经过短暂的等待期间仍未做出反应，治疗师接着就问你想要什么？如果个案在回答时出现目标行为“我想吃巧克力”，治疗师要给予回应，例如哦！你想要吃巧克力啊！

如果个案一直未能表现出目标行为，则治疗师需要用一般的问句提供更多的提示，例如“你想告诉我什么？”或要求他仿说“你说，我想要拿巧克力”，如果个案仍不能说出，那么可以再给他其他提示。

如果个案达到了目标，治疗师要肯定个案行为，并让个案达成他的沟通目的，就是给个案想要的巧克力。

3. 脚本治疗法

此法强调在个案熟悉的日常例行事件和生活脚本中，建立目标行为。

脚本是个案熟悉的日常活动的一连串事件、动作。例如做晚餐、参加生日宴会、在快餐餐厅订餐等。治疗师和个案都参与脚本的扮演与对话。治疗师可以在事件中故意违反事件的顺序，以提供个案沟通的自然机会。例如在生日宴会脚本中，故意在吹蜡烛之前吃蛋糕，或是把重要的道具藏起来等，制造个案想说话的机会。如果个案已经能够学会了在脚本事件中的沟通，那么可以进一步假装生日宴会是在昨天已经办过了，或是想象明天就要办生日宴会，让孩子学会表达不在眼前的活动及运用未来及过去的时间观念。

不同性质的介入方式必须视个案沟通障碍的本质和严重性而定，或者要视个案对不同策略的反应而定。针对个案选择合宜的策略是一门大学问。近年来学者们建议可以证据本位的治疗实务作为选择治疗 / 介入策略时的参考。

三、选择具证据本位的介入策略

Fey 与 Justice(2007) 及 Sackett 等人建议治疗师 / 教师选择介入策略时，可用以下具体步骤选择具有证据能证明有效的介入策略。

(一) 明确地指出想要解决的个案问题与成效

明确地指出你想要解决的个案问题，包含四个部分。

(1) 个案特性及其所遭遇问题：先了解个案本身的特性，并具体描述个案的主要问题。例如小明是四岁的自闭症儿童，他尚未有口语出现，而且无法了解大人的指令。

(2) 考虑可能的介入方式：针对个案的问题，列出可能的介入方式。根据上面例子，一一列出适合小明的介入方式，例如操作制约的训练方式、图片兑换系统等方法。

(3) 比较介入方式的优缺点：将上述步骤所列出的可能介入方式，进行优缺点的比较。

(4) 设定预期的介入成效：依据上述比较结果，选出几个可接受的介入方式，并设定介入成效。

(二) 考虑内部的证据

考虑内部的证据也就是考虑方案内人员的经验和感受。例如治疗师本身的经验和个案与家人的喜好等。举例来说，小明的父母刚好听到其他家长谈论图片兑换系统，说这个方法对于自闭症儿童的沟通技能有很正向的成效。他们对此策略充满好奇与好感，很希望小明有机会接受这个方案。而身为治疗师 / 教师的你也刚好在三个月前参加图片兑换系统的研习，对于图片兑换系统有相当的了解，已经尝试使用于其他自闭症儿童，并且也有很不错的效果。因此此方法具备内部人员的支持。

(三) 寻找外在的研究证据支持

通过网络、图书馆等搜集相关文献，了解某策略在研究上的成效。例如以“图片兑换系统”为关键词，找到以此方法为介入策略的研究，了解其实验成效及评价。

(四) 找出相关性高且具证据本位的研究

在众多研究中，找到几个案问题最具相关性的研究，以及具高证据本位的研究。例如你找到以图片兑换系统进行实验的研究，有四篇都是以 3 ～ 5 岁自闭症儿童为介入对象，与小明的情况非常相近。其中一篇是简单的观察报告，较不具证据性，另三篇研究都具有相当高的证据等级，也都证实图片兑换系统对自闭症儿童确有正向帮助。

(五) 综合考虑内部的和外在的证据，做出结论

以上述小明的例子来说，不管从内部人员的经验或感受，还是从外在的证据来看，图片兑换系统值得一试。

(六) 追踪与评量

实际以图片兑换系统进行介入一阵子后，要评量儿童是否进步，以进一步确认图片兑换系统是否对小明有帮助。

第二节 构音障碍

构音障碍是各种言语障碍中最常见的问题，主要表现为说话时咬字不清楚，出现替代音、

省略音、歪曲音、赘加音等异常表现，影响到言语的沟通与交往，使对方听不懂或不能完全听懂所表达的内容。本章主要介绍构音障碍的基本知识、评估方法以及治疗策略。

正常的构音是指从肺部呼出的气流经过声带的振动后，经由唇、牙齿、上腭、舌等构音器官运动的影响而发出语音的过程。在构音过程中，如果构音的部位、方式、强度或动作的协调性出现问题，就会导致发音错误，形成构音障碍。

一、构音障碍的定义、病因

由于构音障碍并不一定会伴随显著的外在缺陷，也不会有明显的疾病痛苦，更不会对患者构成直接的身体危险，往往被患者本人、家属等所忽略。而且构音障碍的矫治或训练可能需要较长的时间，有时一年半载也难见成效，使得患者或其家人在治疗过程中常半途而废。那么，何谓构音障碍？构音障碍的病因有哪些？

(一) 构音障碍的定义

参考构音障碍(障碍)的已有定义，我们将构音障碍描述为：在言语活动中，由于构音器官的运动或形态结构异常、环境或心理因素等原因所导致的语音不准确(声母、韵母、音调等异常)现象，主要表现为发声困难、发音不准、吐字不清、鼻音过重以及音量、音调、语速、节律异常等言语听觉特征的改变。构音障碍只是口语的表达障碍，其词义和语法正常。构音障碍可以单独发生，也可与其他语言障碍同时存在，如构音障碍常与失语症合并出现等。

(二) 构音障碍的病因

构音障碍的患者常常具有语言交流所需的语言形成和接受能力，仅在语言输出的最后阶段(即运动性言语形成阶段)不能产生清晰的语音。构音障碍患者的言语障碍程度主要受神经、肌肉及其功能受损程度的影响。言语肌群运动的速度、力量、范围、方向和协调性是该类患者言语清晰与否的关键。

构音障碍最常见的病因是脑血管意外、颅脑外伤、脑肿瘤、脑瘫、肌萎缩性侧索硬化、重症肌无力、小脑损伤、帕金森病、多发性硬化症等。还有一些构音障碍是由于构音器官形态和结构异常所致。也有一些构音障碍的发生与个体所处的语言环境复杂有关，比如多种文化背景、多语种或多方言干扰等。听力损失和智力异常也可能导致患者出现并发性构音障碍。可见，构音障碍的致病因素有很多，在临床实践中应该仔细甄别。

二、构音障碍的类型及症状

广义的构音障碍(障碍)包括运动性构音障碍、器官性构音障碍和功能性构音障碍三种类型。狭义的构音障碍是指运动性构音障碍。

(一) 运动性构音障碍

运动性构音障碍是由于神经病变、与言语有关肌肉的麻痹、收缩力减弱或运动不协调所致的言语障碍。此定义强调呼吸运动、共鸣、发音和韵律方面的变化，从大脑到肌肉本身的病变都可引起言语症状。病因常见于脑血管意外、脑肿瘤、脑瘫、肌萎缩侧索硬化、重症肌无力、小脑损伤、帕金森病、多发性硬化等。临床工作中，我们要注意区分运动性构音障碍与失语症的不同。

运动性构音障碍的预后取决于神经病学症状和进展情况，双侧皮下和脑干损伤、退行性疾病(如肌萎缩性侧索硬化症)等引起的构音障碍的预后最差。脑瘫患者如有频繁的吞咽困难和发音异常，预后亦较差。单纯性构音障碍的患者预后比构音障碍合并失语症、听力损失或智力异常的患者好。相对而言，儿童患者比成人有更多的康复机会。而且随着他们的成长，症状常常有所减轻。

(二)器官性构音障碍

器官性构音障碍是指由于构音器官的形态异常导致功能异常而出现的构音障碍。造成构音器官形态异常的原因有：①先天性唇腭裂；②先天性面裂；③巨舌症；④齿裂咬合异常；⑤外伤致构音器官形态及功能异常；⑥神经疾患致构音器官麻痹；⑦先天性腭咽闭合不全。临床上最常见的是唇腭裂所致的构音障碍，其次为舌系带的短缩。

从言语产生的过程来看，腭裂患者言语时的呼吸功能和发声功能均正常，异常语音主要是由于患者的构音和共鸣功能异常所致。

(三)功能性构音障碍

功能性构音障碍是指构音器官无形态及结构的异常，也不是运动功能异常，听力在正常水平，无言语致病的其他明显原因的固定化发音错误。临床多见于儿童，特别是学龄前的儿童。大多数患儿通过构音训练可以完全治愈。

功能性构音障碍的诊断标准：①构音器官形态无异常，无腭裂、错位咬合、严重的舌系带短缩等问题。②构音器官运动功能无异常，无脑瘫、先天性软腭麻痹等。③听力正常，特别要注意排除轻中度听力损失、高频突发性聋(如高频区辅音的听力损失)所引起的发音异常。④语言发育大致达到4岁以上，有构音错误且已经固定化。若儿童未达4岁，其构音错误也可以被认为是发育过程中未成熟的发音。

目前还不十分清楚功能性构音障碍的原因，一般认为是儿童在学习发音的过程中，因某种原因学会了错误的构音动作并已养成习惯所致。有研究发现，在大量就诊的儿童当中，构音障碍与频繁的更换保姆有关，特别是2～4岁的儿童。原因是，这些儿童正处于语言发展时期，大多数儿童的语言发展受到了来自其他地区保姆方言的影响，而且这些发音错误经常不会被注意。

功能性构音障碍也可能与儿童语言的听觉接受、语音辨别、感知运动发展、认知因素等异常有关。

功能性构音障碍的主要临床表现为讲话时口齿不清，轻则他人听不清楚某些词语，重则熟悉的人也难解其意，最终带来患者的继发性情绪和行为障碍。功能性构音障碍常见的言语症状有：① g、k 发成 d、t，如把“哥哥”说成“的的”，把“裤子”说出“兔子”，或者相反的发音方式；② zh、ch、sh 发成 z、c、s，如把“竹”说成“族”，把“吃”说成“次”，把“是”说成“四”；③把 i 发成 n(地方语音的发音特点除外，比如我国的部分地区 n、i 不加区分)，如把“蓝”说成“男”；④一些复韵母、前后鼻音发不准确；⑤把部分非鼻音发成鼻音。

三、治疗原则

(一)针对患者的构音特征设计言语治疗计划

构音障碍的治疗应根据患者不同的特点设计不同的矫治方案。从目前的情形来看，言语治疗往往针对异常言语表现来进行治疗。言语的产生受神经和肌肉控制，身体姿态、肌张力、肌力和运动协调的异常都会影响言语的质量。构音治疗应该从改变这些状态开始，这些状态的纠正会促进言语的改善。因此，训练时应该根据个体构音障碍的评估结果，为患者订制有针对性、目的性强的构音障碍矫治方案。要根据患者的病史以及构音障碍的类型、严重程度、损伤部位和范围等，制订详细而周密的训练计划，并及时调整训练内容和方法。在制订训练计划时，还要注意训练内容尽可能地适合患者的生活、年龄、认知水平等，训练难度适中，有趣味性，才能不断吸引患者的注意力，提高训练的效果。

(二) 选取科学有效的治疗思路

构音与言语产生时各大系统的功能有密切的关系。按照言语产生的过程，这些系统依次是呼吸系统(肺)、发声系统(喉及声带)和构音系统(腭、舌、唇、下颌和鼻等)。一般情况下，构音矫治也是按呼吸(肺)、喉及声带、下颌、唇、舌等运动逐个来进行的。在对下颌、唇和舌等构音器官进行训练时，针对运动性的构音障碍或者程度较重的其他构音障碍，应考虑从患者的口部运动治疗开始，为后面的构音运动治疗和构音语音训练奠定生理运动的基础；对于功能性构音障碍或程度较轻的其他构音障碍，可以考虑以构音语音训练为主线，根据患者的实际需要加入必要的口部运动治疗和构音运动治疗，使患者最终掌握目标音位的发音。在临床上，治疗从哪一环节开始和采用何种先后顺序，要根据构音器官和构音评定的结果而定。通常情况下，构音器官所发生的异常部位，便是构音运动训练的出发点。遇到多个部位有运动障碍时，要从有利于言语产生出发，选择几个部位同时展开。随着构音运动的改善，再随之开始构音语音的训练。一般来说，训练应遵循循序渐进、由易到难、由简单到复杂的原则。

(三) 选择适当的治疗方法和强度

恰当的治疗方法可以提高训练的效果，帮助患者建立克服言语问题的信心和决心，不恰当的治疗会减低患者的训练欲望，使患者习得错误的构音动作模式。因此，训练时治疗师应与患者建立相互信任和理解的良好关系，选择双方都能接受的治疗方法。不管采用何种治疗方法，都要注意使用强化等行为刺激的方法。当患者反应正确时，治疗师要给予肯定和鼓励，反应错误时要给予否定和纠正，使患者积极配合训练，巩固训练效果。训练时，要不断给予支持与鼓励，理解患者的需要，鼓励患者主动参与治疗。对于轻中度患者而言，训练主要以自身主动练习为主；对于重度患者而言，由于患者自己无法进行自主运动或自主运动很差等原因，需要治疗师采用手法辅助治疗。构音障碍治疗的次数和时间原则上越多越好，但要根据患者的具体情况进行调整，避免过度疲劳。一般情况下，治疗多采用一对一的方式，一次治疗30分钟为宜。

四、治疗方法

(一) 口部运动治疗

口部运动治疗的目的是为准确和清晰地构音奠定生理基础，形成说话所必需的口部运动技能，包括舌、唇和下颌的治疗。

1. 舌运动治疗

在通过刺激和强化运动增加舌肌自身的感知觉和肌力的基础上，通过一些较为复杂的舌运动，来阻止异常舌运动模式，建立正常的舌运动模式，并且增加舌运动的多样性和灵活性。舌运动包括五项：吮吸运动、伸展运动、舌尖运动、打扫运动、向后运动。

(1) 吮吸运动

1) 舌与上齿吸吮：将舌尖抵住上齿内侧，舌两侧向上卷起，轻轻回吸，发出“啧啧”声，重复数次。

2) 舌与上齿龈吸吮：将舌尖抵住上齿龈，轻轻地回吸，发出“嗒嗒”音，重复数次。

3) 舌体与硬腭吸吮：将整个舌体吮吸至硬腭中部，收紧，放松，回吸发音，重复数次。

(2) 伸展运动

1) 向上伸展：将舌尖抵住硬腭前部，轮流抬高和降低下颌，感觉到舌部在伸展，重复数次。

2) 向下伸展：将舌头伸出，尽可能向下伸展，重复数次。

3) 捉迷藏：将压舌板放在口内或口外的某个地方，用舌头触碰它以找出它的位置。

(3) 舌尖运动

1) 舌尖上卷：将舌尖卷到上齿龈的外表面，上唇向下用力，坚持 10 秒钟，然后放松，重复数次。

2) 舌尖发音：将舌尖上抬抵住上齿龈内侧，发“兔，兔，兔，兔，兔”“肚，肚，肚，肚，肚”“怒，怒，怒，怒，怒”音，重复数次。

3) 舌尖上下运动：张开嘴巴，将舌尖向上抵住上齿龈，接着向下抵住下齿龈，上下交替运动，重复数次。

(4) 打扫运动

1) 舔硬腭：想象正在用舌尖舔去硬腭部位的冰激凌。用舌尖上抬抵住硬腭从前向后进行舔扫，重复数次。

2) 舌尖顶脸颊：用舌尖顶住右侧脸颊的内侧，然后从右侧移至左侧，重复数次。

3) 舌尖碰嘴角：用舌尖碰触右侧嘴角，然后从右嘴角移至左嘴角，重复数次。

4) 舌尖洗牙水平面：用舌尖放在上排牙齿最里面的一颗牙面上，依次缓慢地扫过每颗牙齿，然后沿着下排牙齿重复这一动作，重复数次。

5) 舌尖洗牙外表面：将舌尖放在最里面的牙齿上，围绕整口牙齿做连续的转圈动作，重复数次。

(5) 向后运动：发 /k/ 音；将舌根抬向软腭。连着发 /k/ 音，重复数次。

2. 唇运动治疗

唇运动治疗的目的是增加患者对唇肌运动的感受性和正常唇肌的敏感性，增加正常的唇运动模式，提高唇肌运动的多样性，包括：

1) 模仿大笑：闭住双唇，嘴角上提，做出大笑的表情，坚持 5 秒钟。放松，重复数次。

2) 感觉酸的表情：将嘴唇噘起，就像在吸柠檬汁，坚持 5 秒钟，重复数次。

3) 亲吻，微笑：将嘴唇从亲吻样转变为大笑样，来回重复 4 次。

4) 亲吻，皱眉：将嘴唇从亲吻样转变为苦笑 (嘴角下拉) 并皱眉，来回重复 4 次。

5) 夹住压舌板：用嘴唇将压舌板夹住，坚持 5 秒钟，重复数次。

6) 出声吻：将嘴唇紧闭，然后分开，发出一个接吻声，重复数次。

7) 夹住吹哨管吹：用嘴唇夹住一根吹哨管吹，重复数次。

3. 下颌运动治疗

下颌运动治疗是通过咀嚼来提高下颌的灵活性、协调性，同时可以放松构音肌群的紧张。如果做夸张咀嚼动作的同时进行发声运动，还会使声带的紧张度下降。这样，音调微有变化，声音听起来较为自然放松，声带接触也更趋完善，音质也随之好转。为此设计的治疗内容有：

(1) 模仿做大幅度的咀嚼运动。让患者对着一面镜子张大嘴，好像咬住了 4 ～ 5 块饼干 (或咀嚼器)，大幅度地咀嚼。偶尔碰到不配合的患者，就真的让他吃饼干，仔细观察言语治疗师的咀嚼动作，然后再进行模仿。言语治疗师要指出患者张嘴的程度以及下颌骨运动的错误所在，然后让其掌握咀嚼动作的要领。

(2) 咀嚼的同时柔和发声。刚开始时，许多患者忙着运动下颌，舌部平伸不动，只能发单一声音 /yam-yam/。言语治疗师应指导患者运动舌部，使发声有所变化。练习时，请患者用手指按压在甲状软骨上，即能感到有轻微的振动。

(3) 在咀嚼的同时发一些具体的单音 /a，i，u/。

(4) 在咀嚼的同时进行数数，从 1 数到 10(要强调音调的变化)。如有条件的话，可以采用实时言语测量仪，将音调的变化实时地反馈给患者进行模仿。

(5) 在这个阶段，每天的训练应该间断地进行，大约 5 次为宜，每次 10 分钟。经过几周的训练之后，逐渐减小咀嚼的幅度，恢复颌部的正常运动。

(6) 让患者慢慢地体会口腔的开闭、颌部的运动以及声带放松的感觉。

(二) 构音运动治疗

构音运动治疗是在口部运动治疗的基础上，促使已经建立的口部运动模式准确地应用于构音，进一步强化各种构音运动中下颌、唇、舌位置的准确性和连续切换能力，促进口部运动与构音的统一。构音运动治疗的材料非常丰富，配以重读训练 (一种使呼吸、发声、构音三大言语系统协调运动，培养和维持舒适的发音功能，缓解各类言语问题，以期达到清晰、舒适发音目的的整体性治疗方法，主要由慢板节奏训练、行板节奏训练和快板节奏训练三个部分组成)，可进一步提高口部结构的运动能力，使之顺利过渡到清晰的发音。单韵母发音时，下颌、唇、舌处于某一构音位置 (点)，才能准确发音，如 /a/ 对应着下颌低位、自然唇形和舌中下位。复韵母发音时，则是两个或三个点之间连续、协调运动的结果，如复韵母 /ai/ 即需要 /a/ 和 /i/ 两点之间的连贯运动。因此，构音运动治疗包括下颌、唇和舌三部分的单一运动模式和转换运动模式训练。治疗时，按下颌、唇、舌的顺序进行，一般先进行单一构音运动训练，再进行转换构音运动训练。例如下颌构音运动：先利用材料 /oi-a-i-a-i-a-i-oi-ai，oe-a-e-oe-oe-oe-ae/ 发音，训练下颌的位置转换和稳定，达到提高发音时下颌上下运动的灵活性、稳定性和协调性。然后，再根据韵母和声母音位的构音运动特点选择具有上、下位的词 (阿姨：/oyi/；洗卡车：/xi-ka-che/；爸爸喝茶：/ba-ba-he-cha/) 进行上下运动训练，达到提高发音时下颌转换运动能力的目的。

(三) 构音语音训练

构音障碍的临床表现之一是韵母音位构音障碍和声母音位构音障碍，所以构音语音训练的目的就是让患者掌握韵母音位和声母音位的正确构音。

韵母音位的发音较为简单，因为除了鼻韵母外，其余的韵母皆为单纯的母音，发音时声道不会受到阻碍，仅涉及下颌、唇、舌不同位置的摆放及转换，因此仅仅通过前面介绍的口部运动治疗和构音运动治疗，就能够基本解决韵母音位的构音问题。声母音位的发音则较为复杂，需要两个不同部位形成不同程度的阻塞或约束，即患者首先必须明确是哪两个部位形成阻塞或约束，其次必须能理解、掌控这两个部位如何通过特定的运动形成特定程度的阻塞或约束，因此，仅通过口部运动治疗和构音运动治疗不能完全解决声母音位的构音障碍，必须对患者进行系统有序的引导和训练。故声母音位构音障碍的矫治，应包括音位诱导、音位习得、音位对比和音位强化四个主要环节，在训练过程中，根据患者的实际需要，加入相应的口部运动治疗和构音运动治疗。

1. 韵母音位构音障碍的矫治

韵母音位构音障碍的治疗流程 (见图 2-1) 如下。

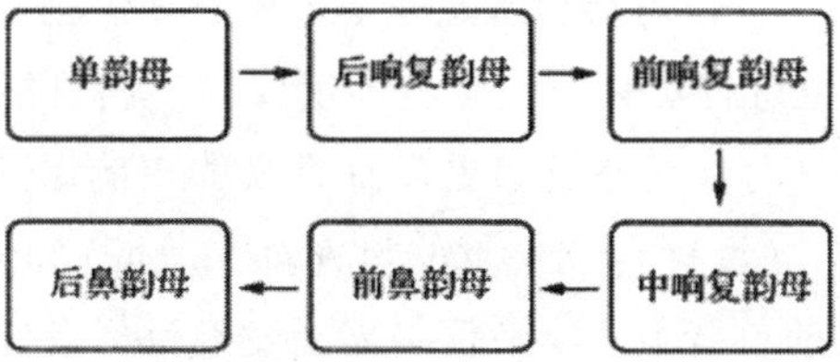

图 2-1 韵母音位构音障碍矫治的顺序

如图 2-1 所示，韵母音位构音障碍的矫治遵循单韵母 (/a/-/u/-/i/、/U/-/e/、/o/) →后响复韵母 →前响复韵母 →中响复韵母 →前鼻韵母 →后鼻韵母的原则。韵母音位构音障碍矫治的流程包括发音认识、口部运动治疗和构音运动治疗三部分。其中，发音认识指言语治疗师通过视觉、听觉、触觉等感觉通道，让患者认识目标韵母的发音过程，意识到自己发音的问题所在；口部运动治疗指通过下颌、唇和舌的运动训练获得说话时必要的口部运动技能，为清晰发音奠定生理基础；构音运动治疗指在正确的口部运动基础上，进一步通过重读训练法巩固发音中所需的各种构音运动模式。

2. 声母音位的构音语音训练

在进行构音语音训练的时候，必须严格遵守声母音位习得规律进行训练，只有遵循从易到难的顺序，逐步加大治疗的难度和深度，构音障碍的康复效率才能得到快速地提高，否则就会止步不前。黄昭鸣 (2006) 指出，汉语中 21 个声母音位的习得遵循 5 个阶段的发音规律：第一阶段 /b、m、d、h/；第二阶段 /p、t、g、k、n/；第三阶段 /f、j、q、x/；第四阶段 /l、z、s、r/ 和第五阶段 /c、zh、ch、sh/。

(1) 声母音位诱导训练：音位诱导训练的主要目的是帮助患者诱导出本被遗漏、替代或者歪曲的目标声元音位，是一个从无到有的过程。针对患者进行声母音位诱导的过程如下。

首先，需要增强患者对目标音位的感知能力，这主要依靠听觉感知。这个阶段不需要患者模仿发音或者发音多么准确。选择的材料一定是患者在日常生活中可以经常见到的，如认识 /b/ 音位，选择“杯子”等常见素材。每一个音位至少选取一个词语来进行感知训练，这个词语既可以是单音节词，也可以是双音节词或三音节词。

其次，当患者对目标音位形成一定程度的感知后，让患者认识该声母音位的生理特征，即所听到的这个声音，是怎么由构音器官运动而产生的；它的发音部位在哪里，采用了什么样的发音方式，让患者对目标音位有一个全方位的认识。由于在正常状态下，话语的速度快，以及大部分的构音运动在口腔内部发生，声母的发音部位和发音方式难以简单地通过眼睛观察到，所以只能使用教学视频的形式动态呈现目标音位发音的整个过程。患者可以通过视频准确地观察到发音过程中，下颌、唇、舌等重要构音器官的运动，气流呼出的路径及气流的多少和持续时间。

然后，引导患者经过多次自主模仿该声音，就能发出正确的目标音位了。但是大部分患者仍然需要进一步的指导和训练，才能诱导出目标音位的呼读音或者一至两个含有该目标音位的单音节。诱导目标音位是在帮助患者认识到问题所在的基础上，便于患者找到正确的发音部位，并建立正确的发音方式，同时掌握目标声母的送气特征。

(2) 声母音位习得训练：音位习得训练是在音位诱导训练的基础上，通过大量的练习材料巩固发音，将诱导出的音位进行类化，使患者不仅仅同发出目标音位的呼读音或者 1 ～ 2 个含有该目标音位的单音节，而且能够发出更多有意义的声韵组合，这些声韵组合包括 / 目标音位 + 单韵母 /(如爸 /ba/)、/ 目标音位 + 复韵母 /(如白 /bai/) 和 / 目标音位 + 鼻韵母 /(如冰 /bing/)；除了能够发出所有的单音节外，治疗师需要变换目标音位所在的位置，可以在双音节 (前)、双音节 (后)、三音节 (前)、三音节 (中) 和三音节 (后)，如：瓢虫 /piaochong/、照片 /zhaopian/、平底鞋 /pingdixie/、吹泡泡 /chuipaopao/、扑克牌 /pukepai/，使目标音位位于任意位置时，患者都能够正确地发出。另外，为了提高构音语音训练的趣味性，声母音位习得训练也可以采用游戏的形式。表 2-1 是声母音位习得训练举例。

表 2-1 /p/ 音位习得材料举例

单音节	双音节 (前)	双音节 (后)	三音节 (前)	三音节 (中)	三音节 (后)
爬	耙子	山坡	怕游泳	小爬虫	弹琵琶
坡	婆婆	手帕	爬山虎	山坡上	老巫婆
皮	皮肤	雨披	泼水节	擦皮鞋	香蕉皮
扑	皮鞋	床铺	皮沙发	扔皮球	小女仆
牌	葡萄	球拍	葡萄干	橡皮擦	扑克牌
抛	排球	气泡	蒲公英	吃葡萄	开大炮
撇	泡沫	玉佩	拍皮球	打排球	电灯泡
票	配饰	车票	跑步机	吹泡泡	红旗飘

(3) 声母音位对比训练：音位对比训练是将容易混淆的一对声母提取出来进行的专门的、巩固的训练，用来进一步强化新习得的声母音位。音位对比训练又称 PCT(Pair Contrast Therapy) 训练法，它是专门针对精细语音的发音训练方法。PCT 训练法以“音位对比”为训练手段，用语音的最小单位为训练介质，可以提高特殊儿童言语康复的精度，为其打下扎实的语音基础，因此可以说是一种高级的基础训练。

(4) 声韵组合强化训练：一般来说，音位对比训练过后，患者就可以掌握目标声母音位的发音，并可以准确地发出其单音节、双音节和三音节词语。但是，这种发音刻板、僵硬，有很明显的训练痕迹。而人们学习说话的最终目的是在生活中能够运用该音位进行准确的交流，所以必须进行声韵组合强化训练。患者通过在各种模拟的日常情境下，对目标音位的灵活运用，来加强音位运用的能力。

声韵组合强化训练可以根据日常生活，设计若干个常见主题，如：食品、公共场所、活动、动物、物品、身体部位、交通工具、乐器等，如表 2-2 所示。每个主题中都包含生活中常用的句式，如物品：有 / 没有，在横线中可以添加任何含有 /b/ 的主语和宾语，如爸爸 / 小宝宝有 / 没有白纸 / 报纸 / 书包 / 铅笔 / 别针 / 背心，等等。在日常的情境中强化目标音位，可以帮助患者将所习得的目标音位更快地迁移到日常生活的使用中。

表 2-2 /b/ 的音位强化材料举例

主题	练习句型
食品	爸爸 / 小宝宝吃 / 喜欢 / 讨厌棒冰 / 面包 / 冰激凌 / 白萝卜 / 胡萝卜
公共场所	爸爸 / 小宝宝在 / 不在宾馆 / 城堡 / 办公室
活动	爸爸 / 小宝宝在 / 不在比赛 / 步行 / 跑步 / 蹦蹦跳 / 变魔术
动物	动物园里有 / 没有豹 / 壁虎 / 斑马 / 蝙蝠 / 北极熊
物品	爸爸 / 小宝宝有 / 没有白纸 / 报纸 / 书包 / 铅笔 / 别针 / 背心
身体部位	爸爸 / 小宝宝有 / 没有红鼻子 / 大嘴巴 / 粗手臂 /

还可以结合现代技术，采用沟通板，完成上述的训练，特殊儿童可以根据自己的喜好，选择目标词语，组成生活情景下的不同表达，充分调动特殊儿童的学习积极性，提高康复效率。为了使得特殊儿童的发音更加接近日常生活，训练者还可以打乱构音语音的顺序，以词语训练的形式强化韵母和声母的发音。

第三节 语畅异常

口吃者说话时，节律常有重复、中断和拖长等现象，口吃易发生在幼儿时期，部分儿童会逐渐复原，但有 20% ～ 40% 的儿童可能成为口吃者，若未能给予适当的介入，可能影响到口吃者的自信心和正常的心理发育过程，降低他们与人的沟通能力和社会适应能力，带来生活、学习和工作上许多的不便。因此发现幼儿口吃时，及早给予治疗，可以增加他们的社会互动范围，同时也可以避免或减少因口吃带来的负面影响。

口吃，医学上称之为语阻，播音学和语言学中又称之为吃字，卡壳，表现为说话的频率、节律和韵律异常，是非自愿的重复 (语音，音节，单词或短语)、停顿、拖长和打断。人类自有语言以来，口吃就伴随着出现了。口吃不仅仅是指说话时结巴，它牵涉遗传基因、神经生理发育、心理压力和语言行为等诸多方面，是一种多因性的语言障碍。

一、口吃的定义、病因与分类

口吃是一种复杂且多面向的言语障碍，主要表现在说话上出现不流畅、阻塞、重复的现象，通常是与非本意的语音重复相联系，但它也包括言语前的反常犹豫或停顿 (被口吃者称为“语塞”) 和某些语音的拖长。

(一) 口吃的定义

近十年来，不同的学者对口吃的定义不同。Ambrose 和 Yairi 指出，发生口语不流畅者是口吃者。Van Riper 对口吃的定义为：口吃是“无法自我控制”的说话流畅性失调，不论是重复发出同一个字音或是将字音拉长，当事人往往因此感到挫折或尴尬。Eisenson 和 Ogilvie(1983) 的定义是大家常用的定义，即口吃是指语言表达上的异常，它缺乏正常的言语流畅，其特质是语音、音节甚至整字、整句重复、阻塞；尤其是在语音或音节的开头，有的语音会延长，经常整个句子表达起来琐碎而片段。而且个体在面临讲话时，常心怀恐惧和焦虑，并伴随挣扎行为。世界卫生组织对口吃的定义为：口吃是一种言语节律障碍，表现为在说话过程中口吃者明确知道自己希望说什么，但常由于不随意的发音重复、延长或停顿，在表达时产生困难。也就是说，口吃是一种言语表达或言语产生过程中的流畅性障碍。

口吃包含了三大层面的内容：其一，口吃的核心行为，也叫作口吃的核心症状，是指口吃者结巴的、不正常的语言表达方式。由原本应当是流畅的、富有节奏的语言表达过程，被过多的、无法自控的语音重复、拖长和卡壳所中断的这种现象。其二，口吃的附加行为，也叫口吃的第二行为，或口吃的第二症状。它指的是口吃者为了逃避和摆脱口吃的核心行为，所表现出的各种不正常动作和行为，如眨眼、跺脚、清喉咙、面部和脑袋抽搐、咬手指以及说话故意停顿，或逃避某些容易使自己感到压力、说话结巴的场合等等。其三，口吃心理，包含了情感和认知两个方面。它既包括了口吃所带来的恐惧、焦虑、压力、羞耻、内疚、挫折等负面感觉和情绪，也包括了由此导致的对口吃、对自己、对整个人生和世界的看法和认知。

上述的三大层面是紧密相连、相互影响、彼此不能分割的一个整体。由于它的核心行为或伴有附加行为产生，而带来了口吃的心理，从而导致口吃者的语言行为更加“偏离常态”，最终成为“不正常语言行为”的一部分，并与口吃核心行为一起，反过来进一步加重口吃心理的恶化，形成了口吃的核心行为、口吃的附加行为和口吃心理的恶性循环。

(二) 口吃的发生率

口吃的发病率因年龄、语言以及地域而不同。在言语治疗欠发达、欠普及的地区，口吃发病率比较高。根据流行病学调查，不同国家不同种族人群中，学龄前儿童中口吃发生率为 3%～5%，一般人口中(学龄前儿童除外)，口吃的流行率为0.7%～1%，男女比例为(1.6～5.1):1。

口吃开始的年龄平均为 3 岁，少数发病于 6 岁后。口吃严重影响了患者正常的人际交流和思想感情的自然表达，干扰了患者的学习和工作，并使之产生自卑心理和抑郁、焦虑等负性情绪。由于儿童口吃的发生率比成人要高，口吃对儿童的身心发展可能造成负面影响，甚至阻碍儿童健康成长，因此不能忽视口吃这种言语障碍。

(三) 口吃的病因

口吃不是单纯的言语问题，也不是单纯的心理问题，它是由多种因素交互作用而导致的。很久以前就有许多学者用不同的理论来解释口吃的病因，但至今尚无公认的结论。因此，深入认识口吃病因及其机制尚需言语科学、语言与言语疾病学、神经病学、心理学、神经心理学、放射诊断学等学科的协同研究，对儿童的口吃发病原因也有必要深入研究。参考杨淑兰 (2011) 口吃发生原因的理论、发病原因和机制可归纳为以下几类。

1. 大脑皮层优势理论

人体大脑两半球功能的不对称，通常脑的不同功能向一侧半球集中是人脑结构和认知的主要特征，生理学上称之为大脑半球一侧优势，或简称大脑优势。一般来说，左侧大脑半球为语言活动功能的优势半球，右侧为非语词认识功能的优势半球。在语言过程中，大脑的左、右两半球都参与说话的过程，但左脑起了更关键的作用。1925 年，Orton 和 LeeTravis 用大脑皮层优势这一理论来解释口吃原因。此理论认为，如果一个儿童未形成语言的优势大脑皮层，那么此儿童在说话时就会口吃。近年来欧美许多学者利用核磁共振仪器扫描口吃者说话时大脑的活动，发现口吃者左脑负责语言计划和听觉理解的组织结构与非口吃者不同，认为那个区域的纤维是主管大脑说话及组织说话的部分，由此证明口吃的原因可能源自于大脑侧化不完全。

2. 遗传学理论

一些研究发现，在口吃儿童中，口吃者家族发病率可达 36% ～ 55%，因此许多研究者认为，口吃和遗传有密切的关系，可能为单基因遗传。

刘旭刚等总结了一些学者对口吃的病因的研究结果：Mammon 等调查，口吃儿童 36% ～ 60% 有家族史，多见于父亲与兄弟；张未等对 577 例口吃患者的调查发现有家族史的占 20.1%，且多见于父亲及兄弟之间。

双生子方面的研究也为这种观点提供了依据。但是目前还没有探明这类家族发病到底是源自遗传因素还是源自社会因素。也有人发现口吃患者及亲属中左利手多见，认为口吃与大脑优势则有关。但事实上，虽然一些案例研究以及流行病学的调查显示口吃有着家族性，但是这些案例很难排除环境的影响。对于任何一个儿童，他们学习语言都需要有模仿的对象，在他们成长的过程中，由于每天和父母或亲人生活在一起，语言学习的模仿对象通常是他们的父母或亲人。儿童的父母或亲人是口吃者，那么该儿童就容易受父母及亲人的影响或模仿而有口吃，或者因为父母或亲人为口吃者而特别注意儿童的说话情形，给予儿童太大的压力而导致其口吃，因此口吃的原因并非完全因遗传而来，环境的因素也造成相当的影响。

3. 生化理论

WeSt(1958) 发现口吃者与非口吃者在新陈代谢和生物化学物质方面存在差异。口吃者由于先天性的化学物质产生不平衡，造成主导说话的神经生理功能不协调而导致口吃。Geschwind 和 Galaburda(1985) 提出荷尔蒙理论，认为男性荷尔蒙会抑制胚胎大脑的神经发育，由于大脑右半球发育比左半球早，因此男性荷尔蒙对左半球的影响较大，使得男性左半球发育较慢，从而影响他们的语言发展，也由此解释了口吃者男性多于女性的原因，以及口吃者为什么会有较多的语言发育迟缓的现象。

4. 生理故障假说理论

从生理表现上说，主要是由于呼吸肌、喉肌及其他与发音有关的器官紧张与痉挛所造成的。语言神经中枢发育不良或受到损伤后会造成功能性障碍。一些研究大脑半球偏侧性和半球间联系的实验包括脑成像技术研究结果表明，口吃者与普通人相比表现异常，即在说话时口吃，两侧脑半球的局部血流以及生理指标等有差异。Watson 和 Freeman 整理过去有关语畅异常神经科学的研究结果，显示口吃者的左额叶的前扣带回、基底核主管语言功能和口语动作的部分，与一般人有差异，而右半球的颞叶与听觉处理有关的部分，也有异常现象。Kell 等认为，口吃是一种与左脑前额叶构造异常有关的神经发展障碍。

5. 错误诊断理论

这一理论属于期待与挣扎反应假说的一种，是最常被提到的用来解释口吃原因的一种理论，提出者是 WendellJohnson，该理论认为儿童之所以口吃是由于父母提供了一种错误的诊断。当儿童说话犹豫或重复是正常的不流畅时，却被误认为不正常，是口吃，因此父母对正常的不流畅过度地给予关心与纠正。这种父母对儿童口吃的错误判断使得他们在儿童周围造成了一个“不同”和“障碍”的环境，正是因为这种不正常的环境使儿童感到了压力，不能像其他普通儿童那样说话，而是以一种不正常的说话方式来对父母的焦虑、压力、批评、责备与修正的要求做出反应。儿童想避免产生这种挫折与压力，因此越注意不要发生口吃，反而越紧张而口吃。

6. 心理学理论

在 20 世纪 50 年代，一些研究者开始试图从心理学的角度去分析造成口吃的原因。Bluemel 认为可能是口吃者先天或基因有缺陷，因此当个体受到惊吓、创伤或受伤、疾病等因素影响时，就会产生口吃的现象。心理学理论的注意力集中于口吃者的个性及心理因素，这种观点也被广泛接受。就这个理论看来，口吃是经过合理组织的、有目的地对各种危险想法的防御，是一种对不受欢迎的或危险感情的压抑机制。但是这些研究也存在效度和信度的问题，被认为是研究者主观性的解释。就很多案例来说，口吃的发生确实与个体的心理因素存在着密切的关系，但过去的研究并未发现口吃者比一般人有更多的心理异常，但他们的沟通焦虑要高于一般人。由实际的个案来看，绝大多数儿童在成长过程中，也经受过惊吓、创伤或受伤，但也并未因此而出现口吃特征。

7. 条件反射理论

这个理论实际上坚持的是“习得学说”，即认为口吃是儿童在语言习得过程中形成的一种不良的反应行为。一些口吃研究者认为，口吃是有意模仿别人学来的或由于周围的口吃者的潜移默化的影响所造成的。而个体之所以有口吃这样的错误说话习惯，是因为在大脑皮层建立了错误的条件反射。经典条件反射理论认为言语不流畅时存在的一些非本意的语音重复与说话者的焦虑、担心联系起来，久而久之，个体在一些引起焦虑的环境中就会发生口吃，口吃就是这种经典条件反射的结果，而口吃者的一些非言语的伴随行为如肌肉紧张、眨眼睛、扮鬼脸，都是因为想避免口吃或对付言语不流利而形成的一种操作条件反应。

8. 趋避矛盾理论

Sheehan 提出了趋避矛盾理论。他认为当口吃者说话的欲望超过逃避的驱动力时，便说得很流畅，反之则沉默；当说话和逃避力量接近时，则产生强烈的心理冲突，就会发生口吃，当口吃发生时，恐惧心理和逃避驱力就会减低，冲突暂时解除。口吃者对于沉默也有类似的冲突，认为自己不该沉默，应该开口说话，因此口吃者有双重趋避冲突的感觉。

9. 多重因素

口吃只是一种现象，研究口吃不应该只观察口吃发生的片刻，还必须要观察与口吃有关的现象，如发生口吃前的状态、发生时的情绪、发生时口吃者的行为、口吃后伴随的情绪、听者的反应和口吃者的心理因素等。通过这些现象，来全面考虑口吃发生的原因。杨淑兰归纳了一些学者的研究结果：Smith 和 Kelly 提出口吃发生的有关因素可能有语言过程的不稳定性、大脑化学物质或代谢活动的异常、口吃者逃避的说话情境、呼吸时胸壁不正常的起伏、DNA 排序、说话时肌肉抽搐的现象、眨眼或跺脚等第二症状等。Zimmerman 指出，口吃是一种复杂的异常现象，包括环境和个体本身的行为表现：环境因素方面包含遗传机体本身的弱点以及情绪、认知、语言对口语动作的影响；个体表现方面有社会文化层面、心理 / 行为层面、知觉 / 语言学层面、听觉声学层面、动作层面、电子摄影层面、中枢神经系统层面和自律系统等不同角度。

因此，要从家族史、社会情境、语言历程、情绪 / 自律因素、口语动作组织和其他因素等多重方面来了解口吃发生的原因。

(四) 口吃的分类

口吃是说话时字音无意重复、中断，语流不畅，是一种直接影响人的交流、多因性的语言障碍症。对于口吃的分类，不同的矫正理论有不同的分类方法。

1. 按口吃发展的过程和演变的结果划分

(1) 发育性口吃：开始于儿童期，并且在成长过程中逐步发展而成的口吃，发生率为 5%。通常在 3 ～ 8 岁时出现，随着成长，80% 的人在青春期前缓解，不再口吃，而 20% 在 18 岁后仍然存在口吃，没有改善，成为“成人口吃”。

(2) 可矫正性口吃：多发生于 7 岁以后，但在专业人士的帮助和家庭环境的支持下，对他们在情感表达方面、行为方面和认知方面给予必要的调整，能够恢复到正常的言语流畅。此类口吃是发作性的，通常在身体状况、精神状况或环境状况改变的情况下，说话的流畅性容易失去控制。

(3) 慢性顽固性口吃：7 岁以下即患有口吃，这种口吃不是由于正常发育的言语不流畅所致，此类口吃者需要长期治疗，才能达到产生和维持语言流畅的效果，但很难彻底治愈或缓解症状。

2. 按语言表达的具体症状划分

(1) 连发性或重复性口吃：表现为一个字或词组或短句多次重复。

(2) 中阻性口吃：表现为一句话当中突然在某个字或某个音卡住发不出来。

(3) 掺音性口吃：在讲话的开头或中间掺进一些不必要的字或词。

(4) 难发性口吃：通常是第一个字发不出来。

(5) 伴随 (动作) 性口吃：在出现上述几种现象时，还伴随着跺脚、眨眼等伴随性动作。

(6) 痉挛性口吃：在讲话当中还出现面部肌肉抽搐、打战，甚至痉挛等现象。这种分类方法有很大的弊端，会给口吃患者的口吃“帽子”扣得更紧了，加强了口吃意识，增加了心理负担，不利于矫正。

3. 按照口吃者的心理状态方面来划分

(1) 生理性口吃：多指儿童期口吃，多表现为单纯重复，可能有轻度的恐惧心理，但通常没有严重的心理障碍。

(2) 反应性口吃：对口吃有明显的恐惧心理，心理负担很重，口吃程度也明显地随情绪而改变，对口吃极其敏感。

(3) 习惯性口吃：通常病史较长，但心理负担不重，较多的表现为重复和短暂停顿。

二、口吃的言语异常特征

人们说话时，音节是依次说出的，依次说出的话称为语流。语流有一定的速度、停顿、轻重、音节的长短等变化，这些因素构成了语流的节律；节律正确的语流即是流畅的言语。由于口吃者有言语不流畅的异常特征，因此这种不流畅的发生频率和严重程度较一般人来得高。

(一) 言语流畅的要素

言语的流畅包含三个要素：连贯性、语速和言语的轻松程度。所谓连贯性，是指话语没有中断或犹豫。语速是指单位时间内讲出的字词的个数。对于中文普通话来说，正常的语速在每分钟 240 个汉字 (音节) 左右。所谓讲话的轻松程度，是指讲话时投入的力气的多少。普通人在讲话时通常只用较少的肌肉力量，但是口吃者说话时耗费相对较多的肌肉力量。除了身体轻松程度，口吃者的心理轻松程度比普通人要低很多。

(二) 言语流畅阻断的因素

口吃中造成言语流畅阻断的因素有三：第一，重复。重复可以发生在一个音素、一个汉字(音节)、一个词或一个短语上。比如汉字的重复“出现现现在几点了”，或者音素的重复，比如“支支吾吾我要出去一下”。虽然普通人和口吃者说话时都会发生重复，但是普通人不太可能重复一个音素，通常只重复字、词或短语，而且普通人一般只重复 1 到 2 次，而口吃者经常会重复 1 次以上。第二，拖长。拖长的现象在口吃当中也很常见。摩擦音类型的辅音比较容易产生拖长的音素，例如“丝”当中的 /s/，“书”当中的 /sh/，“风”当中的 /f/ 等。第三，停顿。口吃中的停顿分为非填充停顿和填充停顿两类。非填充停顿是话语当中长得异常静默。这种停顿与正常话语当中的停顿的不同在于时间长、发生在通常不应停顿的地方 (例如一个词的两个字之间)。这些停顿可以发生在辅音上，也可以发生在元音上。在停顿发生时，口吃者的声门时常会关闭，造成声带无法发生振动。填充停顿是利用一些“插入语” (比如“嗯”“呃”等) 来引导将要说出的话。普通人的话语也会有这类插入语。口吃者在不流利时经常使用这些填充来缓解压力或掩饰症状。

(三) 口吃发展

不同的口吃者有不同的发展过程。对于大多数口吃者来说，初期表现为：不费力的音节重复或语音拖长；然后是充满紧张感，为把话说出来而过分用力以致出现各种附加动作；此后，出现语流阻塞或回避反应。与上述外在表现同时发展的是心理上的变化，由对言语障碍没有自我意识变为有自我意识，然后出现挫折感，最后出现恐惧感和羞愧感。这种过程是最一般的口吃发展经历。不过，也有其他的发展经历。有的口吃者一开始发生口吃就有语流的完全阻塞。有些口吃者的口吃发展很慢，也没有因说话过分用力而出现的各种附加动作。

姜泗长等认为口吃的发展可分为四期，各期之间可有重叠，个体之间也会出现差异。

第 1 期：口吃是阵发性的，常发生于儿童紧张、要说很多话的时候，或在有压力交流时发生，此时的口吃主要表现在说话开始时某些单词或音节重复。这一时期，儿童并不在意言语不流畅。

第 2 期：口吃变成较慢性的，儿童也认为自己口吃，口吃在言语的大部分时间内发生，在兴奋或快速言语的情况下加重。儿童仍不太在意自己的说话困难，这一时期常常是小学生口吃的表现。

第 3 期：口吃在不同的场合中不同。对某些词较难说好或较难发的音，儿童会用比较容易说的词或好发的音替代，避开说某些词。还没有避开说话环境，也没有在交往中出现窘迫的表现。

第 4 期：口吃者对口吃有恐惧心理。对词、声音和面临的处境都具有胆怯的心理。常用代替的词，避开说话的场合，有恐惧感、窘迫感、无奈感。这一时期通常发生于青年后期或成年期。

(四) 口吃的症状

口吃症状，是指说话困难，或预感到说话困难时所引起的一系列反应。从言语方面、肌肉运动方面、情绪方面考虑，又分别以"言语症状""伴随症状""努力性"等各项来进行具体分析。

1. 言语症状

口吃主要为言语方面异常，根据口吃症状及口吃在几个方面的临床表现，可将其总结分析归类为不同的综合征。

2. 伴随症状

口吃患者为了克服言语困难而产生的身体紧张、附加肌肉运动等。

3. 努力性

口吃患者为了避免口吃或极力想从口吃状态中解脱出来所表现的解除反应、助跑、延长、回避等。常有以下表现。

(1) 解除反应：当出现口吃时努力从口吃中解脱出来，全身用力、说话暂停、重新尝试等。

(2) "助跑"现象：在插入、速度、韵律等方面出现问题时，有目的地使用"助跑"的方式，以避免口吃，口吃患者会重复语句的开始。

(3) 延长：将难于发出的音特意延长，发音前貌似思考样。

(4) 回避：尽量避开目的音，放弃说话或用别的词语代替，或使用非语言形式如手势表达。

4. 情绪性反应

口吃患者的情绪性反应，不但表现在口吃时，也表现在说话前预感到口吃时，或口吃发生之后等，具体反应为：态度上可表现为故作镇静、虚张声势、采取攻击态度、做怪相害羞状、心神不定。表情方面可出现脸红、表情紧张、表情为难。视线会移开、不定、偷看对方、睁大眼睛、盯着对方。说话时可表现出开始很急、说话量急速变化、声音变小、语音单调、欲言又止。行为举止上有羞涩的笑、手脚乱动、焦躁、假咳嗽、抽搐动作等。口吃者的情绪反应常因人而异。

5. 一贯性、适应性

一贯性效果是指在同一篇文章反复朗读时，在同一位置、同一章节中出现口吃的情况，这种情况在谈话中也常可见到，一般重度口吃患者一贯性较高。适应性效果是指在同一篇文章反复朗读时每重复一次口吃频率就降低一次，口吃越重适应性就越低。

6. 波动性

口吃初期、流畅期与非流畅期常常交替出现，在此称为"波动性"，但随着年龄的增长、口吃的进展，其流畅期会越来越短。波动性可因人而异。

三、语畅异常的鉴别

对口吃儿童在治疗或咨询前，首先要明确是否真有口吃。由于口吃是一个复杂多向度的言语异常，因此要与其他非口吃的言语不流畅进行鉴别。

(一) 迅吃

迅吃的特点为说话速度过快或不稳定，导致说话急促且含糊不清，难以辨识；一些患者会有语言和思考缺乏组织的问题，语音扭曲或省略，影响沟通信息的传递；说话声音语调平板单调；话语中出现压缩性错误，常出现词汇、短语或句子中语音的调换等。迅吃者也可能同时有口吃问题，而迅吃者对自己的言语问题不像口吃者有高度的觉察，通常是听者反映对他们说话内容不了解，他们才会注意到自己的言语问题。

（二）神经性口吃

年长者多发，有中枢神经性疾病的因素存在，常有神经系统症状和体征。说话时多重复字词中间和最后的音节，很少有逃避行为；对自身存在的口吃现象没有恐惧感；病因去除后语畅恢复正常。

（三）心理性口吃

多是因遭遇重大心理伤害或压力事件而出现言语不流畅。口吃有强迫性或伴有神经官能症表现，常常出现焦虑、人格异常，口吃现象不会随说话情景或方式而改变。

语言治疗师排除个案为迅吃、神经性和心理性口吃后，开始进行口吃的评估。

四、儿童口吃的治疗

一般认为，60%～80%的儿童口吃随着年龄增长而自愈。但儿童家长和周围的人要避免有意无意地增强这些儿童不流畅的言语行为，应主动缓解儿童的紧张情绪，增强儿童的信心，减少其对口吃的恐惧，使其不过分注意自己的讲话过程。儿童的口吃如果能及早发现，并及时进行适当的治疗，还是能获得很显著的效果。

（一）环境处理

通过对口吃儿童语言环境的评估，找出导致口吃的环境因素，进而消除这些不利因素，才能减轻或消除儿童口吃。家长要创造平静和谐的家庭气氛和轻松愉快的语言环境，使儿童免受不良心理刺激而引起精神紧张；家长或教师要消除失望和歧视的态度，不要过分注意或刻意纠正儿童说话的过程；同伴间不要模仿、讥笑或批评儿童的说话；平时用平静、柔和的语气与该儿童讲话，并且要耐心听其讲话，不要轻易打断讲话。避免任何可引起言语不流利的因素。

（二）心理治疗

对有心理或情绪问题的口吃儿童应进行心理治疗。治疗过程中对言语症状不多加关注，治疗的重点在于对口吃儿童的心理对抗及防备机制、个体的发育、焦虑、其他感觉和人际关系等方面的关注。鼓励儿童树立战胜口吃的信心，培养开朗的性格，积极参加各种人际交往和社会活动，消除口吃的心理障碍。

（三）系统脱敏疗法

系统脱敏疗法是一种常用的行为治疗方法，又称交互抑制法，是由美国学者沃尔帕所创立和发展。这种方法主要是诱导患者缓慢地暴露出导致焦虑、恐惧的情境的同时，通过心理的放松状态来对抗这种焦虑情绪，从而达到消除焦虑或恐惧的目的。如果一个刺激所引起的焦虑或恐惧状态在患者所能忍受的范围之内，经过多次反复的呈现，患者便不再会对该刺激感到焦虑或恐惧，治疗目标也就达到了。

口吃的系统脱敏治疗是不直接针对言语不流利的疗法，此方法是逐渐加大儿童对某些导致口吃环境因素的耐受力，通过父母一儿童言语相互影响，降低口吃儿童对环境紧张因素的敏感而缓解口吃症状。Guitar 建议用角色扮演来教孩子如何在被干扰情境下仍然维持放松说话的方式。父母与儿童在说话时避免涉及造成紧张气氛的内容，相互间都保持较缓慢的步调，然后由弱到强给予“激惹”因素，密切观察儿童的反应。当开始出现紧张反应时，将“激惹”减弱，每一节做 4 次，这样逐渐加大到平时所承受的“激惹”程度而不会引起紧张反应。做此项治疗时，所有家庭成员都要参加，以了解如何减轻环境激惹因素。

(四) 减慢语速治疗

减慢说话的速度能够对口吃者的言语活动起着全面的调节作用，可以摆脱习惯性的言语动作抽搐，确保言语运动 (呼吸、发声、构音的运动) 的适当协调性。Williams、Webster 等先后提出，对口吃者采用控制说话速度进行言语训练的和缓的方法。治疗前，言语治疗师先向口吃者做缓速言语的示范，让他们通过模仿掌握这种说话技能。开始时，说话越慢越好，但言语必须连贯，不能一字或一词一停顿，只能在适当的地方停顿吸气，应注意说出的句子中的逻辑重读字音，把句中的词语及意思强调出来。训练时，从短和容易的语句开始，逐渐延长语句和难度。Shames 及 Florance 用减慢言语速度保持词与词之间的连续，重塑正常的发音等训练方法。如：可设计一种缓慢说话的游戏，由治疗师先示范如何缓慢说话，并让患儿模仿，以杜绝儿童那种时快时慢式的语言。减慢语速可减少单词重复的次数，使起始音的发出变得容易些。此方法可以帮助儿童渐进地放松声带，避免呼吸道紧张，以促进说话的流畅。当口吃者不再口吃时，再慢慢提高其说话速度。

(五) 言语矫正训练

言语矫正训练形式可以集体式，也可以是个别式。首先要教会儿童言语发声的技巧。训练的方法有：第一，呼吸与发声的协调训练。①通过呼吸的调整训练，可以提高儿童的肺活量。可用游戏吹泡泡、吹气球等方式，练习的时候肩膀以上要充分放松；还可以用叹气法，经常做此练习可以让儿童说话变轻松。②发声的调整训练。先张大嘴巴学老虎叫，模拟中要有大量的气吐出，再通过各种游戏，如蹦跳练习、石头、剪子、布，训练儿童流畅说话的技巧。第二，口腔各器官的协调训练，练习训练儿童的口腔器官的灵活性。第三，言语与节律的协调训练，强调说话中的重音和停顿，找到说话中的节奏，经常练习，让节奏深入说话中。

语音训练时，既要关注儿童说话时“元音”“清辅音”“浊辅音”会对口吃产生影响，也要关注词的“起始音”与“终止音”对喉功能的影响。许多儿童当遇到起始音为元音或双元音时，口吃更加严重，有时发起始词困难，出现停顿现象。因此在训练中不需要让儿童知道哪些词会说起来比较困难，如果儿童很在意这一点，那就可以告诉儿童某些单词容易说出口来，帮助其回避难度大的词。音量训练时，要设计一种大家说话都轻柔的训练方法，可以要求儿童轻轻地说话，以减少气流中止的“阻塞”现象，可以改善口吃。

在语言训练时，家长、教师可配合使用行为疗法中的阳性强化法。患儿口吃时不予理睬，而讲话无口吃时，给予适当的赞扬或鼓励，逐渐增加讲话速度和提高流利程度要求，每有进步，均给予表扬，以提高训练的积极主动性。

(六) 呼吸和呼吸气流的控制

口吃儿童常见的症状有：呼吸不规律，喉头与口腔气流中止、喘气、说话气流不足、长句“拖延”。对口吃儿童来说，呼吸气流的控制可能较难，因此需要设计一种口吃儿童可以放松呼吸，回到正常呼吸模式的游戏。李胜利 (2008) 的具体训练方法如下。

(1) 首先，让治疗师、口吃儿童及其父母共同做不需要说话的活动，如治疗师、口吃儿童及其父母背靠背坐着，放松 (不是“睡眠休息”)，看着天花板，极轻松地吸入、呼出，不改变正常的呼吸模式。放松后，治疗师示范极小量、轻柔地呼出气体，然后是父母模仿，再后是儿童模仿。

(2) 接着以“吹微风”方式发“ooo”“UUU”音，如儿童配合的话，治疗师可以用同样的方式说一些数字、词，然后让儿童模仿。开始时，每次呼气发一个单词，再后每次呼气发短语和短句，保持气流和发音的连续性。

(3) 同样有效的技巧是儿童和父母做一种慢慢移动海龟等玩具的游戏。在纸上画一条路、一座小山，将海龟或其他小玩具徐徐地移动，慢慢地爬上山、滑下来。与此同时，让一个音或一个字随手的移动轻柔缓慢地说出来，仅拉长起始音或元音是不正确的。

(七) 游戏治疗

游戏可以缓解口吃儿童的紧张、焦虑等情绪，使儿童能轻松流利地说话。治疗师或家长可以指导儿童进行各种适合他们年龄的游戏，让儿童在游戏中扮演各种角色，使他们在游戏中充分释放自己的压力与焦虑，同时也让儿童在游戏中自由地表演与说话，达到训练的目的。

在治疗实施过程中，治疗师要获得患儿家长的充分理解和支持，与家长共同努力实施治疗方案。在治疗开始时，要向他们介绍治疗方案、具体方法、该如何配合等，还要他们积极参与到改善语言环境、做好家庭训练以及巩固“疗效”等工作中。

(八) 其他

建立健康的生活方式，有规律的生活、充足的睡眠可以消除紧张、焦虑、抑郁等不良的情绪，使儿童的口吃症状减轻。

五、顽固性口吃的治疗

口吃发展到顽固性口吃阶段，就成了一种自我强化的障碍。顽固性口吃，一般 7 岁以下即患有口吃，而这种口吃不是因为正常发育性的言语不流畅所致，这些患者，可能需要长期治疗来维持一个可接受的言语流畅水平。顽固性口吃的治疗比儿童的初期口吃治疗要困难得多。顽固性口吃的治疗是个复杂的过程。

(一) 心理治疗

口吃者对自己言语障碍的具体情况不是理解得很准确，他们往往把自己的口吃估计得过于严重，因此不仅有口吃的言语症状，还表现出焦虑、抑郁、强迫、敏感等负面情绪，影响其社会活动和人际交往，给自己带来严重的心理压力和精神负担，从而使口吃症状加重，形成口吃的恶性循环。所以要向他们解释口吃产生的原因，讲清实际情况，帮助他们认识自己的负向思考模式，减少负面情绪，建立信心，学会用积极的心态来面对口吃和生活。

(二) 确定目标

对顽固性口吃者，治疗师要准确如实地向他们说明治疗效果，让他们树立信心，正确对待口吃，掌握一些控制口吃的方法。最高目标是能对言语行为完全控制，这样就不会发生口吃了，也就是所谓的用可控制的口吃来说话，但要达到这个目标是很难的。短期治疗可以在一定程度上控制言语行为，减少口吃次数，减轻口吃程度，使言语沟通能够基本正常地进行。治疗后要达到的最终目标是使口吃者建立和维持能控制言语的流畅感觉。

(三) 言语流畅性训练

言语流畅性训练是指调整患者的说话方式，以避免发生口吃，或发生口吃时可以控制口吃使得言语交流能够继续下去。这项训练有发音法、放慢语速、轻柔发音、运用气流及形成说话的节律等方法。言语流畅性训练是矫治口吃的重要方法，也是一项可行的、效果较佳的治疗方法。

1. 发音训练

要求场所安静，患者保持平静、松弛状态，首先进行单词和词组发音训练，逐步进行句子以及篇章朗读训练。经过上述训练，患者说话如果基本比较流利时，可以尝试在各种场合进行交谈，起初选择患者较熟悉较无压力的场合，逐步过渡到与陌生人谈话，最后再到众人面前去讲话。

2. 减慢语速

让口吃者说话时放慢语速。训练时让患者做到每个字、每个词、每个词组直至每一句话都要放慢语速，每个音节能够相联结，还要学会以不同的语速说话，要有意识地不断改变语速，做到想快就快、想慢就慢，在训练时，也可以用节拍器或手指敲打桌面来控制语速。之后再逐渐退出节拍器和敲打动作的辅助。

3. 长句子分段

口吃通常发生于说较长的句子时，并且是句子越长越易口吃，越短越不易口吃。所以，将一个长句子分成几个短语，各短语之间有一定的停顿，就能防止口吃。但在分断句子时不仅要考虑语法结构，还要考虑语言的节律规律，使语句听起来很自然。在言语流畅性训练中，减慢语速和长句子分断可以同时进行。

4. 韵律训练

选用一些单词让患者将字与字之间用自然的韵律连接起来，由慢速说话逐渐使之接近正常的速率、节律和抑扬顿挫。熟练以后可以用同样的方法训练句子、段落和篇章，重塑言语的正常韵律。

总之，由于不同类型口吃患者的病因、严重程度以及心理障碍不同，因此，在治疗口吃时需要针对患者的具体情况进行针对性的训练，并能及时调整训练方案，尽量发挥患者的主动作用，帮助患者掌握对口吃言语症状的控制，减少口吃的发生，达到改善口吃的目的。

第四节 语言发育迟缓

针对儿童语言发育迟缓的语言治疗研究，在国际上已有100多年的历史。目前，无论是语言发育迟缓的病因和评估检查，还是康复训练等的研究都已非常深入。在国内，对听力障碍所致语言发育迟缓儿童的康复训练起步较早，发展也较快。随着助听辅具的应用和对言语训练的重视，越来越多的听力损失儿童都能够用口语清楚说话。但其他一些语言发育迟缓儿童的康复训练起步较晚，甚至还没有得到应有的重视。比如，特定性语言发育迟缓儿童往往受“贵人语迟”等传统观念的束缚，而被家长所忽视，致使其错过最佳的治疗时期；再如，合并有语言发育迟缓的其他特殊儿童，临床上往往以其某些障碍为治疗重点，而忽略其语言发育迟缓，即语言交流能力的落后，致使随着年龄的增长，这些儿童又会继发二次障碍(如心理、智力、社会适应等障碍)。因此，针对儿童语言发育迟缓的临床研究和康复工作势在必行。所幸的是，当前各类儿童语言发育迟缓的康复训练已经在国内一些大中型城市和地区逐渐开展起来。

一、语言发育迟缓的定义、病因

近40年来，由于受语言学、心理语言学等相关学科发展的影响，儿童语言发育迟缓的研究受到越来越多的重视。

(一)语言发育迟缓的定义、流行病学调查

语言发育迟缓是语言障碍的一种表现，是指处于语言发展期间的儿童因为各种原因所致，在预期的时期内不能与普通儿童一样用语言符号进行语言理解、表达和交流，是一种儿童语言发展落后于实际年龄水平的状态。临床表现为说话延迟及言语的理解和(或)表达障碍。“从临床操作角度讲，当儿童的语言理解及表达能力明显落后于相应年龄所应达到的标准时，即称他们为语言发育迟缓儿童”。语言发育迟缓的本质是既有言语(speech)缺损，也有语言(language)缺损。一般来说，除单纯性语言发育迟缓以外，此类儿童不仅具有语言方面的发育迟缓，也有智力异常或行为异常等方面的问题。

语言发育迟缓不仅常见于特殊儿童，也可见于普通儿童。“据美国相关调查，在6～21岁的学生中，2.3%的普通学生和21.6%的特殊需要学生正在接受言语和语言治疗服务，其中近半数学生有语言发育迟缓问题”“我国的现有研究也表明，听觉损伤、智力障碍、脑性瘫痪、唐氏综合征和自闭症等特殊儿童也大多存在语言发育迟缓问题。在学龄前儿童中的调查也发现，有7%～10%的儿童语言发育低于正常标准，而3%～6%的儿童有语言理解(感受)或表达障碍，并影响日后的阅读和书写”“我国儿保门诊的调查还显示，言语和语言障碍门诊量居儿保门诊第3位(占总初诊量的6.6%)，仅次于体检和饮食问题，其中语言发育迟缓占言语和语言门诊总量的55.1%”。

(二)语言发育迟缓的病因

造成语言发育迟缓的原因有很多。有些致病因素会引起所有语言成分的障碍，而另一些致病因素只对特定的语言障碍起作用。一般认为，听觉损伤、智力低下、构音器官异常、语言环境不良等因素均是儿童语言发育迟缓的常见原因。本书将语言发育迟缓的主要病因分为以下7类。

1. 听觉损伤

听觉是儿童学习语言的重要途径。如果听觉受损，儿童在无法充分接受语言刺激、无法形成完整的言语听觉链的情况下，要实现较好的语言发音相当困难。一般来说，存在听力障碍的儿童会有不同程度的语言发育迟缓或构音异常。

2. 社交障碍

语言是人们在实践中、在与人的交往中发展起来的。如果某儿童在交往中对交往对象的存在及语言刺激本身的关心不够，其语言发育必然会受到影响。自闭症儿童就是这一情况的典型病例。自闭症儿童有下列行为特征：缺乏与人交流所需的共同注意，专注于某一事物及保持某种行为，即使招呼他也无反应；在语言症状的方面，则有反响语言、与场合不符的自言自语、人称代词的混乱使用、没有抑扬顿挫的单调讲话方式等。

3. 智力障碍(精神发育迟缓)

智力障碍是语言发育迟缓儿童中所占比例最大的病因。它是智力功能和适应性行为两方面明显受限而表现出来的一种障碍，出现在18岁以前。对于智力障碍儿童来说，听觉理解、言语表达、语言理解等多方面都比普通儿童发展迟缓一些。目前，多数智力障碍的病因不明。已知会引起智力障碍的原因有染色体异常、胎儿期感染性疾病、新生儿窒息及重症黄疸等围生期障碍、脑炎及脑膜炎、先天性代谢异常、脑肿瘤等。

4. 受语言学习限定的特异性障碍

此类障碍包括：发育性运动性失语，也称先天性词盲；发育性感觉性失语，又称先天性词聋。所谓发育性运动性失语，即语言的接受(理解)与年龄相符，但有语言表达的障碍。这样的病例预后良好，比如即使在3周岁时完全没有自发言语，在6岁时多能达到正常儿童的语言水平。发育性感觉性失语，与成人失语症和后天损伤所致的儿童失语不同，是在描述语言的接受(理解)和发出(表达)同时极度迟缓的病例时使用的用语。此类病例的语言发育预后不理想。最近发现，局限于颞叶的颅内感染及抽搐性疾病可产生这样的语言症状。这两类语言障碍都不属于失语症(后天获得性障碍，是大脑受损后已经获得的语言能力重新丧失或受损，即大脑受损致使患者的口语或书面语的理解、表达过程中的信号处理发生异常)。但因为在临床上不易明确诊断，所以包含在语言发育迟缓中。

5. 构音器官异常

构音器官异常是指以脑性瘫痪为代表的构音运动异常、以腭裂为代表的构音器官结构的异常等。这些因素会阻碍言语的表达，从而引起语言发育迟缓。

6. 语言环境的不良

此类儿童本身没有障碍，但在其发育早期被剥夺或脱离语言环境，导致语言发育迟缓。如：狼孩。

7. 特定性语言发育迟缓

若儿童无以上明确原因而出现的语言发育明显延迟现象，则称为特定性语言发育迟缓或发育性语言迟缓。特定性语言发育迟缓的病因目前尚不清楚，可能与脑组织的某些感知功能异常有关，一般认为主要由先天因素所致。

二、语言发育迟缓的类型与症状

如上所述，造成语言发育迟缓的病因很多，因此儿童语言发育迟缓的类型和症状也有多种。

(一)语言发育迟缓的类型

语言发育迟缓的分类有多种，有的从语言使用角度来分类，有的按致病原因来分类，有的从语言组成要素来分类。此处着重介绍前两种。

1. 按语言使用角度分类

同内学者从语言使用的角度出发，将语言发育迟缓分为5类。

(1) 语言理解障碍：指在语言的理解方面有特别的困难。

(2) 语言表达障碍：儿童对语言的理解正常，但语言表达特别困难，有非生理性缺陷所致的发音困难。

(3) 语言理解和表达的混合性障碍：在语言理解与表达方面都存在问题。

(4) 语言信息处理问题：儿童说话流利，但内容非常肤浅，而且在交谈中难以保持话题，只关注自己所选择的话题。

(5) 语言韵律问题：儿童能听会说，但说话时存在韵律失调的问题，表现为语调、节奏、重读和重音等方面的异常。

2. 按致病原因分类

有学者按照致病原因，将儿童语言发育迟缓分为 7 类。

(1) 发育性语言迟缓，这类患儿智力方面的发育全部正常，仅语言方面的发育明显晚于普通同龄儿童。

(2) 并发于智力低下的语言迟缓。

(3) 并发于自闭症的语言迟缓。

(4) 并发于脑性麻痹的语言迟缓。

(5) 发音障碍性语言障碍。

(6) 耳聋性语言迟缓。

(7) 伴脑电图异常的后天性失语。

(二) 语言发育迟缓的症状

1. 开口说话迟

开口说话时间晚，过了说话的年龄仍不会说话，以第一次说出有意义的词语为标志，普通儿童开口说话基本上都在 1.5 岁左右。大部分语言发育迟缓儿童在 2 ～ 3 岁期间才开口说话，有的甚至要到 4 岁或者更晚才会开口说话。

2. 语言发展慢或迟滞

开始说话后，其他普通儿童发展慢或出现停滞，这是与同龄普通儿童的语言发展速度相比较之后得出的一个相对概念。

3. 语音不清

发音不准、吐字不清是语言发育迟缓患儿的重要表现。

4. 只会用单词交流不会用句子表达

一些语言发育迟缓儿童因口语表达能力低，或伴有发音异常，多用示范、手势、模仿作为代偿的交流方式。此类儿童 2 岁不会讲单词，3 岁不会讲 2 个词的短句。与同龄儿童相比，3 岁以后词汇量少、讲话过短、句子结构幼稚、语法错误多、常忽略开头和结尾等。

5. 虽然会说话，语言交流技能较低

由于语言内容的贫乏，儿童往往不能清楚表达自己的意图，阻碍了与他人之间的沟通交流。不少患儿有视觉追随注意不好、多动，不与小朋友玩等行为表现；还有部分语言发育迟缓儿童沟通交流时不能很好地表现其掌握的语言能力，或者与特定群体交流时，其语言表现与实际能力不符。

6. 语言应用 (词汇和语法应用) 均低于同龄儿童

一部分语言发育迟缓儿童往往只能表达很单一且固定的内容，如生活中常见的物品，或者家人的称谓等，有的儿童甚至不会说话或者只能鹦鹉学舌。部分语言发育迟缓儿童表现为表达时语法知识匮乏，如语言不连贯，只能说单字。许多患儿至三四岁时仍只能说两三个字的短语，甚至五六岁时才会说简短的、内容贫乏、不合语法的句子。

7. 语言理解困难和听取指令困难

有些语言发育迟缓儿童不能理解词义或不会用语词表达其意思。

三、治疗原则

对语言发育迟缓儿童进行语言训练的目的是促进患儿语言发育，促使其利用语言符号与他人进行语言交流活动。无论对何种病因所致的语言发育迟缓进行训练，都应遵循治疗原则。目前，语言发育迟缓的治疗原则主要遵循如下几点。

(一) 以该儿童语言发育所处阶段作为训练的起点

患儿语言发育迟缓评定的结果，可显示其语言处于哪个阶段水平。训练者可把此阶段定为其开始训练的起点，设定针对性的训练目标、方法和内容。

(二) 制订有针对性的训练计划

应根据 S-S 法及其他检查方法提供的客观依据，为患儿制订相应的训练计划并选择训练方法。根据训练计划进行有针对性的全面康复训练。制订训练计划时应注意以下原则：①全面：训练计划要贯穿语言发育的全过程，其中包括语言发育的各个侧面；②具体化：要有各个侧面的具体训练计划。③课题间的相互关系及几个课题可以同期进行。在制订训练计划时，要先设定其康复目标，其中又分长期及短期目标。在设定康复目标之后，再制订训练计划，训练计划要围绕康复目标制订。

(三) 横向扩展与纵向上升相结合

训练时要注意同时朝语言能力的两个方向努力：①在同一阶段内横向扩展。如患儿可以理解事物的名称（名词理解），则在词汇训练时要进一步向动词、形容词等扩展。②向更高阶段水平纵向上升。在词汇训练的同时，进一步将单词与单词组合成二词句、三词句，如"吃苹果""叔叔再见""大红球"等。这样，儿童由单词水平逐步向二词句、三词句乃至多词句水平发展。

(四) 专业训练与家庭训练相结合

训练不能仅限在治疗室或教室内进行。只要有人际互动，任何人、时间、地点均可进行语言能力训练。否则，训练效果仅局限在训练场所，不利于患儿语言能力的迁移和发挥。在儿童语言训练过程中，父母应该是主要的参与者，应指导父母把儿童的语言训练结合到日常生活中，这样的训练效果可以得到长久保持。

(五) 言语训练与病因治疗相结合

除了特定性语言发育迟缓，其他类型的语言发育迟缓都是某种功能异常的并发性障碍。面对这类患儿，除开展言语训练之外，还要注意针对病因开展治疗。

四、治疗方法

语言发育迟缓儿童的训练内容和方法有如下几点。

(一) 语前训练

针对符号形式与指示内容关系分类中的 A 类（即阶段 3 至 1 以下）儿童，需要进行语前训练。这些儿童尚不能理解言语符号，行动范围狭窄而未确定。如不注视人与物品，不去拿出示给他的物品，或仅拿着物品而不进行操作，或在中途停止，或转而去注意其他的人及物品而陷入自我刺激的行为情境中，等等。具体训练方法如下。

1. 阶段 1——事物、事态的概念尚未分化阶段

此阶段的儿童对外界刺激尚不能充分理解，训练时要利用各种方法、玩具等吸引儿童的注意，使其充分认识到外界事物和人的存在，并能进行主动交往，再逐渐过渡到能进行事物的功能性操作。

(1) 注意力的训练：选择儿童感兴趣的玩具或物品吸引其注意，如儿童喜欢动物则教其模仿动物的叫声和动物的跑、跳、飞动作；儿童喜欢吃，让其咬、切、摘水果等；儿童喜欢车，教其推车、模仿车声；儿童喜欢球，教其拍、扔、滚动；儿童喜欢搭积木，教其叠、放置不同形状的积木。采用这些刺激可促进患儿对事物的注视及随着活动的实物持续进行追视的训练。

(2) 对事物的持续记忆训练：让儿童注视到眼前存在的事物后，把事物用手遮住或藏在盒子中，虽然事物从视野中消失了，但只要把手拿开或除去盒子，就会发现物品仍存在。使儿童理解这一点，即理解事物永远持续存在的性质。最初，仅隐藏事物的一部分来进行，而且用儿童对其兴趣大的物品 (如苹果、饼干等) 来进行较为容易。

(3) 促进主动交往的训练：对于不太注视人及物的儿童或物品操作未成熟的儿童，可导人使其因触觉及身体感觉变化而感到快乐的游戏，如哄抱、背背、瘙痒、举高、转圈、追赶等不需要器具并且成人与儿童仅身体接触的游戏；或荡秋千、治疗球等使用大型游戏用具的游戏等。通过这些游戏，增加儿童对人的注视，促进意识传递方法的学习。训练时要注意细心观察儿童的反应，找到训练的切入点，尽快与儿童取得沟通。游戏一段时间后还可以暂停，等待儿童“还想玩”的要求出现，从而促进其主动交往能力。

(4) 事物的操作训练：学习是对外界的事物进行某种操作而引起变化的过程。在此要充分进行视觉刺激与听觉刺激的活用。从触摸、抓握、晃动、敲击、拉等单一的事物操作，发展到用一物敲打另一物 (如敲鼓)，再发展到物品的拿出、放入等复杂操作。由于许多患儿开始时难以引出所希望的反应，最初可使用帮助的手法，以逐渐能引出适合事物用途的操作。如果通过，则不断帮助使之理解在头上戴帽子、在脚上穿鞋等事物的功能性操作。

2. 阶段 2——事物的基本概念阶段

此阶段儿童已能意识到外界事物与人的存在，主要训练其对日常事务的基本理解，具有事物的匹配、选择能力，并能听懂事物的名称和要求。

(1) 事物的功能性操作训练：通过模仿学习，使儿童懂得身边日常事务 (电话、碗筷、衣服、玩具等) 的用途，并能扩大使用的场所，即在治疗室、家庭、幼儿园等场所都能操作这些物品，这就需要治疗室训练与家庭指导同时进行。

(2) 多个事物的辨别训练：①以外部特征为基础的操作性课题，训练儿童将多种事物按颜色、大小、形状等不同属性进行分类来认识事物的外部特征；②以内部特征 (功能) 为基础的操作性课题，训练儿童将多种事物按用途进行分类，建立事物的类别概念。训练方法有两种。匹配训练，如训练者出示 1 黄 1 红两张卡片，要求儿童将其手中的 1 张红色卡片与训练者的红色卡片匹配。选择训练，如给儿童鞋子、帽子和杯子，训练者做喝水的动作，要求儿童在 3 个事物中选出相关的 1 个 (杯子)。

在对未掌握语言符号的此类儿童进行训练时，应注意：①对处于尚不能理解语言、行动差的儿童进行家庭指导。遇到这类儿童，家长往往不知怎么办才好，出现放任自流或教育训练不适当的现象。因此，家庭指导尤为重要，应对其父母双亲尽可能地提供包括有关语言发育、基本养育等方面的具体指导。另外，对于许多语言发育迟缓儿童来说，仅靠治疗师的训练还不够，必须向他们的父母教授相应的训练方法，开展家庭康复训练。②训练时应注意设定以培养交流行为为目标的训练任务。在实施以概念形成及符号理解为目标的训练时，不能机械地实施训练，而应考虑交流过程是否顺利进行，故应通过目光接触、奖励(抚摩、鼓掌等)来促进患儿交流的主动性，培养交流行为。

(二)手势符号训练

手势符号是利用本人的手势作为一定意义的示意符号。可以用手势符号来表示意愿，也可以用来与他人进行非语言的交流。掌握手势符号对于儿童掌握言语符号及文字符号具有积极的促进作用。而且对于儿童来说，手势符号比言语符号更容易理解、掌握和操作，也容易引起兴趣。在儿童掌握言语符号之前，手势符号将代替言语符号及文字符号与他人进行交流。

针对中度或重度语言发育迟缓、言语符号的理解与表达尚未掌握的儿童，或言语符号理解尚可，但不能表达的儿童，需要进行手势符号的训练。另外，对言语方面理解与表达均迟缓的儿童(B类儿童)也可以开展手势符号训练。具体训练方法如下。

1. 状况依存手势符号的训练

训练手势符号时，应先训练状况依存的手势符号(是指在特定环境下使用的手势符号，例如伸出手来表示“要”，把手叠一起拍一拍表示“给我”，在分别的情况下伸出手来挥一挥表示“再见”等)。此训练方法主要在日常生活场景及训练时的游戏场面中使用。例如：儿童要喜欢的东西(如玩具)时，必须让其看着“给我”的手势(两手放在一起拍打)。然后令其模仿，从手势模仿渐渐进入到自发产生的阶段。如果不能完成手势模仿，可以提供适当帮助。此阶段的训练重点在于培养儿童能够注意手势符号的存在。

2. 表示事物的手势符号训练

此训练方法适合于言语符号尚未掌握的儿童，可在开展选择性训练任务的同时进行手势符号的训练，力求手势符号与指示内容相结合。表示事物的手势符号比状况依存的手势符号的抽象度高。例如：用手指在口腔外面做刷牙状表示牙刷、用两手的食指和中指放在头上表示“小白兔”；做抓握方向盘旋状，再加上拟声词“嘟嘟”表示“汽车”；伸出两手做飞行状，再加上拟声词表示“飞机”；用手指指或拍拍身体的某一部位表示相应的身体部位等。

开始训练时，要利用一定的道具(如玩具娃娃、镶嵌板母板等)进行辅助，渐渐地过渡到单纯用手势符号进行选择，从而促进对手势符号的理解。

一般采用有助于完成选择性训练任务的教学材料，从实物→镶嵌板→图片，从抽象水平低向抽象水平高的教材递进。但也有儿童对镶嵌板的掌握比实物早，因此教材及训练任务的选择还必须根据儿童的具体情况而定。

为了促使儿童对手势符号的注意，在进行理解训练时，还应要求让儿童进行手势符号的模仿。例如：利用玩具娃娃(示范项)训练事物的对应关系。在儿童面前放着能穿戴在玩具娃娃身上的三种事物，如帽子、鞋、手套(选择项)等。训练者拍打玩具娃娃相应的部位(手势符号)

给予提示，促使儿童进行选择。如拍打玩具娃娃的头部后再拍打训练者自身的头部，然后说“帽帽”，提示儿童选择帽子。这种情况下，儿童对利用示范项选择会容易些。有的儿童会只注意玩具娃娃而忽略了手势符号的存在。因此，训练时必须让儿童充分注意手势符号的存在并模仿动作。然后逐渐拿开玩具娃娃，让儿童只根据训练者的手势符号进行选择。如果马上将玩具娃娃拿开而导致儿童选择有困难时，训练者可以将玩具娃娃用块挡板遮住。儿童如果选择正确，训练者要给予玩具娃娃相应部位的实际操作(穿鞋、戴帽等)进行正反馈强化，再进一步促进手势模仿。反应错误时，训练者要拍打玩具娃娃的相应部位，提示儿童进行修正。

3. 利用手势符号进行动词及短句训练

在日常生活场景中，训练者要根据儿童的行为和要求，在给予言语刺激的同时给予一定的手势符号，并让儿童也模仿手势符号，渐渐将此动作固定下来作为此行为及要求的手势符号。例如：儿童困了要睡觉，训练者将儿童领到床边说“睡觉”，并将儿童的双手合起来放在训练者的两手之间共同放到儿童一侧同步，做睡觉的体态符号，反复训练，直至此手势符号成为以后儿童日常生活中的示意符号，并可用此手势符号引起儿童的相应反应。还可以把手放在一张一合的嘴巴上拍拍表示“吃”，将两手握在一起做搓洗状表示“洗东西”等。手势符号宜选用简单易行的动作及表情，将学会的手势符号运用放在每天的日常生活中予以强化。

在进一步进行组句训练时，以手势符号为媒介将句子的语序固定化。例如：训练儿童掌握“小白兔吃萝卜”语句时，训练者拿着小白兔吃萝卜的图片，先做“小白兔”的动作，再做“吃”的体态符号，然后再做“萝卜”的手势符号，并让儿童模仿使顺序固定下来。儿童长期进行语序固定化的训练，以后再学习言语符号及文字符号时，便会很自然地正确组句。

(三) 词汇训练

当儿童能通过动作(手势符号)来理解事物时，则可开始训练其通过听口语来理解事物，即进行词汇训练。具体训练方法如下。

1. 名词训练

该训练适用于口语理解有困难，正在学习事物名称(建立语义概念)的儿童。

训练初期导入的词汇以日常、接触机会多、儿童十分感兴趣的具体词汇为主。开始主要是扩大词汇量(事物名称)，之后逐渐向同范畴的词汇扩展，如“狗、猫、猴苹果、香蕉、橘子”，从而促进词汇范畴的分化。

训练方法举例：①儿童要吃橘子时，训练者往其口中放入一瓣橘子同时说“橘子”，要求儿童模仿；②训练者对儿童说“吃橘子”，儿童将面前的橘子放入口中；③儿童再要吃时，训练者询问“你要吃什么啊”鼓励儿童用言语表达需求。如儿童理解名词困难，可先用儿童语如“橘橘”。

2. 动词训练

针对名词的词汇量已扩大，且可理解范畴词语的儿童，可以用图片和实际的简单动作游戏一起进行动词训练，例如，学习“吃”。①儿童吃苹果时，训练者做体态语符号(用手拿且放入口中)，同时说“吃”，让儿童模仿；②训练者做“吃”的体态语，同时说“吃”，儿童将面前的苹果放入口中；③训练者说“吃”，训练儿童用体态语来表达；④训练者做“吃”的体态语，并询问“我在做什么啊”，鼓励儿童用言语表达；⑤反复训练，鼓励儿童在日常生活中用言语来表达需求。

3. 形容词训练

该训练适用于可理解事物的名称和多数动词，但两词句少的儿童。儿童最早使用的形容词一般为描述物体特征的形容词，其中颜色词出现较早。因此，训练可以先选择容易掌握的红、黑、白、绿、黄、蓝等，然后再进行描述味觉、触觉和机体觉等形容词的训练，如甜、咸、苦、烫、热、冷、痛、饱、饿、痒等。最后才是对空间维度形容词的训练，如大小、长短、高低等形容词。

训练方法以图片形式为主。如大小的训练，在两张图片上分别画一个大圆圈和一个小圆圈，然后让儿童分辨其大小，掌握大小的概念，其后再配以大小不同的事物如玩具、实物等进行训练。通过反复强化，鼓励儿童在日常生活中加以运用。

(四) 句式训练

儿童语言中各类结构的同句出现次序及发展趋势大致为：不完整句 - 简单句 (主谓、主谓宾、主谓补句等)- 复杂句 (主谓双宾句、连动句、联合结构等)，句式训练时应按照以上顺序来安排训练内容，以掌握语言理解和表达所需的必要的语法知识。训练形式以图片为主，训练图片组合则根据儿童具体的实际水平而选择；先进行言语理解训练，然后进行言语表达训练。

1. 简单句训练

(1) 两词句训练：句型：主谓结构。训练程序：确定构成两词句的各词是否理解 - 能理解表示两词句的图 - 两词句的理解 - 两词句的表达。例如“宝宝吃饭”，训练方法：①出示一张宝宝吃饭的图片，提问“这是谁啊”，让儿童回答；②继续提问“他在干什么呢”，儿童可用体态语回答；③训练者提问“肚肚饿了，怎么办呢”，让儿童自发回答。

(2) 三词句训练：句型：主谓宾结构 (动做主 + 动作 + 对象)。适用对象为可以理解两词句“动做主 + 动作”以及“动作 + 对象”的儿童。训练程序：确定构成三词句的各词是否理解 - 能理解表示三词句的图 - 三词句的理解 - 三词句的表达。训练方法同上。

2. 复杂句训练

(1) 可逆句训练：适用对象为可以理解不可逆句的句型 (如“妈妈吃苹果”等)，但对于理解不同词序对应不同指示内容的句型有困难的儿童。训练程序：明确显示句子的内容 - 排列句子成分的位置 - 表达句子。例：学习“宝宝亲妈妈”的句子，训练方法：①出示一张“宝宝亲妈妈”的大图片，让儿童注意观察其中的动作主语；②训练者从小图片中选择按“宝宝 + 亲亲 + 妈妈”的顺序从左到右排列好，这时动作主语的位置要被儿童注意到；③让儿童练习排列小图卡的顺序，要把动作主语排在第一个位置；④儿童模仿、自发说出句子。

(2) 被动句训练：适用对象为可以理解可逆句语句形式的儿童。例：学习“妈妈被宝宝亲”句子。训练程序和可逆句训练相同，当儿童出现利用词序与可逆句一样的方法去理解、排列小图卡时，要及时给予提示，改正错误的图序。可以通过游戏方式来使儿童理解不同词序代表不同的句意。反复训练，直至儿童能自己理解、排列、说出被动句式。

(五) 表达训练

大多数语言发育迟缓儿童都能理解言语符号，但其口语困难或口语很少，因此应对他们进行口语表达的专门训练。一般来说，儿童的语言发展都是语言理解先行于口语表达，言语符号理解的建立是口语表达发展的前提。因此，口语表达的训练内容要与理解水平相适应，应根据儿童所处的不同语言理解阶段，选择相应的表达训练内容。

1. 手势符号表达训练

不能接受或发出言语符号的儿童，或者即使能模仿言语符号而不能自发发出有意义言语符号的儿童，必须从手势符号表达训练开始。

训练方法：一边给儿童看实物或图片(如鞋、帽子等)，一边做出相应的手势符号，促进儿童对手势符号的模仿，同时训练者加以言语符号刺激；儿童不能模仿时，应拿着儿童的手帮助其模仿，然后促使儿童对实物及图片主动做出相应的手势符号；在儿童不能做出相应的手势符号时，做一下鞋或帽子的样子，同时给予言语符号提示，稍后帮助儿童将实物或卡片拿到相应位置，以逐渐达到让儿童主动用手势符号进行表达的目标。

2. 口语表达

对能模仿言语的儿童，应促使其进行主动的口语表达。在训练早期，儿童可能仅能模仿词头或词尾等单词的一部分，或有构音的错误。只要儿童能进行模仿(如仅能模仿词尾，或仅能模仿语调等)，即可帮助儿童开始口语表达训练，促进儿童主动发出有意义的符号，使其发出信号的行为得到固定化。

早期引入的口语词汇，应以儿童可接受的信号(即可以理解的词汇)为前提。最初，使用实物名称开始训练，按照可接受信号的水平逐渐引入动词、形容词的训练。在手势符号向言语符号过渡期，用手势符号可发出信号的词、伴有手势符号可由言语符号发出信号的词、仅由言语符号发出信号的词三者不断交替出现，逐步增加仅由言语符号发出信号的词的比例。

训练早期，常可见儿童仅用句中一个成分发出信号。此时，可针对表达不完整的句子成分进行提问(例如对“吃苹果”的图，小儿回答“苹果”时，再提问“做什么呢？”)来促进儿童对词句的模仿。在此训练阶段，对句子成分不能全部用成人语表达的儿童，可用“手势符号＋成人语”【例“吃”的手势符号＋苹果(成人语)】或“儿童语＋成人语”【例：啊呜啊呜(儿童语)+苹果(成人语)】等的组合进行训练。早期可如此训练，以后的训练要以能发出多个句子成分的信号作为第一目标。

语言沟通不能离开情景，语言表达训练最好在情境中进行。例如：如果儿童喜欢吃饼干，可利用饼干作为强化物，训练其说“要”“吃”“饼干”等词；儿童进门时挡在其前面不让他进，训练其说“让我进去”。数次后，儿童遇此场景就能自发地表达自己的要求。

3. 替代交流手段

有明显构音运动障碍的儿童，尤其言语符号发出困难的儿童，应考虑使用代偿性交流手段，如文字板、交流板、手势符号及手语等。

(六)文字训练

普通儿童的文字学习是在全面掌握了口语的基础上再进行文字的学习。但由于语言发育迟缓儿童的语言学习存在困难，可以考虑在未掌握口语或未完全掌握口语时开展文字符号的学习，将文字符号的学习作为一种很有效的语言学习方法。另外，文字符号还可作为患儿沟通交流的媒介，可以作为口语的代用手段。当然，文字训练必须根据患者的具体情况在语言过程中进行。可以考虑进行文字训练的具体情况如下：一是儿童的声音理解与表达发育均迟缓，可以选择以文字作为媒介进行言语符号的理解与表达。二是儿童的声音理解好但表达困难，可先使其获得文字语言，以文字作为表达方式来促进声音语言的表达。此外，文字还可以作为口语交流困难时的辅助手段或代偿手段。三是轻度或临界全面发育迟缓的学龄前至低年级的儿童，考虑到其在学校的适应问题，所以有必要进行文字学习，在文字符号获得的同时进行音节分解、词汇、句子等其他内容的语言学习。四是既有上述原因又伴有构音异常、说话清晰度低的儿童，可考虑利用文字进行音节构造的分解与合成训练。

训练的方法如下。

1. 字形辨别的基础训练

为了掌握文字符号，必须能够辨别字形。为了辨别字形，必须先进行辨别各种几何符号(10种以上的训练。另外，作为写字的前提要求，还必须先进行位置辨别、方向构成及图形构成等内容的训练。

2. 文字的形义训练

让儿童先从文字符号与意义的结合开始进行学习，再开展文字符号与语音结合的训练，最终达到文字符号 - 意义 - 语音的对应统一。也就是说，并不是单纯地要求会写、会念，而重要的是在训练早期必须将文字符号与意义对应起来。

3. 文字的音形义训练

语言学习中有许多音比较相似，单纯靠口形无法辨别，因为很多字的发音动作是在口腔内部完成的；另外，不同人说的虽是同一个字，但口形也会有略微的差别。因此，应用文字作为提示，达到音、形、义的统一。在儿童学习词汇的过程中，使用文字有助于加强概念的理解和记忆。

4. 句子训练

可利用文字帮助儿童掌握简单的句式，补足句子成分，调整词句中字词的顺序。

(七) 交流训练

所有语言发育迟缓的儿童都可进行交流训练，特别是发育水平低和交流态度有障碍且尚未学习语言的儿童，及语言理解和表达发育不平衡的儿童。首先，在考虑治疗计划时就应该考虑把学习言语符号、使用言语进行交流的意识、扩大患儿交流的对象 (从大人到孩子)、使用语言的生活场合等都考虑进去。其次，制订交流领域的训练目的与计划。交流训练要比以符号形式与指示内容为中心的语言结构的训练计划略迟。进行交流训练，一般要从五个方面考虑：①交流的对象；②发出信号者、接收信号者的作用；③功能的分化——请求、汇报、提问、应答等；④各种符号体系——声音语言、文字语言、手势等；⑤状况。另外还要考虑其他构成交流的重要因素，比如，训练场所不限于训练室，而应在家庭、社区中也随时随地诱导儿童主动与人交流。交流训练的内容可参考如下。

1. 亲子互动中的视线接触、表达需求的交流训练

促进视线的接触等亲子互动的抚爱行为 (即儿童对母亲或训练者之间能够相互认知，有互相接触、亲近的行为)。例如，当母亲或训练者走近儿童并发出笑、哭等声音时，儿童会对母亲或训练者所处的方向做出寻找、追视或紧紧抱住的反应。训练者可以利用这些快乐的反应强化亲子间的互动交流。还可利用儿童喜欢的大运动 (例如举高和团团转)、小运动 (例如挠痒痒和吹气) 等儿童能表现出快乐反应的游戏和玩法进行交流训练。在这样的游戏中，训练者要

努力和儿童的视线对视，进行交流。另外，当儿童有需求时应引导其表达出来。例如，做举高的游戏中，当儿童要求做举高的游戏时，训练者要做出向上举的夸大动作，示范儿童用动作表现举高的要求，然后引导让其做出举手或向上的姿势表达需求。再如，在做挠痒痒的游戏时，先让儿童被挠痒痒并大笑，反复做几次。这时，儿童就会用目光追视、注意训练者在哪个地方，随时提防被再一次的挠痒痒使自己发笑。反复进行这样的游戏，儿童就可以学会用目光注意人，用姿势来作为传达意思的手段、方法。

以上的交流训练适于语言前阶段水平的语言发育迟缓儿童。

2. 操作反馈、角色交换的交流训练

选择容易引起儿童兴趣的用具(比如，一击就能发声或振动的物体)，利用这些物体进行操作训练时，最好是使儿童很快能理解其操作和结果之间的关系。例如，用鼓槌敲鼓发出鼓声，摁钢琴键发出琴声等。

角色交换游戏，即当两名儿童或儿童与训练者一起做游戏时，改变双方的条件(例如互相交换原来所拥有的物品，或交换原来所处的位置)，就可以改变发出信号者和接收信号者的地位，从而在进行交换的操作训练中，让儿童学会“请给我”的动作和将事物传递给对方或训练者的传递行为。另外，要注意训练儿童不管是在长距离的情况下或长时间的状态下都能完成他被要求完成的交流动作，并能够保持持续的交流态度。

以上的交流训练适于只有单词水平的语言发育迟缓儿童。

3. 使用言语符号的交流训练

进行交换游戏时，发出信号者可以利用身体动作或声音符号来传达自己的意志，例如要求他人传递玩具狗时，可发出“汪汪汪”的声音，来表明自己所要的物品是什么。如果是两名儿童之间的训练，应在训练之前，先让成人进行示范，然后再在儿童之间进行。

(八)家庭康复训练

如果家中有语言发育迟缓儿童，家长往往会有不能接受、焦虑、不知所措等表现。如果得不到及时的指导和帮助，会出现教育训练不适当或放任自流的现象。因此，家庭指导尤为重要，应对有语言发育迟缓儿童的家庭尽可能地提供具体指导，帮助家长开展家庭康复训练。

1. 家庭指导

(1) 不管自己有多忙，要随时随地有耐心地与儿童说话。话题尽量与儿童的生活经验或兴趣相结合，尽量与儿童谈生活中、身边能见到的事情。

(2) 每天尽量抽时间给儿童念童话故事。当然需要选择儿童喜欢的童话或故事，对于儿童要求反复讲相同的童话与故事时，则应尽量地满足。

(3) 每天最好有固定的时间训练儿童说话。训练应选择气氛较轻松的时候，以免儿童太紧张，每次时间不一定很长，但应每天都坚持。

(4) 与儿童相处时，父母尽量避免仅用手势或表情与儿童交流，要用明确的语言表达自己的要求或观点，可以配合丰富的表情、增强的语气以及拖长的语调。

(5) 应仔细倾听儿童所说的话，不能有丝毫的不耐烦。语言发育迟缓的儿童往往需要鼓足勇气才会发声，因此不管儿童说什么，有多难以理解，父母都应表现出极大的兴趣仔细地倾听。

(6) 教儿童如何表达自己的想法，以及如何与其他小朋友相处。儿童有时可能不知道如何表达自己的想法，因此家长可教给儿童一些实际的交往技巧。

(7) 不断地扩展儿童的生活范围或经验，可以常常带儿童去各种公共场所，以增加他的感官体验，儿童对没见过的东西是很难理解的，更不用说让他说出来。

(8) 当发现儿童存在语言发育迟缓时，家长应该及时带儿童去医院就诊，寻找语言发育迟缓的原因。

2. 家庭环境调整

儿童学习语言与其生活的环境有密切的关系。如果脱离了后天的语言环境，儿童学习语言就会受到很大的影响，甚至无法掌握语言。儿童学习和掌握语言还与他们的性格、智力、爱好、兴趣有关。有些环境对某一类儿童可能适合，而对另一类儿童可能就不太适合，所以要调整语言环境改变那些不适合儿童学习语言的环境，使之适应于儿童，从而改善儿童的语言学习状况。另外，在不同的年龄段对语言学习也有不同的要求，大部分语言发育迟缓儿童在学习语言时还表现出许多儿童的特征。因此，家长要考虑适应他们的训练方法和调整相应的语言环境。

(1) 改善家庭内外的人际关系，给患儿创造一个和谐、温暖、健康的家庭生活环境。良好的家庭养育环境、融合的亲情，不但对儿童的语言发展至关重要，而且对儿童智力、情感、性格以及社会适应性的发展也有着不可估量的重要意义。

(2) 注意家庭中的言谈行为，给患儿提供良好的模仿对象。儿童健康的性格、良好的交往态度是从小一点一滴培养起来的。要养成儿童表达交流的好习惯，而不是让其用哭闹等手段来达到目的。家长作为儿童言语和行为的模仿对象，要特别注意自己在日常生活中的言行、待人接物的态度，为儿童树立良好的榜样。

(3) 改善对儿童的教育方法：儿童有疑似语言发育迟缓症状时，家长一定要带儿童到有经验的语言治疗单位，找有经验的语言治疗师检查，诊断语言发育迟缓的程度以及类型，制订训练计划。在家中也遵循训练计划，配合治疗师进行训练，使儿童的语言训练和家庭的教育环境相结合，做到真正有利于儿童的语言发育和发展。

(4) 帮助儿童改善交流环境和社会关系：良好的交流环境和人际关系是语言发展的一个重要的促进条件。随着年龄增长，儿童会进入社会环境，比如幼儿园、学校以及社区等。语言发育迟缓儿童在与其他儿童交往时，往往会因为语言障碍受到其他儿童的嘲笑和轻视，不愿意和他人一起玩等。而这些现象会逐渐导致儿童产生对交流的厌恶和恐惧，失去交流的兴趣和动力，严重时会产生心理障碍。另外，儿童在一起玩耍和交流时，不但是在进行语言的运用和实践，还是语言的互相学习，所以在家庭和学校中，家长和教师都要根据言语治疗师的意见，给这些儿童以更多的注意和关心，帮助他们去改善人际关系和交流环境，教育别的小朋友要用自己的爱心去帮助这些儿童，让他们在团结、和谐、友好的氛围里，尽快地发展语言和其他各方面的能力。

第五节 嗓音异常

在所有哺乳动物中，只有人类能发出具有交流功能的言语声。嗓音不仅在人日常的工作、生活中具有重要的意义，而且在情感交流以及语言表达方面有着重要作用。发声时，在中枢系统的调控下，由动力器官提供的呼气流振动声带产生声音，并经共鸣腔的作用，形成具有一定音调、音强和音色的声音(嗓音)。嗓音的产生是通过呼吸系统、发声系统和共鸣系统三个系统的协调运动来实现的：贮存在肺、气管与支气管内的气体有规律地随呼气运动排出，形成气流；当气流到达声门处时，被转变成一系列的脉冲信号，声门波然后通过声道的共鸣作用，形成具有适当形态的声波，最终由嘴和鼻发出言语声波信号。

一、嗓音异常的定义、病因与分类

嗓，即喉，是发音器官，特别是指人体的喉和人体的发音器官。嗓音，是人体发音器官发出的声音。广义的嗓音是指包括呼吸、发声和共鸣三大系统在内的言语，主要是通过呼吸气流产生足够的声门下压，使声带振动形成喉音，喉音向上经过声道共鸣腔的作用产生一系列共振，继而从口腔发出各种听感上不同的声音，也就是说，嗓音是通过三个系统的协调运动来实现的。因此，从生理角度而言，呼吸系统、发声系统和共鸣系统必须功能正常，运动协调，才能产生正常好听的嗓音。嗓音产生的这三大系统中任一系统出现功能性或器质性的病变，都可能引起嗓音的病理变化，导致音调、响度和音质的异常。

狭义的嗓音即发声系统，是喉部声带振动发声的过程，与声带振动的频率、幅度、规律性、黏膜波的波动情况密切相关，包括嗓音的音调、响度和音质三个方面。

(一)嗓音异常的定义

人的发声器官主要由动力部分、振动部分和共鸣部分三部分构成。其中人的发声器官中，呼吸器官(包括肺、横膈膜和腹肌)属动力部分，喉部和声带属振动部分，口腔、咽腔、胸腔、鼻腔和头腔属共鸣部分。此外，加上还有一个咬音字部分的配合产生言语，咬音部分包括唇、舌、颊和齿等。当人体发音器官的结构和形态、发音功能及发出的声音出现异常状态，无法满足日常生活和工作需要时，就导致嗓音疾病。

(二)嗓音异常的病因

嗓音异常的病因包括发音及构音器官的结构异常、嗓音的滥用、听力损失、用嗓不当、青春期变声障碍等多种因素。儿童天性好动，喜欢大喊大叫，因此容易造成声带的损伤，导致声音嘶哑、响度过高等嗓音异常。对于特殊儿童而言，聋哑儿童由于听力不同程度的损失，缺乏听觉反馈，因而容易出现音调、响度以及音质的异常，例如，硬起音、音调偏高、声音嘶哑、聚焦异常等。

(三)嗓音异常的分类

根据发病机制可以将嗓音异常分为功能性嗓音异常、器质性嗓音异常和神经性嗓音异常三大类，从症状上可以分为功能亢进型音质异常和功能低下型音质异常两种。

1. 功能性嗓音异常

功能性嗓音异常是指声带无器质性病变，但由于发音方式不正确 (如发音过于亢进或低下) 和呼吸功能异常 (呼吸支持不足或呼吸方式错误)，使嗓音的三大系统功能失调，尤其是呼吸功能与声门闭合功能之间不能很好地协调，从而表现出音调过高、过低、单一或变化过大等音调异常，响度过低、响度控制差等响度异常以及不同程度的粗糙声、气息声或粗糙声与气息声同时存在等音质异常。

(1) 音调异常：音调异常主要由于发声时声带调控能力不足或不协调所导致，表现出音调升高或音调低下现象。最常见的为嗓音的滥用与误用。

听觉损伤儿童是比较容易发生功能性音调异常的群体。由于听觉反馈机制较弱，他们对不同的音调难以识别和把握，对正常的音调水平缺乏认识和体会。同时，由于喉部发声运动的缺少，发音时候内肌易出现过于紧张，如环甲肌、甲杓肌以及环杓后肌拮抗性收缩过度，从而使声带张力增加，诱发高音调等现象，或者出现音调单一。此外，许多听觉损伤儿童长期采用不正确的呼吸方式如胸式呼吸方式，一方面造成吸气肌群 (膈肌除外) 的紧张状态，并波及喉颈部发声肌群，使声带张力过高；另一方面由于呼吸支持不足，会出现喉部代偿现象如发声时喉部紧张，声门闭合过紧，从而导致高音调、硬起音等。长期发音功能亢进之后，发音功能低下的患者因声带肌群收缩无力，声门闭合欠佳，且声带张力低下，导致音调下降。此外，青少年在变音期间，由于声带与甲状软骨发育不均衡，声带自然张力过高，会使音调提高，出现变音期障碍。

(2) 响度异常：感音神经性听觉损伤患者表现为响度过高等发音功能过强的症状，这是由于其所能听到的声音阈值提高以及对高强度声音的耐受限度降低，因而表现为听觉敏感度下降，听觉动态范围减小 (以外毛细胞受损为主)，继而引起对声音强度感觉的变化，不自觉地加大嗓音说话，才可能为自耳所感知。而传导性听觉损伤患者则由于外耳道堵塞或外耳和中耳的病变引起气导听力下降，骨导阈值降低，使患者自感说话时声音过响，因而往往压低声音说话，出现响度过低等发音功能减弱的症状，听觉损伤儿童也容易出现响度过低的症状。源于心理因素的响度异常，一般为害羞胆怯的性格使响度过低，攻击性较强的性格表现为响度过高等。

(3) 音质异常：在听觉损伤患者中，由于缺乏有效的听觉反馈机制，发声方式异常和呼吸功能异常较为常见，容易出现音质问题。职业性用嗓人群或者儿童由于嗓音的滥用和误用，使声带长期处于超负荷运动中，造成声带的损伤，声带振动规律性及声门闭合程度下降，也容易导致音质异常。此外，肌紧张性发音障碍 (MTD) 也属于功能性嗓音异常，常有发音中断及喉部肌群紧张的表现。

2. 器质性嗓音异常

任何使声带质量增加的疾病 (如声带小结、声带息肉、囊肿等)，均会使声带振动的速度减慢，从而导致音调降低；而少数疾病如声带沟则由于声带僵硬度和张力增加，会使音调升高。对于此类音调异常的患者，在嗓音发声训练无效的情况下，应考虑进行手术治疗。器质性的响度异常由于肺部及喉部器质性病变，如肺气肿或肺结核、声带麻痹等，继而导致肺功能不足，呼出气流动力不足，或声带运动功能低下，声门阻力不充分等，这些均会影响声门下压的有效建立，从而导致发音过度虚弱，响度很低。软腭软小或者运动异常会造成进入鼻腔的气流过多，从而导致鼻音功能亢进。

3. 神经性嗓音异常

由于支配声带运动的喉神经功能异常 (喉上神经或喉返神经功能异常，常由受到肿瘤压迫或手术损伤导致)，使单侧或双侧声带运动出现问题，从而影响声门的闭合功能。因此，神经性音质异常表现为嗓音中存在较多的气息声。

二、嗓音异常的特征

发声系统主要是指喉，喉主要有三种发声功能：其一，气流形成的声门下压作用于声带，使两侧声带边缘在靠近到一定程度时产生振动，发出浊音；其二，开启声带，发出清音；其三，作为发声系统的重要组成部分，为构音系统提供必需的声学能量。

(一) 嗓音的产生机制

声带的运动，是嗓音产生的振动源。发声系统中最重要的组织即喉腔的声带。声带是一个分层的振动体，其多层结构决定了声带振动的特性。声带振动是复杂的三维运动，既有开闭运动，又有垂直和水平的黏膜波动。发声时，声带在喉内肌的作用下向中线闭合，声门下压增加，当压力增加到一定程度后，声门被冲开，气流快速冲出，同时声带形成从下向上、从内向外黏膜波动，由于气流快速通过声门，声门区形成瞬间负压，两侧声带在贝努力效应的作用下向内吸引，声门闭合，声门下压再次升高，声门再次被冲开，另一个振动周期开始。声带在有节律的振动时，气流通过声门形成一系列疏密相间的声门波。声音的音调、响度以及音质主要通过声带振动的速度、振幅以及声带振动受扰动的程度来体现。正常情况下，两侧声带虽有微小的差异，但在发声时基本以一种规律的形式振动，而当两侧声带存在明显差异时 (包括质量、张力、对称性、形态等)，声带振动的规律性将受到干扰，从而反映在音调、响度以及音质三个嗓音维度不同程度的异常上。

(二) 嗓音异常的特征

1. 音调异常

音调是基频的听觉心理感知量，是个体对声音高低的主观感觉，物理面向上与之对应的是基频，即声带每秒钟振动的次数，单位为 Hz(赫兹)。音调是嗓音的属性之一，言语音调能反映说话者的性别及年龄，同时还能反映其身份和一些性格特征。基频主要与声带振动的速度、长度、张力 (紧张度) 以及质量有关。在自然音区范围内，声带振动的速率越大，音调则越高；声带振动速率越小，音调则越低。声带的张力越大，音调则越高；张力越小，音调则越低。声带振动的质量越小，音调则越高；声带振动的质量越大，音调则越低。音调是反映发声功能的一个关键因素，音调不同，嗓音也不相同。一般而言，由于儿童的声带比成年女性短，而成年女性的声带又短于成年男性，故儿童的音调高于成年女性，成年女性的音调又高于成年男性。音调的改变主要表现在声带张力的变化，即以环甲肌收缩为主，同时环杓后肌和甲杓肌进行拮抗性收缩，使声带张力增大，从而提高音调。当声带的紧张度提高到极限时，音调的提高则依靠声带的局限性振动实现。

音调异常可分为音调过高、音调过低、音调变化过大和音调单一。

音调过高是指个体的音调高于同龄普通人群 (高于正常值两个标准差)，表现为音调尖而单薄，男性音调如同女性音调。音调过低是指个体的音调低于同龄普通人群 (低于正常值两个标准差)，表现为音调低沉，女性音调如男性音调。音调变化过大是指个体的音调变化幅度过大，表现为说话时音调不稳，尤其在声调转换时明显。音调单一是指个体的音调变化幅度过小，表现为说话时音调平淡，重音少，感情色彩不明显。

2. 响度异常

响度是声音强度的听觉心理概念，它所对应的物理面向是声带振动幅度的大小，单位为分贝。一般而言，声带振动幅度越大，响度也越大。从人体喉生理及声学的角度而言，言语声波的声强与声门下压呈明显的正相关。即声门下压越大，呼出气流越多，声带振动的幅度也越大，声强也越大。但响度的增加与声带振动幅度的增加并非一种线性关系，研究证明，声带振动幅度增加一倍，则强度增加 6 dB。此外，响度与音调也密切相关，一般情况下，胸声发音时音调越高，响度越高，与频率成正比。这是由于随着声门下压的逐渐提高，声带牵张力也不断增加(声带张肌的力量以及呼气牵张声带的力量共同作用的结果)，因此音调和响度同步增加。普通成人的言语响度维持在 50 ～ 80 dBSPL 之间，此时既可以保持最高的发声效率(排气量最小)，又可以使喉内肌群的收缩张力(挡气作用)最小，即发音最为舒适持久，同时能使听众感觉舒适悦耳。

响度异常可分为响度过高、响度过低、响度变化过小。

响度过高是指个体的响度高于同龄普通人群(高于正常值两个标准差)，表现为说话时声音过于响亮。响度过低是指个体的响度低于同龄普通人群(低于正常值两个标准差)，表现为说话时声音细小。响度变化过小是指个体的响度变化幅度过小，表现为说话时声音平淡，感情色彩不明显。

3. 音质异常

音质是指喉基音所具备的特性，在广义上受声道共鸣与发音的影响，目前多主张将具有喉部调节和声带振动特性及音响特性的音色定义为音质。一般而言，声带振动越规律，共鸣越好，则音质越好。音质是嗓音的一个重要维度，也是反映个体语音特征和气质习惯的显著标志。音质与声带、共鸣腔密切相关，在很大程度上取决于声带自身振动的规律性、对称性、声门闭合的程度以及咽腔的开放程度、口腔的大小和舌的位置等因素。音质异常主要表现为嘶哑声、粗糙声、气息声以及鼻音成分过多、声音沉闷等。

音质异常可分为嗓音音质异常和共鸣音质异常两大类。

嗓音音质异常主要是由于声带振动的不规律、声门闭合不全等声带因素所导致，包括嘶哑声、粗糙声、气息声；共鸣音质异常主要是由于聚焦异常所导致，包括口腔共鸣异常和鼻腔共鸣异常两大类。口腔共鸣障碍主要有三大类：前位聚焦、后位聚焦和喉位聚焦。鼻腔共鸣障碍主要有两大类：鼻音功能亢进和鼻音功能低下。音质异常主要有如下八种类型。

(1) 嘶哑音质：说话时声音嘶哑，兼有粗糙和气息声。

(2) 粗糙音质：说话时声音粗糙，沉闷。

(3) 气息音质：说话时气息声过多，发音费力。

(4) 前位聚焦：说话时舌部过度向前伸展，言语表现为微弱和单薄。

(5) 后位聚焦：说话时舌位过于靠后，言语表现为压抑和单调。

(6) 喉位聚焦：说话时舌位过度靠下，咽腔开放程度过小，声音听起来像紧闷于喉部。

(7) 鼻音功能亢进：说话时鼻腔共鸣音增加，主要是由于鼻咽部开放异常所致。可能存在的一些器质性病因有软腭短小、腭裂或者腭肌张力低下等。软腭肌群（腭帆提肌等）收缩与舒张运动紊乱，软腭及悬雍垂抬起及下降运动无法有效切换也可导致。

(8) 鼻音功能低下：说话时无法将 /m、n、ng/ 的喉音传入鼻腔进行共鸣，而且一些元音甚至辅音的发音也遭到不同程度的扭曲。多数鼻音功能低下由腺样体增生等器质性病因引起。

三、嗓音发声训练的方法

特殊儿童常用的嗓音发声训练方法主要有以下五类：嗓音放松的训练方法、改善呼吸的训练方法、改变音调的训练方法、改变响度的训练方法、改善音质的训练方法。

（一）嗓音放松的训练方法

1. 颈部放松训练

通过颈部向不同方向紧张和松弛的交替运动，使患者的颈部肌群（即喉外肌群）得到放松。

(1) 直立，身体放松，头随重力缓慢向下低，下颏尽量触及胸部，保持数秒，然后缓慢上抬，回到原位。

(2) 直立，身体放松，头随重力缓慢向后倾，保持数秒，然后缓慢上抬，回到原位。

(3) 直立，身体放松，头随重力缓慢向“左倾”，保持数秒，然后缓慢上抬，回到原位。

(4) 直立，身体放松，头随重力缓慢向右倾，保持数秒，然后缓慢上抬，回到原位。

(5) 直立，身体放松，头部逆时针旋转 5 周，然后顺时针旋转 5 周，回到原位。

2. 声带放松训练

通过打嘟，让患者体会发声时声带的放松，并放松整个发声器官甚至颈部肌群。

(1) 患者深吸气，自然闭合双唇，保持上身稳定，气流由肺部发出；呼气时，双唇振动并带动声带振动向正前方发“嘟——”音。重复 10 次。

(2) 患者深吸气，自然闭合双唇，保持上身稳定，气流由肺部发出，双唇振动并带动声带振动，持续快速发旋转的“嘟——”音。与此同时，头部向左或右做快速旋转运动。重复 10 次。

(3) 患者深吸气，自然闭合双唇，保持上身稳定，气流由肺部发出，双唇振动并带动声带振动，持续慢速发旋转的“嘟——”音。与此同时，头部向左或右做慢速旋转运动。重复 10 次。

(4) 患者深吸气，自然闭合双唇，保持上身稳定，气流由肺部发出，双唇振动并带动声带振动，持续发旋转的“嘟——”音。发“嘟——”音时快慢结合，与此同时，头部向左或右随之做相应的快速或慢速旋转运动。重复 10 次。

3. 喉部按摩

通过对患者喉部肌群或特定穴位的按摩，达到放松喉内外肌的目的。

(1) 治疗师以右手拇指和示指置于甲状软骨的两侧后缘，以拿法和揉法进行纵向按摩。

(2) 治疗师以双手拇指指腹分别对患者颈前部第一侧线（喉结旁开一分处直下）、第二侧线（第一、三侧线中间直下）和第三侧线（喉结旁开一寸半直下）进行纵向推拿。

(3) 治疗师以双手拇指分别点揉患者颈前部两侧的“人迎穴”，然后点揉两侧的“水突穴”。

(4) 治疗师以双手拇指和示指拿患者两侧颈前部的胸锁乳突肌。

每次喉部按摩可进行约 30 分钟。

（二）改善呼吸的训练方法

1. 生理腹式呼吸训练

通过让患者在不同的体位体验呼吸时的腹部起伏运动，帮助患者建立正确、自然、舒适的生理腹式呼吸方式，为言语呼吸奠定基础。

(1) 患者仰卧于床上，将右手放于腹部，体会腹部随呼吸而相应起伏，吸气时腹部鼓起，呼气时腹部凹下，或者同时让患者将右手放在腹部，左手放在胸部，对比体会只有放在腹部的手随着呼吸上下运动。

(2) 患者侧卧于床上，将右手放于腹部，体会腹部随呼吸而相应起伏，吸气时腹部鼓起，呼气时腹部凹下。

(3) 患者坐位，将右手放于腹部，体会腹部随呼吸而相应起伏，吸气时腹部鼓起，呼气时腹部凹下。

(4) 患者站位，将右手放于腹部，体会腹部随呼吸而相应起伏，吸气时腹部鼓起，呼气时腹部凹下。

(5) 患者与治疗师并肩站立。患者与治疗师双手交叉互握，互相用放于对方腹部的手感受其呼吸运动，同步呼吸。治疗师深吸气，让患者感受治疗师吸气时腹部隆起，同时深吸气。然后治疗师呼气，患者感受治疗师的腹部回缩，同时呼气。或者患者与治疗师面对面站立，患者与治疗师各自一手放于对方腹部，一手放于自己腹部，交替进行呼吸训练，感受对方腹部在吸气时隆起，呼气时回缩。治疗师可稍许用力帮助患者在吸气时腹部隆起，呼气时腹部回缩。

2. 逐字增加句子训练

通过逐渐增加患者一口气朗读句子中词的字数，训练患者言语时的呼吸支持以及呼吸与发声的协调性。该训练适用于言语呼吸支持不足、说话过短、说话末中断者。例如：

苹果
红苹果
红的苹果
红红的苹果
红红的大苹果
红红的大的苹果
红红的大大的苹果
吃红红的大大的苹果
我吃红红的大大的苹果
我爱吃红红的大大的苹果
我不爱吃红红的大大的苹果
我从不爱吃红红的大大的苹果
我从不喜欢吃红红的大大的苹果

3. 转音训练

通过让患者有节奏地音调高低起伏地连续发元音，提高患者呼吸和发声的协调性。该训练适用于呼吸和发声不协调者。

(1) 让患者有节奏地音调高低起伏地缓慢发元音 /a/、/i/、/u/。

(2) 让患者有节奏地音调高低起伏地快速发元音 /a/、/i/、/u/。

(3) 让患者有节奏地音调高低起伏地快慢交替发元音 /a/、/i/、/u/。

4. 增加肺活量训练

通过让患者进行一些设计的呼吸游戏训练，增加其肺活量，提高其呼吸控制能力和言语呼吸支持能力。例如吹蜡烛、吹象鼻、吹口风琴、吹泡泡等。在训练过程中，不仅要训练其一口气流率，还应注意训练其对呼气的控制能力，即深吸气后气流缓慢呼出时间的控制。训练时，应注意循序渐进，设计的游戏任务既有一定难度又经过努力可以完成。

(三) 改变音调的训练方法

1. 降低音调训练

(1) 使用嗯哼音作为示范音：嗯哼音接近于患者的自然音调，可让患者在放松状态下发嗯哼音寻找目标音调并体会和在说话中使用。

(2) 使用乐调作为示范音：治疗师为患者弹奏对应于目标音调的琴键，让患者模仿此音调发 /a/ 或含 /a/ 音的词，并尽可能延长发音时间，然后逐步降低音调直到发出最低的音调，治疗师仔细聆听患者的录音，找出听起来更为舒适、放松而响亮的目标音调。

(3) 使用有关设备帮助患者找到其目标音调，并进行降低音调的视听反馈匹配训练。

2. 提高音调训练

(1) 使用嗯哼音作为示范音：嗯哼音接近于患者的自然音调，可让患者在放松状态下发嗯哼音寻找目标音调并体会和在说话中使用。

(2) 使用乐调作为示范音：治疗师为患者弹奏对应于目标音调的琴键，让患者模仿此音调发 /i/ 或含 /i/ 音的词，并尽可能延长发音时间，然后逐步升高音调直到发出较高的音调，治疗师仔细聆听患者的录音，找出听起来更为舒适、放松而响亮的目标音调。

(3) 使用有关设备帮助患者寻找到其目标音调，并进行提高音调的视听反馈匹配训练。

3. 音调控制训练

(1) 使用乐调作为示范音：治疗师为患者弹奏不同音调的琴键，让患者模仿此音调发音，并尽可能延长发音时间。

(2) 使用有关设备设定不同频率的目标音调，进行音调控制的视听反馈匹配训练。

(四) 改变响度的训练方法

1. 提高响度训练

(1) 通过声门屏气训练，增加声门下压，可以提高响度。

(2) 阶梯式提高患者的响度：每发一个单音节词时，逐渐增加发音响度。

(3) 掩蔽时说话：在患者说话时加入白噪声，白噪声的响度可从较低水平开始，逐渐增加。

(4) 使用有关设备进行提高响度的视听反馈匹配训练。

2. 降低响度训练

(1) 让患者意识到不同响度水平的言语。

(2) 让患者进行较低响度言语的匹配。

(3) 使用有关设备进行降低响度的视听反馈匹配训练。

3. 增加响度变化训练

(1) 通过姿势或者动作的提示，让患者跟随治疗师进行响度的提高或降低，然后过渡到患者自己进行响度变化的控制。

(2) 适当变化音调，响度一般也会跟随而变化。

(3) 朗读一些文章，同时尽可能地采用抑扬顿挫的语调。

(4) 使用有关设备进行不同响度变化的视听反馈匹配训练。

(五) 改善音质的训练方法

1. 哈欠叹息训练

通过夸张的哈欠式叹息动作，将声道充分张开，咽缩肌放松，并在叹息时发音，体会“舒适”的发声和自然的音质，从而获得正确的起音方式。该训练适用于发声时声道过于紧张、硬起音和高音调的患者。

2. 声门屏气训练

声门屏气训练是通过让患者做推掌、甩臂等一些动作的同时发声，帮助患者的声带快速闭合，从而促进声门的闭合。该训练适用于声门闭合不全导致的音质障碍者。

3. 哼鸣发音训练

通过闭嘴哼鸣的方式发音，使哼鸣时在声道内的气流反作用于声带，促进患者声带的闭合，改善其音质。该训练适用于由于声带闭合不全导致的音质障碍者。

(1) 双唇闭合，气流从鼻腔发出，从易到难哼不同的调。

(2) 双唇闭合，气流从鼻腔发出，哼歌。

(3) 双唇闭合，气流从鼻腔发出，哼歌后发 /a/、/i、/u/ 或以浊音开头的单音节词。

4. 气泡发音训练

通过柔和的气泡式发音，使患者的声带得到放松，声带振动更为均匀而且富有规律性，同时使声带内收能力增强，从而改善患者嗓音音质。该训练适用于音质障碍，尤其适用于声带闭合不全导致的音质障碍者。

(1) 微微张开嘴，尽量放松喉咽腔，在呼气时，从喉咙中发出一系列低沉的、缓慢的噼啪声，如气泡冒出一样。

(2) 微微张开嘴，尽量放松喉咽腔，在吸气时，从喉咙中发出一系列低沉的、缓慢的噼啪声，如气泡冒出一样。

(3) 微微张开嘴，尽量放松喉咽腔，在呼气时，从喉咙中发出一系列低沉的、缓慢的噼啪声，如气泡冒出一样。然后再用嘴吸气时，从喉咙中发出一系列低沉的、共鸣的、缓慢的噼啪声。呼气和吸气时交替发气泡音。

(4) 微微张开嘴，尽量放松喉咽腔，在呼气发气泡音进行到一半时，以气泡音缓慢发 /i/ 音，并尽量延长。

(5) 微微张开嘴，尽量放松喉咽腔，在吸气发气泡音进行到一半时，以气泡音缓慢发 /i/ 音，并尽量延长。

(6) 微微张开嘴，尽量放松喉咽腔，在吸气或呼气时发气泡音，然后自然发音，如 /i/ 等，并尽量延长。

5. 半吞咽训练

通过在吞咽进行到一半时用较低的音调大声地发 /bom/ 音，使产生的气流在声道内反作用于声带，以提高声带闭合的能力。该训练适用于声带闭合不全导致的音质障碍者。

(1) 在吞咽进行到一半，喉的位置处于最高时进行发 /bom/ 音。

(2) 在吞咽进行到一半，喉的位置处于最高时进行发 /bo——m/+/i/ 音。

(3) 在吞咽进行到一半，喉的位置处于最高时进行发 /bo——m/+/i/+/bo-m/ 音。

(4) 在吞咽进行到一半，喉的位置处于最高时进行发 /bo^m/+ 以 /y/ 开头的词语 (如椅子、衣服等) 音。

(5) 在吞咽进行到一半，喉的位置处于最高时进行发 /bo——m/+ 以 /m/ 开头的词语 (如米饭、蜜蜂等) 音。

(6) 在吞咽进行到一半，喉的位置处于最高时进行发 /bo——m/+ 以 /y/、/m/ 开头的短句 (如蜜蜂采蜜等)。

(7) 在半吞咽时去掉 /bo——m/，直接半吞咽时发音，然后逐渐将吞咽也淘汰，练习自然发音。

6. 伸舌发音训练

通过让患者将舌前伸，扩张口咽腔，以高音调发前位音，体会发音时口咽腔放松的感觉，从而改善因喉咽腔过于紧张而导致的喉位聚焦和后位聚焦。该训练主要适用于喉位聚焦和后位聚焦者。

7. 前位音发音训练

通过让患者发一些发音部位靠前的音来体会发音时舌位靠前的感觉，帮助减少发音时舌位靠后的现象，从而治疗后位聚焦。该训练适用于后位聚焦者。

(1) 以爆破的方式发含 /p/ 或 /b/ 或 /t/ 或 /d/+/i/ 的单音节、双音节词，如皮、枇杷、弟弟等。注意让患者适当延长元音部分的发音时间，并体会舌位靠前的感觉。

(2) 发含声母 /m/ 或 /s/+ 韵母 /i/ 的单音节、双音节词，如米、丝、蜜蜂等。注意让患者适当延长元音部分的发音时间，并体会舌位靠前的感觉。

(3) 朗读含前位音较多的短语或句子，如“弟弟踢皮球”等。注意让患者适当延长元音部分的发音时间，并体会舌位靠前的感觉。

8. 后位音发音训练

通过让患者发一些发音部位靠后的音来体会发音时舌位靠前的感觉，帮助减少发音时舌位靠前的现象，从而治疗前位聚焦。该训练适用于前位聚焦者。

(1) 以夸张的方式发含 /k/ 或 /g/+/u/ 或 /on/ 或 /e/ 的单音节、双音节词，如哭、裤、哥哥、苦瓜等。注意让患者适当延长元音部分的发音时间，并体会舌位靠后的感觉。

(2) 朗读有以 /k/ 和 /g/ 开头词语的句子，如“哥哥在喝可乐”等。注意让患者适当延长元音部分的发音时间，并体会舌位靠后的感觉。

9. 鼻音边音刺激训练

通过让患者朗读一些含有鼻音和边音的刺激词，帮助患者建立较好的音质。该训练适用于硬起音和高音调等发声功能亢进者。

(1) 让患者发鼻音 /m、n/ 时，感觉到鼻腔共鸣，发边音 /l/ 时，感觉到喉腔共鸣，且发音时舒适不费力。

(2) 连续发以鼻音 /m、n/ 或边音 /l/ 开头的词语，并在每个词语之间加入一个 /a/ 音。

“马啊马啊马”

“猫啊猫啊猫”

“面啊面啊面”

“米啊米啊米”

“蜜蜂啊蜜蜂啊蜜蜂”

“蚂蚁啊蚂蚁啊蚂蚁”

“母鸡啊母鸡啊母鸡”

“猫头鹰啊猫头鹰啊猫头鹰”

“牛啊牛啊牛”

“奶奶啊奶奶啊奶奶”

“女儿啊女儿啊女儿”

“龙啊龙啊龙”

“狼啊狼啊狼”

“鹿啊鹿啊鹿”

“骆驼啊骆驼啊骆驼”

“龙虾啊龙虾啊龙虾”

“癞蛤蟆啊癞蛤蟆啊癞焓蟆”

(3) 将鼻音 /m，n/ 与边音 /i/ 结合起来。

“龙马啊龙马啊龙马”

“马路啊马路啊马路”

“母牛啊母牛啊母牛”

“牛郎啊牛郎啊牛郎”

“牛魔王啊牛魔王啊牛魔王”

10. 吸气发音训练

通过让患者在吸气的时候发音来帮助患者重新使用真声带进行发音。该训练主要适用于嗓音音质异常者，尤其适用于功能性失音症和室带发声者。

(1) 吸气，同时以高音调发高元音 /i/ 或 /U/，适当延长发音，然后过渡到呼气时发音，并从高音调自然下滑到正常音调的发音。

(2) 吸气时以高音调发以高元音 /i/ 或 /U/ 开头的词，如衣服、医院、渔网、雨伞等，然后过渡到呼气时发音，并从高音调自然下滑到正常音调的发音。

(3) 以自然舒适的音调发音。

第三章 智力障碍儿童教育

第一节 智力障碍概述

智力障碍是一个全球性的医学和教育问题。它不但严重危害儿童身心健康，更是一个严重的社会问题。据估计，全世界约有1.5亿智力障碍患者。各国对智力问题都倍加关注，研究者们对儿童智力障碍相关方面的探讨也日益深入。

一、智力障碍的定义

智力障碍的定义涉及如何认识此种障碍及其涵盖对象等问题，对智力障碍者的教育与康复具有重要意义。不同的国家有着不同的定义，反映了人们对智力障碍的不同认识程度与水平。

(一)我国的定义

在我国的相关法律法规和残疾人分类体系中，称智力障碍为“智力残疾”。目前，常用的智力残疾定义为2006年第二次全国残疾人抽样调查六类残疾标准中的界定，具体内容如下。

智力残疾是指智力显著低于一般人水平，并伴有适应行为障碍。此类残疾是由于神经系统结构、功能障碍，使个体活动和参与受到限制，需要环境提供全面、广泛、有限和间歇的支持。

智力残疾包括：在智力发育期间(18岁之前)，由于各种有害因素导致的精神发育不全或智力迟滞；或者智力发育成熟以后，由于各种有害因素导致智力损害或智力明显衰退。

这一定义采用了当时国际范围最新的智力障碍的界定框架，并加入“支持”理念，体现了我国对智力障碍认识的国际性，且对智力障碍的教育起到了引领方向的作用。

(二)美国的定义

1.《残疾人教育法案》(IDEA)的定义

《残疾人教育法案》采用智力落后这一概念。智力落后一般指智力功能水平明显低于平均水平并同时存在适应行为的缺陷，表现于发展时期并对儿童的教育表现产生不利影响。

该定义包括三项评价标准：第一，一般智力功能明显低于平均水平是智力落后诊断的先决条件，明显低于是指个体在标准化智力测验中的分数低于平均水平两个或两个以上标准差；第二，智力功能不是判断智力落后的唯一标准，适应行为必须同时低于平均水平；第三，智力功能与适应行为障碍必须出现在发展期。这一定义来自美国智力与发展性障碍协会(AAIDD)前身美国智力落后协会(AAMR)1973年对智力落后的界定。

2.美国智力与发展性障碍协会(AAIDD)的定义

美国智力落后协会(AAMR)于2007年更名为美国智力与发展性障碍协会(AAIDD)，该组织于2010年提出了智力障碍第11版定义、分类与支持系统手册。新定义在一定程度上沿用2002年第10版的定义：智力障碍是一种以智力功能和适应行为有显著缺陷为特征的障碍，适应行为缺陷表现在概念性、社会性及实践性适应技能上。该障碍发生在18岁之前。

同时采用了第 10 版定义的五个假设基础。

第一，必须在能代表个体同龄伙伴的社区环境中考虑其当前的功能缺陷。

第二，有效评估需要考虑沟通、感官、动作以及行为等因素的差异，也要考虑文化与语言多样性。

第三，对个体来说，缺陷与功能通常是共存的。

第四，描述缺陷的一个重要目的在于阐述所需支持的整体情况。

第五，持续地给予适当的个别化支持，智力障碍者的生活功能通常能够得到改善。

2010 年新定义的发展之一是第一次在官方定义中使用“智力障碍”这一概念，代替此前一直沿用的“智力落后”。

二、智力障碍定义的演进

智力障碍是客观的社会存在，但人们对其认识呈现出时间、地域等差异。美国作为当代世界特殊教育的发展重地，对智力障碍定义的发展具有重要影响，尤其是美国智力与发展性障碍协会，在自身的发展中推动智力障碍定义不断完善。下面以美国智力障碍定义的发展为主线，对智力障碍定义的演进进行回顾与分析。

自英国学者 Tredgold 于 1908 年首次提出智力落后的定义到最新的第 11 版定义，智力障碍定义的发展已有百余年的历史。在这一发展过程中，智力障碍定义经历了从“缺陷模式”到“支持模式”的转变，其中“缺陷模式”包括单一诊断标准与双重诊断标准两个时期。

(一) 缺陷模式阶段

1. 单一的智力标准时期 (1959 年之前)

自 1908 年 Tredgold 首次提出智力落后定义到美国智力缺陷协会 (AAMD，AAIDD 及 AAMR 的前身) 出台 1959 年智力障碍定义期间，不同研究者或组织对智力障碍提出了一系列的界定。主要观点有：

(1)Tredgold 对智力落后的定义如下：智力落后是一种由于大脑发育不全而在个体出生或年幼时期产生的智力缺陷状况，致使其无法履行作为社会成员所应尽的各种责任。1937 年，Tredgold 将智力落后的定义修订为：缺少他人的监督、控制与外部支持时，个体不能适应其同伴环境和维持生活的一种不完全的智力发育状态。

(2) 学者 Doll 1941 年对智力落后的定义为：个体在生长发育时期由于体质发展迟滞而造成的一种社会无能状况，而且其根本无法医治或矫正。

(3) 美国智力缺陷协会于 1908 年到 1959 年之间分别提出智力落后第 1 版、第 2 版、第 3 版、第 4 版定义，四版定义均以智商分数作为判断智力落后的唯一标准，并依据智商分数将智力落后程度分为以下三个水平：低能 (Moron)，智商分数在 50 到 75 之间；愚钝 (Imbecile)，智商分数在 25 到 50 之间；白痴 (Idiot)，智商分数小于 25。

把智商分数作为诊断智力落后的唯一标准是上述定义的共性，由这一共性出发，推断智力落后的产生原因则强调遗传和病理因素，且智力落后是一种“永久的不可治愈”状态。把智力落后看成个体内在的不可改变的缺陷是这一时期的共同认识。

2. 双重诊断标准时期 (1959 ～ 1992 年)

随着智力测验的缺陷逐渐被发现，智商分数在智力落后诊断中的唯一地位受到质疑，并引发了智力落后定义的相关变化。

(1) 美国智力缺陷协会于 1959 年推出智力落后的第 5 版定义：智力落后是指出生发育期出现的一般智力功能低于平均水平，并伴有以下一种或多种缺陷：成熟、学习与社会适应。

(2) 在第 5 版定义的基础上，美国智力缺陷协会于 1961 年出台了第 6 版智力落后定义：智力落后是指生长发育期出现的一般智力功能低于平均水平，并伴有适应行为的障碍。

(3)1961 年以后，美国智力缺陷协会相继对智力落后的定义进行了一系列修订并陆续于 1973 年、1977 年及 1983 年推出新定义，虽然调整不是很明显，但这些定义逐步推动了人们对智力落后的认识。其中 1983 年的定义如下：智力落后是指一般的智力功能明显低于平均水平，同时存在适应行为方面的障碍，发生在发育期。

与 1959 年以前的定义比较，美国智力缺陷协会上述几个版本定义在明确智力落后伴有智力不足的同时，强调必须具有“成熟、学习与社会适应缺陷”或“适应行为的障碍”，打破了仅仅依据智商分数判断智力落后的传统，推动智力障碍定义与诊断迈出了重要的一步。值得提出的是，1961 年的定义已经明确提出了“适应行为”这一概念。此后，智力落后的界定沿用了智力和适应行为的双重诊断标准。

(二) 支持模式阶段

1.1992 年，美国智力落后协会 (AAMR，智力缺陷协会于 1987 年更名为智力落后协会) 推出了智力落后的第 9 版定义：“智力落后是指个体现有功能存在实质性的限制，其特点是智力功能明显低于平均水平，同时伴有下列各项适应技能中的两种或两种以上的局限：交往、自我照顾、居家生活、社会技能、社区使用、自我管理、卫生安全、适用的学科技能、休闲生活和工作，智力障碍发生在 18 岁以前。”同时提出了定义的四个假设：有效的评价应考虑文化和语言的多样性及沟通和行为因素的差异；适应行为限制产生在具有典型同龄群体特征的社区文化中，并且作为个体个别化支持需求的指标；特定适应能力缺陷往往与其他优势适应技能或者个体能力共存；通过一定期限内持续不断地提供恰当的支持，智力落后者的生活能力会逐步提升。

该定义包含了“智力功能和适应技能”“心理与情绪因素”“健康和身体因素”及“环境因素”四个维度。与 1983 年定义比较，这一定义增加了与个人因素 (包括智力功能、适应行为) 相对的环境因素 (包括家庭、社区和学校)，基于生态学视角把智力落后看成是个体的一种功能状态，是具有智力功能和适应行为限制的个体与环境相互作用的结果。概括地讲，1992 年的定义是“功能性定义”，即智力功能与适应行为、环境和功能水平三方面因素的相互作用，并构成一个三边模型 (图 3-1)。个体的功能水平是智力功能及适应行为与环境互动的结果，而现有的功能水平导致个体需要不同程度的支持，适当的支持能够提升个体的现有功能水平。

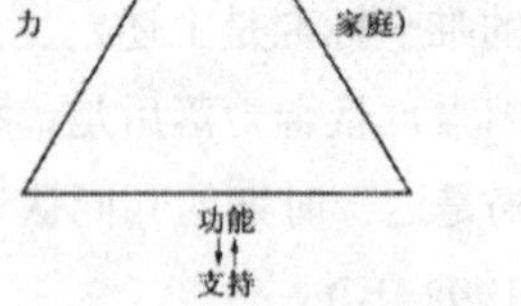

图 3-1 智力障碍定义三边图

1992年定义的另一个重要变化是提出了智力障碍的支持程度分类模式，具体包括间歇的、有限的、广泛的和全面支持四个类别，改变了一贯的认识智力障碍的“缺陷模式”，开启了“支持模式”的发展。

2. 在1992年支持模式的基础上，智力落后协会于2002年对定义进行了修订，定义如下：智力落后是一种以智力功能和适应行为有显著限制为特征的障碍，适应行为表现在概念性、社会性，以及实践性适应技能上。该障碍发生在18岁之前。该定义包含以下五个假设基础。

第一，必须在能代表个体同龄伙伴的社区环境中考虑其当前的功能缺陷。

第二，有效评估需要考虑沟通、感官、动作以及行为等因素的差异，也要考虑文化与语言多样性。

第三，对个体来说，缺陷与功能通常是共存的。

第四，描述缺陷的一个重要目的在于阐述所需支持的整体情况。

第五，持续地给予适当的个别化支持，智力障碍者的生活功能通常能够得到改善。

与1992年定义比较，2002年定义继续保留功能模式的理论基础，但将个体功能的维度由四个增加到五个，分别为智力功能、适应行为、健康、参与和环境，增加了“参与”这一维度，个体现有智力水平、适应水平、健康程度、参与度和环境及支持对个体的功能产生动态影响。同时将适应行为具体为概念性、社会性和操作性技能，更加强调功能导向，完成了从缺陷模式到支持模式的转变。

3. 2007年，美国智力落后协会更名为美国智力与发展性障碍协会(AAIDD)，这一更名预示了对智力障碍本质认识的转变。2010年，美国智力与发展性障碍协会出台了最新的智力障碍定义，该定义沿用2002年定义及假设基础，但将定义中的“智力落后”更改为“智力障碍”，第一次在官方文件中使用智力障碍这一概念。同时强调临床诊断在智力障碍诊断、分类和支持计划制订中的重要作用，主张在不同环境中(学校、家庭、法庭、服务机构、政策领域等)对智力障碍进行评估，提倡实施依据智力功能、适应行为、健康、参与及环境等的多功能分类系统，在面对具体个案时，可以采用五个维度中的任一个或支持程度进行分类。同时对较高智商智力障碍者的诊断、评估、支持给予关注。

(三)智力障碍定义发展的特点

1. 在发展中保持定义的连贯性

任何事物都是发展中的存在，智力障碍的定义也不例外，自20世纪初的早期界定到最新2010年版定义，智力障碍的界定发生了一系列变化；对智力功能和适应行为的理解逐步深入；对标准误差、练习效应以及常模变化等进行控制的测量理论和方法不断进步；逐渐强调临床诊断在测量工具实施、计分和解释中的重要作用。且自1961年的定义以来，基本保持了智力功能、适应行为及发生在发育期的三个核心维度。

2. 命名渐近定义本质并具有人本精神

对于智力障碍的命名，从1961年前的智力缺陷到其后的智力落后，再到最新定义中的智力障碍，是对不具有歧视色彩且能反映概念本质的命名方式的不断探求。智力缺陷的“缺陷”是指心理上、生理上或人体结构上某种组织或功能的任何异常或丧失，对个体而言具有内在性、固有性、不可改变性，带有明显而严重的歧视色彩。智力落后中“落后”的本意是永远落后，同样容易引起误导，不能较好，反映障碍是个体功能与环境互动的本质。智力障碍这一概念在教育科学研究中使用已久，与智力落后比较，其涉及的人群及具体个案的障碍类型、程度等并没有本质差别，但“障碍”是指机会的丧失或受到限制，指的是患某种残疾的人与环境的冲突，导致无法与其他人在同等基础上参与社会生活。障碍不是残疾的必然结果，只有当残疾与环境、与社会对待残疾的态度发生冲突时，残疾才构成障碍。智力障碍这一命名彰显了对智力障碍人群的尊重与平等机会的重视，充分体现了人文性。

3. 支持逐渐成为定义的核心内涵之一

在智力障碍的定义和分类系统中支持从边缘走到中心，再到成为定义体系的基石，支持及支持系统逐渐成为智力障碍定义、分类及教育干预中不可或缺的部分，同时，由支持带来的对障碍本质的反思、干预方式方法的改进与效果的提升等，彰显了支持在智力障碍研究与教育中的重要价值。

三、智力障碍的特征

尽管智力障碍儿童在身心发展上遵循着普通儿童发展的阶段性和连续性规律，但其发展的起点迟、速度慢，最终达到的水平也较低；而且不同成因、不同障碍程度的智力障碍儿童的身心发育差异很大；障碍程度越重，其各个领域的发展越差。下面从运动、认知、情绪情感、个性及语言等五个方面来介绍智力障碍儿童的障碍特征。

1. 运动

运动是人类个体的基本功能，包括大肌肉运动 (人的基本姿势、平衡协调运动和技巧) 和小肌肉运动 (手和手指的活动以及手眼协调等，主要指精细动作)。运动是由大脑控制的，脑功能的正常与否直接影响着个体的运动能力。智力障碍儿童具有明显的发育迟缓，视觉、触觉及其动觉的滞后使其运动技能的掌握存在一定的困难，导致其实际运动水平低。在 (粗) 大运动上的表现为：身体控制、平衡、上肢协调、速度和灵巧度等方面比较差，而且每一个行为动作都开始得比较晚，直到成年许多动作还做不好。精细运动方面的表现为：肌肉张力异常、精细动作发展缓慢、双手协调能力差、手眼协调能力差、反应迟钝、手部本体感觉较差等。

智力障碍程度越重，其动作发展与普通儿童的差异就越显著轻度智力障碍儿童的运动表现与普通儿童的差异可能不太明显。尽管个别的儿童可能表现出较好的动作技能，但其总体的运动能力仍偏低。

2. 认知

认知是人对客观世界的认识活动，包括感知觉、注意、记忆、思维和想象等心理活动。认知能力是儿童对外界物质刺激做出相应反应的能力。一般而言，认知能力随年龄和经验的增长而增进，认知能力的发展依赖于儿童原有的认知水平。

(1) 感知觉特征方面：同等条件下，智障儿童感知的信息量少、感知范围窄，只能感知客观事物的部分属性，而且不准确。如有形状和颜色的物体，他们只感知到其中一种特征，而不是全部。有些智障儿童不能理解相对的长短、高矮和宽窄等，不能分清早中晚。他们感知的速度慢，如在教智障儿童认识小白兔时，成人说话快了，有些儿童可能只记住了长耳朵，还有些儿童可能什么也没记住。一般而言，智障儿童的视觉感受性低，很难或不能辨别物体的形状、大小、颜色的微小差异；听觉反应迟钝，对语音识别较为困难；皮肤不敏感，触觉阈限高，常常分辨不出光滑和粗糙，对冷热、疼痛的感觉不灵敏；严重的智力障碍儿童的味觉和嗅觉可能缺失。他们的机体协调能力较差，对饥、渴、躯体的不适感等的感受性很低。他们的知觉范围狭窄，容量很小，不够分化、联系少。他们在感知物体时，往往欠缺应有的好奇心，没有仔细观察和深入了解事物的强烈意愿。

(2) 注意力特征方面：儿童的注意都是以无意注意为主。智力障碍儿童的表现更为明显：其注意以自己的兴趣为中心；注意的稳定性差，容易分散；注意范围狭窄，很难在短时间内注意多个对象，不能有效运用选择性注意。

(3) 记忆力特征方面：智力障碍儿童的识记缓慢，记忆容量小，保持差，易遗忘，再现困难，不完整。智力障碍儿童只能机械地记住个别词语、短句，不会按故事情节的发展进行有意义的记忆。他们的记忆编码加工过程不完善，欠缺记忆的主动加工过程，只是机械地重复，输入的信息无法在大脑中系统化，只能停留在短时记忆系统中，无法进入或形成长时记忆。他们记忆的目的性差，有意识记忆的能力弱。记忆发展仍停留在较低水平。对大多数的智力障碍儿童来说，运动记忆容易激起他们的情绪活动，记忆效果较好，形象记忆略差些，词汇的逻辑记忆难度最大。

(4) 思维特征方面：智力障碍儿童的思维具有具体性、概括能力薄弱、思维目的性不明、刻板性强等表现，智力障碍儿童往往不能有的放矢地进行思维，他们一旦开始进行某项活动或解决某个问题之后，便不能始终如一地坚持下去，很难进行连贯的思维。他们已形成的心理定势不易改变，在遇到新情况需要重新调整时，他们仍然用固定模式去解决问题。他们思维的独立性差，特别容易受暗示。

3. 情绪情感

情绪情感是在需要得到满足或得不到满足时在心理方面表现出的主观反映。智力障碍儿童的情绪情感表现为：多受机体需要的支配，高层次情感协调力差；情感不稳定，体验简单，情感幼稚，容易为外界环境所左右；表情外露，不会掩饰（智力障碍儿童高兴不高兴从脸上可以清楚地看出来）；情感表露的强度与外界刺激的强度不一致（一些很小的事情，他们可能会勃然大怒，很长时间安静不下来；而有人打了他们一拳，他们可能会若无其事）；情感的控制能力差（当他们不高兴时，不管在什么场合，有什么人在场，都会大哭大闹）；高级情感发展迟缓，发展水平低（责任感、荣誉感等）；情感具有病态性（情绪不稳定，忽而高涨，忽而低落；情绪亢奋；情绪淡漠等）。

4. 个性

个性是在复杂的生活和社会环境中逐步形成的。智力障碍儿童由于智力缺陷，认识事物少、生活经验简单，又很少参加集体活动，个性的形成和发展存在一些问题。主要表现为：独立性、主动性差；自控力差，易于冲动；一方面很固执，另一方面易于受暗示；自我意识差，又不顾及他人；是非观念薄弱，或不懂是非。

5. 语言

听觉系统、发音器官以及大脑神经中枢的发展与成熟是个体语言发生和发展的重要生理基础。可以说，语言是脑发育成熟阶段的产品，受经验的影响极大。智力障碍儿童由于大脑功能发育受阻，加上社会、家庭等不良环境的影响，其语言能力的发展受到很大的限制。调查结果表明，虽然智力障碍儿童的语言发展顺序、阶段特点等都与普通儿童基本一致，但是绝大多数智力障碍儿童仍有不同程度的语言缺陷。

四、智力障碍的成因

智力障碍的形成原因是多方面的，相关研究显示目前确定的因素多达 750 种以上。尽管基因研究为智力障碍产生原因的探讨做出了巨大贡献，但并非所有智力障碍的产生都与基因有关，目前确定的病因可能只有 50% 左右。所以，智力障碍的产生原因是一个被大量关注但需继续研究的问题。

就目前确定的产生原因，有两个主要的分类角度：根据智力障碍因素出现的时间分为产前因素、产中因素和产后因素；根据因素类型分为生物学因素与社会环境因素，后者包括社会、行为及教育等方面。借鉴美国智力与发展性障碍协会对上述两种分类模式的综合使用，对智力障碍的产生原因分析如下。

(一) 产前因素

产前因素指婴儿出生以前导致智力障碍的生物学或社会学因素。

1. 染色体异常 (畸变)

染色体异常与先天性智力低下密切相关，染色体异常包括染色体数量或结构上的改变，前者包括整倍体畸变与非整倍体畸变，后者包括缺失、倒位、插入、易拉和重复五种情况。李书君对邢台市人民医院 1992 年以来的 333 例智力低下、发育迟缓、两性畸形等患儿进行外周血染色体核型分析，发现染色体异常核型 139 例，异常检出率 41.74%。染色体异常导致的常见智力障碍类型有唐氏综合征、威廉斯综合征、脆性 X 综合征和先天性新陈代谢异常等。

(1) 唐氏综合征：唐氏综合征又称“21 三体征”或先天愚型，在绝大多数唐氏综合征群体中，第 21 对染色体是三条而不是两条，它是婴儿出生时最常见的智力障碍类型。此类儿童大多具有如下特征：眼角有内眦皮褶皱，导致眼睛略向上倾斜，一般会身材矮小，肌肉力量小，常有心脏缺陷，关节过度活动，口腔小，舌头常外伸，手短而宽，容易患有上呼吸道感染。现有研究结果虽未能确定唐氏综合征的发生原因，但可能与遗传和环境因素有关。就遗传因素而言，目前关注较多的是 MTHFRC667 T、MTHFRA1 298 C 与 MTRRA66 G 基因的多态性，但缺乏足够证据证实其致病效应。环境因素的研究发现，孕妇年龄太大、烟、酒及接触有毒有害物质等会增加出现智力障碍的概率，但也未发现较高证据强度的阳性结果。总体来看，唐氏综合征病因复杂，很多情况下既不是单一因素作用的结果，也不是单因素作用的简单叠加，而是多个危险因素相互作用的综合结果。研究发现，近年来泸州地区唐氏综合征患儿出生率有升高趋势，可能原因为孕妇接触了有化学、物理等有害物质，但主要与年龄和环境因素有关。

(2) 威廉斯综合征：威廉斯综合征患者一向有“小精灵般”的面部特征，身体和行为表达方式常常充满活力而快乐，对陌生人缺乏防范心理。一般具有讲故事天赋，但视觉－空间方面的能力较弱，常常表现出多动、注意力较难集中和维持。其产生的原因是第七对染色体物质缺乏，他们常常伴有心脏缺陷，对声音非常敏感。

(3) 脆性 X 综合征：其产生原因为 X 染色体上具有连锁性以及重复性的冲突。男性患此障碍的比例为 1/4000，大多数男性患者在儿童时期表现为中度智力障碍，而到成年期则呈现中度到重度障碍。女性患者可能会将 X 脆性染色体遗传给子女，但与男性相比，女性具有此障碍的概率较小。这一群体的主要特征为社会性焦虑及回避、语言用词单调且时常重复。外貌特征为头大、扁平大耳、脸狭长、额头突出、鼻子宽、下巴突出、手大且手指不呈渐细状。此类障碍一般为中度智力障碍，一部分人具有严重缺陷，而其他人尤其女性患者的智商有可能在正常范围内。

(4) 先天性新陈代谢异常：人体内有一系列酶作用于氨基酸、碳水化合物、维生素等基本物质的新陈代谢，这些酶的遗传性缺乏会导致人体代谢无法正常进行，即新陈代谢异常。常见的新陈代谢异常的智力障碍有苯丙酮尿症 (PKU)，指身体无法将苯丙氨酸这一食物中的常见成分转化为氨基酸，苯丙氨酸不断积累导致的智力障碍，患者的智力一般在 50 以下，具有明显的智力障碍。其他常见的代谢异常导致的智力障碍有先天性甲状腺功能低下、半乳糖病、黏多糖 LH 型等。

2. 环境影响

孩子出生前的环境源自母体，如孕妇大量接触部分药物、放射性物质或抽烟、酗酒等，可能对胎儿造成一系列影响甚至导致婴儿伴有智力障碍。

(1) 胎儿期病毒感染：当母体受到环境中病原微生物侵害并导致感染性疾病时，如果程度较为严重，有可能导致胎儿产生智力障碍。病毒感染导致的智力障碍的程度与婴儿年龄有关，一般随着年龄的增长呈递减趋势。常见的病原体主要有风疹病毒、巨细胞病毒、单纯疱疹病毒 (二型)、弓形体及梅毒螺旋体等。

(2) 药物影响：如孕妇因患有流感、高血压等而大量服用四环素、降压灵等药物，这些药物会透过胎盘对胎儿造成影响。此外，如果孕妇服用一些激素类药物 (如肾上腺皮质激素)、安眠类药物 (如安定等)、抗癌药物及农药等也会影响胎儿智力的正常发育。

(3) 孕妇长期接触放射性或化学毒性物质

放射性物质包括 X 射线、α 射线、β 射线、γ 射线及电子、中子等粒子的放射线，这些射线均可能导致胎盘发育停止进而产生畸形。如果孕妇长期暴露于有放射性物质或有毒化学物质的环境中，会使胎儿生长发育迟缓、智力低下。

(4) 孕妇抽烟、酗酒、吸毒：可卡因、海洛因、烟草、酒精等物质中含有大量慢性有毒物质，如果孕妇大量直接使用，会对胎儿构成不良影响甚至导致智力障碍。如胎儿酒精综合征 (Fetal Alcohol Spectrum Disorders，FASD) 是由孕妇饮酒导致的永久性出生缺陷，该症状具有三个基本特征：一是有轻度到中度智力障碍，中枢神经系统具有障碍；二是出生时表现出身体发育方面的障碍；三是面容特殊，与唐氏综合征有相似之处，如前额突起、眼裂小、斜视、鼻梁短、鼻孔朝天、上嘴唇向里收缩、扇风耳等。

(5) 其他因素：孕妇年龄关系到母体素质状况，年龄太小的发育不完全，太大的身体素质有所下降，两者均不利于胎儿的成长，且有可能导致障碍产生，如唐氏综合征便与母亲年龄较大有着重要关系。有可能对胎儿智力发育构成影响的还有孕妇营养不良、孕妇内分泌失调、长期情绪不良、妊娠剧痛等。

(二) 产中因素

产中因素即分娩时对胎儿构成影响的因素，如胎儿体位不当、分娩困难及早产等。

1. 早产和低体重

我国规定，妊娠早产儿是指孕周在28周至37周之间出生的新生儿。出生时体重在2500克以下的为低体重儿，出生时体重在1500克以下的为极低体重儿。

早产儿由于在子宫内发育不良，不仅体重小，且生存能力差，全身器官发育不成熟，存在免疫功能缺陷、体温调节功能不良，呼吸及消化功能也不佳，很容易感染。少部分早产儿中枢神经系统发育不良，伴有智力障碍。研究发现，“早产儿出生时胎龄越小、出生体重越低，智力水平相应越低”。低体重儿同样伴有早产儿的一些特征，导致胎儿低体重有关的因素包括营养不良、青少年怀孕、滥用药物、过度吸烟或贫困等。

2. 产伤

产伤指胎儿在分娩过程中所受的创伤。产伤可发生在新生儿的任何部位，轻微的皮肤损伤都有可能引起严重的内出血，甚至导致新生儿死亡。产伤轻者短期内会恢复正常，少数会留下终身病症，智力障碍便是其中一种。

3. 窒息

新生儿窒息是指胎儿出生后仅有心跳而无呼吸，并出现一系列呼吸衰竭的症状，或者是胎儿宫内窒息。多数新生儿窒息是胎儿缺氧的继续，也有少数是由于产程过长，胎儿过度受压而脑部缺氧所致。胎儿和新生儿的中枢神经系统对缺氧特别敏感，轻度缺氧时，由于二氧化碳积蓄及呼吸性酸中毒，使交感神经兴奋，代偿性血压升高及心率加快。重度缺氧时，则转化为迷走神经兴奋，心率由快变慢，会直接影响生命安全或因大脑皮层细胞受损而导致智力障碍。

(三) 产后因素

孩子出生后同样面临生物、社会文化、教育中不良因素的影响，严重者亦可导致智力障碍。

1. 生物因素

(1) 脑外伤：脑外伤指意外事故造成孩子大脑损伤，伤害严重时可引起智力障碍，包括原发性脑损伤和继发性脑损伤。前者指在受伤当时便形成损伤，引起病变的主要为脑震荡、脑挫伤和脑裂伤等；后者于损伤后的一段时间内形成，常见的病变为脑水肿、出血和血肿等。

(2) 脑膜炎：脑膜炎主要是脑膜受到外来的微生物侵袭造成发炎发病的现象，是一种急性的颅内感染性疾病。引起脑膜炎的病原体很多，包括细菌、病毒、螺旋体、真菌和寄生虫等。脑膜炎的典型特征为急性起病，常伴有发热、头痛、呕吐症状，严重的可能出现惊厥、嗜睡等。

(3) 高烧、抽搐：高烧和抽搐是婴儿出生后导致智力障碍的高频率因素，婴儿早期大脑发育尚未完整，比较脆弱，高烧或抽搐容易导致脑细胞功能紊乱，产生脑电节律紊乱，反复、长时间的发作有可能导致脑损伤甚至智力障碍。

(4) 营养不良：营养对婴幼儿的发育十分重要，营养不足或严重失衡会对其发展构成严重影响，尤其是一些促进大脑发育必需的微量元素的缺乏，轻者导致体质不佳，长期缺乏会影响脑神经的发育。

2. 社会文化因素

婴幼儿处于人生发展的逐步完善阶段，直至青少年期，他们的身心仍发展不完善，需要社会及照料者为其提供健康、积极的环境与刺激，尤其在婴儿早期，大量的环境刺激有助于脑神经的发育。如果孩子早期遭遇照料不足、刺激不够、虐待、忽略，甚至暴力，会对其身心发展构成严重影响，重者导致智力障碍。

3. 教育因素

教育不足对智力障碍的主要影响是会加深障碍程度，尤其对于家族具有智力障碍的遗传因素或已经发现有智力障碍症状的儿童，教育是否合理、及时非常重要。早期干预是降低产后形成智力障碍的主要手段。

五、等级分类

在临床和教育上一般把智力障碍分为四类。

1. 一级智力障碍(极重度)

智商在25以下。这类儿童的适应行为方面表现很差，几乎无法和他人进行有意义的交往，面容呆滞，表情木讷，语言困难，运动感觉功能差，一般都伴有肢体运动功能方面的障碍，这类儿童即使得到了较好的教育和训练，效果也不理想，终身需要他人照料。

2. 二级智力障碍(重度)

智商在20～35或40～55之间。这类儿童社会适应性行为也比较差，但是通过训练可以和较熟悉的人(如父母或其他养育者)进行一些简单的、有实际意义的交流，有初步的情感表达，生活能力方面存在障碍，即使经过训练也很难达到自理，仍需要他人照料。

3. 三级智力障碍(中度)

智商在35～50或40～55之间。这类儿童在社会适应性行为方面较前两类儿童有较大进步，虽然仍会表现出适应行为不全，但经过教育与训练后可以和他人进行简单的交流，也能够初步表达自己的要求，可以达到部分生活自理，能从事一些简单的家务劳动，具有初步的卫生和安全常识，但阅读和计算能力、空间认知能力等比较差；通过专门训练，可从事一些简单的重复性强的社会劳动，如装订信封、搬运重量适中的箱子等，在美国有一些专门以这类儿童为主要劳动力的福利厂。

4. 四级智力障碍(轻度)

智商在50～70或55～75之间。这类儿童在社会适应性方面低于同龄儿童，但如果不认真观察或没有深刻的交流，一般不会发现他们存在交往方面的障碍，能够进行一般水平的交往和表达内心的感受或愿望；这类儿童具有相当的实用技能，生活上一般都能自理，可以承担一般家务或工作，但缺乏技巧和创造性，一般在指导下能够适应社会，经过特别教育，可以获得一定的阅读和计算能力；对周围环境有较好的辨别能力，能比较恰当地与人交往。

第二节 智力障碍儿童的身心特征

智力障碍者在认知功能与适应行为的发展上具有实质性的限制，了解智力障碍的身心特征是认识和教育智力障碍儿童的前提。

一、心理特点

1. 智力特点

与其他各类残疾儿童相比，智障儿童最为突出的心理特点是大脑功能发育障碍。大脑是人体的各种功能产生的司令部，也是人的认知、情感、思维、推理等各种高级心理活动产生的来源地，儿童由于智力落后，就会影响到大脑功能的作用，由于大脑受到影响的区域不同、程度不同，所以智障的表现形式也不相同，有的表现为综合障碍；有的表现在某一方面能力低下，其他方面较好或接近正常；有的表现为许多方面能力都很差，某一方面却接近正常甚至超长，我们常把这类儿童或成年智障者称为“白痴天才”。

2. 情感特点

由于大脑功能方面的不完善，智障儿童在情感的表达上掩饰性、隐忍性、自我克制性都比较低，往往内心有什么就马上表现出来。同健全儿童相比，智障儿童在情绪情感方面会表现出更多的依赖性，情感的表达更直接、更简单，大多数智障儿童最常见的情感是高兴、愤怒或悲伤，而这些情感都是比较表面化和初级化的；另外一些高级的情感，如伤感、失望、愉悦、自我实现等，智障儿童的体验或表达比较少。

3. 社会交往困难或不适

几乎所有的智障儿童，都会有不同程度的交往困难，这与他们的智力因素是密切相关的。一方面由于智力的原因，这类儿童在与人交往过程中存在表达不清晰或不准确的情况；另一方面，他们对别人的表达可能存在一定的理解困难，这样自然就会影响到理解的质量和水平，并产生交往方面的障碍。

4. 伴随语言发育迟缓或语言障碍

根据心理学家的研究，智力的表现主要体现在两个方面，即语言和操作。其中语言又包括了言语的理解和表达、数字运算、推理等。智障儿童语言明显落后于同龄儿童，可表现在语言理解和表达深度、广度不够，记忆、运算、推理等较高层次的语言少或能力低。并且智力障碍的程度越重，语言发育越差，障碍越严重。

5. 肢体运动功能障碍或缺陷

与健全儿童相比，智障儿童在运动发育、运动技能的掌握和实际运动水平等方面都存在一定的困难，同语言障碍基本一致，即智力障碍的程度越重，运动发育也越差，障碍也越严重。

二、负向影响

(一) 认知功能

认知是一种心理活动或过程，智力障碍儿童认知功能的发展与同龄人具有显著差异，具体表现在感知觉、注意、记忆、语言和思维等方面，但不同认知过程的缺陷程度具有不平衡性，且个体差异明显大于普通儿童。智力障碍儿童认知能力较差主要表现为抽象思维困难，他们难以对概念进行综合，进而导致理解和形成相应概念的困难，在联想的广度和维度上也存在极大的差距。

1. 感知觉

感受性慢与范围狭窄是智力障碍儿童的典型特征，其视觉、听觉、嗅觉、味觉和触觉受到不同程度的影响。智力障碍儿童的绝对感受性低于普通儿童，感知信息的速度与普通儿童具有显著差异，信息加工速度较为缓慢。研究发现，在速视条件下，普通儿童能够认识 57% 的图片，而相同年级的智力障碍儿童来不及认识任何一个图片。当图片呈现时间增加至 42 微秒时，普通儿童差不多能认知全部的图片 (95%)，而智力障碍儿童仅能认识其中一半左右的图片 (55%)。

智力障碍儿童的辨别能力低下，其视觉、触觉等感知觉的辨别能力显著低于同龄普通儿童。研究发现，虽然智力障碍儿童能识别和命名部分颜色，但正确率远低于普通儿童，智力障碍儿童对颜色的基本属性有一定感知，但很难形成抽象的分类标准，其颜色认知处于较为低级的水平。关于不同智商水平智力障碍儿童的视觉图形辨别能力的研究发现，智力障碍儿童视觉辨认的正确率与智力损伤程度有关，智力损伤程度越重，视觉辨认能力越低下。对于智商在31～51之间、平均智商为41.6、平均年龄为11.7岁的智力障碍儿童，在图形以0.05秒速度呈现的条件下，其平均辨认正确率为21.4%；在以0.01秒速度呈现的条件下，平均辨认正确率为20.7%。智商在55～75之间、平均智商为62.0、平均年龄为10.2岁的智力障碍儿童，当图形以0.05秒速度呈现时，平均辨认正确率为48.5%；在以0.01秒速度呈现时，平均辨认正确率为45.0%。与同龄的正常儿童相比，无论在哪一种呈现速度下，智力障碍儿童图形辨认正确率明显低于普通儿童。林仲贤等对平均年龄为10.8岁，平均智商为49.3的22名智力障碍儿童的视、触长度知觉研究发现，无论是视觉辨别还是触觉辨别，智力障碍儿童明显低于年龄相仿的普通儿童。关于智力障碍儿童形状知觉特点的研究发现，智力障碍儿童在形状知觉的各个层次上均存在困难，

2. 注意

注意是心理活动对一定对象的指向和集中，分为有意注意和无意注意，前者指需要意志努力的注意，后者是不需要做意志努力的注意。智力障碍儿童普遍具有注意容易涣散的特征，主要原因为其有意注意能力发展不足，容易受无关刺激的干扰。智力障碍儿童在注意特性的发展上同样具有一系列障碍：首先，智力障碍儿童的注意广度有限，同一时间可接受的信息量较少；其次，注意稳定性较差，很难将注意力持续保持在某一特定任务上；再次，注意分配和转移能力发展不足，林仲贤等人对平均智商为52.7的14名中度智力障碍儿童进行的研究发现，在各种不同条件下(读色片名称、读黑色字、读字的颜色名)，年龄为12～17岁、平均年龄为14.6岁的智力障碍儿童的读名速度只相当于7～8岁的普通儿童，而读名的准确性明显低于7～8岁的普通儿童；最后，智力障碍儿童的选择性注意能力较差，难以区分主要刺激与次要刺激，导致对学习、生活中的重要因素把握困难。注意是完成学习等任务的基本素质条件，智力障碍儿童注意能力发展上的不足对其学习构成了严重影响。

3. 记忆

记忆是人脑对过去经验的保持和再现(回忆或再认)，包括感觉记忆、短时记忆、长时记忆和工作记忆。智力障碍儿童在记忆的各个类型上表现出不同程度的障碍，同时，个体认知功能受损程度越高记忆的缺陷越严重，短时记忆尤其受影响。研究发现，“智力障碍学生存在短时记忆困难”。沈玫以62名唐氏综合征儿童为研究对象，就其对不同材料短时记忆的广度进行研究，结果表明，唐氏综合征儿童数字、语词和图片的短时记忆广度分别为3.36、2.09、2.61，平均广度为2.68。而普通儿童3岁左右的记忆广度便可以达到3。在工作记忆能力上，“智力障碍儿童显著落后于普通儿童”。关于轻度智力障碍儿童与普通儿童工作记忆能力的比较研究发现，轻度智力障碍儿童计数广度和空间广度的平均数分别为2.93和3.94，普通儿童分别为3.98和7.96，均具有差异。长时记忆指信息经过充分加工，在头脑中长久保持的记忆。刘春玲等以49名智力障碍儿童和智龄匹配的49名普通儿童进行联想测验，发现智力障碍儿童存储信息的数量明显低于普通儿童；轻度智力障碍儿童心理词典的组织更加松散，混杂的错误信息也较多；

普通儿童心理词典中储存词的语义边界清晰，而智力障碍儿童心理词典中储存词的语义边界模糊。所以，智力障碍儿童具有长时记忆能力不足的特征，对其学习的积累与知识的有效使用构成不良影响。

关于智力障碍学生不同记忆能力的比较研究发现，其长时记忆优于短时记忆，短时记忆中听觉记忆优于视觉记忆。郭海英等人的实验结果表明，智障学生经过多次的重复学习后，记忆的效果有明显的提高，即智障学生的长时记忆能力优于短时记忆。而在短时记忆中，智障学生听觉记忆优于视觉记忆和视觉理解广度。智力障碍儿童视觉短时记忆(系列呈现刺激，考察被试视觉继时加工广度)与视觉理解广度(同时呈现刺激，考察被试视觉同时加工广度)的成绩均显著低于听觉短时记忆成绩，表明智障学生听觉通道优于视觉通道。

4. 语言

语言是智力与思维活动的凭借，思维活动中的分析与综合、抽象与概括、判断与理解的执行都依赖于语言这一工具。所有智力障碍者均伴有语言理解或表达上的障碍，且智力功能越低，语言发展水平越低，但具体的语言障碍类别取决于智力障碍的形成原因。

发音是智力障碍儿童语言发展中最显著的障碍，其构音异常的发生率高达 50% 以上，常见的问题有发音不清、发音异常、持续发音困难等，障碍程度严重的个案甚至因肌肉控制困难而无法发出语音。但智力障碍儿童音位发展顺序基本与普通儿童一致：先掌握元音、半元音、鼻音和塞音，后掌握擦音、塞擦音和边音，且发音策略也基本遵循普通儿童的发展规律。智力障碍者具有语义理解障碍，表现为对词语及句子的理解能力不足。尽管 Bender 等人的研究发现，“智龄分别为 7.0，7.7 和 7.9 的三组轻度智力障碍儿童均能够利用语义线索进行词义提取”，但在配对形容词“more(多)-leSS(少)”与“taller(高Kshorter(矮)”词义理解的研究中，研究者发现智龄匹配的中度智力障碍儿童和轻度智力障碍儿童均易出现错误且错误的类型相同，说明智力障碍具有词义理解困难。关于智力障碍儿童的句子理解能力，华红琴的研究发现，虽然智力障碍儿童对句子的理解能力随着年龄的增长而提高，但句子理解能力的发展速度极其缓慢，难以准确、迅速地理解多维度的、含有信息量较多的复杂句子。

在语用能力方面．唐氏综合征儿童的整体语用能力优于其他障碍儿童，他们可根据不同的环境使用不同的交往策略，理解指示词语的能力较强。研究发现，除唐氏综合征儿童以外，陌生环境会阻碍智力落后儿童语用能力的发挥，学者 Abbeduto 关于较轻、中度智力落后儿童与父母及同龄人交往的研究发现，智力落后儿童与同龄人交往的错误率高于与父母交往的错误率。说明智力落后儿童与不同身份的人交往，成功完成会话的可能性不同：与熟悉的人(如父母)交往，成功的可能性大；与不熟悉的人交往，成功的可能性小。研究发现，智力落后儿童存在指示词语理解与表达的困难，但前者优于后者。Hemphill 将一些描述词语较少的故事图片展现给轻度智力落后儿童，然后让他们复述这些图片描述的故事，以测试他们在复述过程中指示词语的使用情况。结果发现，相对于语言年龄和智龄匹配的普通儿童，轻度智力落后儿童难以恰当地使用指示词语，智力障碍儿童存在指示词表达困难。关于智力障碍儿童指示词语理解的研究发现，唐氏综合征儿童可以理解父母提到的不在现场的人或事物，说明他们理解指示词语的能力较好，优于指示词的表达能力。另有研究发现，智力落后儿童容易违反相关准则，话语与话题联系不紧密，同时他们难以理解和表达询问的施事行为，增添了他们理解的难度。

尽管智力障碍儿童的语言发展具有上述障碍，但其语言习得过程与正常儿童大致相同，他们具有先天的语言获得机制和语言能力。造成中度智力障碍者语言发展滞后的主要原因是认知能力和语言环境刺激的不足。有效的语言训练和认知补偿对智力障碍儿童的语言发展具有重要的意义。

5. 元认知

元认知是智力的成分之一，它的层次与水平反映出个体的能力发展。元认知是人类信息加工系统中对信息流的执行控制过程，它监控和指导着主体的认知活动过程的进行，评估主体在信息加工过程中可能会发生的各种问题，以及对所面临问题采取的解决策略、方法与问题解决效果的监控情况，确定与评价自己所选择的信息加工策略的效果等。戴斯等人提出强调动态智力观的 PASS 智力理论，将计划、注意、同时性加工和继时性加工作为智力的四种要素。同时性加工和继时性加工是功能并列的两个认知过程，共同构成一个系统。注意系统又称作注意唤醒系统，位于基础层级，同时性和继时性加工系统位于中间，计划系统位于最高层次，属于元认知调控研究中的重要成分。张海丛等人关于轻度智障学生认知特点的研究发现，“轻度智力障碍学生具有计划障碍”，难以对生活、学习等做出合理计划。智力障碍学生元认知障碍另一典型表现是自我调节能力差，上到意志力活动的调节，下到饮食起居等日常活动的管理，均显著落后于同龄人。原因在于个体的元认知水平会影响其理解、分析和归纳能力的发展，而这些能力正是个体智力水平高低的体现。

(二) 适应性行为

智力障碍儿童在适应性行为方面具有实质性的缺陷，这些缺陷表现在行为功能的各个领域且形式各不相同，但智力障碍儿童适应行为的发展也显示出一些普遍特征。智力障碍儿童适应能力的水平受到多种因素的影响，其中智力是最重要的影响因素之一。陈云英等研究发现，智力落后学生的智力与适应行为的发展水平存在巨大的组间差异：轻度智力落后学生的智力和适应行为的发展水平相对较高，而中度、重度智力落后儿童的智力和适应行为的发展水平极低。安会卿等研究发现，“适应能力与智商等级之间存在弱的直线相关 0=0.14 101”，即适应能力随着智商水平的下降而减弱。此外，智力障碍儿童适应行为的发展还受到其他因素的影响。赵小菲等研究发现，母亲健康状况、母亲年龄、父母关系、学龄前养育类型及住家地区社会风气也是影响儿童适应行为发展的重要因素。

1. 适应行为能力水平低

智力障碍儿童的适应行为能力水平普遍较低，且与一般儿童存在显著差异。张福娟采用《儿童适应行为量表》(姚树桥、龚耀先编制) 对 324 名三类 4 ～ 12 岁儿童 (智力正常、轻度智力障碍和中度智力障碍儿童各 108 名) 的社会适应能力进行评定研究，结果表明，在所有年龄段，智力障碍儿童的适应能力均明显落后于普通儿童，中度智力障碍儿童的适应能力明显落后于轻度智力障碍儿童。

2. 生活自理能力

不同障碍程度智力障碍儿童生活自理能力的程度具有差异性，一般而言，障碍程度越严重，其学习生活自理的速度越慢且达到的水准相对较低。总体而言，智力障碍儿童在吃、穿、住、行等方面需要后天的学习与指导，大多数轻度或处于边缘状态的智力落后儿童能够学会生活自理能力，但重度智力障碍者的自理程度往往难以达到较高水平。

3. 社会化发展

认知处理能力的限制、不良的语言发展、不适宜的行为等对智力障碍者的人际交往构成了严重阻碍，致使智力障碍者成为社会性障碍的一大潜在人群。智力障碍儿童社会能力不足的表现之一是难以建立和维持友谊，原因是他们难以向他人发起社会互动并维持交流，且在学龄前就表现出这一障碍，而当他人与其互动时，智力障碍儿童经常出现的注意力不集中等现象会导致同伴的离开；轻信是智力障碍尤其轻度智力障碍者能力不足的另一表现，研究者认为这一障碍可能由人格和认知因素共同造成，认知缺陷致使智力障碍儿童无法确定他人言行是否具有欺骗性，人格因素使得他们对外部动机源过于依赖，当他人呈现某种其喜爱的物品的时候，智力障碍者往往难以抵住诱惑，并轻易相信他人。

4. 问题行为

与普通儿童相比，智力障碍儿童更容易表现出过激、挑衅、攻击及自伤等不良行为。一般来说，问题行为发生的可能性随着障碍程度的严重化而增加。自我控制能力差是引发智力障碍问题行为的原因之一，无论是对于大小便处理、饮食量的控制，还是不良事件的忍耐，智力障碍儿童一般难以做到很好控制。另外，智力障碍儿童具有语言表达上的困难，导致其难以恰当表达生理需求，进而常常诉诸不当的行为，并引起问题行为的发生。

三、正向影响

尽管智力障碍儿童具有上述多方面的能力限制，而且人们对智力障碍儿童的关注往往集中于其不足方面，但他们同样有自身的优势领域，与其他障碍类型儿童甚至普通儿童比较而言，他们往往具有某方面的优秀品质。

(一) 具有关心他人与乐于助人的品质

尽管智力障碍儿童具有能力上的限制，但他们具有理解与帮助他人的热心肠，唐氏综合征儿童的表现尤其突出，他们与他人有更多的积极情感交流，会更关注他人的感受，还能够用某种方式尝试去安慰他人。Kasari 等的研究发现，唐氏综合征儿童在移情和对他人痛苦的反应中表现得较好，唐氏综合征儿童会多看表情痛苦的实验人员，并会采取触摸、轻拍等方式去安慰实验人员，而其他的智力障碍儿童则表现出更多的逃避。

(二) 品性率直

社会能力某些方面发展不足是智力障碍儿童的一项劣势，但从另一角度看，他们也保留了其率真、质朴的一面，他们交往方式简单，不会使用人与人交往的复杂手段，更多凭直觉感知人与事的好与坏，降低了人们与智力障碍者交往的心理负担。尤其在社交压力日益严重、人际关系复杂化的当今社会，智力障碍儿童的这一特征显得尤为可贵。

(三) 部分个体有自己的优势领域

智力与适应行为能力低下是智力障碍者的普遍特征，但仍不乏部分智力障碍者能够拥有自己的独特优势，利用坚强毅力克服自己的障碍，并练就强项技能，如我们熟知的“舟舟”具有极强的音乐指挥天赋，成功指挥了大量的音乐表演。

第三节 智力障碍儿童的鉴别与评估

一、智障儿童鉴别的原则与方法

智障儿童的鉴别进过前人的实践和总结，得出了一系列原则和方法。首先，科学的鉴别必须遵循几大原则。

(一) 客观性原则

指的是不能只听家长或是老师单方面陈述，或仅凭自己几次观察就主观判断，应该运用已经证明的比较权威的客观的科学的方法和手段，用标准化的测验进行测量，即必须根据客观事实来对儿童做鉴定。当然，由于当前测量学发展历史不长，高质量的标准化测量的为数不多，因此在评估心理发展水平及特点是往往还要借助于观察、访谈、作品分析法等方法，但是这些方法的误差就会因人而异必须适当并尽量确立标准。

(二) 目的性原则

即对儿童的鉴别要有明确的目的，对智障儿童鉴别来说合适的目的一般有四种，分别是诊断儿童是否出现迟滞，程度性质如何，如何安置诊断出的智障儿童，制订教育干预计划，更好地教育智障儿童，促进他们的成长。

(三) 全面性原则

要全面了解儿童各个方面的情况，并对收集来的各种资料做综合分析。既要了解儿童的过去，又要了解现在，既要了解他生存的环境又要了解他自身的状况，既要测量智力又要全面评估他的认知、个性特征等。总之要将儿童看成一个综合体，千万不可割裂地看待某些方面就对一个人贴上一些特殊的标签。

(四) 发展性原则和个别性原则

要不断地观察测量儿童的变化，不断形成新的认识，并不断更正鉴定中存在的错误，即便是鉴定没有出错，也不可静止地看待智障儿童的发展，在一些研究中我们看到有些儿童经过特殊的养育和训练，最终智商得到质的改变。至于个别性原则则是促进智障儿童发展的重要条件，由于病因、生长环境等的差异，适合他们的个别进行的鉴定方案和方法更有利于鉴别出存在的问题。

(五) 教育性原则

一定要注意鉴定的目的最终还是要给孩子以适当的教育，促进他们的成长，而不是向当前普遍的做法，发现孩子学习不好或是能力比别人差就要到医院鉴定，而医院不过是简单的测量某些方面与平均值的差异，便下定标签，而家长的目的并不清楚。

在这些原则的指导下，鉴定智力落后儿童往往包括多方面的内容，主要如下。

1. 智力测查

这是最为重要与客观的，也是首先要做的。是智障儿童鉴别中的一项基本内容，也是在心理测量中最为成熟的一类测验。目前国际上比较通用和流行的是斯坦福 - 比内智力测验、韦克斯勒儿童智力量表、瑞文推理测验、考夫曼儿童成套评估测验等。智力测验要区分个别测验和团体测验，要区分不同年龄段适用的不同测验，总之要根据实际情况选取合适的智力测验。

2. 适应行为的评定

虽然目前来说适应行为量表在数量上和质量上都不如智力测验，但是如果不对这方面进行测量评估将违背智障儿童的定义和鉴别标准，同时和实际情况不相适应。目前比较常用的适应行为量表有文兰适应行为量表、AAMR 适应行为量表、独立性为量表、适应行为调查等。

3. 儿童生长发育史和体检结果

正常儿童的发展是有总结出的规律的，例如七坐八爬等，通过对儿童生长史的了解可以与正常儿童的发展规律进行比较，得出儿童与正常情况的差异，有助于鉴定智障儿童。而体检则可为鉴定提供包括头围、面容等的客观症状，结合已知的不同类型智障儿童特征，有助于确定儿童属于哪一类，有助于鉴别智障儿童。

4. 儿童病史及其家族病史

这将有利于有我们了解儿童的现实状况，有利于确定儿童智障的病因，不同原因造成的智障还是有其区别的。

5. 学业成绩及家庭、学校情况

学业成绩虽然不能作为智力高低的依据，但是从学业成绩中还是能了解到一些与智力有关的因素的，同时也可排除因为对某些老师不喜欢等原因造成的学业成绩不良，这种不是智力因素所导致的。

有了这些基本的认识，在真正开始进行测验时还应明白科学严肃的鉴别是按照一定程序进行的。步骤如下。

首先，必须有明确的鉴别目的，要了解家长及教师的对儿童进行鉴别的目的是什么，从而确定鉴别工作的重心。

其次，便是设计评估方案，确定收集什么材料，了解儿童哪些问题，并确定何时进行。实施方案过程中采用哪些测量方法和工具。

最后，便是为被鉴定者建立档案，撰写个案报告，有条件还要尽量复查，以防止误判导致儿童发展受损。

二、智力功能评估

(一) 智力

智力 (智能或智慧) 是心理学界普遍关注的一个概念，国内外学者提出了不同的解释，但至今没有统一的定义。

1. 国内学者的解释

国内存在如下几种观点。观点一，智力是一种偏重于认识方面的心理特征，此种解释得到国内学者较多认同。朱志贤认为，智力是人的一种心理特性或个性特点，是偏重于认识方面的特点。董纯才认为，智力是使人顺利地从事多种活动所必需的各种认识能力的有机结合，其核心成分是抽象思维能力。观点二，智力就是能力。林传鼎提出智力就是能力或智能，即人们运用知识技能的能力。观点三，智力是一种先天素质，特别是脑神经活动的结果，吴天敏教授提出，智力是脑神经的针对性、广阔性、深入性、灵活性在任何一种神经活动和由它引起并与它相互作用的意识性的心理活动的协调反映。

2. 国外学者的解释

国外学者对智力同样存在不同的界定。观点一，智力是个体学习的能力，认为学习成绩是智力水平的代表，智力高的学生，学习快，掌握的知识多。观点二，智力是个体的抽象思维能力，智力高的人善于思维、判断和推理。如法国心理学家比奈提出，智力是正确、透彻理解和适当推理的能力。观点三，智力是个体适应环境的能力，德国心理学家斯腾认为，智力是指个体有意识地以思维活动水平来适应新情境的一种潜力。观点四，智力是智力测验的能力。这是一种操作定义，认为智力是一个抽象概念，离开智力测验，则无法对智力进行界定。如弗里曼认为智力就是运用智力测验所测量到的东西。

(二) 智力理论

1. 我国的智力理论

从三国时期的刘劭到当代的诸多心理学家，我国学者提出了一系列智力理论。刘劭认为，智力与智能是两个独立的概念，既有联系又有区别，在多元智能理论的基础上，他提出了 4 种智力，分别为：道理之家，认识自然；事理之家，认识政事；义理之家，认识社会；情理之家，认识心理。朱志贤认为智力是一种综合的认识方面的心理特征，包括感知记忆能力，特别是观察能力；抽象概括能力 (包括想象能力)，是智力的核心；创造力，是智力的高级表现。林崇德认为智力的核心成分是思维，最基本的特征是概括，智力由思维、感知 (观察)、记忆、想象、语言和操作技能组成。

2. 国外智力理论

国外智力理论主要有因素理论、结构理论和信息加工理论等三种。

(1) 智力因素理论

1) 单因素论。该理论认为人的智力有高低，但只有一种，是一种总的能力。高尔顿、比奈、推孟等是该理论的代表，他们编制的智力测验只有单一的分数，即智商。

2) 二因素论。英国心理学家斯皮尔曼是二因素论的代表，他在因素分析理论的基础上提出了智力二因素论，认为智力可被分析为 G 因素 (一般因素) 和 S 因素 (特殊因素)。智力由一种单一的一般因素和一系列的特殊因素构成。其中，一般因素是智力的首要因素，它基本上是推理因素。特殊因素有五类，分别是口语能力、数算能力、机械能力、注意力和想象力。

3) 三因素论。美国心理学家桑代克第一个提出智力的多因素论，认为可能有三种智力，分别为抽象智力，包括心智能力，特别是处理语言和数学符号的能力；具体智力，处理事务的能力；社会智力，处理人与人之间相互关系的能力。

4) 群因素论。美国心理学家瑟斯顿是群因素理论的创始者。基于多因素分析的方法，他提出了“基本能力”学说，认为智力包括七种平等的基本能力，分别是计算、语言流畅、语言理解、记忆、推理、空间知觉和知觉速度，这些基本能力不同的组合，便构成每一个独特的智力结构。

(2) 智力的结构理论

1) 智力三维结构模型。美国心理学家吉尔福特用因素分析法研究智力，否认 G 因素的存在，坚持智力因素的独立性，认为智力应该从操作、内容和产物三个维度去考虑。智力的第一个维度是操作，指心理活动或过程，操作包括认知、记忆记录、记忆保持、分散思维、集中思维和评价。智力的第二个维度是内容，指信息材料的类型，包括视觉、听觉、符号、语义和行为。智力的第三个维度是产物，即信息加工所产生的结果，包括单元、类别、关系、系统、转换和蕴含。

2) 智力层次结构。英国心理学家阜南于 1960 年提出智力层次结构模型，认为智力结构不是三维模型，而是按层次排列的结构。他把智力分为四个层次：最高层次是智力的普遍因素 (G 因素)；第二层次分为两大因素群，即语言和教育因素、机械和操作因素；第三层次分为几个小因素群，即语言理解、数量、机械信息、空间能力和收购操作等；第四个层次由特殊因素构成。该理论是斯皮尔曼智力二因素论的深入，是智力层次结构的先导，他在 G 因素和 S 因素之间增加了大因素群和小因素群两个层次。

3) 智力结构模型。英国心理学艾森克结合运用因素分析法和实验法，提出智力三维结构模型和智力层次结构模型。他的智力结构模型包括三个维度，分别是心理过程 (包括推理、记忆、知觉)、材料 (包括词语、数字和空间) 和品质 (包括质量和速度)。20 世纪 70 年代，艾森克提出智力是由多种认识能力构成的总体，承认 G 因素的存在，赞同斯皮尔曼的二因素论，认为多因素实际上是两因素的扩充，可以把 G 因素分解为许多特殊能力，提出了人类智力的层次模型。该模型的第一级是 G 因素，它是一般智力，是人类一些活动所必需的基本能力，如感觉、知觉、记忆等；第二级为特殊能力，它是人类各种专业活动所必需的能力，如推理、词语理解、计数等；第三级是与各种测验所测定的内容相应的各种特殊能力的具体表现，例如计算是一种特殊能力，解决数学问题时需要的理解数学符号的关系、概括等属于计算能力的具体表现。

(3) 智力的信息加工理论：智力的信息加工理论是从信息加工取向提出的一种智力理论。

1) 三元结构理论。美国心理学家斯滕伯格提出了智力的三元理论，认为智力理论应该考虑智力与外在世界、内在世界和经验的关系。包括三个亚理论，首先是成分亚理论，该理论阐述解决问题时的各种心理过程，是三元结构理论的核心。它包括三个层次，一是元成分，它对执行过程进行计划和监控，并对结果进行评价，更高层次的元成分控制其他层次的元成分；二是操作成分，它接受元成分的指令，进行各种认知操作，并提供信息反馈；三是知识获得成分，该成分学习解决问题的策略及如何解决新问题。其次是经验亚理论，在经验水平上考察智力在日常生活中的应用，尤其是处理新情境的能力和心理操作的自动化过程。三是情境亚理论，说明智力在日常环境中具有适应当前环境、选择更恰当环境和改造环境的能力。

2) 多元智能理论。加德纳提出，智力是个体用以解决问题和创造物质财富的能力，认为智力包括如下七种能力：空间智力，用于环境移动、看地图和绘画等；音乐智力，用于乐器演奏、歌唱等活动中；语言智力，包括语言和文字的理解与表达；逻辑数学智力，用于解决抽象逻辑 (数学问题) 以及逻辑推理问题；人际智力，用于人际交往；内省智力，用于对个体内部世界的感知；身体运动智力，用于对身体精细动作的控制。

3) 智力的 PASS 模型。该模型由达斯和纳格利里在 20 世纪 90 年代提出，认为个体智力包括三个相互联系、共同作用又各司其职的三个认知功能系统，分别是注意 - 唤醒系统、编码 - 加工系统和计划系统。

(三) 常用的智力测验

智力测验是评价心智功能高低的一种方式，包括团体测验和个体测验，具体类型很多。经常用于智力障碍儿童评估鉴定的智力测验有如下三种。

1. 韦氏儿童智力量表

韦氏智力量表由韦克斯勒研究编制，包括学龄前儿童智力量表、学龄儿童智力量表和成人智力量表，其分别适用于 4 ～ 6.5 岁儿童、6 ～ 16 岁儿童和 16 ～ 74 岁成人。在智力障碍的评估中，当今使用较广的是该量表于 2003 年公开发行的第四版 (WTSC-IV)。全量表一共有 15 个子测验项目，其中包括 10 个主要子测验和 5 个补充的子测验。补充的子测验可用于提供额外信息，或者用于替补被错误施测的某一主要子测验。完成主体部分的子测验需要 65 ～ 80 分钟，完成补充的子测验需要 10 ～ 15 分钟。与之前的韦氏儿童智力量表相比，第四版测验不再采用单一言语量表得分和操作量表得分来笼统概括儿童智力水平，而是提供更加细化的言语理解 (包括类同、词汇、理解、常识和单词推理 5 个子项目)、知觉推理 (包括积木、图形概念、矩阵推理和图画补缺 4 个子项目)、工作记忆 (包括背数、字母 - 数字排列和算术 3 个子项目) 和加工速度 (包括译码、查找符号和删除图形 3 个子项目) 四大分量表得分以及一个全量表得分，使得测验结果能够更精确地做临床诊断和解释。也便于心理和特殊教育工作者更直观、具体地判断出被试是否在某一特定的认知功能方面有障碍或缺陷。智力障碍定义中的智商分数低于平均水平两个标准差对应到韦氏儿童智力量表的分数范围为低于 70 分。

2008 年，张厚灿主持修订了韦氏儿童智力量表第四版，使其更适合于中国经济、文化背景和中国儿童心理发展特点，同时进一步发展和更新了我国智力障碍儿童智力评估工具。

在看到韦氏儿童智力量表在智力障碍儿童智力评估中运用的范围和效果的同时，研究发现其存在一定的缺陷，如施测时间过长、对主被试要求很高、存在地板和天花板效应等。在运用韦氏儿童智力量表对智力障碍儿童进行评估时需注意这些问题。

2. 比奈 - 西蒙智力量表

比奈 - 西蒙智力量表由法国心理学家比奈和西蒙编制，后多国专家对其进行修订，其中以推孟的修订版本运用最为广泛。推孟修订的量表包括一系列的分测验，每一个分测验适合一个特定的智力年龄，并将原量表中的智力年龄改为智力商数 (I Q)，简称智商。智商是被测验者接受测验后的标准分数，具体含义为智力年龄除以实际年龄的商数，也称比率智商，计算公式为：智商 = 智龄 ÷ 年龄 ×100%。按照智力障碍的定义，智力障碍诊断的智力标准是在比奈一西蒙智力测验上的得分低于 75 分。

3. 盖赛尔发展量表

盖赛尔发展量表由美国心理学家盖赛尔编制，适用于 3 岁以下的幼儿。盖赛尔认为婴幼儿随着年龄成长而产生相应的行为范型，行为范型指神经运动系统对一个特定情境的反映，且这种行为范型随着年龄的增长而成为一个有次序的行为系统，发展量表以正常行为范型为标准对儿童进行客观的评定。从结构上看，量表包括动作、适应、语言和个人 - 社会交往 4 个方面。量表共有 8 个分量表，分别适用于 4 周、16 周、28 周、40 周、52 周、18 个月、24 个月和 36 个月年龄段的婴幼儿，其他年龄段儿童亦可参考这 8 个分量表，使用与该儿童年龄相近的量表即可，测试时间为 30 分钟。在计分方法上，盖赛尔认为各个领域的发展不可能平衡，不应使用总智商，而应分别计算各种能力，相应该量表有 4 个发展商数 (简称 DQ)。发展商数低于 65，说明有严重的落后。我国 2006 年全国残疾人抽样调查中对于 0 ～ 6 岁的智力障碍儿童的分级采用发展商数替代智商。

三、适应行为评估

(一)适应行为

1. 适应行为定义

作为智力障碍评估的两大依据之一，适应行为评估对智力障碍儿童的鉴定与教育具有重要意义，但适应行为尚是一个没有确切定义的概念。

学者 Doll 是适应行为重要的早期研究者之一，他认为社会适应能力是人类有机体保持个人独立和承担社会责任的功能，将其定义为满足个体和社会需要的日常活动表现。Harrison 等总结提出适应行为的五方面要素，分别为：适应行为的发展性；决定于同年龄层群体的典型行为；包括交流技能、自我照管、家庭生活、社交、社区使用、自主能力、健康与安全、功能性学术、休闲与工作等特定领域，且每个人具有自己的优势与弱势领域；取决于文化准则与社会期望；包括能力与工作情况。

全美智力与发展性障碍协会对适应行为的最新定义为：个体达到人们所期望与其年龄和所处文化团体相适应的个人独立和社会责任标准的有效性和程度。

这一定义认为适应行为是一种智力活动，个体的适应行为取决于其适应能力，符合该定义鉴别和诊断智力障碍的初衷。该协会在 2002 年出台的智力障碍新定义中提出：社会适应行为是指概念性技能、社会技能和实践技能三个方面。概念性技能包括接受性和表达性语言、阅读和写作、金钱概念、自我引导；社会性技能包括人际关系、责任、自我尊重、信任、真诚、遵守规则、服从法律、避开危险；实践技能包括个人生活自理技能(吃、喝、穿衣、行走和如厕)、使用日常工具的活动能力(准备食物、医药护理、使用电话、财务管理、使用交通工具、处理家务)、职业技能、维持安全环境。

我国学者车文博认为，适应行为指个人对其日常社会生活的适应效率，它是否受损，通常要从成熟、学习、社会适应三方面来衡量。该定义把社会适应行为看作是个体对外在社会环境的应激反应，是个体对周围环境中压力的适从和应对方式。学者陈会昌认为，社会适应能力是儿童社会性发展的主要维度之一，在其编制的儿童社会性发展量表第三版中指出，社会适应行为包括对新环境的适应能力、对陌生人的适应能力和对同伴交往的适应能力三个部分。

总结国内外对适应行为的认识，各定义共同强调社会适应行为包括对一定的社会认知和技能的掌握，并通过行为进行表现；重视个体与环境的互动作用，具有年龄和文化差异；最后，社会适应行为对于个体发展具有基础性作用，个体只有掌握了各种社会适应行为才能在社会立足与发展。

2. 适应行为的理论模型

尽管不同的研究者对社会适应行为的研究方法、界定观点存在差异，但根据研究者对社会适应行为内在机制和特点的理解，聂衍刚等人将适应行为的研究归纳为智力研究理论模式、自我应对研究理论模式和人格研究理论模式。

(1) 智力(认知)模型：相较于其他模型，适应行为的智力(认知)模型的发展比较完善，这源于适应行为研究的最初目的——鉴定智力障碍。该模型强调智力(认知)在个体社会适应中的作用，社会适应行为是一种社会智力，与个体内在的认知结构和认知加工密切相关，个体的社会适应能力决定了其社会适应行为。

皮亚杰的认知理论是这一模型的典型代表。他用图式 (schema)、同化 (assimilation)、顺应 (accommodation) 和平衡 (equilibrium) 四个概念来阐释社会适应的内在机制。图式最先来自先天遗传，经过后天的同化、顺应和平衡而被逐渐改变和丰富，并建构出新的图式。主体取得自身与环境间的平衡是适应的本质，儿童通过动作所获得的对客体的适应来实现认知 (智力) 的发展，并通过同化和顺应达到平衡。

(2) 自我调节模型：自我调节模型把社会适应行为看作自我应激反应，强调了自我在应对环境压力和适应社会文化中的作用，并对社会适应的自我调节机制进行了探讨。这些心理学家研究社会适应的角度多为如何解决适应不良问题，强调自我在社会适应中的调节作用和社会适应行为的问题解决功能。认为自我的结构即为社会适应行为的结构，个体的社会适应行为即自我对社会环境的应对。

这一模型的代表理论为精神分析理论。该学派强调防御机制在个体应对环境中的作用，弗洛伊德把防御机制理解为个体在潜意识中用非理性的方法曲解现实，以降低和解除焦虑的心理过程。G.E.Vaillaht 认为防御机制具有适应意义，成熟的心理防御机制有利于个体适应环境，个体适应水平随着人格的成长而不断提高。他把防御机制分为精神病性的心理防御机制、不成熟的心理防御机制、神经质性的心理防御机制和成熟的心理防御机制四个层次。

(3) 人格模型：人格心理学家在研究人格理论的基础上，提出人格适应模式理论，认为个体的社会适应行为与人格的形成、表现密切相关，人格是个体适应行为的内在依据，稳定的适应行为是人格特征的表现，甚至认为社会适应就是人格适应。

罗杰斯 (C.R.Rogers) 认为自我实现是人性的基本冲动，潜在的能力为人生来具有，这些能力在适当的环境中可以自然充分地发展，但如果后天环境不好，可能阻碍潜在能力的完全发展或朝歪曲方向发展，便造成偏差行为。因此，罗杰斯认为适应就是个人与外在环境达成了和谐与默契，从而使个体能够充分挖掘自我潜能，达到更高的适应。奥尔波特 (G.Allport) 将人格界定为个体内在的心理物理系统中的动力组织，决定了人对环境适应的独特性，对一个人的行为和思想的独特性具有决定性作用。人格决定了个体适应环境的程度、适应过程中可能遇到的困难等社会适应问题。

黄希庭提出，社会适应就是人格适应，它是个体人格形成与发展的过程，人们通过人格基本要素所决定的适应特征来适应社会环境与应对外在压力。

适应行为评估在提供智力障碍儿童诊断信息的同时，对确定个体的个别化教育内容、支持程度等也具有重要参考价值。对于智力障碍儿童尤其是重度智力障碍而言，标准化的智力测验往往难以评估出他们的实际能力，社会适应能力评估则能在某种程度上弥补智力测评的不足。

(二) 适应行为的评估

尽管适应行为评估的研究与实践没有智力测评发展得完善，但大量的评估工具已经被开发并运用，且具有一个智力测验不具备的共性，即大多适应行为测验通过家长、主要照顾者或老师等较熟悉智力障碍儿童情况的人员进行评估，保证了收集信息的可靠性与广泛性。当今比较权威的适应行为量表有《文兰适应性行为量表》《幼儿 - 初中生社会生活能力量表》《儿童社会适应能力量表》《社会行为评估系统》等。

1.《适应行为量表》

《适应行为量表》(Adaptive Behavior Scale) 包括《适应行为量表学校版》和《适应行为量表居所及社区版》，由美国智力落后协会编制。《适应行为量表学校版》适用年龄为 3 ～ 21 岁，包括两部分：第一部分所包括的 10 个领域主要与个体的独立生活能力及日常生活技能有关，包括进食、如厕、钱的运用和运算、数字和时间，主要用于评估个人的自主能力；第二部分侧重对个体适应不良的行为程度进行评估，包括对他人的信赖、手淫的行为、对社会规范的遵守等七个方面。《适应行为量表居所及社区版》是相对于学校环境的《适应行为量表学校版》编订的，以居住环境及社区为背景，适用年龄为 79 岁以下，主要对个体在学校之外的适应行为进行评估。住所与社区版第一部分除了包含学校版的第一部分中的所有领域外，增加了家庭活动这一领域，第二部分在学校版第二部分所有分支领域的基础上增加了性行为这一分支领域。

《适应行为量表》总量表及分量表的平均分均为 100，标准差均为 15。智力障碍定义中的适应行为具有“显著局限”，指在使用标准化适应行为量表对个体的评估中，总分或三项技能 (概念、社会及使用技能) 中一项的得分低于平均分两个标准差，即低于 70。

2.《婴儿 - 初中生社会生活能力量表》

《婴儿 - 初中生社会生活能力量表》简称 S-M 量表，由日本三水安下监修，日本心理适应能力研究所编制。我国学者左启华于 1987 年主持了该量表的首次修订，并于 1995 年进行了第二次修订。

该量表包括独立生活能力、运动能力、作业、交往、参加集体活动及自我管理 6 个领域，共有 132 项测试题。适用于 6 个月至 14 岁的儿童，共有 7 个起始年龄，由家长或主要照顾者根据年龄段、儿童具体情况进行逐项填写，再由专门测试人员根据年龄组及得分范围查找出相应的标准分，最终根据标准分进行社会生活能力评价，其中 8 分为轻度智力障碍，9 分为边缘，10 分为正常，11 分为高常，12 分为优秀。

3.《文兰适应性行为量表》

《文兰适应性行为量表》也称《文兰社会成熟量表》，该量表由道尔于 1953 年编制而成，是第一个标准化的适应行为量表。该量表包括三个版本，分别为面谈调查版本、面谈扩展版本和课堂版本，前两个版本均对了解和熟悉被调查者的老师或家人进行测试，课堂版本主要由老师完成。全量表内容涉及一般自理能力、饮食、衣着、运动、休闲、沟通、自我决定和社会化等八个方面。计分方式为总计上述八项内容得分，再除以实际年龄得出社会商数 (SQ 也称文兰社会商数)，该商数越大社会适应能力越好，越低则发展越不足。

4.《儿童适应行为评定量表》

《儿童适应行为评定量表》由姚树桥与龚耀先两位学者编制，适用于 3 ～ 12 岁智力正常或低下儿童。全量表共有 59 个项目，分为 8 个分量表。

分量表及其功能分别为：

(1) 感觉运动，共有 6 个项目，评定视、听、坐、站、走、跑、身体平衡等技能。

(2) 生活自理，共有 10 个项目，评定了饮食、大小便、穿戴、洗漱等技能。

(3) 语言发展，共有 9 个项目，包括掌握词的数量与复杂性、数的概念、书写与阅读和社会沟通言语等技能。

(4) 个人取向，共有 9 个项目，主要评定注意力、主动性、行为控制能力、个人爱好及习惯等反映个人动力方面的内容。

(5) 社会责任，共有 9 个项目，主要包括与遵守社会规范及社会交往有关的行为技能。

(6) 时空定向，共有 4 个项目，用于测试时间概念、空间定向及利用交通工具方面的技能。

(7) 劳动技能，共有 7 个项目，包括日常家务劳动和职业劳动技能。

(8) 经济活动，共有 4 个项目，包括钱的概念、购物技能及计划用钱的能力。研究者进一步将 8 个分量表归类为独立功能、认知功能和社会自制三个因子，其中独立功能因子包括感觉运动、生活自理、劳动技能及经济活动四个分量表，认知功能因子包括语言发展和时空定向两个分量表，社会自制因子包括个人取向和社会责任两个分量表。为了适应我国城乡经济文化存在较大差异这一特点，该量表分为城乡两个版本，并分别制订了城市和农村两套常模。常模形式包括分量表百分位常模、因子 T 分、适应能力商数及各年龄段儿童适应行为发展里程碑。

5.《儿童适应行为量表》

《儿童适应行为量表》由两部分构成：第一部分包括动作发展、言语发展、生活自理能力、居家与工作能力、自我管理与社会化 6 个分量表；第二部分包括攻击行为、反社会行为、对抗行为、不可信赖行为、退缩、刻板与自伤行为、不适当的人际交往方式、不良的说话习惯、不良的口腔习惯、古怪的行为、多动、情绪不稳定等 12 个分量表。该量表适用年龄为 3 岁半至 15 岁，能有效地对智力障碍儿童进行鉴定鉴别与诊断。量表在使用中需要注意以下几点：一是要注意综合由其他来源获得的信息，以提高测量的准确性；二是必须由对受测者很熟悉的成人来填写；三是在实际应用中需要整合教师与家长的意见，以提高评估的全面性；四是在评定前最好对评定者做一简单辅导，保证评估方法的正确性。

第四节 智力障碍儿童的教育需要

智力障碍儿童的发展遵循普通儿童的发展规律，其教育内容和方法的确定不能脱离普通儿童的教育，需以其为基本依据。此外，由于智力障碍儿童具有自身的身心特征，教育内容的确定和方法的选择需要考虑其独特教育需要和潜能，而且每位智力障碍者的教育内容应是个性化的，其关注点要根据个体的障碍程度及所需支持的量而调整。总的来讲，在生活质量观的指导下，让智力障碍群体实现更独立的生活是确定教育内容与方法的出发点与目标。

一、智力障碍儿童教育的目的

1982 年颁布的《中华人民共和国宪法》的第 16 条规定了我国教育的总目的：“国家培养青年、少年、儿童在品德、智力、体质等方面全面发展，成为有社会主义觉悟的有文化的劳动者。”毫无疑问，智力障碍教育的目的必须贯彻国家这一教育总目的。

在此基础上，智力障碍教育还应该达到如下目标。

1. 培养智力障碍儿童妥善处理和应付个人和家庭生活问题的能力

智力障碍儿童由于各种各样的原因，他们中的大多数上学以后在生活自理能力方面还存在许多的困难和障碍，更不用说让他们很好地适应家庭生活了。在家庭，他们可能被当作“重点保护对象”。衣来伸手、饭来张口，从来就没有人来要求他们自己穿衣、洗脸、做饭、扫地；他们可能会因为行为、动作、理解能力等方面的障碍，许多自己该干也能干的事情都被家长包办代替了。

“费那么大的精力来教他干，还不如自己干了省心”，这是大多数家长的心态。由于他们在上学前缺乏这方面的锻炼和训练，上学以后，个人和家庭生活能力的训练就成了亟待解决的问题。儿童少年只有学会了解决自身的问题和在家庭生活中遇到的问题，他们才可能学会为别人、为社会服务的本领。所以，培养智力障碍儿童妥善处理和应付个人和家庭生活问题的能力是学校教育的一个重要目标和任务。

2. 发展智力障碍儿童的语言和社会交往能力

儿童的语言发展是儿童心理发展的一个重要方面，它和儿童心理各个方面的发展，尤其是儿童社会交往能力和思维的发展有密切的关系。智力障碍儿童由于身心发展水平的限制，在其语言形成和发展的过程中会遇到各种各样不利因素的影响，语言能力明显差于正常同龄儿童。由于语言发展水平的制约，他们的社会交往能力的发展也受到了较大的阻碍，社交能力明显落后于正常同龄儿童。因此，学校应该创造机会来发展智力障碍儿童的语言和社会交往能力。

发展智力障碍儿童的语言能力包括发展他们的听、说、读、写四个方面的能力。反映在语文教学中包括汉语拼音、识字、写字、听话、说话、阅读和作文等方面的教学，以及言语和语言障碍的矫正。智力障碍儿童社会交往能力主要涉及儿童在社会生活中与人发生关系、进行社会接触和互动的过程中应该具备的各种技能。

3. 发展智力障碍儿童的身心功能，矫正身心缺陷

智力障碍儿童在生长发育的过程中，由于受到各种不利因素的影响，身心功能发展的各个方面要落后于正常儿童，并且存在程度不一的身心缺陷。例如，他们的身体素质和身体机能从总体上说不如正常同龄儿童，并且智力障碍越严重，身体素质和身体功能就会越差。北京师范大学特殊教育研究中心于20世纪80年代曾对京、津、沪三市的特殊儿童身心发展状况做过一个调查，发现智力障碍儿童在仰卧起坐、曲臂悬垂、立定跳远等方面的指标明显低于正常儿童。在心理发展方面，智力障碍儿童在感知觉、记忆、注意、言语、思维和个性等方面均存在缺陷或发展迟缓。这就使得发展智力障碍儿童的身心功能、矫正身心缺陷成为智力障碍教育的一个重要任务。

4. 发展智力障碍儿童的职业能力，使其掌握一技之长

智力障碍教育的最终目的是使智力障碍儿童通过九年的义务教育，发展符合其身心发展水平的职业能力，毕业后能够参与正常人类的社会生活，找到自己力所能及的职业，经济上独立或半独立。通过参与积极的职业活动，可以使智力障碍者和正常人一样，开发劳动力资源，充分享受生活的乐趣，实现自己的人生价值。智力障碍者经常遇到的就医难、读书难、生活难。最直接的原因是缺乏经济基础。不掌握职业能力，找不到合适的工作，不仅会在社会上受歧视，还会失去其在家庭中的地位。可以设想一下，如果智力障碍儿童走出学校后，不能够适应就业要求，找不到工作，他们就可能重新流落街头，成为社会和家庭的负担。这是不符合国家教育宗旨的。

上述四点是智力障碍儿童教育的基本目标，具有特定的属性。无论是不同的地域，还是儿童不同的缺陷程度或是就学的不同阶段，其本质特征和核心内容都是一以贯之，保持其一致性。

当然，具体的提法可能不太一样。例如，美国学者柯克 (Kirk) 将智力障碍教育的目标描述为职业适应、社会适应和个人适应。

日本曾在教育课程标准中提出智力障碍教育的终极目标是自立生活和对社会生活的适应，其具体目标有三个：①对本身生活的确立和处理；②对团体生活的参加与对社会生活的理解；③对经济生活和职业生活的适应。

二、教育内容

(一) 强调课程目标的功能性

课程目标的功能性指该课程内容是由儿童目前及未来生活环境及行为表现分析而来，是智力障碍者实际生活中重要而必备的活动与技能，有助于智力障碍者参与并实现多样化的生活。“功能的活动和技能、自然情境、符合生理年龄”是功能课程的基本要素。之所以在智力障碍儿童的教育中强调功能性课程，因为功能性课程的学习能够最大限度地提高智力障碍者的独立生活能力和自我管理能力，使其最大限度地享受日常生活。同时功能性课程强调在教学中使用真实的教育场景和策略，有助于学生理解和掌握所学习的知识与技能。

如何选择功能性课程内容是实现课程目标功能性的关键。个性化是确定教学目标是否具有功能性的重要原则，必须对具体智力障碍者生活中的日常事务进行仔细评价与区分，以确定其必须掌握的技能或使用频率高的技能，同时要考虑其未来生活需要的技能。此外，学业学习也可具有功能性，不能笼统地认为知识学习对智力障碍者都不具有功能性。相关研究者建议将功能性课程目标与学业目标进行整合，即功能性学业，指在日常生活技能的情景中教授学业，教授学业的目的是让智力障碍学生学会独立活动技能，如功能性计算教学的目的是让学生掌握计算所买商品的总价，而不是计算单纯的算术题。

学者 Clark 提出可通过以下几个方面来确定某些知识或技能是否具有功能性。所学知识或技能是否有助于儿童在家庭、学校及社区的独立生活；所学知识或技能是否有助于儿童适应未来生活；家长及儿童自己是否认为这些知识或技能对孩子的未来生活非常重要；所学知识或技能要符合儿童的年龄、智力及知识水平；如果不学习这些知识或技能，将会对儿童产生怎样的影响。

(二) 注重生活技能的训练

生活技能也称生存技能，是个体采取适当的行为，有效适应生活和社会的能力。生活技能是个体独立完成日常生活所必需的技能。韦小满等人曾对 130 名培智学校的学生家长进行问卷调查。调查结果显示，家长最希望孩子掌握如下技能：“生活能自理，能干简单的家务活；对人有礼貌，能与人友好相处；养成良好的行为习惯；能分辨是非善恶，懂得自我保护。”对于智力障碍学生而言，尤其是当其从学校生活过渡到社会生活后，生活技能的掌握具有重要意义：首先，生活技能的训练能够提高智力障碍儿童对现在及未来生活的适应能力。掌握生活技能是提高个体独立生活能力的基础，智力障碍儿童由于身心发展的不足，其独立生活能力提高缓慢且学习主动性差，需要就专门的技能进行训练，尤其对于重度障碍者而言，他们的生活适应能力更取决于生活技能的训练。其次，生活技能的训练有助于提高智力障碍者的适应行为。生活技能教育与适应行为塑造过程是同步的，当智力障碍儿童能够将其掌握的某项生活技能恰当表现出来时，他的行为便符合社会及文化的需求。最后，生活技能的学习能够促进智力障碍儿童的心理健康。由上述分析可知，智力障碍儿童在认知、情绪、意志等方面具有障碍，且常常伴有心理适应不良的问题。心理问题的解决需要多方面的努力，尤其是健康、积极的生活环境对心理问题的调适具有重要作用。生活技能的学习有助于提高智力障碍者的生活自信、构建积极的人际关系等，进而让其健康成长。

(三) 重视自主决策能力培养

Field 等人将自主决策 (或自我决定) 定义为：一系列技能、知识及信心的集合，它能够使个人表现出目标导向的、自我控制的、独立自主的行为。发展自我决定能力的本质是使残障者能认识自己的优势、弱势，理解自己的能力和效率，充满信心去安排自己的生活，以扮演成功的成年人角色，如能成功处理居住、理财、休闲活动、工作等。自主决策对个体，尤其是成人生活质量具有重大影响。由于先天及后天因素的影响，智力障碍者自主决策能力的发展较为不足，并对其生活能力及质量构成消极作用。

国外对自我决定研究起步早，已有成熟的理论模型、教学模型、课程和教学实践。自我决定功能模型阐述了智力障碍学生获得自我决定能力的三个重要因素：能力、环境与支持。学习是智力障碍者发展自我决定能力的关键因素之一，家庭和学校则是他们学习的重要环境，两个环境中自我决定能力的学习内容和方法是否一致对学习效果具有重要影响。适当的支持则能够降低环境障碍，学校教育和家庭支持对智障者自我决定能力的发展具有直接影响。李丹运用国外的自我决定教学模型，通过制订个别化教育计划培养智力障碍学生的自我决定能力。研究结果显示，学生进步十分显著，教师和家长是支持智力障碍学生自我决定能力发展的重要人员。徐胜和张福娟进一步就家庭支持对智力障碍学生自我决定能力发展的作用进行研究，结果表明，自我决定能力家庭支持计划的实施对智力障碍儿童自我决定能力的发展具有促进作用，良好计划的制订与实施需要研究人员、学生父母及学生三方的共同参与。

三、教育方法

根据智力障碍学生的身心特征，直观、系统的教学方法能够促进智力障碍学生获得较好学习效果。在智力障碍学生的教学中，需注意以下策略的运用。

(一) 任务分析

任务分析指将复杂或多步骤的技能任务分解为一些较小的、更容易学习的、具有一定逻辑性的任务，以分解后的步骤作为教学顺序进行教学，并通过小目标及最后目标的评量来促进整体技能的习得，具体分解成的步骤数量需依据学生能力及工作难度而定。

任务分析可以从多个维度进行：一是工作顺序，即依据完成技能的自然顺序对整体技能进行分解，如洗手这一技能，依据其自然顺序可包括卷衣袖 (看情况是否需要) →拧开水龙头→打湿双手→擦肥皂或使用洗手液→搓洗双手→关水龙头擦干双手。二是工作构成，指按照某项技能的组成部分进行步骤分析，同样以洗手为例，这一技能可包括拧水龙头、使用肥皂、搓洗双手等技能，教授顺序可不依据行为的自然程序进行。三是工作水平，指依据任务的难易程度由简到难进行任务分析，同样以洗手为例，第一步，能用毛巾擦干双手；第二步，能用水冲洗双手；第三步，会搓洗双手等。工作分析的具体实施步骤为确定与分析技能最后目标、排列目标（活动）序阶、续写训练目标、设计测评方法和实施教学提供有效依据。

（二）系统反馈

反馈指教师对学生表现的回应，如奖励和对错误的纠正等。奖励指对正确回答的肯定、夸奖或正强化，纠正旨在指出学生回答中的错误并进行更正。Van Houten 研究发现，有效的反馈需具有以下特点：一是有针对性，即教师的反馈需要针对具体问题，让学生清楚这一具体问题，以让其能明确自己的对与错；二是及时性，教师的反馈需要及时，以增强学生的认识；三是积极正向，对学生的反应尽量采用积极方式，鼓励学生进一步学习；四是经常性，教师需经常对学生的表现进行评价反馈，在及时指出学生的进步及错误的同时，充分发挥教师关注对学生的激励作用；五是有区别性，教师在反馈时需明确学生当下相较过去的进步，区别指出学生与过去的不同。

对于智力障碍及其他障碍学生来说，教师如能对其给予指导性反馈，教学效果将得到较大提高。指导性反馈指"教师在对学生的回答给予反馈的时候，有意识地增加一些系统信息"。如当学生正确读出"狗"这个字的读音时，教师在对学生表现进行回应的同时，可根据学生情况提供一些其他信息，如：非常棒，这个字就是狗，狗是一种动物。"狗是一种动物"就是指导性反馈，在肯定或奖励学生的同时，为其提供进一步学习的内容，有利于增强学习效果。在提供指导性反馈的过程中，教师应注意提供反馈的技能和技术，其中一点是反馈的频率与关注点需根据学习阶段进行调整。在学生学习某项知识或技能的起始阶段，教师应以回答的准确性及形式为关注点，并对学生的每次回答都进行回应，以及时发现学生学习中的错误并告知正确答案。但到了练习巩固阶段，教师可适当延长回馈的时间间隔，允许学生在能力范围内尽量完整地运用知识或技能，关注的目标同时转移到学生运用知识或技能的正确性上。

（三）可控的刺激转换

及时而有效地强化能够提高学生学习的效率，尤其对于智力障碍学生来说，他人反馈对维持其学习的积极性与持续性具有重要作用。同时对于程序复杂、步骤繁多或是智力障碍学生难以掌握的任务，反馈可以与提示相结合，逐步引导学生完成目标。问题的关键在于，老师或家长难以做到随时随地为智力障碍学生提供反馈与提示，而且需要他人提示才能完成的技能并没有达到独立完成的目标要求，即学生没有真正掌握这一技能。由此，如何让智力障碍学生独立完成技能成为智力障碍研究与教学的关注点之一。

为了促进智力障碍学生独立完成任务能力的发展，首先要提供及时的强化与提示。由于生理及心理等方面原因，智力障碍学生往往对外部强化具有较大的依赖性，教师和家长要依据学生喜好，提供有效强化，并做好提示工作，如图片提示、身体引导等，以在逐步建立学生学习效能感的过程中提高学生能力。其次，适时利用自然刺激。在为学生提供刺激与提示的过程中，教师或家长要随时关注自然刺激，并利用一些技巧逐步使自然刺激代替人为提示。如固定时间延迟技巧，教师或家长先发出请求（如请把你的书拿过来），同时给出提示（把你的书放在书柜里），当学生在提示下多次练习后，教师或家长可在请求与提示间等待一段固定时间（如 5 秒等），以让学生回忆他人的提示及寻找身边的自然刺激，直至学生能够完全利用自然刺激完成任务。

(四)泛化与保持

当学生学习某项知识或技能后，在不同时间与环境下，他仍然能够在某种程度上运用所学的知识或技能，这说明知识或技能得到了泛化与保持。泛化与保持涉及的是所学内容的运用问题，与教学效果直接相关，同时也是智力障碍儿童教育的难点问题。由于他们难以建构完善的知识网络，搭建不同学习内容间及学习内容与生活间的联系困难，导致其运用知识与技能的灵活性较差。

为促进智力障碍学生知识或技能的泛化与保持，一项重要的策略是情景教学法。情景教学指在日常生活、学习、工作的人、事、物中实施教育教学，情景教学具有真实、自然、容易调动学生积极性、容易接收的特点，是特殊教育的重要教学方法。对智力障碍儿童实施情景教学，能够减少教学与生活的差异，有助于帮助其建构学习内容与真实生活的联系，达到帮助其学习效果泛化与保持的目的。在不能够实施情景教学的情况下，教师可通过多使用自然的强化与刺激来帮助学生提高泛化与保持能力。首先是教授学生在自然条件下使用并且容易得到他人肯定的技能，保证学生使用知识或技能的次数，同时增加其得到夸奖的机会，以促进知识或技能的泛化与保持。其次可增加教学与日常生活的联系，即设计普通的刺激，以提高智力障碍学生对知识与技能的掌握与使用。

(五)直接而及时的测评

测评也称评价，是指依据教学目标对教学过程与结果进行评量，以确定目标的完成情况及学生的能力水平，是实施教学的重要环节。直接测评即真实评量，是在真实生活情景中对学生实际能力运用的评量。该评量具有以下特征：一是真实性，真实评量强调真实的运用情景，要考虑真实情景的复杂性、多变性等特征；二是多元化，真实评量除了测评学生的能力外，还受学生情绪、意志、性格及环境等因素的影响，同时涉及真实环境中的不同人员；三是生态化，真实评量在真实的生活环境中进行，能够反映出学生与环境、人物的互动情况；四是方法以观察为基础，真实评量强调被测者的常态活动与表现及施测者的不介入、不影响，由此决定测评方法需以观察为主。

在智力障碍儿童的教育测评中，要做到及时性。由于智力障碍儿童的身心特征，他们的学习往往具有动机不强、依赖外部强化等特征。由此，需要对智力障碍儿童的学习进行及时强化，一方面是通过测评，让学生看到自己的进步，以激发学习的积极性；另一方面，及时测评能够发现学生对所学知识或技能的掌握情况、教学方法合适与否等，以及时调整教学目标和教学策略，提高教育干预对学生的适应性。

第四章 视觉障碍儿童教育

第一节 视觉障碍概述

视觉障碍对儿童发展的影响是多方面的。这些影响导致视觉障碍儿童 (以下简称“视障儿童”) 在生理、情绪、语言发展、心理发展、智力发展、学业成就、职业发展等方面，显示出与普通儿童不同的特征。尤其是语言发展、社会与情绪发展、心理发展等方面的问题，直接影响了视障儿童沟通与交往能力的发展。

一、视觉的产生

人的视觉器官是一个精细而复杂的结构。它由眼球及其附属结构组成，依赖于这些组成部分的不同作用，人体的视觉成为可能。视觉的产生首先依赖于眼睛的生理结构及其功能。

(一) 眼球的结构

眼球近似球形，其前面是透明的角膜，其余大部分为乳白色的巩膜，后面有视神经与颅内视路及视觉中枢连接。正常眼球前后径在人刚出生时约 16 mm，3 岁时达 23 mm，成年时为 24 mm，垂直径较水平径略短。

眼球位于眼眶前部，借眶筋膜、韧带与眶壁联系，周围有眶脂肪垫衬，其前面有眼睑保护，后部受眶骨壁保护。

眼球向前方平视时，一般突出于外侧眶缘 12 ～ 14 mm，受人种、颅骨发育、眼屈光状态等因素影响，但两眼球突出度相差通常不超过 2 mm。

眼球由眼球壁和眼球内容物所组成。

1. 眼球壁

眼球壁 (除前部角膜外) 可分为三层，外层为纤维膜，中层为葡萄膜，内层为视网膜。

(1) 外层：主要是胶原纤维组织，由前部透明的角膜和后部乳白色的巩膜共同构成眼球完整封闭的外壁，起到保护眼内组织，维持眼球形态的作用。

1) 角膜 (cornea)：位于眼球前部中央，呈略向前凸的透明近圆形组织结构，横径 11.5 ～ 12 mm，垂直径为 10.5 ～ 11 mm。角膜曲率半径的前表面约为 7.8 mm，后内面约为 6.8 mm。角膜中央厚度约 0.5 mm，周边厚度约 1.0 mm。

组织学上从前向后分为：①上皮细胞层：厚约 35 μm，由 5 ～ 6 层鳞状上皮细胞组成，无角化，排列特别整齐，易与其内面的前弹力层分离；②前弹力层：厚约 12 μm，为一层均质无细胞成分的透明膜；③基质层：厚约 500 μm，占角膜厚度的 90%，由近 200 层排列规则的胶原纤维束薄板组成，其间有角膜细胞和少数游走细胞，并有黏蛋白和糖蛋白填充；④后弹力层：为较坚韧的透明均质膜，成年人厚为 10 ～ 12 μm；⑤内皮细胞层：厚 5 μm，为一层六角形扁平细胞构成，细胞顶部朝向前房，基底面向后弹力层。

2) 巩膜 (sclera)：质地坚韧，呈乳白色，主要由致密而相互交错的胶原纤维组成。前接角膜，在后部与视神经交接处巩膜分内外两层，外2/3移行于视神经鞘膜，内1/3呈网眼状，称巩膜筛板，视神经纤维束由此处穿出眼球。巩膜厚度各处不同，眼外肌附着处最薄 (0.3 mm)，视神经周围及角巩膜缘处最厚 (1.0 mm)。

组织学上巩膜分为：表层巩膜、巩膜实质层和棕黑板层。表层巩膜有致密的血管结缔组织，角膜缘后的区域有巩膜内血管丛 (房水静脉)。此外，贯通巩膜全层的巩膜导管内有动脉、静脉和神经通过。巩膜其余部位几乎无血管。

巩膜表面被眼球筋膜 (TenonCapsule) 包裹，前面又被球结膜覆盖，于角膜缘处角膜、巩膜和结膜、筋膜在此相互融合附着。

3) 角膜缘 (limbus)：是角膜和巩膜的移行区，由于透明的角膜嵌入不透明的巩膜内，并逐渐过渡到巩膜，所以在眼球表面和组织学上没有一条明确的分界线。角膜缘解剖结构上是前房角及房水引流系统的所在部位，临床上又是许多内眼手术切口的标志部位，组织学上还是角膜干细胞所在之处，因此十分重要。一般认为角膜缘前界位于连接角膜前弹力层止端与后弹力层止端的平面，后界定于经过房角内的巩膜突或虹膜根部并垂直于眼表的平面，各象限不同，宽为 1.5 ～ 2.5 mm。在外观上角膜缘部可见各约 1 mm 宽的前部半透明区 (即从前弹力层止端到后弹力层止端) 以及后部的白色巩膜区 (即后弹力层止端到巩膜突或虹膜根部，包含有小梁网及 Schlemm 管等组织结构)。

4) 前房角 (anterior chamber angle)：位于周边角膜与虹膜根部的连接处。在角膜缘内面有一凹陷称巩膜内沟，沟内有网状组织 (小梁网) 及 Schlemm 管。沟的后内侧巩膜突出部分为巩膜突。如此，前房角的前外侧壁为角膜缘，从角膜后弹力层止端 (Schwalbe 线) 至巩膜突；后内侧壁为睫状体的前端和虹膜根部。在前房角内可见到如下结构：Schwalbe 线、小梁网和 Schlemm 管、巩膜突、睫状带和虹膜根部。

小梁网系多层束状或板片状的扁平、交叉网孔样结构，每一小梁束由胶原纤维核心和其外被的内皮细胞组成。滤过房水的小梁网可分为巩膜血管膜部 (前房侧)、角巩膜部和近小管组织 (Schlemm 管侧) 三部分，近小管组织是房水外流的主要阻力部位。Schlemm 管是围绕前房角全周的房水输出管道，由若干小腔隙相互吻合而成，内壁仅由一层内皮细胞与小梁网相隔，外壁有 25 ～ 35 条集液管与巩膜内静脉 (房水静脉) 沟通。

前房角是房水排出眼球的主要通道。

(2) 中层：为葡萄膜 (uvea)，又称血管膜、色素膜，富含黑色素和血管。此层由相互衔接的三部分组成，由前到后为虹膜、睫状体和脉络膜。在巩膜突、巩膜导水管出口和视神经 3 个部位与巩膜牢固附着，其余处均为潜在腔隙，称睫状体脉络膜上腔。

1) 虹膜 (iris)：为一圆盘状膜，白睫状体伸展到晶状体前面，将眼球前部腔隙隔成前房与后房。虹膜悬在房水中，表面有辐射状凹凸不平的皱褶称虹膜纹理和隐窝。虹膜的中央有一 2.5 ～ 4 mm 的圆孔称为瞳孔 (pupil)。距瞳孔缘约 1.5 mm 的虹膜上有一环形齿轮状隆起称为虹膜卷缩轮，此轮将虹膜分成瞳孔区和睫状区。虹膜周边与睫状体连接处为虹膜根部，此部很薄，当眼球受挫伤时，易从睫状体上离断。由于虹膜位于晶状体的前面，当晶状体脱位或手术摘除后，虹膜失去依托，在眼球转动时可发生虹膜震颤。

虹膜由前面的基质层和后面的色素上皮层构成。基质层是由疏松的结缔组织和虹膜色素细胞所组成的框架网，神经、血管走行其间。瞳孔括约肌 (平滑肌) 呈环形分布于瞳孔缘部的虹膜基质内，受副交感神经支配，司缩瞳作用。基质内色素上皮细胞内的色素含量多少决定虹膜的颜色，棕色虹膜色素致密，蓝色虹膜色素较少。色素上皮层分前后两层，两层细胞内均含致密黑色素，故虹膜后面颜色深黑，在前层的扁平细胞前面分化出肌纤维，形成瞳孔开大肌 (平滑肌)，受交感神经支配，司散瞳作用；后层的色素上皮在瞳孔缘可向前翻转呈一条窄窄的环形黑色花边，称瞳孔领。

2) 睫状体 (ciliary body)：为位于虹膜根部与脉络膜之间的宽为 6 ～ 7 mm 的环状组织，其矢状面略呈三角形，巩膜突是睫状体基底部附着处。睫状体前 1/3 较肥厚称睫状冠 (pars plicata)，宽约 2 mm，富含血管，内表面有 70 ～ 80 个纵行放射状嵴样皱褶称睫状突 (ciliary processes)，后 2/3 薄而平坦称睫状体扁平部 (pars plana)。扁平部与脉络膜连接处呈锯齿状称锯齿缘 (ora serrata)，为睫状体后界。

睫状体主要由睫状肌和睫状上皮细胞组成。睫状肌由外侧的纵行、中间的放射状和内侧的环形三组肌纤维构成，纵行肌纤维向前分布可达小梁网。睫状肌是平滑肌，受副交感神经支配。睫状上皮细胞层由外层的色素上皮和内层的无色素上皮二层细胞组成。

3) 脉络膜 (choroid)：为葡萄膜的后部，前起锯齿缘，后止于视盘周围，介于视网膜与巩膜之间，有丰富的血管和黑色素细胞，组成小叶状结构。

脉络膜平均厚约 0.25 mm，由三层血管组成：外侧的大血管层，中间的中血管层，内侧的毛细血管层，借玻璃膜 (Bruch membrane) 与视网膜色素上皮相连。

睫状后长动脉、睫状后短动脉、睫状神经均经脉络膜上腔通过。血管神经穿过巩膜导水管处，脉络膜与巩膜黏着紧密。

(3) 内层：为视网膜，是一层透明的膜，位于脉络膜的内侧。

视网膜 (retina) 后极部有一无血管凹陷区，解剖上称中心凹 (fovea)，临床上称为黄斑 (maculalutea)，乃由于该区含有丰富的黄色素而得名。其中央有一小凹，解剖上称中心小凹 (foveola)，临床上称为黄斑中心凹 (fovea centralis)，是视网膜上视觉最敏锐的部位。黄斑区色素上皮细胞含有较多色素，因此在检眼镜下颜色较暗，中心凹处可见反光点称中心凹反射。

视盘 (optic disc)，是距黄斑鼻侧约 3 mm，大小约 1.5 mm×1.75 mm，境界清楚的橙红色略呈竖椭圆形的盘状结构，是视网膜上视觉神经纤维汇集组成视神经，向视觉中枢传递穿出眼球的部位，视盘中央有小凹陷区称视杯或杯凹 (optic cup)。视盘上有视网膜中央动脉和静脉通过，并分支走行在视网膜上。

视网膜是由胚胎时期神经外胚叶形成的视杯发育而来，视杯外层形成单一的视网膜色素上皮 (RPE) 层，视杯内层则分化为视网膜神经感觉层，两者间有一潜在间隙，临床上视网膜脱离即由此处分离。

视网膜色素上皮为排列整齐的单层六角形细胞，黄斑部较厚，周边部变薄。视网膜色素上皮呈极性排列，基底部与脉络膜的 Bruch 膜紧密连接，细胞顶部有较多微绒毛，将光感受器的外节包埋于黏多糖间质中。

视网膜神经感觉层由外向内分别是：①视锥、视杆层，由光感受器细胞的内、外节组成；②外界膜，为一薄网状膜，由邻近的光感受器和 Mtiller 细胞的接合处形成；③外核层，由光感受器细胞核组成；④外丛状层，为疏松的网状结构，是视锥、视杆细胞的终球与双极细胞树突及水平细胞突起相连接的突触部位；⑤内核层，主要由双极细胞、水平细胞、无长突细胞及Mtiller 细胞的细胞核组成；⑥内丛状层，主要是双极细胞、无长突细胞与神经节细胞相互接触形成突触的部位；⑦神经节细胞层，由神经节细胞核组成；⑧神经纤维层，由神经节细胞轴突即神经纤维构成；⑨内界膜，为介于视网膜和玻璃体间的一层薄膜。

光感受器细胞的结构包括外节、连接绒毛、内节、体部和突触五部分。每个外节由约 700 个扁平膜盘堆积组成。视杆细胞外节为圆柱形，视锥细胞外节呈圆锥形，膜盘不断脱落和更新。

视网膜光感受器的神经冲动经双极细胞传至神经节细胞。由神经节细胞发出的神经纤维(轴突)向视盘汇聚。黄斑区纤维以水平缝为界，呈上下弧形排列到达视盘颞侧，此纤维束称视盘黄斑纤维束(简称盘斑束)。颞侧周边部纤维亦分成上下部分，分别在盘斑束之上下进入视盘。视网膜鼻侧上下部的纤维直接向视盘汇集。

2. 眼球内容物

包括房水、晶状体和玻璃体三种透明物质，是光线进入眼内到达视网膜的通路，它们与角膜一并称为眼的屈光介质。

(1) 房水 (aqueous humor)：为眼内透明液体，充满前房与后房。前房 (anterior chamber) 指角膜后面与虹膜和瞳孔区晶状体前面之间的眼球内腔，容积约 0.2 ml。前房中央部深为 2.5 ～ 3 mm，周边部渐浅。后房 (posterior chamber) 为虹膜后面、睫状体内侧、晶状体悬韧带前面和晶状体前侧面的环形间隙，容积约 0.06 ml。房水总量约占眼内容积的 4%，处于动态循环中。

(2) 晶状体 (lens)：形如双凸透镜，位于瞳孔和虹膜后面、玻璃体前面，由晶状体悬韧带与睫状体的冠部联系固定。晶状体前面的曲率半径约 10 mm，后面约 6 mm，前后两面交界处称晶状体赤道部，两面的顶点分别称晶状体前极和后极。晶状体直径约 9 mm，厚度随年龄增长而缓慢增加，中央厚度一般约为 4 mm。

晶状体由晶状体囊和晶状体纤维组成。囊为一层具有弹性的均质基底膜，前囊比后囊厚约 1 倍，后极部最薄约为 4 μm，赤道部最厚达 23 μm。前囊和赤道部囊下有一层立方上皮，后囊下缺如。晶状体纤维为赤道部上皮细胞向前、后极伸展、延长而成。一生中晶状体纤维不断生成并将原先的纤维挤向中心，逐渐硬化而形成晶状体核，晶状体核外较新的纤维称为晶状体皮质。晶状体富有弹性，但随年龄增长晶状体核逐渐浓缩、增大，弹性逐渐减弱。

(3) 玻璃体 (vitreous body)：为透明的胶质体，充满于玻璃体腔内，占眼球内容积的 4/5，约 4.5 mL。玻璃体前面有一凹面称玻璃体凹，以容纳晶状体，其他部分与视网膜和睫状体相贴，其间以视盘边缘、黄斑中心凹周围及玻璃体基底部即锯齿缘前 2 mm 和后 4 mm 区域粘连紧密。玻璃体前表面和晶状体后囊间有圆环形粘连，在青少年时粘连较紧密，老年时变松弛，玻璃体中部有一光学密度较低的中央管，称 Cloquet 管，从晶状体后极致视盘前，为原始玻璃体的遗留，在胚胎时曾通过玻璃体血管。

(二) 视觉过程

我们的眼睛视觉的形成是外界物体反射来的光线、经过角膜、房水，由瞳孔进入眼球内部、再经过晶状体和玻璃体的折射作用，在视网膜上能形成清晰的物像。物像刺激了视网膜上的感光细胞，这些感光细胞产生的神经冲动，沿着视神经传入到大脑皮层的视觉中枢，就形成视觉。眼睛通过睫状体调节晶状体的曲度，来看清远视不同的物体。如果眼球的前后径过长或者晶状体的曲度过大，远处物体反射来的光线通过晶状体折射后形成的物像，就会落在视网膜前方，因而看不清远处的物体。这样的眼，我们就叫近视眼。现在的儿童、青少年眼球中的晶状体弹性强，睫状体的调节能力大。但是，由于人们在看书写字的姿势不正确，书本放得离眼很近，或采光、照明条件不好，看电视或玩游戏、电脑时离屏幕太近，或持续用眼的时间过长，都会使睫状体内的肌肉持续收缩，晶状体凸度增大。

二、视觉障碍的界定

(一) 视觉障碍的定义

视觉障碍有视觉损伤、视力残疾等不同说法。事实上，三者间存在着意义上的差别。视觉损伤是指个体“视觉结构的基本功能发生可鉴定的缺损”，如视敏度或视野缺损。视力残疾指的是“由于各种原因导致双眼视力损失或视野缩小，通过各种药物、手术及其他疗法而不能恢复视功能，以致个体不能以平常的方式从事一般人所能从事的工作、学习或其他活动”。我国大陆地区 2006 年第二次残疾人抽样调查中就将视力残疾界定为，“由于各种原因导致双眼视力低下并且不能矫正或视野缩小，以致影响其日常生活和社会参与”。这一界定意味着，“因视觉损伤，导致视觉功能受到限制和不利”，如丧失或缺乏技巧和能力。当然，这样的影响并非导致个体不能从事各种学习、工作或其他活动，而在于造成个体以“平常方式”从事日常活动时有困难。也就是说，如果改变活动方式，个体依然可以从事相关活动。譬如，通过触觉渠道读写盲文，视力残疾个体可以从事读写相关的各项活动；通过手杖的使用，视力残疾个体可以独立、安全地外出。也就是说，视力残疾确实影响到个体日常的生活和活动，却不必然造成个体日常活动的“障碍”。经由医学、教育、康复等措施，视力残疾可得以减轻。相较而言，视觉障碍则是“由于个人或社会对视觉损伤有不当期望和态度，导致个体正常生活功能表现处于不利地位”的情况。例如，拒绝残疾人士应聘工作和考试设限或不提供盲文或大字体试卷等。因此，视觉障碍指的是视觉损伤的社会和经济结果。当采取必要的措施改善社会经济状况后，视障儿童将能够以其他“非平常方式”从事各种活动。

(二) 视力残疾标准

视力残疾标准是通过法律法规认可的方式，为确定有资格获得政府补助 (含额外收入税的减免、专门的工作培训，如定向行动训练或使用盲人图书馆资源等) 的视觉障碍者而制订。从各国各地区对视力残疾的划分标准上不难发现，各国各地区制订的视力残疾标准均强调视障者在视力残疾程度上的不同，并且也都借助于医学评估手段对个体的视力残疾做出判断。

1. 世界卫生组织的视力残疾标准

世界卫生组织 (WHO) 于 1973 年订制的视力残疾标准是各国订制相关标准的指导性标准，其中的“视力”指标采用的是国际标准视力表的远视力测定值。

2. 中国的视力残疾标准

(1) 我国大陆地区视力残疾标准：根据 2006 年第二次残疾人抽样调查视力残疾标准，我国大陆地区将视力残疾分为盲和低视力两类共四个等级。需要指出的是，在关于视野范围的界定中，我国常见的“视野半径小于多少度”这一说法，半径应采用长度单位，而非角度单位。并且，不同距离处的视野范围半径并不相同。这也给视野半径的确定带来了问题。因此，关于视野范围的界定，更好的说法似乎应为“视野半径所对应的角度”。

(2) 中国香港地区的视力残疾标准：香港特别行政区对视力残疾的鉴定标准分为完全失明和低视力两类：完全失明是指个体视觉功能完全丧失，即无光感；低视力则包含轻、中、重三种不同程度的划分。严重低视力指的是最佳矫正视力为 6/120 或更差，或最宽视野直径所对应角度在 20 度以下；中度低视力指的是最佳矫正视力为 6/60 或更差，但好于 6/60；轻度低视力则指最佳矫正视力为 6/18 或更差，但好于 6/20。

该标准中的“视力”指标是以米为距离单位的 Snellen 视力表测定值。6/18 的含义为，正常视力者在 18 米处能够看到的物体，个体需要站在距物体 6 米处才能看到。换言之，要让视力为 6/18 的个体在距物体 18 米处看到正常视力者在 18 米处能看到的物体，应将该物体放大为原物体的 3 倍大。

(3) 中国台湾地区的视力残疾标准：中国台湾地区同样采用国际标准视力表测定值来确定儿童视力。凡是优眼矫正视力在 0.3 以下，或者，即使视力在 0.3 以上，但视野在 20 度以内，均认定为视觉障碍。视觉障碍可分为轻、中、重度三个等级。优眼最佳矫正视力在 0.01 以下者为重度视觉障碍；优眼视力在 0.1 以下 0.01 以上者为中度视觉障碍；优眼视力在 0.1 ～ 0.2 之间者，或视野在 20 度以内者为轻度视觉障碍。

3. 美国的视力残疾标准

美国早在 1935 年就在《社会保障法》中对盲做了界定，其中提出，优眼最佳矫正视力为 20/200 或以下、视野最大直径所对的角小于 20 度这两个条件中，满足其中任何一个条件就可以确定为法定盲。而视力在 20/70 ～ 20/200 之间则可判定为低视力或部分视力。

其中的视力指标是以英尺为距离单位的 Snellen 视力表测定值。对该数值的理解与前述以米为距离单位的视力测定值相似。

三、视觉障碍的多样性

如前述，视力残疾标准通常从医学角度出发对个体残疾程度进行判定，这一划分方式常令人误以为生理结构的损伤决定着个体的视觉障碍，而个体的视觉障碍则表现为视力和视野的缺损。实际上，视觉障碍并非个体生理结构所单一决定，也并非通常意义上人们所说的“盲”或“失明”，它有着比“看不见”更丰富的内涵。错误的认识显然不利于视障儿童的教育及有效促进其发展。为增强对视觉障碍及视障教育的理解，有必要对视觉障碍的多样性做简要概括。

(一) 视觉损伤的多样性

从不同角度出发，可以对视觉损伤有不同的理解。需要注意的是，视觉损伤不完全是眼睛本身受损造成的，也不只是表现在视力不佳这样一个单一的方面。

1. 视觉损伤原因的不同

按照视觉受损部位的不同，可将视觉损伤的原因分为屈光不正、结构性障碍和大脑皮层性视觉损伤三类。其中，未矫正的屈光不正是造成视障的最主要原因。所谓屈光，指的是光线从一个透明结构传递到另一个透明结构的过程中发生的折射。通过对光线的折射，人眼最终将物体反射光投射到视网膜上，从而将外部环境中一个正立的物体转化成为视网膜上该物体的倒置图像。

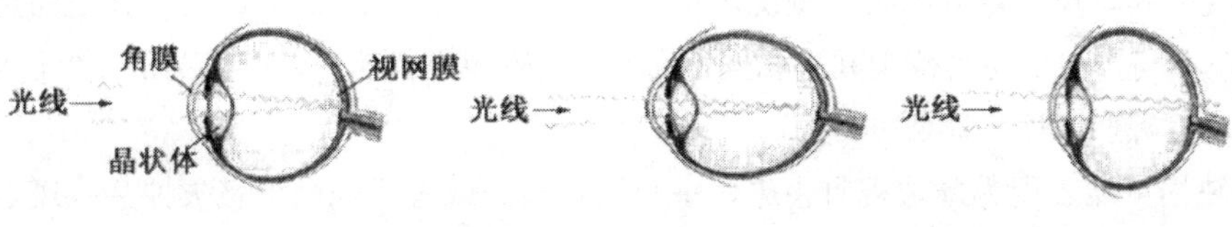

图 4-1 屈光不正示意图

(注：从左至右分别为正常聚焦、近视和远视三种情况)

如图 4-1 所示，从左至右第一张图中所示为正常人眼的屈光情况，从中可以发现，正常人眼眼球形状正常，能够将光线聚焦到视网膜上。当人眼的大小或形状阻碍光线，使光线经屈光后不能聚焦到视网膜上，从而阻断了视觉通路对信息的继续传递，个体于是发生近视(如图 4-1 第二张图所示)或远视(如图 4-1 第三张图所示)现象。近视者眼轴(眼球前距离)过长，光线聚焦在视网膜之前。此时，个体可以清晰地看到近处物体，但对远处的事物，如黑板或电视屏幕，则可能看不清或者看不见。远视者眼轴过短，远视个体看近处事物存在困难，却可以看清远处的事物。

当眼睛的光学系统或肌肉系统中一个或多个部位出现损伤或病变时，就会造成结构性视觉损伤。例如，晶状体混浊(如白内障)会影响晶体的透光功能，阻碍个体获得产生清晰视觉必要的光线；房水正常代谢受阻(如青光眼)可导致个体眼内压升高，压迫视神经而导致视觉的损伤；视网膜边缘感光细胞的破坏(如视网膜色素变性)会导致个体周边视野缺损和暗适应能力的降低；黄斑区感光细胞受损(如青少年黄斑变性)会导致中心视力的缺失和色觉的退化，出现视物不清及环状视野，而后者又可能导致个体的斜视；睫状肌失调可能导致个体出现眼球快速、不自主运动(眼球震颤)而很难注视物体，且视物出现重影或个体的斜视等。

即使个体的眼球及其附属结构正常，也仍有可能遭遇视觉损伤。视觉信息从视网膜的光感应器(视锥细胞和视杆细胞)开始，经过视神经、视交叉、视束、外侧膝状体到达大脑枕叶视觉中枢的通路被称为视路。视路中任何一个环节的病变均可能导致视觉损伤。譬如，视神经的功能是将眼睛接收到的光线与大脑中枢相连接。而大脑视觉中枢则实际控制着个体看见什么。它对眼睛结构收集到的视觉信息进行最后的处理加工，形成具体的视像。当个体因肿瘤压迫视神经，或者罹患视神经萎缩或遭遇视皮层损伤等时，人脑在传递和转译视觉信息时就可能出现信息的不完整或不准确，从而导致偏盲或者象限盲现象。这样一种由于人脑中传递视觉信息的组织受损所造成的视觉损伤就是所谓皮层性视觉损伤。

2. 视觉损伤症状表现的不同

视觉损伤对个体造成的视觉影响不仅表现为中心视力的低下，也表现在视野受限、个体的明暗适应不良(光敏度)、对比敏感度降低、色觉和立体视觉减弱等多个方面。

(1) 中心视力低下：中心视力通常用视觉敏锐度，即通过视力表测定的数值来表示。中心视力有助于个体利用视觉辨别客体细节和形状。视觉障碍常见的症状表现为视力低下，即个体视物的模糊不清，而非完全失去视觉功能。前述远视力不佳和近视力不佳均可能造成个体视物模糊。

(2) 视野缺损：视野指的是当目光正视前方某一固定点时，单眼所能看到的空间范围。它反映的是视网膜黄斑区以外的视觉状况。正常视野是一个近似的椭圆锥体，其截面是近似的一个椭圆。在不同方向上视野范围并不相同，就单眼视野范围而言，一般情况是，“上方为50度，下方70度，鼻侧60度，颞侧90度”。

视野缺损可能表现为周边视野丧失、中心视野丧失或者不规则地丧失掉某些斑点。个体可能因周边视野缺失而丧失周边视力，但仍保持中心视力。这种情况下的视野状况即为管状视野。如果管状视野由视网膜周边视杆细胞功能缺失造成，则个体还会伴发夜盲症状，暗适应不良。中心视野缺失意味着个体视网膜中心区域有暗点，呈现出环状视野。中心视野缺失也意味着个体视物时中心视力的缺失。若中心视野缺失由视网膜上视锥细胞功能缺失造成，则个体还会同时伴发色弱或者色盲。

偏盲是视野缺损中一种较为特异的情形，以注视点为界，视野的一半缺损就是所谓偏盲，偏盲可能表现为同侧偏盲、一侧偏盲和象限盲等，这通常反映了个体视路系统中不同位置的病变。

(3) 对比敏感度异常：借助于物体与周围背景环境的对比，个体得以辨识目标物的形状，清晰地看到目标物。在高对比度情况下个体分辨微小细节能力反映了其黄斑区的视力状况，如视力表通常使用白底黑字这样高对比度的材料，因此，用视力表检测到的个体视力状况只反映黄斑对于高对比度 (即图形的反差很明显) 小目标的分辨功能。但物体与背景的对比并非唯一固定，在照明对比变化下，人眼分辨边界模糊的物体 (如灰色天空中飞行的银灰色飞机) 的能力就是所谓对比敏感度，它反映了个体在不同对比度下的视觉功能。当对比敏感度异常时，个体将很难辨识出物体 - 背景反差小的低对比度目标物，表现出立体深度知觉的缺失。此时，就可能出现视力检测显示结果较好，但个体依然看不清楚的情况。对于日常的生活、学习和工作而言，对比敏感度显然较单纯的视力指标更为重要。

(4) 畏光及眩光敏感度异常：畏光或者说“怕光”，是由于眼部感觉神经受到刺激后，引起的感觉异常，表现为对日常的光线感到很刺眼，严重的甚至不能睁眼。角膜外伤、虹膜炎、结膜炎、白化病、视网膜病变以及无虹膜症等均可能引起个体的畏光反应。其中部分疾病引起的畏光反应尚无法通过医疗手段得以根治。

眩光是在视野内由于远大于眼睛可适应的照明而引起的烦恼、不适或丧失视觉表现的感觉。按光的来源分，眩光有直接眩光和间接眩光之分。如太阳光、太强的灯光等属于直接眩光，如来自光滑物体表面 (高速公路路面或水面等) 的反光则是间接眩光。根据眩光产生的后果则可将其分为不适眩光和失能眩光。由于散射光线导致视觉不适，且不影响视觉分辨力的眩光即为不适眩光。不适眩光由于视野内不同区域光的亮度相差太大，眼睛在不同亮度视野区域搜寻目标时瞳孔需要迅速变化其大小所致。过于强烈的不适眩光可能损伤个体视力甚至导致失明。失能眩光是降低视觉功效和清晰度的眩光，同时它也往往使个体产生不舒适感。它主要由于视野内高亮度光源的杂散光进入眼睛，在眼球内散射而使视网膜上的物像清晰度和对比度下降而造成。如白内障患者即使视力为1.0，由于光散射原因，也无法保证其在暗光下的活动。因此，畏光和眩光敏感度同样较单纯的视力指标更能体现视障儿童的视觉功能水平。

(5) 色觉障碍：色觉障碍包括色弱和色盲。色弱是指个体对颜色分辨能力的降低；色盲则指个体不能辨识颜色。色觉障碍可能因先天遗传或者后天疾病所致。其中，红绿色盲最为常见。

伴有色觉障碍者通常还伴有眼球震颤、光敏感等其他情况。

(6) 眼球震颤：眼球震颤是一种不自主的、节律性的、往返摆动的眼球运动。眼球震颤不是一个独立的疾病，而是某些疾病的临床表现，常由视觉系统、眼外肌、内耳迷路及中枢神经系统的疾病引起。

(7) 斜视：斜视是指两眼不能同时注视目标，斜视通常属眼外肌疾病。当然，视网膜病变患者个体也可能因为视野缺损而使用特定的头位或者眼位，以充分利用未缺损的视野部位视物，从而出现斜视现象。

3. 视觉损伤的先天性 / 后天性

视觉损伤源于眼球结构及其附属器官和 (或) 视路的生理结构和功能异常，这些生理的异常可能发生在胚胎发育时或出生后短时间内 (由于意外事件导致)，或者由个体生长过程中任何时期的伤害或疾病所致。前者属于视觉损伤的先天性因素，后者则属于视觉损伤的后天性 (或偶发) 因素。

“先天因素是青少年视觉障碍的主因。”家族遗传性疾病，如家族性视神经萎缩、视网膜色素变性等是常见的先天致盲 / 低视力原因。近亲结婚则造成了隐性遗传性疾病的更多发生。而母体在孕期感染病毒、罹患疾病、用药不慎及营养不良均会造成胎儿发育的畸变。譬如，母体在孕早期感染风疹病毒可能致使胎儿罹患先天性白内障或者小眼球症；母亲的甲状腺功能的减退可能导致胎儿的小眼球、眼球震颤等；母体营养不良则可能导致胎儿眼部结构或视觉中枢发育不良等。此外，难产窒息或者生产过程的脑损伤等也可能导致新生儿的视觉损伤，譬如，早产儿视网膜病变就是近年来常见的新生儿视觉损伤的原因。

视觉损伤的后天因素则可能包括前述眼睛结构及视路中每个环节的疾病；全身性疾病，如艾滋病、麻疹、风疹、猩红热、糖尿病、高血压等多种疾病均可能累及个体的视觉；长期的情绪困扰、眼外伤以及不良用眼卫生习惯，学习或生活环境中照明不足，过强光线的长时间照射也均可能造成个体的视觉损伤。而早期经历中视觉刺激不足及环境污染造成的中毒等同样可能影响个体视觉的发育。

病因的不同也带来了视觉损伤在发生发展进程、视觉状况的稳定性和易见性等方面的多样性。从发生残疾的病因看，有些疾病 (如视网膜脱落) 只影响个体的视力，有的疾病却是全身免疫性疾病，如糖尿病 (Diabetes) 或艾滋病 (AIDs)，其对个体的影响则可能是全身的、系统的；不同个体发生视觉损伤的年龄也有不同，有的残疾是先天的 (自出生就伴随发生)，也可能是后天获得的；残疾进程方面，部分视力残疾是突发的创伤性原因造成的 (如车祸造成的视力残疾)，部分视力残疾却是经历了几个月、几年，甚至几十年的时间而逐渐发生 (如部分视网膜色素变性患者的视力残疾)；残疾状况的稳定性方面，有些个体视觉损伤状况长期保持稳定，有些个体的视觉状况却不断恶化，或在不同场景下有起伏不定的表现；有些个体的视力残疾显而易见，有些则不那么明显，例如管状视野症状的个体眼部外观如常，很难被人们一眼看出其所伴随的残疾。

(二) 视功能表现的多样性

视觉功能是“与感受存在的光线和感受刺激的形式、大小、形状和颜色等有关的感觉功能”，它包括视敏度功能、视野功能、视觉品质 (光感受性、颜色视觉、对比感受性) 等，即视觉器官所具有的各种感觉能力。与此相应，个体在日常生活的环境中“利用视觉来计划和操作任务”(如转移注视或扫视环境等)时，视觉所发挥的积极有效的作用就是其功能性视力。功能性视力的“功能性”也就在于“为各种特异性目的而使用的视力必须是有效且高效率的”。除视觉损伤外，个体心理行为特征及所处外部环境条件的不同也导致了视觉功能状况极为多样的表现。因此，不同个体的功能性视力也是不同的。

1. 心理行为对视功能的影响

个体的心理行为发展涉及一般智力状况、观察力、注意力、记忆力、问题解决能力和语言能力、知觉动作能力、沟通能力、情绪、社会交往能力(尤其是儿童在家庭、学校和社区生活中与家人、同伴、老师的交往情况)、生活自理能力、定向行动能力及其特殊才能等。对年龄较大个体，还包括与其年龄及发展需求相适应的职业倾向性和职业技能。跟所有其他非视障儿童一样，视障儿童的心理行为特征也存在个体差异性。

视障儿童不同的心理行为影响着其视功能状况。例如，在生理上具有同等视觉状况的两名视障儿童，可能在同样的环境中有不同的行为表现。其原因可能就在于其中一名视障儿童接受过相关教育康复训练，或在心理上更接纳自己的残疾状况，且更乐意学习和利用那些表明了自己视力残疾身份的辅助工具(如盲杖)或者主动向他人求助。而另一名视障儿童则可能与此相反。

2. 视觉损伤对视功能的影响

个体的视觉损伤具有不同的原因与症状表现，其对个体的影响也是多样的。譬如，有些法定盲人拥有良好的中心视力，能够阅读常见印刷资料，却在没有使用手杖行动时发生各种碰撞，或对他人“视若不见”，有些视力不佳的法定盲人可利用剩余视力独立行动却不能阅读常见印刷文本；有些视力残疾个体需要高照明度，有些则可能要求低照明度；有的个体可借助放大设备完成任务操作。另一些却不能；5 岁后失明个体因为具有对事物的视觉记忆和经验，其对某些事物特征(如颜色、空间透视)的概念形成较 5 岁前失明个体会更容易，但后者则可能更容易对视力残疾做出相应的调适。也因此，在关于视觉障碍的界定中出现了更加关注视障儿童视觉功能及其儿童教育需要的教育性定义。

例如，日本对视障教育对象的界定包含两个方面，其一为两眼视力在 0.1 以下者，其二为两眼视力在 0.1 以上 0.3 以下。该界定打破了常用的优眼视力指标，而代之以“双眼视力”，这样的界定更加符合日常生活中个体总以双眼视物的实际。并且，该界定也更关注个体视觉功能的障碍及其主要阅读媒介，据此将视觉障碍分为经由大字体教学的视觉障碍和须经由点字受教育或未来可能需经由点字受教育的重度视觉障碍。美国对于视觉障碍的教育定义中则将视觉障碍分为盲、低视力和视觉受限三个水平盲指的是“须经由触听途径学习者”；“低视力”指的是“经矫正后仍有严重视觉损伤，但可用视觉功能学习”；“视觉受限”则指“在一般情境下使用视力受到限制，但经采光、光学矫正、教材放大等措施可得到极大改善”。

3. 外部环境条件对视功能的影响

不同环境条件下，视障儿童的视觉功能表现可能极为不同。视障儿童对所处环境的熟悉程度显然会极大地影响其在该环境中穿行时的行为水平；个体与客体间的距离直接决定着视野范围的宽窄；同样视野受限的个体，对远处事物所能看到的视野直径范围显然要大于对近处物体的视野范围；光感受性不同的个体会因为环境中的光照情况而有不同的视觉功能表现；是否有辅助设备的支持决定着个体的行为功能水平，从而决定了残疾是否成为“障碍”。

社会成员对视障儿童常有许多误解。例如，人们往往误以为视障儿童自卑、被动、依赖性强，并将视障个体与这些社会不期望的行为表现等同起来，因而也认定视障儿童更加无用和没有价值。不可否认，视觉损伤对个体学习、工作和生活确实会造成各种阻碍，也导致视障个体遭遇更多的挫折和困难。因此，视障确实容易造成某些不良表现，且不少视障儿童在现实中也确实有这样的表现。需要注意的是，除视觉损伤的因素影响之外，个体周围同伴、老师、家长和社会人员对视障个体的态度和教育方式等也是影响视障个体自我认识的重要因素。在社会环境中，当人们更倾向于对视障儿童持有不合理的低期望时，视障儿童当然更容易形成对待残疾和自身的悲观认识和被动态度。因此，视障儿童并不会因为视障而必然出现更多不良表现。更重要的，取决于社会成员（包含教育者）为其提供了怎样的成长环境和教育条件。获得不同教育和支持的视障儿童当然也会表现出不同的发展水平。

综上，将所有视障儿童捆绑为一个总的类别来对待是不可能也不合理的。结合考虑所有这些因素，才能真正理解每个个体都是独特的，从而真正实现对视障儿童有效的个别化教育。

第二节 视觉障碍儿童的身心特征

视觉障碍给盲和低视力儿童的活动带来很多困难，从而也给他们的身心发展造成严重障碍。视觉障碍在教育上的影响主要表现为，盲和低视力儿童是否有过视觉经验，后天致盲者比先天致盲者有利，成年后失明比幼儿期失明有利，低视力者比全盲者有利。

就失明年龄而言，5 岁被认为是一个关键期。如果使命的年龄在 5 岁前，则个人的许多视觉印象将很容易消失掉。如果在 5 岁以后才失明，则儿童早期的视觉经验有望获得保留，对其以后的学习将可提供比较具体的参考框架。

对视觉儿童的教育，不仅要参考其是否有过视觉经验，同时也要考虑到其心理特征。特殊教育就是要根据特殊儿童的身心特点，采取一般和特殊的教育方法和手段，达到特殊教育的目的。

视觉障碍包括盲和低视力，下文对他们的心理特征将会分开叙述，请不要混淆在一起。

一、视觉障碍儿童的认知特点

1. 知觉的特点

听觉：在学习和生活中，听觉锻炼的非常灵敏。盲童可以通过听觉进行空间定位和辨别方向，也可以通过听觉了解和熟悉生活和学习的环境。

触觉：发达的触觉也是后天努力的结果。盲童与明眼人手指尖两点阈的平均值为 1.07 mm 和 1.97 mm。盲童通过触觉认识物体的形状、大小、温度、硬度、光滑度、重量等。

但是，视觉障碍儿童在依靠视觉形成知觉上，与明眼人有差距。例如：形状知觉、空间知觉、知觉与动作的整合、距离知觉和深度知觉等。

2. 注意的特点

注意是指对客体的指向和集中。分为有意注意和无意注意两种。有意注意是需要意志努力的注意，而无意注意是不需要意志努力的。

盲童在接受客观信息时，只能依靠听觉、触觉和嗅觉等，需要花费更多的努力，更多的有意注意。加之视觉障碍，来自视觉通道的干扰很少或全无，所以盲童的有意注意表现突出。

而低视力儿童，往往过分依赖于自己的残余视力，导致来自其他感觉通道的信息丢失，于是在低年级，低视力儿童的有意注意和学习成绩一般较差。

3. 记忆的特点

视觉障碍导致盲童和低视力儿童在获取信息方面往往不全面、不完整。视觉经验的匮乏，视觉表象难以形成，例如，案例中姜姗的情况，她很难对“碧绿的湖水”“气势磅礴的万里长城”等需要视觉表象参与的词的理解。对蚂蚁、大象等一些过大或过小的同样需要视觉参与才能理解的词语束手无策，所以低年级视觉障碍儿童对这类需要视觉参与才能理解的词语往往采取机械记忆的形式印刻在脑中。有研究显示，视觉障碍儿童单存依靠触摸，对物体进行再认的成绩远低于明眼儿童。但视觉儿童有较强的听觉记忆。短时记忆能力方面，低中年级视觉障碍儿童的工作记忆明显落后于视力正常的儿童，随年级的升高，差异逐渐减少，并趋于消失。

4. 学习能力方面

1) 视力的伤残并不明显地影响智力，盲童并不一定比正常儿童智力低；运用韦氏智力量表的语言部分作为测验工具对视觉障碍儿童进行测试，海叶斯等人证实视觉障碍儿童与正常儿童不差别，而台湾学者祈昭安 (1992) 所得结果却与海叶斯相反。因此对视觉障碍儿童的智力进行进一步研究和探讨是有必要的。

2) 视觉障碍儿童在概念形成方面往往存在较大困难；主要是在形成具体概念上存在困难，比如大象、蚂蚁、雾、雪花等主要依靠视觉来形成的概念。这是视觉障碍学生无法克服的学习困难，在教育中，教师要利用视觉障碍儿童的其他感觉通道的感受来帮助学生最大限度地理解感念。为进一步学习提供基础。

3) 盲童的学业成绩一般都低于正常儿童：盲童学业成绩偏低的主要原因在于：一是进校时间较晚、错过了幼儿智力发展期；二是教师、父母对视觉障碍儿童在学业成就上的期望低；三是特殊教育的方法不合适，没能根据盲童的身心特点设计合理的教学方案，没有通过教育补偿，使盲童形成鲜明、稳定、完整的综合表象和提高他们的学习兴趣；四是由于病假或天气等各方面原因，盲童实际学习时间比正常儿童要少；五是触摸出版物甚少，限制了盲童的学习；六是须花费大量时间去学习视力正常儿童不必学习的技能，如工具的使用、定向行走等。

5、语言发展

视觉障碍学生语言发展的主要问题表现在两个方面，一是指在说话时的姿势、体态等方面表现出一样。二是“语意不合的表达”。

对“语意不合的表达”现象有两种观点：一是认为，语言是交流的工具，目的是为了更好的沟通，既然可以达到沟通的目的，那么他们使用这样的语言来

二、视觉障碍对儿童的基本影响

与其他感觉相比，视觉具有感知范围大、距离远、知觉速度快、转移灵便且整体性强等明

显特点，同时，来自视觉通道的信息也有助于检验来自其他感觉通道的信息。视觉损伤导致个体无法快速有效地接触到视觉信息，从而将个体与其所处的环境隔离开来，这种隔离主要体现在对个体“经验广泛性与多样性、在环境中通行的能力及其与环境互动的限制”上。需要再次强调的是，通过改善个体心理能力特征及外部环境条件，可以减弱或消除视觉损伤所造成的这些消极影响。

(一) 经验广泛性与多样性的限制

个体一旦丧失视觉，便也丧失了视觉所特有的各种优越性而必须借助其他感觉渠道收集信息。但后者显然并不等同于视觉通道的信息，也不能与视觉通道信息的高效率相媲美。视觉经验缺乏会影响儿童对世界的认识，进而影响其概念形成，以及语言、同伴关系、社会交往、自我意识，甚至职业生涯的发展等。因对外部世界视觉印象和记忆的缺失，5 岁前失明对个体造成的限制也会更为深刻。

(二) 在环境中通行能力的限制

视力残疾，尤其是全失明对个体移动能力的限制可能是视力残疾带来的“最严重的直接影响之一”。譬如，在环境中走动需要个体观察外部环境。视障儿童可能因为视野受限而只能看到较大物体的一部分，要想看清整个物体，识别出该物体，并了解不同物体间的关系，则需要借助于眼珠或头部的上下前后转动。因为一次只能看到物体的一个小的部分，这项任务显然较为耗时耗力。视力低下的儿童则可能需要极其靠近物体，或者需要高照明度或对比度才能看清。此外，当视障儿童缺乏时间、空间概念与空间想象力，对环境中各种事物也缺少基本认识时，其在环境中通行的能力将受到更多困扰。

(三) 与环境互动的限制

视觉信息渠道不畅，限制了个体快速接受和利用环境信息，并对环境信息做出反应的能力。因为缺少环境刺激引起其探索环境的好奇心，视障儿童的感知动作技能及至语言发展都会受到影响。对环境信息缺少反应，则可能引起他人误解。不能准确了解自己行为对他人或周围事物发生的影响，不能及时对此做出调整和补救，则进一步影响着视障儿童与他人良好关系的形成和深入发展。与环境相隔离的状态往往令个体缺少控制感，令其感到焦虑和不安全，反过来又导致儿童在主动探索和体验世界时的被动与胆怯，进而加剧其在环境中的隔离状态。

三、视障儿童身心特征的表现

如前述，视障儿童与其他儿童的区别只在于需要借助其他方式来完成其他儿童依靠视觉来完成的任务。他们在身心发展的各个方面与视力正常儿童并无本质差异。但因为视障带来儿童成长中特异性的经历，因此，对“视障儿童身心特征”更恰当的理解应该是“视障影响下儿童的身心特征”。

(一) 认知和语言特征

视觉是个体“感知和获取信息的主要通道”。研究者认为，个体有 80% 的信息来自视觉通道。通过视觉通道，个体可轻易捕捉环境信息，形成对事物形状、大小、颜色、距离及立体空间方面的基本认识。利用视觉，个体可从较远距离处有意义、安全地体验外物。视觉部分或全部缺失，只能借助其他感觉通道感知世界时，个体 (尤其是先天失明儿童) 对事物的认识和理解将会遭遇巨大挑战。譬如，在自然界中存在着各种难以通过近距离触摸或倾听来认识的事物，一些物体可能太大（如山脉、草原等）、太小（如分子，细菌）、太脆弱（如雪花、肥皂泡）、太远（如太阳、山那边）、太危险（如海啸、喷发的火山）。物体的颜色、亮度、形状及立体透视等往往也不能被其他感觉信息所取代。

视觉经验为儿童提供了“组织和联系不同信息，将事物各部分相互联系”的能力，帮助他们形成对事物的整体认识。视觉能力的部分或全部缺失将会导致视障儿童在概念化的过程中遭遇困难，并容易形成对事物“字面化”的理解。例如，听到鸟鸣，可以让人知道这是一只鸟，但却不能让人完整了解这只“鸟”的外形、大小、颜色、羽毛、体温、飞行姿态等特征。

视力正常儿童可在不经意间获得大量视觉信息，从而实现无意学习。但视障儿童却需要“主动靠近其所处环境，从环境中更加有意识地学习和理解其中事物”，这也是两者间一个重要的区别。当然，视力残疾本身并未损害到个体“加工和管理信息的认知能力”。尽管视障儿童在某些方面（如概念化）的发展速度会稍慢一点，但视障儿童（包括盲童）首先是与健视儿童有着同样发展顺序模式的儿童，视觉损伤也不会对个体理解和应用语言的能力产生显著影响。

（二）视障儿童的学业成就

研究发现，视障儿童的学业成就有时落后于视力正常儿童。但研究者亦指出，低成就的原因“并非视觉损伤本身造成，而是由教育者对视障儿童的低期望及教育不利造成”。世界范围内涌现出的活跃于各行各业表现出色的视障儿童也在很大程度上支持了视障儿童的学业成就并不必然是低水平的，而视障程度与个体的学业成就间也没有必然联系。在采用适宜视障儿童使用的适性测验进行测评后，研究发现视障儿童的学业成就水平极少出现落后于其年龄年级发展水平的情况。在大多数学业领域中，视障人群表现出与其年龄一年级相适宜的发展。唯一的例外是其“数学概念和计算领域中的表现相对滞后”。也有专业人员认为对视障儿童与视力正常儿童的学业水平进行比较时尤其需要谨慎，因为两组学生必须在不同条件下接受测评。

（三）运动发展与行动能力

视觉障碍，尤其是盲或重度视觉障碍限制了儿童“通过与自然环境的接触获得学习的机会”。缺乏视觉刺激的视障儿童无法自然觉知周围世界中的“新鲜”事物，从而激发起靠近或触碰该物体的兴趣，其目的性行为，如转头、伸手触摸、抓握、爬行等动作的发展因此而可能受阻。少有的活动经历中相对更多的负性经历则可能导致其在活动中更加小心翼翼，减小活动范围与活动强度，更少参与活动等，运动技能发展因此进一步受阻，进而表现为儿童在精细动作、粗大动作技能，特别是运动协调性和平衡能力方面较差。

同时，视觉损伤也令视障儿童不得不更为突出地面对判断自己与环境的相互关系，及安全、独立、有效穿越环境，以融入所处环境并控制其中潜在危险的问题。行动技能的不足不仅限制了个体的活动空间，也导致个体与周围环境中事与物的隔离、主动探索世界经验的缺失，以及相应的社会互动经历缺乏。在缺乏经验与指导训练的情况下，视障儿童利用非视觉途径收集环境信息，并在其中安全行动的能力不会自然提高。

（四）社会适应与交往

因为视觉受限，视障儿童更少有机会通过观察和模仿交往对象的行为来进行社会性学习。缺乏必要干预的情况下，儿童从他人角度看待世界能力的发展将受到阻碍，从而更多出现自我中心倾向。由于视觉功能受限，视障儿童很难自行选择对话伙伴，而常常需要等待他人率先发起谈话；他们常常难以判断他人的说话对象是否就是自己；对社会互动中非语言的线索，如微笑、点头等更少能够做出回应；常常不能通过观察或参与特定的场景，来达成发动或者练习社会礼仪的目的，例如，不能为他人捡起掉落的物品。类似情形将直接导致其丧失与他人交往的可能和发起谈话的机会。在日常生活中，不能察觉他人的意图或调整自己对特定场景的反应，往往阻碍个体决策技能的精细化，视障儿童因此也更倾向于缺乏自信、自我怀疑、退缩和依赖他人。相对较小的视障儿童群体则导致了数量更加有限的积极行为榜样，这也限制了视障儿童模仿适应性行为的机会。

缺乏足够感知觉刺激、社会性刺激及活动受限的情况下，自己的身体成为最大的刺激环境。因此，视障儿童较易出现摇晃身体、戳揉眼睛、重复手部或手指运动等刻板行为。有研究者认为，刻板行为是“为补偿相对缺乏的感官或社会性刺激而发生的自我刺激行为”。例如，较易出现刻板行为的情景为独处或无聊、厌烦学习或有其他需求时，而当儿童在游戏活动中，专注于有趣的任务及进食时，习癖行为就会有所减少甚至不会出现。也有研究指出，刻板行为是其面临刺激过多时进行自我调节的一种尝试。例如，儿童在焦虑不安、恐惧、缺乏安全感、受挫折时也会较多表现出反复的异常行为。无论是哪一种看法，研究者都认可这些行为有助于“保持视障儿童的觉醒水平”。而极端刻板行为不仅可能伤害个体身体，还往往不为社会环境所接纳，从而影响个体的社会化。因此，轻微的刻板行为可能是视障儿童在缺乏足够外部刺激时为保持自我觉醒而采取的自我刺激行为，社会成员不应一味要求儿童改变自己的行为，而应给予更多的包容和接纳，并采取积极措施以消除功能性的行为需求，对极端的刻板行为则应给予关注和矫正。

第三节 视觉障碍儿童的教育需要

由于视觉障碍儿童在生理和心理上存在特殊性，因此，在生活中，儿童的感官是否得到充分利用、是否进行了感知觉的锻炼和训练将对儿童身心发展产生截然不同的影响。在我国盲校，笔者看到这样一个孩子；由于从小就跟随奶奶一起生活，而年迈的奶奶不知如何抚养这样一个孩子。为了避免孩子受伤，奶奶只把她放在床上，哪都不去。孩子 13 岁才入小学一年级，可是仍然无法接受正常的教学，与同龄视觉障碍儿童身心发展有很大差异。她不能定向、步态异常；无法自己穿衣、叠被子；如果没有老师帮助，鞋永远是反穿着……究其原因，与早期的感知觉没有得到锻炼有密切的关系。因而，在早期为视觉障碍儿童提供发展的条件、施以科学的感知觉训练是非常重要的。得到充分发展的视觉障碍儿童一样可以取得骄人的成就。海伦·凯勒及我国在美获得医学博士的李雁雁就是良好的例证。

一、教育内容

针对并不伴随认知障碍的视障儿童制订教育干预计划时，则应对其持有与视力正常儿童同样的教育期望。也即，只要没有认知障碍，视障儿童在课程学习方面，同样应尽可能“掌握视力正常儿童掌握的普通教育课程”。所以在教育目标内容的确立上基本应该与普通儿童一致，不宜降低课程内容的难度或减少教学内容。同时，要对障碍进行有效的干预，其关键在于减少由于显著的视觉损伤所带来儿童在经验广泛性和多样性、行动能力和与环境互动等方面的各项限制。为此，教育者需要基于儿童的视觉状况采取适应性的调整措施。为克服视力残疾所带来的阻碍，还应为视障儿童开设“扩展性的课程内容，对儿童适应普通学科课程和功能性生活活动两个方面的特异性技能”开展相关培训。

(一) 确定教育需要所需的信息

如前述，不同场景、不同远 / 近视力、视野、眼球运动和对特定环境特征 (如光线或颜色) 敏锐性的不同，均会导致个体视觉障碍不同的表现。而残疾之所以会成为障碍既受个体生理状况影响，也受个体心理行为特征，以及外部环境条件和支持的影响。几乎没有两个视障个体的视功能状况会完全相同。因此，教育者应充分关注和了解特定视障儿童的身心状况、学业成就水平和学习特点，以及相关外部环境条件等特异性表现，并基于此有效制订和实施个别化教育计划。

儿童的生理状况涉及儿童在诸如视、听、触、嗅等感官和肢体方面的特殊生理体征或疾病，及这些特征对儿童发挥相关功能所造成的影响。对视障儿童尤为重要的是，了解视觉损伤对其视觉功能状况的影响 (详见本章第一节中关于“视觉障碍的多样性”部分)，确定儿童是否还有剩余视力，如何使用其剩余视力。关于使用剩余视力的情况包括儿童目前的视功能技能 (如两眼如何进行定位、固视、扫视、追随与追踪)，发挥视觉功能对学习环境的要求，如照明、视物要求的最佳距离、物体 (或字体) 大小、颜色、对比度等。

关于视障儿童的心理行为状况，除了本章第一节中关于“视觉障碍的多样性”部分所提及的心理行为特征外，教育者还应尤其关注儿童对视觉损伤的认识和态度。个体的障碍程度因其视力缺损程度而异，同时也因其对视力缺损的认识和态度而异。由于未能正确认识和面对视力缺损，视障儿童可能会拒绝使用助视器具等辅助措施或接受相关培训。视力缺损所带来的“障碍”也因此被放大。所以，确定视障儿童的行为水平和特殊需要时，儿童对视力缺损的认识和态度同样值得关注。

外部环境条件中的人、事、物对个体的支持力度是决定儿童障碍程度的重要因素。基于视障儿童的身心特点，其在日常生活、学习中的优劣势所在，对教育环境做出相应调整后，所谓“障碍”也就不再可能阻碍个体学习和生活。为此，教育者需要了解儿童残疾的状况以及环境条件与儿童需求间的匹配程度，以对教育环境做出适宜的改造。其中尤其要关注社会成员 (尤其是儿童的同伴、家长和教师) 对视力缺损个体的看法和态度。他们极大地影响着视障儿童对自己和对残疾的看法与态度，进而影响其障碍程度。譬如，即使儿童有着强烈的意愿主动寻求相关的支持和帮助，而当教育者和其他社会人群不能为其提供符合其需要的适宜支持，甚至设置很多人为障碍时，儿童反而会生出更多的挫败与无助。

(二)适应性的教育调整

视障教育中更为重要的不是强调儿童的“不能”，而应考虑如何促进儿童的“能”。视觉损伤会造成儿童在诸多方面遭遇困难。例如，全失明儿童显然不能利用非语言的视觉线索，如表情和点头、摇头等与人沟通。单纯强调视觉损伤带来的限制，视障儿童也就“不能”与人互动。值得注意的是，社会互动的质量和特点是由互动双方的能力和态度共同决定的。视障儿童与视觉正常个体间的互动也不例外。很多时候，视障儿童的社会适应问题是由他人对视力残疾的反应造成的。如果在与视障儿童交往时自然地提供语音信息，好像打电话时所做的那样，通过改变语音语调，不时地以“嗯”“啊”“呀”等回应，或进行详细的语言说明，为两者间的互动提供必要线索，那么，视障儿童与人互动也就成为可能。

如前述，视觉障碍儿童表现出的视力残疾具有极大的多样性，不同原因造成视觉损伤的儿童拥有不同的视觉能力。基于儿童使用视觉的能力或在学习中运用触觉方式学习的倾向或需要，教育者可通过在教学方法和课程材料上的相应调整，确保视障儿童在教育过程中获得与视力正常儿童同等的收益和评价。

针对视障儿童最常见的调整包括通过感觉替代调整信息呈现方式、作答方式以及调整学习时间、学习环境等。譬如，全盲儿童可以借助触觉和听觉来学习；视力很低的儿童应主要通过听觉和触觉学习，但能够利用有限的视力补充其他渠道获取的信息，并帮助完成某些任务(如在教室内走动)；功能性盲的儿童可以阅读盲文，但在视觉状况稳定的情况下。应“将视觉作为学习的主要渠道，但触觉和听觉信息渠道可以对视觉信息做出有益补充”；而低视力儿童则主要为大字体阅读者，当低视力儿童的视觉状况不稳定，处于不断恶化趋势中且视觉功能受限严重时，也应考虑其对盲文阅读的需求。当然，学生也可以在阅读和作答过程中使用放大设备或盲文打字机等。由于浏览速度受限，通常还应考虑为视障儿童完成任务设定更长的时限，例如，在标准化测试中通常允许他们使用“至少比规定时间多一半的时间”。

(三)增加扩展性课程

要在学习和生活中真正受益于相关调整措施，儿童还应具备相关的知识技能，这些内容也就成为视障儿童教育中扩展性的课程内容。所谓扩展性课程主要是指根据视障儿童的特殊需要，在普通课程的基础上扩展的能够帮助学习普通课程并促进其发展的补偿性内容，以下介绍其中几个主要方面。

1. 盲文学习

盲文也称为点字，是盲童识字的基本方法。它以“方”为基本单元，每方包含六点，其排列方式为左右两列，上、中、下各两个点，六个点两两之间距离相等，呈长方形状。其中，左侧自上而下的三点为点1、2、3，右侧自上而下的三点则为点4、5、6。点的不同组合表示不同的字母、数字和标点符号，多方组合就可以组成相应的字词句。盲文阅读通过触摸方式得以实现，其书写则借助于盲文打字机或盲文写字板来实现。

现行盲文是我国大陆地区当前使用最为广泛的汉语盲文方案，现行盲文中部分声母和韵母的盲文符号，括号内的数字表示该盲文符号对应的点位。例如，字母b占一方，对应了一方内左侧自上而下的前两点，其点位为1、2点，而字母t对应的是一方内左侧自上而下的后两点，右侧自上而下前两点，其点位为2、3、4、5点，其余以此类推。各国各地区语言不同，相应的盲文体系也有所区别。此外，不同学科领域也对应着相应的盲文符号，此处不再赘述。

随着现代科学技术的进步，越来越多的电子设备，如录音磁带、语音书、录音笔及读屏软件等的出现，使盲文的使用处于萎缩趋势之中，不少人认为盲文已经不那么重要。研究者指出，盲文读写能力对视障儿童至关重要，盲文的使用意味着盲人的“非文盲”状况，拥有盲文读写能力的盲人通常会花更多的时间阅读，其“受教育水平更高”，也有“更高的就业率”。对于部分视力状况不断恶化的低视力儿童，盲文学习也极其重要，其中部分原因就在于，阅读电子书或者语音书时，视障儿童比较容易感到疲劳而难以集中注意。同时，依靠听觉渠道学习课程时，个体需要耗费更多的时间，且很难在听课的同时借助记笔记来选择、组织、分析并综合相关信息，失去了锻炼和提高自身思维能力的机会。此外，作为视觉功能极端有限者的文字，盲文也能够在高科技无法触及的领域发挥重要作用，例如，盲人可借助盲文标签来管理个人物品等。

2. 功能性的生活技能

由于视力残疾，视障儿童很难伴随日常观察去自然学习日常生活技能、定向行动技能等，人际交往中视觉信息的缺乏和更多的挫败体验则可能导致他们在与人交往时怯于表达自己的观点和需求，导致更多的人际困难。因此，视障儿童需要直接的指导才能独立完成相关活动并发挥自己的功能。

(1) 日常生活技能：对于视力正常儿童似乎理所当然或者轻而易举的很多日常活动，如烹饪、个人卫生、着装、购物、与人交往、交通及娱乐活动等，视障儿童均需要接受直接的指导才能独立完成。因为视觉损伤造成的阻碍，视障儿童对事物的认识方式与视力正常儿童不同，后者通常先观察物体或活动的整体，然后再对其组成部分进行探究，前者则因借助触觉、听觉途径接触事物而采用从局部到整体的事物认识方式。教育者需要对此有清晰认识和深切体验，通过适当途径帮助儿童明白任务的部分与整体间的关系。

(2) 定向行动技能：在环境中自由移动，既有助于个体的身体健康，也有助于其自尊水平的提高及促进个体与环境的良好互动的形成。日常生活和职业场景中的各项活动，例如从一个办公场所到另一个场所，搜寻不小心失落的东西以及扫地等，也都是由大大小小的定向行动连接起来的。因此，定向行动训练对视障儿童而言还意味着“工作领域的扩展和独立生存机会的增加”。

定向行动包含定向和行动两个方面的技能。其中，定向指的是个体“能在任何特定时刻，利用个人存有的各种感官，去了解个人在环境中的位置”。为了实现从一个地点到另一个地点的移动，个体须得知晓自己所在位置及目的地，并通过与环境的信息互换从而了解沿途方向，到达自己想去的地方。行动则指个体能够“轻易移动之能力”。行动不仅包括行走，还包括搭乘公交车、电梯等，从一个地点到另一个地点的安全、有效的移动均属于行动范畴。个体可能知道自己所在位置，但却不能在环境中安全行动，反过来也是可能的。因此，个体的定向行动能力训练就是要“教导视障儿童行走的概念与技能，使其在任何环境及各种情境状况下均能安全、有效且优雅地独立行走”。

常见定向行动技能包括盲杖、导盲犬、人导法、电子行动设备的使用等。盲杖是视障儿童独立行动时最有用也最经济的方法，它既可用于帮助视障儿童探测前方路况，如路面状况的变化（从水泥地面变成草地，平路变成坡道或台阶等）、障碍物的出现等，也可在视障儿童遭遇障碍或危险时充当缓冲器，使个体远离障碍物。

导盲犬是经过专门训练的工作犬，其主要功能是提醒视障儿童环境中存在的潜在危险，如台阶、出入口或电梯等，从而保护主人远离危险地带。当视障儿童需要经过复杂、不可预知的路线时，导盲犬会特别有用。

人导法是指视障儿童在视觉正常者(引导视障儿童行动的人)的引领下行动。人导确实能够让视障儿童最为安全地行走。但导盲也是一项技能，仅有爱心和热情并不足以成为合格的引导者。例如，引导者不应拉住视障儿童的手臂推着视障儿童前行，抬起盲杖末端拖着视障儿童前行也是不合适的。恰当的做法应是，视障儿童轻握引导者的手指、手腕、前臂或上臂接近手肘处(具体位置视视障儿童与引导者的身高而定，以视障儿童感觉舒适和可以自由行动为宜)，行走于引导者身侧靠后半步的位置处。如此，视障儿童便可根据引导者的体姿变化感觉到行进道路中遭遇的地形变化，如上、下台阶等。对于尚没有太多经验的视障儿童，引导者还可辅以在台阶前稍作停顿，或者语言描述“上台阶”等提示。

随着科技的快速进步，用于帮助视障儿童在环境中感知物体的电子行动设备层出不穷。常用电子行动设备包括激光盲杖、迷你导航仪等。这些设备利用回声定位技术，通过将探测到障碍物的信息转化为声音信号或者触觉信号(如不同声音刺激、语音提示或震动感等)，提示视障儿童障碍物的大小和方位等，从而帮助视障儿童绕开障碍物。此外，全球定位系统GPS也正不断被用于开发视障儿童导航相关的产品，人工视觉系统的研发也备受关注。

但是，各种定向行动方法，尤其是高科技产品在为视障儿童出行带来各种便利条件的同时，也必须承认，迄今为止仍没有一款科技产品能够解决视障儿童出行中可能碰到的所有问题，也没有一种定向行动技术是完美无缺的。譬如，使用导盲犬比用盲杖探测环境更加快速，但其训练成本过高，虽然导盲犬能够主动带领主人绕过障碍物前行，却也可能导致视障儿童无从知晓特定环境中的障碍物，丧失与环境的互动机会。与人们通常的理解不同，导盲犬并不能自动将视障者“带到”任何目的地。关于目的地在哪里，从出发点到目的地的路线如何，真正的决策者还是视障者本人。因不了解导盲犬工作原理，周围人群在其工作状态下随意抚摸、拥抱导盲犬，给导盲犬投掷食物等，则会造成误导盲犬理解和完成任务时的混乱。盲杖的使用也有其自身的局限，视障儿童很难利用盲杖探测到环境中处于身体上方，尤其是头部上方的障碍物，如悬挂的物件、垂下的树枝等，从而导致视障儿童面临潜在危险。激光盲杖则不能很好地探测到地势的下降，当外部环境刺激纷繁复杂时，其所提供的信息也将难以识别。而将人导法作为帮助视障儿童出行的主导性方法时，视障儿童出行的主动性也可能受到抑制而过分依赖他人帮助。因此，更好的做法还应是结合使用各种可能的手段和方法。而视障儿童对各种定向行动技能的有效使用也需经过专业的培训和大量的练习。

需要注意的是，人们常常以为后天失明或拥有剩余视力的视障儿童定向行动能力会更强，事实却并非如此。“独立行动的信心、动力以及所接受适当指导的数量”才是决定个体具有良好定向行动能力的重要因素。后天失明者常常因为过分关注他人对残疾的接纳态度，将盲杖视为视障儿童的标签而不愿学习和使用盲杖，这也造成他们定向行动能力得不到适当的指导和充分的练习。

此外，关于早期阶段教授视障儿童定向行动技能，尤其是盲杖使用技能的重要性也愈发受到重视。跟日常人们关于学龄前儿童年龄小、认知能力有限，不能学习定向行动技能的看法相反，不少研究者指出，“即使学龄前儿童也可受益于行走训练”，包括学习关于环境中各种事物的基本概念(如门、墙、拐角等)及如何使用盲杖。

(3)自我倡导技能：自我倡导是视障儿童需要接受的另一项重要的功能性生活技能。个体在处理日常生活事务时，需要向自己遇到的其他人(如公交车司机、主动提供帮助的路人、未来的雇主、房东、餐厅服务员等)表达自己的愿望，说明自己的能力和特殊需要。日常接触中，人们对视障儿童存在各种错误的认识，例如认为视力损伤尤其是失明导致个体的无能。在面对视障儿童时，人们常常有意无意地表现出其对视障儿童无能的看法，例如对盲人能够完成特定的任务表现出极端的惊奇和崇敬，将其视为拥有超能力的人或者奉为英雄，或者对视力残疾个体表现出超乎寻常的怜悯与同情。在需要跟视障儿童沟通时，人们甚至可能跟其同行者对话而不是直接跟视障儿童交流，或者在不征求视障儿童意见的情况下热心地提供帮助，甚至直接替他们做决定等。这些做法实际上剥夺了视障儿童发展和实践自己的决策能力。面对类似情形，教育者应注意培养视障儿童学习如何沉着应对，自信而不具攻击性地说明自己的能力和需要，以提高表达的有效性。此外，视障儿童还需“了解自己视觉损伤的相关信息以及所需要的各种辅助措施”，以便能够“与他人进行有效沟通指导他人为自己提供所需帮助”。

(四)辅助技术的使用

辅助器具指所有能够帮助视障儿童提高其视觉功能，改善其视觉效果的条件和设备。具有放大功能的助视器是最为常用的辅助器具，它包括光学助视器和电子助视器两大类别。光学助视器是借助光学性能作用，帮助个体提高视觉活动水平的设备或装置，诸如手持式放大镜、台式放大镜、眼镜式放大镜、隐形眼镜及望远镜等均属于光学助视器。电子助视器运用投射放大的原理达到高倍放大的效果，很多电子助视器还可以调节图形一背景的对比度。如实物投影仪、闭路电视放大器(CCTV)，Windows操作系统自带的放大镜，以及各种便携式电子助视设备等均属于电子助视器。除了这两种具有放大作用的辅助器具，教育者还可采用其他技术手段，通过改善周围环境条件，如照明、控制反光、控制光线传送，加强图形-背景对比度等，增强视障儿童的视觉功能和效果。此类辅助器具包括滤光镜、可调亮度和光照方向的台灯、阅读架、大字印刷材料、打字键盘、记号笔、写字板、书写定行器、触摸地图等。

需要注意的是，各种类型的辅助技术与设备各有特点，例如，电子助视设备的一大缺点就在于其价格较为昂贵。另外，虽然其放大倍数可以达到很高，但当放大倍数很高时，屏幕上能够呈现的内容就会很有限，从而带来阅读容量减少、阅读速度降低等问题。相较而言，大字材料的成本较低，实用性更强，但它在放大倍数方面的自由度稍差，还需专门制作，否则就不能为视障儿童所用。因此，在使用相关技术和设备时，应首先基于儿童的视觉能力，考虑该技术和设备是否满足儿童需要，令其获得最大帮助，而不应以其科技含量为选用辅助器具的主要依据。经济实用性当然也应成为选用辅助器具时的必要考虑。同时，教育者还应注意，各种辅助技术能为视障儿童所用的前提是儿童会使用该器具。因此，在教育过程中应为儿童提供如何使用相关器具的密集教学，而不只是为儿童提供相关工具后让其自己摸索使用。

二、教育方法

(一) 重视早期干预与转衔服务

早期干预是特殊教育中重要的指导性原则。婴儿出生后就开始对环境中的视觉信息进行加工，对环境的探索和与环境的互动有助于个体形成对人、物、活动以及环境的理解。对于先天或早期发生视觉损伤甚至失明的儿童，这种探索却因视觉损伤而阻断，个体发展因此受阻。其对个体发展的负面影响不言而喻。

家庭是儿童成长中重要的环境，儿童早期主要身处家庭教育环境中，提升家庭为其视障孩子提供支持和辅助的功能成为早期干预的一项重要任务。站在儿童的角度思考儿童的需求，教育者才能真正理解儿童的需求并提供适宜的教育。对视障儿童教育者尤其重要的一点是，以视障儿童的方法来理解视觉缺乏对个体发展的影响和意义，基于此提供的视障教育才会富有成效。对于视障儿童家长展开的早期干预服务也应致力于帮助家长理解视觉损伤对个体学习和发展的影响，并提供可以减少这些影响的有效方法。

视觉信息受限导致视障儿童在环境变化时的调适变得尤其困难。如前所述，视觉损伤并非“残疾”成为“障碍”的直接决定因素，相反，它只是视障儿童发展不佳的一个促发因素而已，残疾成为障碍背后的根本原因还在于不良的环境条件。同为视障儿童，需求却可能极为不同，甚至截然相反。例如，因视网膜色素变性致残的儿童需要相对较强但避免直射的光照，因白化病或无虹膜症致残儿童则因虹膜调节进入眼球光线功能的受限而倾向于相对较弱的光照。为此，视障儿童教育中极为重要的一点，就是通过改善教育教学条件，增强社会支持水平而提高视障儿童的功能水平。

在转学、升学和就业等重要转折时期，儿童将面临不熟悉的环境信息，很难在其中发挥独立生活功能。因此，转衔服务需要尤其关注如何促进儿童对新环境的适应。此时，教育者应深入了解和分析其将要进入的新环境的有利与不利之处，为新环境中儿童的直接接触者(如教师、同伴等)提供必要信息，使其了解特定视障儿童的具体需要，如适宜的空间布局、图形-背景的复杂程度、人与材料的位置关系、所需照明、颜色对比、放大尺寸和距离及其他感官支持(如测验时间的调整、噪音的避免以及触觉信息的突出)等，以便相关教育机构和人员能够根据儿童的特异性状况来改善环境条件，帮助儿童更快更好地适应新环境。

同时，在任何教育阶段，功能性生活技能的学习都应是视障儿童教育中重要的内容。承认儿童的视觉损伤并致力于改善环境条件之外，教育者也应针对新环境对儿童提出的要求为视障儿童提供必要的支持与训练。

(二) 提供密集而广泛的反复指导

视觉经验的缺乏及视觉信息受阻常常使得视障儿童需要更多机会和时间来练习一项新的技能，密集而广泛的反复指导成为一种必要。

缺少对视觉损伤的体验和理解时，人们常常想当然地认为儿童具备了基本认识，但事实却又并非如此。因此，教育者必须注意避免类似错误，通过充分的评估信息来确定教育活动的开展。同时，若需对不熟悉的视障儿童教授一项新任务时，最好假设其先前从未接触过类似任务，并广泛考虑学习该新技能可能需要的各种先遣知识或技能。

密集而广泛的反复指导需要花费大量时间和精力，这常常令教育者望而生畏。事实上，教育的契机无处不在，很多活动并不只涉及单一的某一个领域。如果将学科课程与功能性技能课程相结合，在日常活动中渗透扩展性课程内容，并充分利用各种随机自发事件开展儿童教育，将会取得事半功倍的教育效果。例如，儿童到食堂就餐并不只是“吃饭”这一项单一的活动。儿童需要从教室走到餐厅，在餐厅内排队打饭，找到固定的位置放下餐盘，就餐，然后将餐盘放回固定的回收处。这个过程中，可以训练儿童的定向技能(如了解食堂和座椅所在位置并找到相应地标、了解餐盘内各种食物的方位所在)、行动技能(如从教室走到目地，从食堂窗口走到座椅处等)、感知运动技能(端餐盘、使用餐具等日常生活自理)、与人沟通技能(点餐或求助)等。

(三)充分利用剩余视力

视障群体中有大约90%的人存有剩余视力。人们常常认为，视障儿童应尽量避免用眼，以保护仅存的视觉能力，这其实是一种错误的观念。每个人都应该注意保护自己的视力，但保护眼睛并不等同于不使用眼睛。个体的视觉能力和功能性视力与视觉损伤的种类和程度也并不存在必然联系。

研究表明，视觉能力和功能性视力可以通过对有关视觉经验的一系列训练和学习而得到提高，“未经适当训练的低视力儿童，其视觉系统的功能很少有发展，因此，在各种不同的环境中，鼓励运用视觉去学习和观看，对于低视力者而言有着至关重要的意义”。同样视觉受损的两名儿童，其功能性视力却可能大不相同。个体功能性视力的好坏由个体的视觉能力、个体可利用的储备(即个体过去的经验及利用这些经验对新刺激做出反应的有效功能)和环境线索(如环境中的颜色对比、时间、空间、亮度等)共同决定。因此，视障教育中可通过控制环境线索增强儿童的功能性视力水平。同时，必要的视功能训练也有利于开发和利用儿童的剩余视力。

(四)综合利用多种感官功能

对视力正常儿童，大部分信息来自视觉通道。视障儿童在环境中的伴随学习受限，例如，对于“把筷子放在碗的右边”这句话，视觉障碍儿童很难在不经意间，通过伴随学习而得以在成人述说这句话的过程中，通过视觉的信息了解到“筷子”“碗”“放”“右边”等概念和动作过程。他们不得不大量借助于其他感官，尤其是触、听渠道来接触和感知环境。因此，在制订适宜的教育干预方案时，教育工作者必须考虑到视障儿童的这一特点，分析特定儿童的视觉状况及视功能水平，同时也要分析任务完成中所需的感官活动及其替代方法，为其提供针对性支持，使其有机会仔细彻底地探索环境中的事物，并获得更多的时间来练习相关技能，形成特定经验。

遵循视障儿童认识事物的规律，就应最大限度地利用视觉以外的其他感官帮助儿童感知事物，弥补视觉缺陷对其所造成的限制。视障儿童教育中也因此特别强调语言指导与直观教学的紧密结合。

通过语言指导，教育者可将正在进行中的活动信息传递给儿童，以利于儿童借助相关背景提示对自己所处位置定位，并参与到活动中，而不是处于与社会隔离的情境下。就如何完成任务提供详细的言语指导和解释，譬如给儿童描述从某地到另一地的路途中每一个关键性的路标(如左手第三个门，出门立即左拐或在第二个路口右拐)，并让其通过触摸和倾听切实了解地标的存在和特征，则有助于支持儿童的独立性。当然，教育者应注意所提供语言指导的简洁易懂。例如，“(有)台阶”较“上(或下)台阶”所提供信息更加模糊难辨。提供语言指导的频率和详细程度则应根据儿童的进步情况逐渐调整，当儿童对完成任务逐渐熟悉之后，教育者可以仅在难度较大的地方给予儿童必要支持，并逐渐简化支持力度，如从详细的语言指导逐渐转变为仅提供简单的口头提示或肢体提示，提示的频数逐渐减少等。

在没有充分经验以理解语词意义时，儿童容易产生对事物“字面化”的理解和使用。教育者应注意避免此类情况的发生。“盲童对于直接、具体经验的需要至关重要。与具体客体直接的身体接触，与其他儿童和成人适宜的言语互动均有助于盲童生成有关周围现实世界的知识”。因此，视障教育不能单纯借助语言方式，依靠儿童对知识的死记硬背来开展教育教学活动，而应尽可能采用直观的方法，多用实物、模型、触摸图形等教具，辅以形象生动的语言描述和讲解，通过多感觉通道信息的提供来弥补学生感性经验的不足。

选取教具时，教育者应主要考虑所选教具是否符合实际教学需要，适于展示学习目标。譬如，微型模型虽然更容易为儿童把玩和触摸，但却因为过度微缩，容易造成模型各部件之间的联结模糊不清，触摸这样的模型无益于儿童形成相关概念。相较而言，实物对视障儿童是最好的教具。当儿童有了实物经验后，微型模型就可供其进行抽象和具体的比较。这也更有利于儿童对事物的理解和把握。

值得注意的是，人们常误以为视障儿童，尤其是全失明者拥有超能力，例如，听力很好，第六感觉很好，音乐才能特别强，如此等等。事实上，个体的其他感觉不会因为视觉受限而自动发展得更加敏锐。多数情况下，必须通过专门的训练，教授儿童如何有效利用来自听、触、嗅、味等其他感觉通道的信息。因此，要真正有效利用多感觉通道信息，促进儿童发展，教育者还应关注对儿童相关能力的训练。

(五)注重教育团队的合作

鉴于视觉障碍表现及视障儿童教育需求的多样性，视障儿童的最佳发展需要在专业人员、家庭与社区间合作的基础上才能真正得以实现。专业人员间的合作有利于分享不同专业角度关于儿童教育的观点，例如眼科专家或视光师与教师间的合作可分享特定儿童的医学和视觉功能信息，从而提高眼科、视觉康复和教育方面的服务质量。家庭与专业人员间的合作则可帮助家长表达自己的心情和对儿童的期望，了解视障儿童教育中重要的原则和方法，反过来，教育者则可以了解家庭在儿童教育中的优劣势所在，以更有效地结合家庭资源开展儿童教育。

此外，在团队合作中还应充分关注儿童周围与其有着最为紧密联系的个体，为其提供必要的教育培训，以提高其为视障儿童提供支持和辅助的能力，促进儿童的发展。儿童的同伴、教师及家庭成员对其发展有着重要影响。人们对视障及视障儿童的看法和态度影响着他们在与视障儿童相处时的情绪状态和行为方式。例如，部分视力正常儿童在不了解视障及其对个体意义的情况下，基于错误的认识和做法而轻视或怜悯视障儿童，甚至蓄意捉弄和欺辱他们，造成视障儿童心理上极大的伤害。在不知晓该如何帮助视障儿童时，人们可能会由于内疚而选择远离视障儿童出现的场景，造成儿童事实上的社会隔离。视障儿童身边联系最为紧密的成年人(包括家长和教师)可能出于责任感过度保护儿童，有的家长则可能出于羞辱感而蓄意隔离儿童，无论何种情况，均会造成儿童丧失与环境中的人、事、物接触的机会和经验，从而缺乏接触外部环境的学习条件。其中，教育者在教育过程中对视障儿童的低期望尤其有害。例如，教师在随班就读课堂上批评视力正常儿童时，可能将其与视障儿童相比较，“某某视力不好都考那么好，你呢”。这类评语中所传递的信息无疑以视觉障碍决定儿童发展为前提，被评价的视障儿童可能接受教师的看法而对自己生出同样的低期望，也可能因教师的看法受到心灵的伤害，甚至对教师和同学心生怨恨而选择远离人群。而教师所做的这类评价还可能让其他儿童对视觉障碍和视障儿童产生错误的认识和做法，导致视障儿童受教育环境的不利。因此，视障儿童教育在注重团队合作的同时，还应注重对视障儿童身边人员的相关培训，以提高其视障儿童教育能力及与视障儿童沟通互动的能力，改善儿童所处的社会环境条件，真正促进儿童的最佳发展。

第五章 听觉障碍儿童教育

第一节 听觉障碍概述

听觉系统是人体重要的感觉器官，当听觉系统中的传音、感音以及对声音的综合分析的各级神经中枢发生器质性或功能性异常时，会导致不同程度的听力损失，从而使得个体失去通过听觉管道接受讯息的机会，进而造成言语功能的缺陷、信息获取受限以及语言学习和交流的困难、认知能力、学习能力、心理和行为能力的障碍。因此，对有听力损失的儿童来说，早期进行听力筛查及听功能评估，利用残余听力，及早采取补救措施，同时开展语言与言语治疗，能促进儿童认知和语言的发展，以及将障碍降到最低程度。本章主要阐述了听力损失儿童听力语言特征，听觉功能的评估方法，助听辅助工具对听力损失儿童的作用以及听力损失儿童语言与言语治疗方法。

一、听觉的产生

人们获取听觉经验一方面取决于人的听觉系统，另一方面取决于声音的性质。其中听觉系统是获取听觉经验的生理基础。

(一) 听觉刺激

声波作用于人的听觉器官 - 耳朵形成听觉刺激。物体在进行振动时会对空气产生压力，导致周围空气分子的运动，这就是声波。声波具有频率、振幅和波形这三种物理特性。声波传递到人耳后，人们会在听觉系统的作用下对应着声波的三种物理特性产生音高、响度和音色的听觉经验。

声波每秒钟振动的次数称为频率，用 Hz 表示。声波的频率越高，人耳感受到的音调越高，反之亦然。但一个音的音高也受到声波振幅等其他因素的微弱影响。并不是所有频率的声波人耳都可以感受到。人类能听到的声音频率在 16 ～ 20 000 Hz 之间，其中对 1 000 ～ 4 000 Hz 的声波最敏感。言语的音调一般在 300 ～ 5 000 Hz 之间。

声波的振动幅度——振幅，声波的能量与它正相关，声波的能量通常用分贝表示。振幅影响着人们对声音响度的感受。振幅越大，感受到的声音越响。声音的频率也影响着人们对声音响度的感受。在同样的声压水平上，不同频率的声音人们感受到的声响不同。人的声音响度的下阈为 0 分贝 (dB)，上阈为 130 分贝 (dB)。声压超过一定的阈限会使人耳产生痛觉。

波形不同带给人的音色感受也不同，不同发音体发出的声波波形都有自己的特色。具有规则波形和振幅呈现周期性振动的声音为乐音，无周期性振动且波形无规则的声音是噪音。长时间处于超过 85 分贝 (dB) 噪音的环境中会给人体带来伤害。

(二) 听觉系统

人类的听觉系统十分复杂精密，包括外耳、中耳、内耳、听神经和听觉中枢等几部分。

1. 外耳

外耳由耳郭和外耳道组成。耳郭位于头颅两侧，大部分由软骨组成，呈不规则漏斗状，耳郭的这种形状有利于声波的收集。外耳道是一个弯曲的狭窄管道，里面接着鼓膜。外耳道腔壁上的腺体能分泌耵聍(俗称耳垢或耳屎)，它与耳毛一起阻止灰尘和昆虫的进入，起到保护耳朵的作用。正常情况下耵聍会黏住灰尘等异物，借助人们咀嚼、说话等运动逐渐排出，不需要人工清除。有些人有经常掏挖耳朵的习惯，如果不注意很容易损伤耳道，特别是儿童由于耳道细嫩，掏挖耳朵更容易受伤感染，应尽量避免。在某些情况下耵聍堆积变硬会堵塞外耳道，形成耵聍栓塞，阻碍声音的传播，产生暂时性的听力损失，这时候要及时到医院就诊。

2. 中耳

中耳包括鼓室、咽鼓管、鼓窦及乳突。

鼓室：鼓室是一个空腔，它的外壁就是我们熟悉的鼓膜，鼓膜将外耳与中耳分隔开来。鼓室内含有人体中最小的骨头听小骨(传递声音振动且放大声音)。锤骨、砧骨和镫骨三块听小骨组合成听骨链，锤骨一端连接鼓膜，砧骨一端连接到内耳的前庭窗。声波由外耳道传递到鼓膜，引发鼓膜振动，带动三块听小骨发生运动，将振动传递至内耳。

咽鼓管：连接鼻咽部和鼓室。咽鼓管靠近鼓室的一端始终是开着的，而靠近咽部的一端平时关闭，只有在张嘴、咀嚼、吞咽时才打开，让空气从咽鼓管进入鼓室，保持中耳与外界气压的平衡，从而保证鼓膜在声波的刺激下产生正常的振动。如果鼻、咽、喉受感染，其中的病菌可能通过咽鼓管进入中耳，引发中耳炎，如不及时进行医治可能会导致永久性听力损失。儿童的咽鼓管比成人短，更易发生感染，因而要注意预防感冒等疾病，并增强儿童的抵抗力。另外，如果我们遇到巨大声响时，要迅速张口，使咽鼓管张开；或闭嘴，同时双手堵耳，使鼓膜内外的气压保持平衡以免震破鼓膜。

鼓窦：是位于鼓室后上方的空腔，其解剖位置非常特殊，医生经常通过这里进行耳科手术。

乳突：位于耳后，耳垂后方的突起是它的顶端。它的作用是可使内耳不受外界气候变化的影响。

3. 内耳

内耳结构复杂，管道盘旋，像迷宫一样，所以又称为“内耳迷路”。内耳迷路由骨迷路和膜迷路组成。膜迷路内含内淋巴液，膜迷路与骨迷路之间的空隙，含外淋巴液。骨迷路由前部的耳蜗、中部的前庭和后部的半规管组成。

耳蜗是非常重要的听觉器官，形状像蜗牛，由此而得名。耳蜗是一螺旋形骨管，绕蜗轴卷曲两周半，耳蜗内充满淋巴液。耳蜗中的基底膜上排列着听觉感受细胞——毛细胞，每个毛细胞均与神经纤维形成突触联系。毛细胞的上方有盖膜，与毛细胞的纤毛相接触。声波传导到耳蜗时，耳蜗淋巴液的振动带动基底膜和盖膜产生剪切运动，从而引发毛细胞的兴奋，将机械能转化为生物电能，再经过听觉神经传导通路到达大脑。

外界声波传递到耳内有两种途径。一种为通过空气传导，即气导。空气通过外耳道带动鼓膜振动，从而引发听小骨的机械运动。这种运动通过前庭窗引发耳蜗淋巴液震动，触动毛细胞。最后由毛细胞转换成神经冲动，经听觉神经传到大脑听觉中枢。这是人耳感知声音的主要途径。另一种为骨导，声波不经外耳与中耳，直接通过颅骨传入内耳。

内耳中除了耳蜗外还有半规管和前庭，它们是维持人体动静平衡的器官。

4. 听神经

毛细胞的轴突离开耳蜗时结合成束，形成第八对脑神经，即听神经。听神经到达内侧膝状体后，分成两个通道分别投射到同侧和对侧大脑皮层。听神经起到将声波引发的神经冲动传递到大脑皮层的作用。

5. 大脑皮层听区

大脑皮层的听觉中枢位于颞横回。听神经在传递声音刺激时既有同侧输入也有对侧输入，以对侧为主。也就是说，一侧皮层听区主要接受对侧耳蜗的神经冲动，同时可以接受同侧耳蜗的输入。外界的声波只有通过听觉传导通路到达大脑皮层，经过皮层听区的分析、判断才能确定声音的意义。

二、听觉特征

听力是人们听声音的能力，主要依赖完好的听觉器官和完整的听觉传导通路。听觉是一种通过大脑皮层分析后获得的声音感觉，是由具有传导声音作用的传音结构 (外耳、中耳) 和具有感知声音作用的感音器官 (耳蜗、蜗神经、脑干听神经核团、大脑皮层听区等) 共同构成的听觉神经系统协同完成的。声波经耳郭收集后，由外耳、中耳传递至内耳，经听神经传输至听觉中枢进行处理，最终经大脑皮层分析、整合，成为人们能够理解的信息。整个听觉神经系统中的任何部位发生结构或功能障碍均可导致不同程度的听力损失或听觉处理异常。

听力损失是指听觉能力减退。临床上常根据病变部位不同，把听力损失分为传导性听力损失、感音神经性听力损失和混合性听力损失三类。由外耳、中耳等机械性阻断声音的传导所致的听力损失称为传导性听力损失，因内耳、听神经、听觉中枢损伤所致的听力损失称为感音神经性听力损失，任何导致传导性听力损失和感音神经性听力损失的因素同时存在，均可引起混合性听力损失，它兼有传导性听力损失和感音神经性听力损失的特点。

短期的传导性听力损失经医治后一般不会造成长期或严重的影响，例如中耳炎或鼓膜穿孔。但内耳受损则会造成永久性的听力损失，且听觉系统处理声音的功能也会受损，因此患有感音神经性听力损失者常会有以下的表现：第一，语音的分辨能力下降。听不见某些语音，所以常不能明白其他人的说话内容，在日常交谈中常出现“打岔”的现象。第二，听觉动态范围变窄。较小的声音不能听见，以致能够接受的声音的范围相对变小，尤其是耳蜗器官受损者，他们对声音响度的增长感受异于常人，声音稍变大一点就感觉变响许多，导致“小声听不见，大声又觉得吵”，其听觉动态范围更加缩小。因此，他们感觉舒适的音量与普通人不同。第三，时间的处理能力降低。当大声和小声在同一很短时间内出现，他们比普通人较难察觉到小的声音，因此当对方说话速度快或周围有噪声干扰时，言语理解往往比较困难。第四，音频的选择能力降低。听力损失者的音频选择能力一般比较差，他们无法分辨噪声和言语的频率，所以在噪音环境下很难明白谈话的内容。

不同程度的听力损失具有不同的听觉能力特征。根据世界卫生组织 (WHO)1997 年公布的对听力损失分级的标准，以较好耳 500 Hz、1 000 HZ、2 000 Hz 及 4 000 Hz 四个频率的气导平均听阈计算，平均听力损失介于 26 ～ 40 分贝 (dBHL) 为轻度听力损失，可听到和重复 1 米处的正常语声，多数人不需要助听器；平均听力损失介于 41 ～ 60 分贝 (dBHL) 为中度听力损失，可听到和重复 1 米处提高了的语声，说话会出现口齿不清的现象，助听器对其有帮助；平均听力损失介于 61 ～ 80 分贝 (dBHL) 为重度听力损失，对日常生活中的声音反应迟钝，当叫喊时可听到某些词，使用助听器对听力帮助较大；平均听力损失大于等于 81 分贝 (dBHL) 为极重度听力损失，对声音反应极差或无反应，不能听到或听懂言语声，但能感觉到声音所造成的震动，早期佩戴助听器或植入人工耳蜗对于听懂话语十分有帮助。

当发现儿童有听力损失的现象时，及早采取配置合适的助听器或植入人工耳蜗的补救措施，同时开展早期的听觉康复训练，有助于降低听力损失所造成的影响。

三、听觉障碍的成因

导致听觉障碍的成因有很多。内部的遗传等因素，外部的疾病、母亲孕期感染、药物注射等因素都会导致听觉障碍。

遗传：遗传是致聋的重要原因，父母双方家族中有听力损失者会加大儿童出现听力问题的风险。科学家研究发现间隙连接蛋白基因是导致先天聋的最为常见原因。

耳部发炎：儿童特别是婴幼儿容易出现耳部发炎，急性耳炎救治不当或不及时很有可能转化成慢性耳炎。耳炎不仅使儿童发热、疼痛，严重的情况下还会导致听力永久性损失。为了预防耳部感染，平时要预防感冒等疾病，尽量少接触烟尘，避免耳朵进入不干净的液体，另外提倡母乳喂养以提高婴幼儿的抵抗力。

异物堵塞声音传播渠道：耵聍、昆虫等异物堵塞在外耳道会影响声波传递到中耳和内耳，从而暂时性影响听力。对于耵聍栓塞可到医院由医生处理。如果有昆虫进入耳道，不要急于掏耳朵，对于趋光性的昆虫如蚊子等，可用光线照射耳道，引诱昆虫自行爬出。最好的方法是滴入适量酒精，防止昆虫乱动损害耳膜和耳道，再到医院取出。

母亲身体状况：母亲本身特别是怀孕期间营养不良会导致胎儿早产或出生时体重过轻，这样的新生儿出现听觉障碍的概率比较高。孕妇营养不均衡，缺乏某些物质特别是缺碘也会导致胎儿出现听力损伤。另外怀孕期间患某些疾病如风疹、结核、梅毒、感染巨细胞病毒等都会导致胎儿出现听力问题。在生产过程中如果出现难产，胎儿窒息、产钳外伤等也能使儿童致聋。因此准备怀孕和正在孕期的女性要加强营养，做到营养均衡，定期进行产检，避免某些状况的发生。

幼儿疾病：儿童患某些疾病如果救治不及时也会导致听力损失，这些疾病包括疟疾、麻疹、黄疸、腮腺炎、脑膜炎等。家长要及时带孩子注射疫苗，幼儿园、学校等儿童集中的场所要注意环境卫生，当儿童患病时要及时就医。

药物使用不当：药物使用不当会对听觉神经产生严重伤害。强效抗生素，如链霉素、庆大霉素等药物，无论是孕妇使用还是儿童使用都可能伤害到儿童的听觉神经，因此要尽量避免过多使用抗生素。阿司匹林也会对儿童听力产生不良影响，12 岁以下儿童应禁用阿司匹林，可用对乙酰氨基酚代替。

此外，外伤、噪音等因素也是致聋的重要原因。

四、听觉障碍的分类

2006 年我国颁布的《第二次全国残疾人抽样调查残疾标准》对听觉障碍进行了以下分类。

听力残疾一级：听觉系统的结构和功能方面极重度损伤，较好耳平均听力损失＞

91 dBHL，在无助听设备帮助下，不能依靠听觉进行言语交流，在理解和交流等活动上极度受限，在参与社会生活方面存在极严重障碍。

听力残疾二级：听觉系统的结构和功能重度损伤，较好耳平均听力损失在 81 ～ 90 dBHL 之间，在无助听设备帮助下，在理解和交流等活动上重度受限，在参与社会生活方面存在严重障碍。

听力残疾三级：听觉系统的结构和功能中重度损伤，较好耳平均听力损失在 61 ～ 80 dBHL 之间，在无助听设备帮助下，在理解和交流等活动上中度受限，在参与社会生活方面存在中度障碍。

听力残疾四级：听觉系统的结构和功能中度损伤，较好耳平均听力损失在 41 ～ 60 dBHL 之间，在无助听设备帮助下，在理解和交流等活动上轻度受限，在参与社会生活方面存在轻度障碍。

其中一、二级听力残疾为聋，三、四级听力残疾为重听。这种分类兼顾了听力损失程度与听力损失对个体言语发展和社会适应等方面的影响，具有较好的操作性。

除了根据听力损失程度进行分类外，还可以根据听觉障碍的性质分为器质性耳聋和功能性耳聋；根据听觉障碍发生的部位分为传导 (传音) 性耳聋、感音性耳聋和混合型耳聋；根据发生时间分为先天性耳聋和后天性耳聋；根据听力障碍发生的频率范围分为高频听力损失、低频听力损失和语言频率听力损失。也有学者根据语言习得与否分为学语前聋和学语后聋，对学语前聋与学语后聋的年龄划分，不同学者有不同意见，有人认为是 4 岁，也有人认为更早，以 3 岁甚至 18 个月为分野。

第二节 听觉障碍儿童的身心特征

听觉对人类适应环境和认识自然有着重要的意义。有声语言是人类互通信息、交流思想的重要工具，而听力损失首先影响的是言语与语言的发展，继而带来一系列的身心问题。

一、听觉障碍儿童的心理特点

(一) 认知特点发展特点

1. 感知觉

感觉和知觉是人脑对客观事物的不同反映形式，感觉只是反映事物的个别属性，是知觉的基础，知觉反映的是事物的整体，知觉的完整性取决于感觉材料的丰富性。

(1) 感知不完整：听觉障碍儿童由于听觉损失，所以对来自声音的感知和认识受到一定程度的影响。对外界事物的知觉信息加工不完整，在综合运用各种感官来加工信息时，由于缺少听觉的参与而使信息变得不完整。

(2) 视觉发展补偿缺陷 ：由于听觉获取信息受到障碍，听觉障碍儿童主要是通过视觉来弥补。由于听觉上的障碍，聋生的眼睛就成为最主动、最活跃、最重要的感觉器官。研究表明，听觉障碍儿童观察敏锐，辨别细小物体或远处物体的技能高于听觉健全的同龄幼儿。国外也有研究表明：聋童在一年级时，视觉反应速度比正常儿童慢，但到了三年级，聋童的视觉反应速度与正常儿童的差距缩小了，到了六年级时，聋童的视觉反应速度甚至超过正常儿童。

(3) 运动觉、触觉、震动觉更显重要性：听觉障碍儿童在学习过程中，视觉、运动觉、触觉都发挥着重要的作用。触觉和震动觉在信息获取中较健听人更加重要，比如聋童学习舞蹈的时候，就更多地需要感知震动觉来把握音乐的节奏，训练也是在律动室训练，音乐课也相应成为律动课。

视觉等其他感官对听觉缺陷的补偿作用还是有限度的，不能完全取代听觉。听觉损伤影响儿童的语言发展，而缺陷补偿可以帮助聋童发展语言。例如在早期语言康复训练中，通过眼睛观察说话者发音时口形和舌位的变化，利用触觉和动觉感知发音时是否送气、声带是否振动。在课堂教学中，利用情景教学法，使学生通过观察和活动参与来帮助学生理解语言。因此，在缺陷补偿的同时，不能忽视听觉障碍学生听觉技能的培养。

2. 记忆特点

记忆是过去经验在人脑中的反应，它包括识记、保持、再认或回忆三个基本环节。听觉障碍儿童的记忆特点主要表现为以下三点。

(1) 无意记忆占优势：学前期的听觉障碍儿童可能对背诵儿歌等需要有意记忆参与的活动会有困难，但是如果活动是他们感兴趣的，那么他们对这个活动的印象会比较深刻，比如游览动物园等。语言康复和训练就是要利用他们无意记忆的优势，来发展语言和培养有意记忆。有意记忆依靠学生的兴趣，而兴趣是积极情绪的反映。在教学中，教师要鼓励学生的进步和成就，唤起积极的情绪，培养学生学习的兴趣，以达到培养有意记忆的目的。多种感官的参与。有实验表明，多种感官参与的记忆，其记忆效果要好于单凭一种感官的记忆。

(2) 形象记忆优于语词记忆：形象记忆是根据具体的形象来识记材料，而语词记忆是通过语言形式的记忆。由于听觉损伤，听觉障碍儿童主要以形象记忆为主。培养学生的语词记忆，要依靠其形象记忆，在依靠形象记忆帮助理解的基础上，运用多种手段来促进语词记忆。

由于听觉障碍儿童接受的视觉、动作性刺激物更多，在头脑中留下的痕迹也较之言语刺激留下的痕迹容易和丰富，因此，听觉障碍儿童的记忆特点总的说是形象、动作记忆好于语言记忆。

3. 思维特点

思维是人对客观事物进行概括的、间接的反映过程，是认识过程的高级阶段。听觉障碍儿童的思维特点主要表现在：

(1) 思维内容具体，多以形象性的内容作为对象。听觉障碍儿童往往以事物的外部特征作为概念的依据，思维更容易受到知觉情境的影响，很少对事物的本质进行分析。例如在教学中学生多以具体的表象文字或数字进行思维加工，缺乏对事物的本质分析。

(2) 思维发展由形象思维阶段到抽象思维阶段需要较长时间。思维发展一般要经过动作思维、形象思维和抽象思维三个阶段，与普通学生相比，听觉障碍儿童因语言形成困难，导致其具体形象思维需要较长时间发展到抽象思维。

(3) 概念的扩大化和缩小化。听觉障碍儿童在概念形成之间，会出现概念扩大化和缩小化的现象。

(4) 判断推理困难。听觉障碍儿童容易找出事物之间的不同点，而较难找出事物之间的相同点；不善于做全面分析，常基于表面现象进行判断推理，易出现错误及片面化的问题，逆向思考困难。

培养听觉障碍儿童的思维能力，要正确认识其思维发展的特点，切实贯彻启发式教学，把语言学习与思维训练相结合，开展系统的认知策略训练，培养聋生独立解决问题的能力。

4. 听觉障碍儿童的语言发展特点。

言语是人们在各种活动中应用语言的过程。听觉障碍儿童在 6、7 个月时，也会牙牙学语，但是由于①得不到反馈；②得不到强化；③不能完全听到一个成人的言语模式。因此，在没有正常的言语环境下，这种牙牙学语慢慢地消失，其语言表现为以下三点。

(1) 口语与书面语普遍落后与正常儿童。听觉障碍儿童由于缺少听觉的帮助，在入学后才开始系统地学习口语和书面语，使得起步就相对于正常儿童晚，并因语言环境刺激较少，使得听觉障碍儿童在理解能力上落后于正常儿童，进而影响其口语和书面语发展普遍落后于正常儿童。

(2) 手语是聋人沟通交往的主要工具之一。手语在我国大陆指手势语与手指语的合称。听觉障碍儿童与正常教师交流时，主要通过手语交流，在聋生教学过程中，手语也至关重要。

(3) 听觉障碍儿童在语言发展过程中还要使用“唇读”来获取信息。唇读是利用视觉观察说话人口部活动及面部表情来理解说话内容的一种交往技能，听觉障碍儿童由于听力受损，常需要唇读来辅助获取语言信息。

认识听觉障碍儿童语言发展的特点，有助于教师遵循规律指导他们的言语活动，培养和发展他们的语言能力。

(二) 听觉障碍儿童的社会性发展特点

1. 情绪、情感特点

心理学把人对于客观事物的体验称为情绪、情感，听觉障碍儿童情绪、情感特点表现为较易激动、更易焦虑。由于需要并不能及时地被理解和满足，因此聋童易冲动。进入学校后，一方面聋童学习语言，使其可以表达需要和其需要被理解；另一方面在与同伴交往过程中和老师的教导帮助下，逐渐会抑制自己的冲动情绪。

高级的社会情感逐步发展与正常儿童一样，聋童的社会情感 (道德感、理智感、美感) 也会逐渐发展起来。社会情感是逐渐内化的过程，儿童阶段其社会情感的参照大多依靠其父母和老师。我们经常会从儿童的口中听到，“我妈妈说：‘撒谎不是好孩子’。”“老师说：‘要做一个诚实的孩子’。”等。只是由于听觉障碍，聋童的在获取信息方面与正常儿童相比处于劣势，因此与正常儿童相比，聋童高级情感发展缓慢。

2. 意志品质特点

意志是人们自觉地调节行动去克服困难以实现预定目标的心理过程。听觉障碍儿童的意志特点主要表现为自觉性低、果断性不强、坚定性和自控性不如普通学生。低年级听觉障碍学生的行动往往需要依靠老师、家长的指导、暗示、督促、检查来完成，行为动机和目的不够稳定，对于长线任务常找借口中途退缩。聋生往往不善于根据理智的思考来决定自己的行动，更多地受外因或情绪的影响，容易为情感所左右，遇事易冲动。

培养聋生良好的意志品质，要从长远考虑，开展目的、理想教育；在细节方面，加强意志行为锻炼，重视引导聋生意志的自我锻炼。

3. 社会性发展特点

听觉障碍儿童由于与人的沟通有障碍，导致他的伙伴范围狭窄，在选择玩伴时，聋生更愿意与聋人交往，进而社会常识贫乏。因此在幼儿园或学校中，教师应当鼓励聋童参与到正常儿童的活动中，同时也要指导正常儿童如何接纳聋童，使聋童在克服自己胆怯和怕别人歧视的心理的同时，能得到更有利的交往环境的支持，促进其社会性发展。听觉障碍儿童的社会交往常只限于个别的同样是聋童的玩伴和家庭，因此社会交往欠缺，社会常识贫乏。研究发现，父母是聋人的聋生其社会成熟度好于父母是听人的聋生。

二、言语与语言发展

听力损失带来的最大问题是语言沟通问题。语言是一种社会现象，它是一种符号系统，同时又是一种运用这种符号系统交流思想的行为。普通儿童在自然环境下习得有声语言。随着大脑成熟度的提高，通过听觉器官接受大量语言刺激的婴儿在 1 岁左右就可以发出有意义的单词，一岁半到两岁左右可以说出简单句，随后逐渐掌握结构越来越复杂的句子。在儿童入学前他们已经基本掌握主流社会语言的口语形式，并在掌握口语的基础上学习书面语，儿童已有的口语能力将为他们学习书面语打下良好的语言基础。

与普通儿童相比，听觉障碍儿童的情况有很大不同。如果在儿童语言发展关键期之前出现听力损失情况，听觉障碍儿童就无法有效利用周围丰富的语言刺激在自然的环境下形成和发展有声语言，当这些儿童入学后很有可能将面临同时学习口语与书面语的困境。

(一) 口语能力的发展

口语是听觉障碍儿童回归主流社会，与健听人进行交流的最简便的语言工具。运用口语也有利于促进听觉障碍儿童掌握书面语言，刺激大脑的语言中枢。但是听觉障碍儿童掌握口语是一项艰巨的任务。由于缺乏听觉的有效参与，听觉障碍儿童不能像普通儿童一样体会学习语言的快乐，欠缺语言学习的动力。与普通儿童相比，听觉障碍儿童很少主动发音。这种差别最早可追溯到婴儿期。在这一时期，聋婴儿和普通婴儿一样都能发出呀呀语，但由于得不到听觉反馈，聋婴儿的呀呀语开始得迟，结束得早，而且呀呀语的形式也缺少变化。如果没有及时发现儿童的听力问题，并进行早期干预，听觉障碍儿童的发音会越来越少。尽管儿童的发音器官完好无缺，但因为长期不使用，致使发音器官僵化，构音器官功能退化，导致听觉障碍儿童的发音在音调、音强、音色等方面出现异常。同时与同龄普通儿童相比，听觉障碍儿童的口语还存在词汇量偏少、语法错误、辨别同音异义词能力弱等情况。部分听觉障碍儿童在经过科学系统的语言康复训练后，能运用口语与他人进行无障碍的沟通，但对于大多数听觉障碍儿童来说学好口语是很困难的，他们在与人交往时难以单独依靠口语进行沟通，需要借助书面语。

在口语发展过程中，通过系统训练听觉障碍儿童可以逐渐发展听话能力。所谓看话是指通过视觉观察说话人的口唇发音动作、肌肉活动及面部表情，形成连续的视知觉，并与头脑中储存的词语表象相比较和联系，进而理解说话者的内容。对于有残余听力的儿童，发展听话能力可以帮助他们更全面地获取语言信息。而当儿童无法通过听觉途径获取语言信息时，看话则成为他们获取语言信息的重要途径之一。经过长期、反复的训练，大多数听觉障碍儿童都可以发展出听话能力，然而能达到完全看懂程度的聋童却并不多。

（二）书面语能力的发展

书面语是口语的视觉符号，普通儿童在口语的基础上学习书面语，能达到事半功倍的效果。而听觉障碍儿童由于缺乏口语支持，他们在学习书面语过程中会遇到许多困难。相关研究发现，聋人在阅读中更多地依靠视觉信息。这有利于听觉障碍儿童掌握汉字。听觉障碍儿童在识字量上与普通儿童差别不大，但在词汇量方面要严重落后于普通儿童。在词语理解方面，听觉障碍儿童容易出现错误，特别是一些口语化的词汇理解起来就更困难。在句子方面，由于汉语语句各成分之间缺乏明显的外部标记，对于缺少口语基础的听觉障碍儿童来说，正确地划分意群，进行适当停顿存在一定困难，这无疑会影响他们对句子的正确理解。贺荟中的研究发现，语言发展前全聋学生与低于其 3 个年级的听力正常学生具有相同的句子表征加工模式，但加工效果与低于其 3 个年级的听力正常学生有差距。在语篇理解方面，听觉障碍儿童语篇阅读速度慢，阅读效果差。总之，听觉障碍儿童整体阅读水平明显落后于普通儿童，而且年龄越大差距越显著，大多数青少年聋生的阅读水平只能达到普通小学生中低年级的水平。

在书面语表达方面，经过九年的义务教育后大多数听觉障碍儿童的写作能力依然处于较低的水平。聋生写作中通常出现的问题有用词不当、句子成分出现错误等。随着写作要求的提高，高年级聋生作文中篇章结构的问题逐渐突出，常出现偏离主题和不能围绕一个中心有效组织写作材料等问题。

同口语一样，听觉障碍儿童书面语发展程度也存在较大的个体差异，少数听觉障碍儿童书面语发展程度能够达到甚至超出普通儿童的平均水平。不过对于大多数听觉障碍儿童来说，他们的书面语发展水平远远落后于普通儿童。

（三）手语

口语和书面语都是主流社会的语言，对于聋人群体来说，他们也有自己的语言——手语。手语是一种视觉化的符号体系，以模拟事物的外形及其动作为主要手段，同时辅以姿势和表情。手语产生于聋人群体，并随着听障儿童教育、聋人群体的发展而不断完善。20 世纪 60 年代美国一些学者开始对手语进行研究，确认手语是一种语言。其他国家的学者对本国手语的研究也印证了这一结论。手语是听觉障碍儿童的第一语言，相对于有声语言，他们更容易掌握手语，也更乐于使用手语进行交流。实际上，如果在聋童婴儿期阶段就为他们提供充足、规范的手语示范，那么他们手语发展的速度与健听儿童的口语发展速度是相同的。对于我国大多数的听觉障碍儿童来说，他们通常是在聋校中初次接触手语的，聋生在与教师和其他高年级同学的交往中很快掌握了手语，并借助手语认识外部世界，展开学习活动。

三、思维

思维是借助语言、表象或动作实现的对客观事物的概括和间接的认识，是认识的高级形式。感知觉和记忆是进行思维的基础。人们利用感性经验，在记忆的作用下进行思维，探索事物的本质特征和内在联系。受到听力损失以及由此带来的语言发展滞后的影响，听觉障碍儿童的思维发展有其特殊性。

听觉障碍儿童思维发展与普通儿童具有同样的趋势，大体上呈现三个阶段：动作思维阶段、形象思维阶段和抽象思维阶段。在动作思维阶段，儿童的思维活动离不开具体的动作，总是跟自己的感知和自身身体行动密切相关。脱离了活动和实物进行思维对儿童来说是困难的。随着语言的产生与发展，普通儿童在3岁左右开始摆脱对身体动作的依赖，逐渐运用表象进行思考，发展出形象思维。听觉障碍儿童如果及早接受语言康复训练，在语言的作用下，他们的思维也可以迅速进入形象思维阶段。随着知识的积累，特别是语言的发展，普通儿童运用概念和推理进行思考的能力越来越强。小学阶段儿童的抽象思维能力逐渐发展起来，大约11岁左右，抽象思维开始占主导地位。听觉障碍儿童入学后，随着词汇量的增加，他们逐渐掌握了一些概念，抽象思维能力也开始得到发展。然而比起同龄普通儿童，听觉障碍儿童的词汇量仍十分贫乏，对于词和句子也缺乏深入理解。在听觉障碍儿童的概念体系中，具体概念发展较快，抽象概念则发展迟缓。在完成分类任务时，听觉障碍儿童能比较容易地根据事物的外在形象特征进行分类，例如他们可以根据不同的形状对积木进行分类。而当需要根据事物的本质属性进行分类时，他们往往会出现困难，比如分不清“西红柿”到底是蔬菜还是水果。因为不容易掌握事物的本质属性和内在联系，他们常犯概念扩大和缩小的错误。总之，听觉障碍儿童语言发展缓慢影响了他们抽象思维能力的发展，他们的思维更多受到事物外在形象的影响，对于事物的本质特征和内在的联系缺乏深入理解。从整体上看，听觉障碍儿童的思维带有明显的形象性，在相当长一段时期内，听觉障碍儿童的思维以形象思维为主，通常到青少年中晚期，他们的抽象思维才逐渐占据主要地位。

除此之外受到听力损失的影响，听觉障碍儿童在进行思维活动时，不能充分利用听觉渠道感知环境，而是更多地依赖其他感觉通道，特别是视觉通道。他们视觉发展迅速，在视觉感知细节方面优于同龄普通儿童。在思考问题时听觉障碍儿童更依赖视觉表象和运动表象，对具体形象的细节把握较好，能较好地区分事物之间的外在差异，但对问题情境缺乏整体认知，难以把握事物的内在联系和本质特征。

四、社会适应与交往

我们都生活在一定的社会环境中，一个人的成长不仅是个体生理、心理的发展过程，同时也是他逐渐适应社会的过程。社会适应是“个体相符于所处的社会环境的需要以及相应的社会期望而产生的，它包括个体通过改变行为或态度以学会和环境保持一种协调的关系，从而在符合社会期望的同时也能够令自己感到满意”。良好的社会适应是听觉障碍儿童融入社会环境，获得幸福生活的保障。儿童适应环境的过程是个体与环境相互作用的过程。社会文化和规范通过儿童所处群体影响儿童，使之形成符合社会期望的社会行为模式，给儿童带来归属感和安全感；反过来，儿童在适应群体的过程中也会为所处环境带来新的发展。在这个过程中沟通显得尤为重要。听觉障碍儿童的听力损失问题影响了他们的沟通能力，特别是他们与社会主流人群的沟通能力，这给他们的社会适应与交往带来了不利影响。虽然听觉障碍儿童不存在显著的人格问题，但由于他们难以与外界沟通，缺乏与他人互动的机会，所以缺乏沟通技能，情绪不成熟，社会性发展落后于同龄普通儿童，容易出现社会适应不良。与此同时，主流社会对听觉障碍者缺乏宽容和接纳，也是造成听觉障碍儿童出现社会适应问题的重要原因。

(一) 自我意识的发展

自我意识主要包括自我评价、自我体验和自我控制三方面。听觉障碍儿童自我意识的发展趋势与普通儿童没有本质性的区别，不过由于受到听力损失和语言发展迟滞等影响，听觉障碍儿童自我意识的发展速度明显慢于普通儿童，处于较低水平。听觉障碍儿童通常是在进入学校环境后，随着交往对象的增多和语言能力的发展而逐步发展自我意识。在自我评价方面听觉障碍儿童常对自己做出负面、消极的评价。在自我体验方面，听觉障碍儿童比较容易出现焦虑、自卑等不良情绪。在自我控制方面，听觉障碍儿童表现出缺乏忍耐性，显得比较冲动。

在听觉障碍儿童自我意识发展过程中，儿童对自身身份的认同是其重要组成部分。根据个体归属，听觉障碍儿童可以分成四类：①承认自己存在耳聋的生理现象，但不喜欢与听觉障碍者交往，渴望自己变成健听人；②承认自己耳聋，认为耳聋不是障碍，不需要改变；③理解聋文化，但不完全认同；④认同聋文化，同时也熟悉和认同健听人的文化，在两种群体中自由往来。⑤不认同自身的聋人身份，不融入聋人群体会导致个体缺乏安全感和归属感。而过度强调聋人身份，不考虑主流社会文化将导致听觉障碍儿童无法在社会上立足。既能认同自身聋人身份，又能融入主流社会的儿童社会适应能力最强。

(二) 亲子关系

父母与子女的关系对听觉障碍儿童的发展会产生深远的影响。父母是子女的榜样，他们通过自身言行和实施奖惩措施等直接或间接地向听觉障碍儿童传授社会经验和行为准则。由于听觉障碍儿童的听力损失和语言发展迟滞，以及父母对相关知识的缺乏，家长在教养听觉障碍儿童时容易出现以下问题：①过度溺爱。家长怀着补偿心理对听觉障碍儿童过度疼爱，缺乏控制，在这种家庭成长的听觉障碍儿童往往比较冲动，缺乏责任感、专横任性。②忽视子女。大多数听觉障碍儿童父母都是健听人，由于各种原因，许多健听人父母没有掌握手语，而听觉障碍儿童很难运用口语进行交流，这导致父母与听觉障碍儿童之间缺乏沟通，家长无法了解听障子女的内心，听觉障碍儿童也不愿意向家长倾诉自己的感想。也有部分家长把听障子女视为累赘，把教育子女成长的责任完全推给学校，不履行自己教养子女的义务，对听觉障碍儿童漠不关心。家长对子女的忽视，容易导致听觉障碍儿童缺乏安全感和对家庭的归属感，易具有攻击性和冲动性，自尊心水平较低。③过高期望。有些家长对听障子女具有很高的期望，如能用口语交流，考上理想的大学等。家长对子女的高期望能促进听觉障碍儿童学业发展和人格发展，但如果期望过高，超出了听觉障碍儿童的能力水平，儿童就容易遇到挫折，从而对自身产生怀疑，导致自我评价过低、不自信。

(三) 同伴关系

听觉障碍者之间很喜欢交流，由于大家具有共同的语言、思维方式和文化背景，所以交流起来自由融洽，彼此没有隔阂、没有社会地位的差别。一个地区的听觉障碍者很容易组成一个团体，形成聋人社区。聋人社区让听觉障碍者产生强烈的归属感，有了聋人社区支持，他们能更好地抵御社会压力。大多数听觉障碍儿童最初接触的聋人社区是聋校。在聋校里，听觉障碍儿童遇到与其同类的其他儿童，彼此之间形成牢固的同伴关系。同伴团体让听觉障碍儿童具有了归属感和依恋感。有些儿童把学校当成了自己的家，甚至连放假都不想离开学校。同伴团体通过集体的舆论对儿童产生影响，听觉障碍儿童根据团体的行为标准规范自己的言行，接受团体的价值取向，并逐步发展出集体意识。另外，与同伴的交往有效促进了听觉障碍儿童的社交技能和自我概念的形成与发展。在聋校，同学之间的关系非常密切，听觉障碍儿童之间互相影响很大。如果团体是积极的，就会有效促进听觉障碍儿童的发展；如果团体出现不良风气，将会使教育效果大打折扣。因此教育者应注意听觉障碍儿童同伴交往的情况，避免他们受到不良听觉障碍者的影响，同时加强班风、校风建设，指导听觉障碍儿童建立良好的同伴关系，从而使同伴关系为儿童发展带来积极影响。

听觉障碍儿童进入社会后，聋人团体对他们的影响更为深入。他们的就业观、婚恋观等都受到所在聋人团体的影响。在就业方面，听障学生更愿意选择具有聋人团体的工作环境。在婚恋方面，听觉障碍者的健听人父母希望他们与健听人结合，而他们自己更愿意选择听觉障碍者，这样夫妻双方有共同的语言和价值观，婚姻关系更为稳固。

有的聋人团体具有反社会的性质，这些团体会对听觉障碍儿童个体发展产生恶劣影响。聋人犯罪的原因除了听觉障碍者自身意志薄弱，法律意识淡薄外，不容忽视的一个因素是团体影响。听觉障碍者实施犯罪行为通常以团伙方式进行。团伙成员除了社会上的听觉障碍者外(他们往往是犯罪团体的组织者和筹划者)，也有部分成员来自聋校。组织者诱拐学生离校加入犯罪团伙，犯罪团伙通过群体性压力、群体的价值取向以及参照群体的力量影响听觉障碍学生的世界观，诱使他们走上犯罪道路。

聋人团体对听觉障碍儿童的发展具有重要影响。一方面社会、学校和家庭应共同努力为听觉障碍者的发展提供更为宽容的环境，为他们的教育、就业等创造更多的机会，树立优秀聋人榜样，促使聋人社区健康发展；另一方面教师与家长要加强对听觉障碍儿童交往技能的训练和意志力的培养，引导听觉障碍儿童学会选择良好的同伴团体，学会抵制诱惑。

目前越来越多的听觉障碍儿童在普校随班就读，他们与周围的普通儿童形成同伴关系。有些听觉障碍儿童能与普通儿童形成良好的同伴关系，这种良好的关系不仅有利于听觉障碍儿童更好地适应主流社会，同时也会使普通儿童变得更为宽容，更能从他人角度看待问题。听觉障碍儿童与普通儿童之间的良好互动往往会对普通儿童家长甚至整个社区产生积极影响，促使普通大众对听觉障碍者更为容纳和理解。也有的听觉障碍儿童在普校就读期间受到同伴的排斥甚至敌视，这会给听觉障碍儿童身心发展带来严重伤害。听觉障碍儿童在学校期间与普通儿童交往的痛苦经历也会使他们对健听人产生错误认知和敌对态度。听觉障碍儿童能否顺利成为班级的一员，受到普通儿童的接纳，与教师态度密切相关。教师关心听觉障碍儿童，对他们抱有接纳、鼓励的态度，听觉障碍儿童就有更多的机会融入班集体。因此应对普通学校教师进行相关知识的培训，使这些教师成为听觉障碍儿童适应普通学校环境的最大支持者和引导者。

(四)师生关系

师生关系是人际关系中的重要组成部分。由于语言沟通问题，许多家长不能与学生进行有效沟通，所以聋校教师在某种程度上还担任着家长的角色。

1. 教师对听觉障碍儿童的影响

教师在师生关系中处于主导地位，教师的教学能力、对聋人的看法等不仅影响着听觉障碍儿童学业的发展，更对儿童的社会适应能力产生影响。

教师的教学水平与学生在学习过程中的体验有密切关系。教学水平高的教师能合理地订制教学目标，采取有效的教学措施，在这个过程里听觉障碍儿童有更多的机会通过自身努力获得成功。成功的体验有利于听觉障碍儿童正确认识自己，树立自信心。反之听觉障碍儿童会在学习过程中遇到过多的挫折，容易产生焦虑、自卑等问题。通常来讲，教学水平高的教师更容易获得听觉障碍儿童的喜欢，师生关系更为紧密，这种密切的关系有利于教师对听觉障碍儿童产生更为积极、深远的影响。

教师对听觉障碍者的看法是影响师生交往的重要因素。有些教师认为听觉障碍者是有生理缺陷的人，按“正常人”的标准，听觉障碍者发展缓慢，能力不足。持有这种看法的教师认为听觉障碍儿童的能力无法与普通儿童相比，因此对他们抱有较低的期望。教师的低期望通过他们对待学生的方式传递给听觉障碍儿童，听觉障碍儿童受此影响，把失败的原因归结为自己能力不足，因而逐渐丧失信心，缺乏继续努力的动力。由于认为听觉障碍者能力不足，有些健听人教师会不自觉地对听觉障碍儿童表现出歧视态度，这不仅会伤害听觉障碍儿童的自尊心，影响师生关系，同时也让听觉障碍儿童对教师产生抵触和敌视情绪。相反有部分教师特别是新教师忽视了听觉障碍儿童的特殊性，把他们当成普通儿童，无视听觉障碍儿童在获取信息的方式和知识储备等方面与普通儿童的差异。这类教师往往对听觉障碍儿童提出过高的要求，在教育手段、方式等方面也没有根据听觉障碍儿童的特点进行相应的调整，结果听觉障碍儿童在成长过程中屡屡受挫，出现紧张畏难等情绪。教育目标无法实现也导致教师产生急躁、焦虑等情绪，这些不良情绪又会使听觉障碍儿童更为紧张、退缩。

2. 听觉障碍儿童对教师的态度

低年级的听觉障碍儿童对教师充满了敬畏，他们对于教师的话几乎是绝对服从。随着年级的增长，听觉障碍儿童的评价能力逐步发展起来，他们对不同的教师表现出不同的态度，而且年级越高这种态度的分化越明显。通常教学能力强、公平、富有耐心、知识丰富的教师会受到学生的欢迎，听觉障碍儿童也不例外。此外，手语特别是聋人自然手语掌握程度也是影响听觉障碍儿童对教师态度的重要因素。手语熟练的教师与听觉障碍儿童之间能进行良好的沟通，学生会把这样的老师看成是“自己人”，对这些教师报以积极的反应，喜欢向他们倾诉，愿意服从他们的指导。在这方面聋人教师占有天然的优势，听觉障碍儿童与聋人教师关系密切。聋人教师积极、健康的形象成为听觉障碍儿童社会化过程中学习和模仿的榜样。在教育过程中有聋人教师参与往往会取得事半功倍的效果，有时健听人教师煞费苦心地讲了半天的道理，取得的效果可能还不如聋人教师的几句话。如果教师的手语水平不高，那么听觉障碍儿童很难接受他(她)，师生之间就存在隔阂。在这种情况下，听觉障碍儿童往往对教师抱有防范心理，对教师持负面态度。他们容易从消极的角度去解释教师的言行，有的儿童甚至对教师采取不合作、不配合乃至敌视的态度。

良好的师生关系是开展有效教育的前提，如果学生不信任甚至抵制自己的教师，那么就无法有效地实施教育，因此教师要采取措施努力与听觉障碍儿童保持良好的关系。教师应从社会文化角度看待“聋人”，承认听觉障碍者具有自己独特的语言、思维方式和生活体验，以全面发展的观点确定听觉障碍儿童的成长目标，运用适合听觉障碍儿童的方式展开教育，帮助他们适应社会。

第三节 听觉障碍儿童的鉴别与评估

听力损失会给儿童的发展带来不利影响。及早发现儿童的听力问题并对儿童进行评估，有助于掌握他们的发展情况，为选择教育安置形式、确定教育目标和教育措施等提供重要依据。

一、听觉障碍儿童的鉴别

听力损失带来的最大问题是语言发展问题，听觉障碍发生的年龄、听力损失程度、接受语言康复的年龄、受教育程度等都会影响到听觉障碍儿童语言发展水平。当儿童在学语前出现听力问题而没有得到及时干预时，他们的语言发展就会受到很大影响。及早进行听力检测可以尽早发现儿童是否存在听力问题，以及听力损失的程度及原因，为接下来采取补救措施提供科学依据，最大程度上降低听力损失对儿童的影响。

（一）行为观察测听

一般情况下儿童在听到声音后会有一定的反应。行为听力检查法利用这一现象，通过观察儿童对声音刺激的反应来判断他的听力是否正常。进行行为观察测听不需要特殊的场地，在安静的自然环境下就可以进行。一岁以下婴儿主要观察他们听到声音后的身体动作。测试时测试者对清醒的婴儿进行声音刺激，随之观察他们的行为反应。给予声音刺激时婴儿会出现两类反应：一类是做出各种动作，如啼哭、皱眉、微笑等；另一类是听到声音停止正在进行的动作，如停止进食。

不同阶段的婴儿会对声音进行不同的行为反应，掌握这些听力行为就可以有效了解婴儿的听力状况。新生儿出生后生理功能迅速发展起来，听力行为也随之逐渐成熟。当给予新生儿强音刺激时，听力正常的新生儿，会出现某些自然的反射动作，如四肢向身体中线方向快速收拢，两脚高举，两手腕向内弯曲呈拥抱状，眨眼等，这些反应统称为莫洛反射。此外也会出现呼吸节律改变，口唇做吸吮动作等现象。4 个月后婴儿的听力有了明显的发育，这时他们可以对声音进行定位，当出现声音时会将头朝向声音发出的方向。同时他们对人的声音特别是母亲的语音反应敏锐。随着语言能力的发展，在一岁以后，婴儿还可以根据简单的语音指令做出相应的动作，如指一指自己的嘴巴等。如果婴儿在某一阶段没有出现相应的听力行为，家长就需要考虑他是否出现了听力问题。通过行为观察测查婴儿的听力时需要测试者仔细观察他们的行为，因为婴儿对于声音刺激很容易产生习惯性。当声音刺激初次呈现时，他们会有反应，但再次呈现时，婴儿很有可能对声音不加理会，如果测试者观察不仔细就会导致误判。此外测试时家长通常和婴儿在一起，这时需要提醒家长当出现声音刺激时不能有任何反应，否则会影响婴儿的听力测试结果。

在两岁半到三岁以后，儿童有了一定的理解能力和行动能力，为了提高儿童参与听力测试的兴趣，可以通过听声游戏的方式进行听力检查。如准备能发出低、中、高三种频率声音的玩具或物体，敲击玩具或物体观察儿童的反应，以此判断儿童的听力状况。鼓、木桶等发出的声音是低频率的；吱吱叫的玩具、锡箔纸等发出的声音是中频率的；铃铛、玻璃杯等发出的则是高频率的声音。做游戏时，一个测试者拿着发音物体在儿童身后发出声音，另一个测试者在儿童对面观察他的反应。通过这种方法可以大体了解儿童在不同频率的听力状况。需要注意的是发音物体应放在儿童身后，在他的视野范围之外。发音物体需要进行仔细选择，避免物体发音时产生气流振动，否则儿童有可能是通过皮肤觉而不是听觉感受到声音。

对于大一些的儿童，家长和教师也可以通过观察他们的日常行为来判断儿童是否存在听力问题。例如平时说话声音是否过大，语调是否存在异常等。

行为观察测听可由家长、教师在家庭或学校中进行，但这种情况下测试的结果不精确，只能筛选出听力损失比较严重的儿童，而对于听觉障碍的具体情况无法做出准确判断，需要尽快进行听力学和医学的评定，明确听力损失情况。专业人员通常在隔音环境中进行行为观察测听，测试者通过控制刺激音的频率和强度能够比较全面、准确地反映儿童听力损失情况。

(二)纯音测听

当儿童能够理解测试规则，并能主动配合完成测试时，就可以进行纯音测听。纯音测听是一种常规临床听力检测方法。它通过使用纯音听力计发出固定频率的纯音的方式测试被测者各个频率的听阈值。听阈值是指人耳能够听到的声音强度。诊断用的纯音听力计测试频率为 64 Hz(125 Hz) ～ 10 000 Hz(12 000 Hz)，共有 10 ～ 12 个测试频率。筛查用的纯音听力计频率为 125 ～ 8 000 Hz，共有 7 个左右的测试频率，分别为 125 Hz，500 Hz、1 000 Hz、2 000 Hz、4 000 Hz、6 000 Hz，8 000 Hz。因为过高或过低的频率常人是听不到的，所以超出范围的频率通常不做测量。

纯音测听需要在隔音室中进行。测试分为气导和骨导两部分。进行气导测听时，被测者戴上耳机接受声音信号，当听到声音时要立即示意。相关专业人员从 1 000 Hz 开始进行测试，通过调整声音的强度确定被测者在 1 000 Hz 频率的听阈值。正常人的听阈值应该在 0 分贝附近，如果一个人在该频率的听阈值，即听到的最小声音强度为 60 分贝，表示他在 1 000 Hz 频率的听力损失为 60 分贝。以同样方法可测查出其他频率的听阈值。在进行骨导测听时，需要将骨导器放置到耳鼓窦处，其他步骤与气导测听一致。无论是气导测听还是骨导测听都需要两耳分别测试。

纯音测听的结果可以通过听力图的方式直观展示出来。通过听力图我们可以了解听觉障碍儿童双耳在不同频率的听力损失情况。通常用被测者在 500 Hz、1 000 Hz 和 2 000 Hz 这三个频率下的听阈值的平均数来整体说明他的听力情况。纯音测听可以详细测量出听觉障碍儿童的听力损失情况，同时通过对听力图的分析还可以了解听觉障碍的性质。根据骨导和气导曲线变化情况，专业人员可以分析出听力损失属于传音性耳聋、感音神经性耳聋还是混合性耳聋。纯音测听结果对助听设备的选择与配备具有重要参考价值。同时它也是选择听力语言训练内容与方法的重要依据。

(三)言语测听

纯音测听可以有效展示被测者对纯音的听觉敏感度。然而在自然环境下，人们接触到的声音很少是单一的纯音。对人类来说，能否有效识别和理解语音更具有实际意义。因此言语测听成为听力检查的一种重要方法。言语测听是以言语的标准样本作为刺激音，通过言语听力计进行测听的方法。这种方法可以有效测试出一个人对语音的理解和识别能力。进行言语测听使用的声音刺激通常为词语、短语等。测试者通过操作言语听力计控制声音的强度。被测者能听到语音的最低音量是言语听取阈。以高于言语听取阈 20～30 分贝的音量进行测试，每次以 5 分贝的强度递增，直到被测者能够听清言语测试材料 50% 的内容为止，这时的声音强度为该个体的语音听阈值，又称言语接受阈。能够听懂言语测试材料的比率称为言语识别率。正常人的语言识别率可达 90% 以上，低于 90% 者都存在或轻或重的听话困难。言语识别率低于 50% 者需要进行看话。言语测听对测试材料有很高的要求，需要专业人员编制。

(四) 客观测听

以上几种听力检测方法是广泛运用的临床听力检测法，但上述检测方法通常需要被测者主观配合，如果被测者不配合测试将无法完成。随着听觉检测技术的发展，目前有些测听方法不需要被测者配合就能客观准确地检测听力状况。常用的方法有声导抗测听和听觉诱发电位反应测听。声导抗测听针对中耳进行，主要检测鼓膜的紧张性、听小骨对空气压力的抵抗性以及镫骨肌的反射活动。前两者可反映中耳的功能，后者可判断是否存在听力。声导抗测听需要被测者保持安静，如果婴幼儿无法安静也可在自然睡眠状态中进行测试。听觉诱发电位反应测听是指，利用人的听觉系统在接收到声音刺激时会产生兴奋，并伴随出现电位变化这一现象进行测听的方法。听觉诱发电位包括多种类型，最为常见的是听觉诱发脑干电位。在声音的刺激下，脑干电位会发生一系列变化，正常情况下会出现 7 个波形。通过分析诱发性脑干电位图可以了解是否存在听力问题及确定病变的位置。

二、听觉障碍儿童的评估

针对听觉障碍儿童的评估主要在儿童听觉能力、语言能力、学业能力和社会适应能力等几大领域展开。听觉障碍儿童学业能力和社会适应能力的评估方法与手段与普通儿童类似。听觉能力评估主要考察听觉障碍儿童佩戴助听设备后的听觉功能，了解他们对于声音特别是语音的辨别与理解能力。语言能力评估主要考察听觉障碍儿童在语言交际过程中理解和运用语言的能力。听觉障碍儿童的评估都与教育活动密切相关，评估材料既可以用来考察儿童的能力，也可以用来进行能力训练。

(一) 听觉能力评估

纯音测听等听力检测只能客观说明儿童是否存在听力损失及听力损失的程度，而听力损失的程度会对儿童的听觉能力带来什么样的影响却无法从听力图中推测出来，因此进行听觉能力评估就显得非常重要。听觉能力评估主要对听觉障碍儿童的语言察觉能力和听觉理解能力进行评估。其中听觉理解能力包括儿童对段落、句子和字词的理解能力。听觉能力评估可以包括以下内容：①察觉语音；②察觉五音；③辨识有押韵、叠字的句子、童谣或儿歌；④辨识熟悉的句子；⑤辨识不同字数的词条；⑥回想信息中的关键词；⑦针对句子回答问题；⑧依序重述故事；⑨经由语音的特质来辨识词条。其中①～⑨项测试是连续性测试，前一项测试结束以后才可以进行下一项。儿童通过了①～⑤项测试才可以进行第⑨项测试。测试中所用材料必须是儿童熟悉的，遇到儿童不熟悉的词语，测试者必须先给儿童解释一遍，再进行测试。

(二) 语言能力评估

发展语言能力是听觉障碍儿童教育的重要任务，准确地评估听觉障碍儿童语言发展程度是开展语言教育和训练的基础。

听觉障碍儿童语言能力评估的主要内容如下：①语音清晰度；②词汇量；③模仿句子；

④听话识图；⑤看图说话；⑥主题对话。

听觉障碍儿童鉴别与评估的最终目的并不是为了给孩子贴标签，而是为了与教育目标相联系。比确定儿童是否属于听觉障碍更为重要的是寻找教育的起点。我们要正确看待鉴别与评估的结果，科学合理地根据儿童的具体情况进行教育安置和制订教育计划，帮助每个听觉障碍儿童发挥自身最大的潜能。

第四节 听觉障碍儿童的教育需要

教育对听觉障碍儿童的发展起着重要作用。自18世纪中叶世界上第一所聋校在法国诞生以来，听觉障碍儿童的教育在全世界范围内得到迅猛发展。听觉障碍儿童的教育与普通儿童不存在本质区别，但因为听觉障碍儿童身心发展具有特有的规律，所以在具体的课程设置、学习方法、教学方法等方面存在着自己的特色。

一、教育内容

大多数听觉障碍儿童在智力发展以及学习能力上都是正常的，所以其教育目标与内容必然以普通儿童课程为依据，同时兼顾听觉障碍儿童的实际情况。所谓听觉障碍儿童的实际情况，既是指这些儿童获取信息的特殊方式带来的认知、学习、交往等方面的特点，还包括他们所处的教育环境和社会环境等。

(一)扩展补偿性内容

听障儿童发展中遇到的最大问题是沟通问题。普通儿童的教育内容不能满足听障儿童发展沟通能力的需求，因此聋校在已有课程的基础上增设了沟通与交往课程。沟通与交往课程的内容主要包括：感觉训练、口语训练、手语训练、书面语训练及其他沟通方式和沟通技巧的学习与训练。课程设置的目的是帮助听觉障碍儿童掌握多元的沟通方法，促进听觉障碍儿童语言与交往能力的发展。沟通与交往课程强调语言沟通的多元化，不比较哪种方法最好，只要能达到有效沟通目的的方法都值得认可。不论是口语、手语还是书面语都是沟通的好方式，体现了对听觉障碍儿童个体差异和不同需求的尊重。听觉障碍儿童通过语言发展增强与他人沟通交往的能力，最终达到适应社会的目的。同时在与他人交往的过程中，在亲身实践的过程中，发展语言能力，改变被动学习、机械训练的状况。沟通与交往课程的教学内容与方式可根据听觉障碍儿童实际情况和不同发展阶段加以选择。

(二)实施课程变通或替代

由于听力问题，听障儿童通过听觉渠道获取信息受到阻碍，因而他们比普通儿童更多地依赖视觉等其他感知通道。对此，听障儿童的教育内容与目标做了相应的调整。例如在语文课程中，教育培养目标由发展听、说、读、写能力变为听(看)话、说、阅读与写作能力。

在针对听障儿童开展的艺术教育中，考虑到儿童的感知特点，律动课替代了音乐课。律动课主要针对听觉障碍儿童进行音乐教育，发展他们的音乐感受能力和舞蹈能力。与其他类型学校开设的音乐课不同，律动课利用听觉障碍儿童的残余听力，发挥运动觉、触觉、振动觉等的代偿作用，帮助听觉障碍儿童感知韵律。同时引导听觉障碍儿童通过有感情、有节奏的舞蹈动作表现音乐的内容。律动课程帮助听觉障碍儿童掌握基本的律动知识与技能，听觉障碍儿童在感受音乐和舞蹈动作过程中锻炼身体，丰富情感，激发想象力和创造力，形成与发展审美观。律动课程是美育的重要组成部分，对于听觉障碍儿童的全面发展具有重要意义。

二、教育方法

听觉障碍儿童发展离不开教育的力量。普通儿童适用的教育原则与方法同样也适用于听觉障碍儿童。与此同时，听觉障碍儿童特有的生理特点也使他们的学习方式和教学方法具有特殊性。

(一) 学习方式

1. 感觉替代

大多数人主要通过视、听两个渠道获取信息，听力损失导致听觉障碍儿童更加依赖视觉，出现“以目代耳”的现象，具有明显的视觉补偿作用。与普通儿童相比，听觉障碍儿童具有更高的视觉敏锐度和视觉搜索能力，对于视觉信息的记忆能力也更好。由于听觉障碍儿童十分依赖视觉经验，因此针对他们进行教育时应充分注重听觉障碍儿童“以耳代目”的特点，给予充足的视觉信息。例如在阅读教学中运用插图、实物等直观教具帮助他们理解课文内容；在律动课中利用手势动作帮助他们感受音乐的节律。视觉信息的呈现需要考虑到听觉障碍儿童的特殊性。首先，听觉障碍儿童对视觉细节的把握优于对整体的把握，因此图片、情境等直观教具的选择与使用要慎重。教师应围绕教学活动的重点选择和制作直观教具，减少无关信息，以免分散听觉障碍儿童的注意。其次，听觉障碍儿童受到听力损失的影响，往往以注意转移代替注意分配，因此教师要按时间先后顺序呈现视觉材料，而且材料之间的转换不能过于频繁。例如听力正常的儿童可以通过注意分配的方式完成边听教师讲解边自己阅读教材的任务，而听觉障碍儿童特别是听力损失比较严重的儿童则很难完成这样的任务。因为多数听觉障碍儿童难以通过单一的听觉途径理解教师的讲解，他们往往需要借助视觉途径，看话或看老师打手语的方式理解教师的语言，因此对听觉障碍儿童来说注意教师的讲解和阅读课文很难同时进行。教师如果不重视这类问题，在同一时间段内出现两个或两个以上的视觉注意对象，或不给听觉障碍儿童充足的时间进行视觉转移，听觉障碍儿童将难以获取完整的信息。

听觉障碍儿童除了具有明显的视觉补偿作用外，还具有触觉、震动觉等的补偿作用。例如通过碰触对方引起他人的注意，通过振动的地板感受音乐的节律等。在具体的学习活动中，听觉障碍儿童往往综合运用各种感觉器官，发挥它们的补偿作用，弥补听觉损失。例如在学习口语的过程中，听觉障碍儿童除了利用残余听力理解语言、学习发音外，还可以通过视觉观察别人的口型，通过触觉感受发音器官的振动，通过运动觉感受发音时口部的运动，在各种感觉器官综合作用下学习看话，发展口语能力。

2. 辅具运用

充分利用残余听力对于听觉障碍儿童的发展具有重要意义。助听设备的发明与不断创新为听觉障碍儿童接收声音、进行语言训练提供了有利条件。及时佩戴助听设备并经常进行听觉训练，有助于发挥残余听力的功能，及时在大脑中枢建立听觉回路。目前常用的助听设备有助听器和人工耳蜗。

助听器是一种将声音扩大的设备，通过佩戴助听器，具有残余听力的儿童能够听到或更清晰地听到声音。助听器所起作用的大小取决于儿童本身听力损失情况。佩戴助听器有助于儿童发展语言能力，适应有声环境。为了发挥听觉障碍儿童的残余听力，应尽快佩戴助听器，3个月左右的婴儿就可以佩戴助听器了。及早佩戴助听器有助于儿童习惯听到声音。减少青春期由于佩戴助听器引发的心理问题。助听器的配备需要经过专业人员调试验配。首先要检测儿童听力损失情况，通过听力检测师的科学检测了解儿童的听力状况，以此决定助听器的功率。对于选择配备盒式、耳背式、耳道式等传统类型助听器的儿童还要订制耳模(助听器伸入耳朵的部分)，由于耳朵外形会随年龄发生变化，年龄幼小的儿童，耳模必须一年检查两次。

佩戴助听器之后并不意味着儿童会如同健听人一样感受到声音。助听器是将所有声音全部放大，如果听觉障碍儿童原本有某些频率的声音听不到，那么佩戴助听器后这些声音很有可能仍然听不到。例如一个孩子听不到高频率的声音.那么不论他佩戴多大功率的助听器，他仍然有可能听不到小鸟鸣叫之类的高频声音。另外助听器不仅放大语音信号，也会放大周围环境中的噪音.这不利于儿童在噪音环境中进行语音辨别，同时还会对儿童的残余听力造成损害。因此在进入噪音环境中时，要把助听器的音量降低或关闭助听器。助听器在使用过程中要注意维修和保养，应引导儿童学会妥善保管助听器。

人工耳蜗又称电子耳蜗，它是一种代替正常耳蜗转换功能的人工装置。其基本原理是将声音信号变为电信号，经适当处理，刺激听神经纤维，听神经兴奋后将声音信息传递到大脑，从而产生听觉。人工耳蜗适合全聋和具有重度听力损失的人。人工耳蜗分为内外两部分，其中内部装置需要通过手术植入头部，对人体产生不可逆的生理改变。与助听器通过放大声音帮助听力障碍者恢复听觉不同，人工耳蜗直接重建了听障者的听觉系统。对于病变发生在耳蜗位置的感音神经性耳聋患者来说，如果内耳毛细胞坏死较多，那么佩戴助听器有可能起不到什么作用。而人工耳蜗可以有效代替坏死的毛细胞，直接刺激听神经纤维，从而帮助听障儿童感受到声音。与佩戴助听器一样，进行人工耳蜗移植要及早。因为年纪越小大脑发育越迅速，大脑的可塑性也越强，及早接受声音刺激有利于听觉障碍儿童大脑听觉言语中枢的形成和发展。语前聋儿童最好在5周岁之前进行该手术。超过5岁，大脑可塑性降低，听觉障碍儿童的听觉言语中枢有可能会失去正常发展的可能性。这时即使接受人工耳蜗植入，他们也只能听到声音而已，而难以理解声音特别是语音的含义。对于学语后聋儿童也要及早进行人工耳蜗移植，否则已有的语音知识会因为缺少声音的刺激而逐渐消退，这时即使进行人工耳蜗移植，也难以取得理想的效果。有些国家最早可以对6个月大的婴儿进行人工耳蜗移植手术，我国可以对12个月以上的儿童实施该手术。人工耳蜗的发明与应用对于发展听障儿童语言，改善他们的生活质量具有重要意义，但是仅仅技术上的进步并不能使听障儿童恢复听觉、发展语言。到目前为止人工耳蜗仍然比不上人耳的精密、准确。植入人工耳蜗后听到的声音与正常人耳听到的声音有所区别，因此要发挥人工耳蜗的作用就必须对植入者进行系统科学的听觉言语康复训练。训练通常分为术前训练和术后训练。术前训练的主要目的是帮助听觉障碍儿童建立听觉意识和理解事物的概念定义，为术后进行康复训练打下基础，训练的时间为3～6个月。术后训练主要任务是让听觉障碍儿童适应、理解声音，在此基础上学会说话，训练时间为几个月到几年不等，训练的效果也因人而异。由于人工耳蜗植入手术费用昂贵，并且会对人体生理结构产生不可逆的改变，家长在进行选择时应慎重。如果决定进行人工耳蜗植入，需要重视术前、术后的听觉言语康复训练，并对植入手术报以合理的预期。

在进行集体教学时，为了达到更好的效果可以使用集体式助听器。集体式助听器主要有有线式、无线调频式、闭路感应式等类型。集体式助听器能增强助听效果，某些集体式助听器在提高语训清晰度的同时还可以给予师生更大的活动空间，例如无线调频式和闭路感应式助听器不仅可以在专门的语训室内使用，还可以在操场、公园等户外场所使用，不受场所、人数的限制。

3. 信息技术的运用

信息技术的发展给人类社会带来了巨大的变化，听觉障碍儿童从中受益匪浅，主要体现在听力检测、听力语言康复训练以及教学方面。在听力检测方面，通过计算机分析不仅可以评估听觉障碍儿童的听觉功能，还能帮助他们选择和调校助听器。在听力语言康复训练方面，多媒体课件生动、形象，可重复使用，运用多媒体课件既可以帮助听觉障碍儿童理解语言，丰富知识，又能激发儿童学习语言的兴趣，为他们模仿说话或进行口语表达创造条件。近几年，专业人员为听觉障碍儿童开展语训活动专门开发了一些言语训练可视软件，通过运用这些软件，听觉障碍儿童可以通过具体的影像矫正自己的发音。在教学上，运用计算机教学媒介，教师可以为听觉障碍儿童提供图文声一体的信息，为听觉障碍儿童创造接近现实、可以互动的情境。听觉障碍儿童在逼真的情境中学习，可以有效地提高学习效率。为了更便捷地进行课堂交流，专业人员还开发了一些计算机辅助技术，例如言语 - 文本翻译服务器，通过这种服务器，打字员可以把师生的交流快速地呈现在电脑屏幕上，这样可以减少学生对手语翻译员和看话的依赖。输入的信息能以文件的形式保存下来，有利于听障儿童课后复习。此外，听障儿童可以通过互联网接触大量信息，并通过聊天工具、微博、电子邮件等与他人沟通，发展阅读和写作能力。尽管如此，目前专门为听觉障碍儿童设计和开发的信息技术还不能满足实际需求，还需要专业技术人员和听障儿童教育工作者对此投入更多的关注，相信未来信息技术会对听觉障碍儿童的发展产生更为深远的影响。

(二) 教学方法

自听障儿童教育产生以来，语言教学成为听障儿童教育的核心内容之一。语言不仅是教育的工具，同时也是教育的内容。运用哪种语言媒介以及如何进行语言教学一直是听障儿童教育界探讨和争论的主题，最为典型的是手口之争，即口语法与手语法孰优孰劣的问题。在两百多年的探索与实践过程中，由于理念不同，听障儿童教育领域围绕沟通方法和语言教学方法逐渐形成口语教学法、手语教学法、综合沟通法和双语教学法等多种教学方法。

1. 口语教学法

在人类社会中，健听人占绝大多数，构成了主流社会，听觉障碍者在其中成为少数群体。听觉障碍者掌握了口语就可以与健听人进行无障碍的沟通，从而顺利适应社会，因此人们一直致力于发展听觉障碍儿童的口语能力，这也是口语教学法产生的最初也是最为有力的动因。另外语言与思维密不可分，在掌握有声语言的过程中，听觉障碍儿童的抽象思维能力也得到有效提高。由于以上原因，口语教学法一直是听障儿童教育中的重要方法。近几年随着听力辅助设备的创新与应用，口语教学重新焕发了生机。口语教学法主要是，“指导说话的语言与笔谈的一种教学方法。为使听障者能与耳聪者的听话世界沟通起见，一方面透过读话、听能等特殊训练了解他人所说的话，另一方面训练自己的构音器官发出正确的语言，把自己的意思传达给他人的语言教学法，称为口语教学法”它既是一种沟通体系，也是一种教育体系。

口语教学主要包括以下内容：听觉训练、看话训练、说话训练和笔谈训练。

听觉训练：最初的口语法并不包括听觉训练的内容，然而随着听力学、教育学以及助听器、电子耳蜗等听力辅助设备的发展，人们认识到听觉能力可以促进听觉障碍儿童的说话和认知发展。听觉障碍儿童的残余听力为展开听觉训练提供了基础，听觉训练逐渐成为口语教学中不可缺少的一项内容。听觉训练的主要任务是发展听觉障碍儿童的听觉技能，具体包括察觉、分辨、辨识和理解四种听觉能力。察觉是知道环境中声音是否存在的能力；分辨是区别声音异同的能力；辨识是可以指出、说出、写出声音名称的能力；理解则是运用语言知识了解声音意义的能力。对于听觉训练有些人认为应排除视觉的辅助，让听觉障碍儿童专注于“听”。也有些人对此持不同看法，认为在听觉训练中，可以通过视觉弥补听觉的不足。

看话训练：看话训练是口语教学的重要组成部分，主要培养听觉障碍儿童通过视觉理解说话者语言的能力。由于缺少通过听来理解语言的途径，听觉障碍儿童只好依靠视觉观察说话者的口形及表情来理解语言。这是一个非常困难的过程，听觉障碍儿童不仅要观察说话者面部的细微变化，还要把视知觉与头脑中储存的语言表象进行比较，最后才能理解说话者的语言。听话能力的培养是一个漫长、不断反复的过程.需要听觉障碍儿童具有一定的天赋。现代信息技术的发展为听觉障碍儿童看话训练提供了可视化训练设备，从而提高了看话训练的效率。

说话训练：普通儿童是在自然环境中学会说话的，而听觉障碍儿童受到听力损失的影响无法自然习得口语，需要教师进行专门的训练。很多听觉障碍儿童的发音器官正常，但由于缺乏听觉参与，他们的发音存在音强、音调、音色等异常。听觉障碍儿童进行说话训练，除了需要利用残余听力外，还要综合运用视觉、运动觉等其他感官。与看话训练一样，说话训练也是一个长期的过程。教师应掌握时机随时随地针对听觉障碍儿童展开说话训练，同时与家长密切配合，把说话训练延伸到家庭环境中。说话训练的成效与教师的训练方法及听觉障碍儿童自身听力损失程度与学习能力都有密切关系，因此应针对每个听觉障碍儿童订制切合实际的说话训练目标。

笔谈训练：听障儿童与健听人进行交流除了使用口语之外，笔谈也是一种重要方法。进行笔谈需要听障者具有一定的阅读和写作能力。培养学生形成和发展阅读与写作能力也是语文教学的主要任务之一。在听障儿童教育中无论哪种教学方法都把语言教学最终落实到阅读和写作能力的培养，即书面语言的掌握上。口语和书面语言属于同一语言的两种形式。在口语教学中，听(看)话、说话训练与读写训练密不可分，两者相辅相成。笔谈是口语教学的重要组成部分，它不仅使信息沟通更加全面、翔实，而且可以有效促进听觉障碍儿童语言发展。过去书写速度等原因限制了笔谈活动的开展，如今随着信息技术的发展，笔谈不仅可以通过纸笔、板书书写的方式进行，还可以通过计算机、手机等工具进行，有效提高了笔谈的效率。

几百年来口语教学培养了大量的优秀听障者，这是口语教学法长盛不衰的重要原因。然而实践证明，并不是所有的听觉障碍儿童都适应口语教学。口语教学的成果受到教育者教学能力、听觉障碍儿童自身状况、家庭环境、设备的配置等多种因素的影响，取得成功需要多方合作、共同努力。

2. 综合沟通法

综合沟通法又被称为全面交流法、综合交际法。综合沟通法“要求把适当的听觉、手语和口语交往方式综合起来运用，以保证同听觉障碍者以及在听觉障碍者之间进行有效的交往”。综合沟通法并不倾向于哪种沟通方法，而是综合运用“手语法、手指法、口语法、听话法、板书法、笔谈、触觉法、阅读法、图画法、实物等”方法开展教学活动。综合沟通法的倡导者认为几种方法的综合运用，特别是口语和手语同时呈现有利于听障学生运用其中的一种或两种方式进行交流。为了促使学生发展阅读与写作能力，实际教学中教师力求做到“手口一致”，即手语在形式和结构上与口语高度统一，教师严格按口语的语序呈现手语。

综合沟通法借鉴以往各种教学方法的优点，充分考虑听障儿童的个体差异和需求，因而在实际教学中应用很广。然而综合运用多种沟通手段进行交流的愿望是美好的，但要实现这种愿望并不容易。人们发现，在许多采用综合沟通法的课堂中师生之间的交流并不流畅，教师难以同时关注口语和手语，因而呈现的语言信息是间断、不完整的。另外许多人对“手口一致”提出了质疑，认为手语和口语是不同的语言，同时呈现两者是不可能的，按口语的语序打的手语并不是真正的手语，对听障儿童学习语言意义不大。

3. 双语教学法

聋双语教学是指在聋校教育中，让聋生学会聋人手语和本普通话(书面语和口语)，能使用这两种语言学习文化知识，能用两种语言进行交流，成为“平衡的双语使用者”。在聋双语教学实践中本国语言(书面语和口语)和聋人手语都是学生学习的内容。聋人手语学习通常包括手语语法知识、手语与本普通话的比较、语言与交流技能、聋人文化等。本国语言学习侧重于阅读理解与书面语表达，聋双语教学的提倡者确信使用聋人手语能够帮助听障学生提高他们的阅读和写作水平。

聋双语教学的倡导者“将聋作为一种文化和语言的差异，而不是将它看作一种残疾”，认为聋人手语是聋人的第一语言，主流社会的有声语言是聋人的第二语言。两种语言既可以同时学习，也可以先学习聋人手语再学习本普通话。聋人手语即听障儿童的第一语言能有效促进儿童的社会发展和认知发展，在此基础上听障儿童就能运用相关技能学习第二语言。另外聋双语教学重视聋人教师的作用，健听人教师与聋人教师的合作被认为是聋双语教学获得成功的重要基础。目前有关聋双语教学有效性的实证研究仍不够丰富，人们对它还持有不同的看法。

听觉障碍儿童是一个特殊的群体，在这个群体中个体差异十分显著，到目前为止并没有哪一种方法能够适合所有的听觉障碍儿童。在教学中我们应该把听觉障碍儿童的需求放在首位，根据听觉障碍儿童的个体能力和特殊需求灵活选择教学方法，只有这样才能真正促进听觉障碍儿童的发展。

三、听力障碍训练

听觉语言训练的目的是在听力得到补偿的前提下，最大限度地开发和利用听力障碍儿童的残余听力。听力障碍儿童的听觉语言训练一般包括听觉训练、发音训练和语言训练三个方面，整个训练过程应以获得语言能力及实用性口语为目标。儿童语言发育的最佳时期是在2岁左右，如果错过这一时期，听觉语言训练的效果就会受到影响。因此，尽早进行科学系统的听力语言训练，是听力障碍儿童康复的重要手段。

(一) 听觉训练的方法

听觉对声音的认识过程可以分为听觉察知、听觉注意、听觉定位、听觉辨别、听觉记忆、听觉选择、听觉反馈、听觉概念八个阶段。听力障碍儿童的听觉训练要遵循听觉的学习过程，但这些听觉阶段不是孤立存在的，因此，对听力障碍儿童进行言语训练时要注意不可将这几个阶段截然分开。

听力障碍儿童听力训练通常由以下三个部分组成：声音刺激、乐音刺激和辨音训练。让儿童对声音反复认识、注意、辨别、记忆、理解并形成概念。

1. 声音刺激训练

(1) 训练目的：在听力障碍儿童佩戴助听器后唤醒其听觉，培养听力障碍儿童注意声音和聆听的习惯。

(2) 训练用具：可选用语言障碍诊疗仪、多媒体等，社区可以根据条件使用哨子、喇叭、锣鼓等发声器具进行训练。

(3) 训练方法：根据听力障碍儿童听力损失的分贝数来选择声音刺激的强度。如果儿童无反应坚持用较大声音刺激其听觉器官。如听力障碍儿童对声音有所反应，可适当降低刺激强度。一般每次训练几分钟到十几分钟，一天训练几次。可把康复用具分为高频音和低频音交替训练。训练过程中，要注意听力障碍儿童的心理特点，设计和使用其感兴趣的方法和游戏，如电脑动画、电脑互动游戏、听鼓拨珠、捉迷藏、节目表演等。同时，还要进行辨别声源方向和配合测听的训练。

2. 乐音刺激训练

(1) 训练目的：让听力障碍儿童充分利用残余听力，尽量多地接受外界的声音刺激。

(2) 训练用具：钢琴、电子琴、多媒体中的录音程序、音乐 CD、录音带等。

(3) 训练方法：与听力障碍儿童一起听音乐、歌曲，一起随乐曲拍手、跺脚、点头等，用和谐而有规律的声音刺激听觉器官，让儿童感到乐音很好听，培养其辨别不同的音色和音调的能力。根据听力障碍儿童的心理特点，可设计和使用击鼓传花游戏、听音击鼓游戏等，增加训练的依从性。

3. 辨音训练

(1) 训练目的：帮助听力障碍儿童感受到多姿多彩的声音，了解不同的声音有不同的含义，将听到的声音和事物联系起来。

(2) 训练用具：录有各种声音的录音带、动物、车模型等。

(3) 训练方法

1) 整体声音的分辨：整体声音的分辨，包括辨别自然界各种动物的叫声，物体发出的声音，各种交通工具的声音，不同人的口音、声调，不同乐器的声音等。从声音的范围的角度，可设计听叫声选动物玩具或交通工具、听自然界声音选图片等。从听觉对声音的认识过程的八个阶段角度，可设计听声音有无走格子、听声音次数投珠子、听音高摸不同位置的玩具、听音强比“大”“小”、听音长开玩具车、听音色选乐器等游戏，训练听力障碍儿童辨别声音的能力。

2) 语音的分辨率：语音的分辨是声音分辨中的重要部分。可进行元音辨音练习、辅音辨音练习、复韵母辨音练习和拟声词的训练。训练中要循序渐进，由易到难。可将不同音素放在相应词语中进行辨听，设计听词选物或听词选图卡游戏，让听力障碍儿童逐渐能够辨别差异显著的语音直至近似的语音。句子辨听可设计成相应场景或故事，从各方面引起儿童的兴趣。

(二) 发音训练

听力障碍儿童由于不能通过听来获取发音的方法，一般都存在错误的发音方式，导致构音异常，甚至失语。听力障碍儿童要获得有声语言，就必须进行构音训练。由于构音能力与听力有密切的关系，因此构音训练不能孤立进行，要与听觉训练、语言训练密切配合，同步进行。

1. 构音器官运动训练

进行舌和口部的训练，使发音器官灵活、协调地运动。

(1) 舌的训练：可编排包括舌头顶、卷、伸及上、下、左、右运动等动作的舌操，带领幼儿训练。做舌操时，可以用鼓点或音乐指挥听力障碍儿童训练，同时让其加上拍手、点头、摇头的动作。

(2) 口部训练：可编排包括张口、闭口及双唇扁、圆、张开、闭合、前突、后缩、咬唇等动作的口部操，带领儿童训练。注意做口部训练时舌头平放，不能后缩或隆起，舌尖自然地贴在下门齿龈。

(3) 发音训练：做完舌操、口操后，马上训练发音动作，连续发“嗒、嗒、嗒”“啪、啪、啪”等音及 [a]、[o]、[e]、[i]、[u]、[cj] 等音。发音时舌头和双唇要有力度，读音响亮，口形准确。练习时，先慢后快，循序渐进。

2. 呼吸与控制气流训练

听力障碍儿童因为长期没有有声语言的刺激，吸气表浅，又不会控制气流，说话时声音存在虚飘不实的现象，必须进行呼吸训练。社区和家庭常用的训练方法有以下几种。

(1) 深呼吸：主要培养听力障碍儿童深吸气、慢呼气。吸气要足，呼气要均匀。

1) 吸气训练：用鼻吸气。在开始训练时可应用嗅觉和触觉来引导，如用带有香味的花让听力障碍儿童闻，引导其进行正确地吸气。

2) 呼气训练：用口鼻呼气。学会吸气后，将听力障碍儿童的一只手放在训练者的鼻前，另一只放在训练者的胸前，训练者深吸一口气，然后用口鼻慢慢呼气，让接受训练儿童通过触觉感受训练者呼吸时胸部的起伏，并加以模仿，学会呼气。

3) 深呼吸训练：要求呼吸要有深度，呼气时间保持 10 秒，做到“吸气一大片，呼气一条线”。注意纠正端肩等不良姿势。

(2) 声气结合训练：声气结合训练是锻炼听力障碍儿童说话用气和控制气流的能力。可进行数数练习，从 1、2、3、4……往下数，数到一口气用完。数数儿的速度先慢后快，这样既可练习呼吸也练习了口腔肌肉动作的敏捷性。

(3) 增加和控制呼气量训练：吹风车、吹气球、吹纸条、吹蜡烛、纸上吹墨等。

3. 其他训练

放松训练、发音训练、正音训练等。

(三) 语言训练的方法

1. 理解性语言的训练

理解性语言又称接受性语言，学习理解性语言是发展语言能力的第一步。理解性语言的培养是在听觉训练的基础上，结合视觉、触觉等其他感觉，使听力障碍儿童把声信号和事物联系到一起，逐渐理解语言的含义。

(1) 创造良好的语言环境：要使听力障碍儿童获得理解性语言，必须给予听力障碍儿童大量的、足够的语言刺激。也就是说，要为听力障碍儿童建立以“听说交往”为中心的良好语言环境，通过大量的听说和交往，引导启发听力障碍儿童理解词汇、句子的含义。

语言环境创造的重要方面是日常生活语言情境的创造。在家庭生活中，家长和陪护者应利用每一次和孩子共同参与的日常活动，如吃饭、洗漱、游戏、外出等，结合情境给予孩子适时的语言刺激。在开始阶段，不强行要求听力障碍儿童对训练者的语言做出明显的反应，只要求听力障碍儿童集中注意力去看、去听、去感觉声音的振动。只要听力障碍儿童理解了语言的含义，他就会逐步懂得世界上的一切事物都有相应的词来代表，他也就会努力去掌握这些词汇。

(2) 培养听力障碍儿童看话的习惯：训练者要帮助听力障碍儿童注意嘴唇的活动，培养听力障碍儿童在看话时注视嘴唇的习惯，启发听力障碍儿童理解语言。

(3) 言语训练：幼儿期词汇的发展特点为一般首先掌握名词，其次是动词，有了一定的词汇量后陆续掌握形容词、代词、数量词、副词等。听力障碍儿童理解性语言的训练，也要根据儿童语言发展顺序选择词汇，潜移默化，循序渐进。在训练词汇的设计上，还要优先选择频率最高、普遍性最大的基本词汇，建立语言与客观事物相联系的基本词汇库。

在理解性语言训练时应注意：①创造情境使用所学的词汇；②多次重复，重视词汇的复现率；③词汇的概念要完整、准确；④利用儿童喜爱的方式，在游戏中学习。

2. 表达性语言的训练

遵循词汇、短句、句子、段落的学习顺序，培养听力障碍儿童说话和与人交流的能力。

(1) 词汇表达训练：对能理解词汇的患儿，应促其主动口语表达。一般来说，从三个方面确定对表达训练词汇的选择，一是从受训儿童能理解的词汇中选择；二是选择生活、训练中常用的、熟悉的、儿童感兴趣的词汇；三是选择易于构音的词，如爸爸、妈妈、马、西瓜等。训练方法可选择图片、实物教学、游戏等多种方式。

(2) 句子表达训练：在听力障碍儿童掌握一定字和词汇量的基础上，按照二词句→三词句→复杂单句→复句的顺序进行词句训练。

1) 二词句的理解和使用：一般为主 + 谓或谓 + 宾形式。训练教具一般为动作图卡。以谓 + 宾形式为例，二词句训练程序为：①句中词汇的理解。②二词句的理解。例如在患儿面前并列摆好“吃苹果”“洗苹果”“吃香蕉”“洗香蕉”或“苹果”“香蕉”“洗”“吃”的图片，治疗师说“吃苹果”，给予语言刺激，患儿选择与示范图相同的图卡。③二词句的表达：听力障碍儿童对照图片进行言语的模仿和表达。

2) 三词句的理解和使用：一般为主 + 谓 + 宾形式。训练教具一般为动作图卡。训练程序与二词句相似，分为句中词汇的理解、表示三词句图片理解、三词句理解和三词句表达。典型句子如“妈妈吃香蕉”“男孩洗苹果”等。

当听力障碍儿童会说简单句时，他的语言表达已有了可喜的进展，证明他已经理解和存储了一些基本词汇。治疗师和家长要及时鼓励听力障碍儿童用他所理解的简单句子进行交流，还可编一些小对话和故事，和儿童进行问答式对话训练等。

3) 复合句：在单句的表达逐步完善的基础上，治疗师要根据孩子的情况。

第六章 沟通障碍儿童教育

第一节 沟通障碍概述

沟通是人类社会生活的基本形式。人与人之间的沟通与交往，不仅是一种出自本能的需要，也是适应社会发展、实现个人进步必不可少的途径。现今社会，具有较强的沟通与交往能力，是个人立足于社会并求得发展的重要条件。特殊儿童在个人发展的过程中，可能因为某些因素，存在语言发展的迟缓或落后，存在对人际关系的认知困难，在沟通与交往过程中，往往不能像其他儿童那样较为顺利地形成良好的沟通与交往能力，进而影响到特殊儿童自身的发展，甚至影响特殊儿童社会价值的实现。从这个层面上看，特殊儿童沟通与交往能力的发展对他们具有特别的意义。

因为理解角度不同、立场不同、适用的领域不同，人们对沟通与交往的理解，也是纷纭多样的。本章从特殊儿童的沟通与交往能力发展的角度出发，对沟通与交往的基本概念进行归纳与梳理，阐述沟通与交往的基础理论。在明确沟通与交往对儿童发展的重要意义之后，对特殊儿童的沟通与交往现状做概括性的描述。

一、沟通的概念

所谓沟通，是指发讯者把信息传送给接收者而使其接收理解的过程。沟通过程通常包括三大要素：①信息；②信息的发送者；③信息的接受者。通过沟通，人与人之间、人与群体之间能够实现思想与感情的传递和反馈，最终达到思想的一致和感情的通畅。因此，沟通是人类社会不可或缺的能力，是生命中最基本的要素之一。

沟通的主要目的是传递信息、表达需要、建立社会亲密感以及参与社会例行活动。然而由于先天缺陷或后天因素的影响，某些儿童无法与周围的人进行有效的沟通，表现为作为信息发送者，无法用合适的方式表达自己的想法；作为信息接受者，不能倾听、理解或阅读。这严重制约了其日常生活的正常进行，也阻碍了这类群体与他人之间形成融洽的人际关系。

二、语言、言语与沟通

沟通时信息的传递依赖于各种传达工具与交流媒介，如语言、言语、符号、姿势、表情、动作、文字、手势、标志、图画、音乐等。在一些面对面的交流中，50% ～ 90% 的信息可能都是通过非言语的方式 (如动作、表情等) 来进行沟通的，但语言和言语仍是最常用、最便利的沟通工具。

(一) 语言与言语

1. 语言

语言是人类约定俗成的符号系统，人们通过运用这些符号达到交流的目的。语言属于人类所特有的心理社会现象。世界上共有六千多种语言，每一种语言都是由一套抽象的符号以及一套将这些符号合并为更大单元的规则组成。语言和文化、社会是不可分割的，人们的语言习惯和语言行为受到文化因素和社会因素的制约。

通常认为语言由四大基本成分构成，分别是语音(phonology)、语义(semantics)、语法(syntax)和语用(pragmatics)。

语音是指由人的发声器官的振动和调节而产生声音的现象，是决定某种语言语音系统的语言学规则。其中，音素是可划分的最小语音单位，分为元音和辅音两类，元音如普通话中的/a/、/o/、/e/，辅音如普通话中的/b/、/t/、/z/等。音位是能够区别词义的最小语音单位，例如："包"(bao)"抛"(pao)中的/b/、/p/与/ao/音组合，构成了不同的词义，/b/、/p/就有了区别词义的作用。音节是听觉上最容易分辨的自然语音单位，通常由声母、韵母、声调三个部分组成。

语义学主要研究词语的含义。对语义的掌握，不仅体现在理解词语的字面含义，还表现为理解词语隐含的意思以及词语之间的关系。

语法学是将词语组合成有意义句子的规则系统。每一种语言都有其特有的语法规则，表达时如果出现词序混乱，句子就难以令人理解。例如"我想吃苹果"说成"苹果吃想我"，就出现了明显的语法混乱。

语用技能是指交谈双方根据语言意图和语言环境有效使用语言工具的一系列技能。语言作为一种沟通工具，要使它有效地发挥作用，听者和说者双方都必须掌握语用技能。语用通常包括三种技能。

(1) 实现不同的沟通目的和功能，如要求、拒绝、请求等。

(2) 根据会话情境调整或改变语言，如对儿童和成年人使用不同的说话方式。

(3) 遵循谈话或陈述的规则，如轮流发言、围绕主题。相对于其他语言要素，语用要求儿童具有更多的社交及会话经验。

2. 言语

言语是有声语言形成的机械过程，主要由中枢神经支配下的器官、肌肉等参与。言语属于一种心理物理现象。虽然语言表达的媒介多种多样(如言语、动作、手势、图片等)，但言语是最便捷、最有效地运用语言进行沟通的方式。

言语的产生是通过三个系统的协调运动来实现的，它们分别是呼吸系统、发声系统和构音系统。贮存在肺、气管与支气管内的气体有规律地随呼气运动排出，形成气流；当气流到达声门处时，被转变成一系列的脉冲信号(声门)波然后通过声道的共鸣作用，形成具有适当形态的声波，最终由嘴和鼻腔发出言语信号(声波)。在言语的产生过程中，听觉反馈使说话者能够更好地调节言语输出。

(二) 儿童语言的发展

儿童语言的发展是一个极为复杂的过程。儿童必须逐步掌握上述四种语言成分才能获得理解母语的能力。生理发育正常的儿童，一般均可在出生后4～5年内不经任何训练而顺其自然地获取语言技能，其语言发展速度非常迅速。

儿童的语言发展可划分为以下几个阶段。

1. 啼笑阶段(crying)

哭声是婴儿和外界建立联系的第一个行为表现。当饥饿、口渴或不舒服时，婴儿会加深呼吸，引起"哭"这种自然反应。一般认为，一个月以内的婴儿的哭声是未分化的，听感上基本无差别，音调也很相似。一个月以后，婴儿出现了分化的哭声，家长可根据哭声的音调、音强等的不同辨别婴儿啼哭的原因。

2.“咕咕声”阶段 (cooing)

一个月之后，婴儿除了啼哭声之外，其他发声也开始出现。这些发声是运用发音器官 (如唇、舌、下颌等) 发出的，最初发出类似于 /a/、/o/、/e/ 这样的元音，之后出现 /b/、/m/、/i/ 这些辅音。但这些发声都是零乱的、发射性的，对婴幼儿来说不具备符号意义。

3. 咿呀学语阶段 (babbling)

4 ～ 5 个月时，婴幼儿就可以发出咿咿呀呀的声音，这种声音类似于成人语言中使用的音节的重复，如 ba-ba-ba，ma-ma-ma。这些音节对婴幼儿毫无意义，只是为表达感受和听到自己说话的快乐而发出的。

4. 语音阶段

语音和意义紧密结合，1 ～ 1.5 岁的幼儿连续音节和近似词的音节增多，无意义的连续音节减少。这个阶段出现了第一批能被理解的词，标志着儿童进入了语言发展期。

5. 词义阶段

词义的理解是儿童正确使用语言和理解语言的基础。儿童在 1.5 岁左右能说出少量的词，2 岁以后词汇量迅速增长。据统计，儿童掌握量最多的是名词，如“猫”“灯”“妈妈”等，第二是动词，如“拿”“要”等，第三是形容词，如“大的”“多的”等。

6. 句子阶段

句子的发展经历了不完整句、完整句、复合句等几个阶段。

不完整句表面结构不完整，但能表示一个句子意思。主要包括单词句和电报句两类。1 ～ 1.5 岁出现单词句，如“抱抱”“球球”等，常与动作相结合，但意义有时不明确。电报句是由双词或三词组合在一起的语句，从 1.5 ～ 2 岁开始出现，如“妈妈袜子”“吃糖糖”等。

2 岁左右，儿童的话语大部分是完整句，3 岁儿童的话语已基本上都是完整句。其中，简单句是句法结构完整的单句，如“我睡觉觉”“哥哥看书”。复杂句是由几个结构相互连接或相互包含的单句所组成，如“妈妈吃完饭就洗碗”。

复合句是由两个或两个以上意思关联比较密切的单句合起来而构成的句子，如“妈妈看电视，爸爸吃饭”。

7. 语用阶段

研究发现，儿童 2 岁时已表现出巧妙的交流能力；2 ～ 3 岁就具备了会话能力；4 岁儿童能适应听者的能力而调整其谈话内容；5 ～ 6 岁儿童能根据事物所处的具体情境而调节自己的言语；7 岁儿童能在比较复杂的条件下对自己的表达方式进行调节。

三、沟通障碍的定义

沟通最常见的方式是语言和言语，因此本书主要从沟通障碍本身、语言障碍、言语障碍这三个方面来界定沟通障碍。

(一) 中国大陆的定义

2006 年，我国大陆残疾人抽样调查时采用“言语残疾”的名称，并定义为：由于各种原因导致的不同程度的言语障碍 (经治疗一年以上不愈或病程超过两年者)，不能或难以进行正

常的言语交往活动 (3 岁以下不定残)。

(二) 中国台湾地区的定义

中国台湾地区特殊教育学界将“语言障碍”定义为：语言理解或语言表达能力与同年龄者相比较，有显著偏差或迟缓现象，而造成沟通困难者。其类型分为：

(1) 构音障碍，语音有省略、替代、添加、歪曲、声调错误或含糊不清。

(2) 声音异常，音质、音调、音量、共鸣与个人性别或年龄不相称。

(3) 语畅异常，说话有重复、延长、中断、首语难发或急促不清。

(4) 语言发展迟缓，语形、语意、语法、语用、语汇之发展滞后，主要表现在语言理解或表达方面。

(三) 美国的定义

1993 年，美国言语语言听力协会 (ASHA) 对沟通障碍的定义是接收、发出、加工和理解概念或语言的、非语言的及图形符号系统的能力上存在的一种障碍。沟通障碍可能表现在倾听、发出语言和 (或) 言语的过程中。

ASHA 将语言障碍定义为：在口语、书面语及其他符号系统的理解和 (或) 运用上的障碍。这类障碍可能包括：

(1) 语言形式 (语音体系、形态音位学和句法)。

(2) 语言内容 (语义学)。

(3) 在任何词句中的语言的沟通功能 (语用学) 上的障碍。而广泛使用的言语障碍的定义是与其他人的言语偏离甚远，即：①引起了别人对言语本身的注意；②妨碍了沟通；③引起了说话者或听者的不适。

美国精神疾病诊断标准 (DSM-Ⅳ) 将沟通障碍分为以下几类：①语言表达障碍；②接受与表达混合性语言障碍；③音韵障碍 (原称发展性构音障碍)；④口吃，语言或音节重复、延长、中断、首语难发等；⑤其他未注明之沟通障碍，如声音异常。

四、沟通障碍的类型

沟通交流最常见、最主要的形式是语言和言语，因此本书主要根据中国大陆对沟通障碍的分类形式，分别介绍语言障碍和言语障碍的类型。

(一) 言语障碍的类型

1. 发声障碍

声带振动产生一系列气流脉冲波，并转化成一系列声能脉冲信号，从而形成言语的基本声源，这就是发声 (phonation)，或被称为嗓音。发声障碍是指由于声带问题导致的音调、响度、音质 (音色) 等方面的异常。

(1) 音调异常：常表现为音调过高、音调过低、音调单一或怪声怪调。通常，学龄前儿童的音调约为 330 Hz，成年男性的音调约为 125 Hz，成年女性的音调一般为 250 Hz 左右。

(2) 响度异常：响度的异常主要表现为响度过高、响度过低、响度单一等。正常人交谈声的响度范围大约为 65 ～ 80 dB。

(3) 音质异常：音质异常有粗糙声、气息声、嘶哑声三种类型，它们分别用基频微扰 (Jitter)、声门噪声能量 (NNE)、幅度微扰 (Shimmer) 这三个国际指标来衡量。

2. 构音障碍

构音障碍是指由于构音器官的运动异常或协调运动障碍而导致在发出有意义言语的过程中出现的构音不清和声韵调异常等现象，从而影响言语的可懂度。主要表现为口部构音器官运动不灵活、口齿不清。构音障碍的常见类型有以下四种。

(1) 替代，如将“贪”(tan) 念作“dan”，声母 /d/ 替代了 /t/。

(2) 添加，如将“跑”(pao) 念作“pao”，添加了单韵母 /i/。

(3) 遗漏，如将“高”(gao) 念作“gao”，遗漏了元音 /o/。

(4) 扭曲，如将“只”(zhi) 的声母 /zh/ 念作其他无法识别的音。

(二) 语言障碍的类型

1. 失语症

失语症是言语获得后的障碍，是由于大脑损伤所引起的言语功能受损或丧失，常表现为听、说、读、写、计算等方面的障碍。根据大脑损伤部位的不同，失语症可分为表达性失语症、理解性失语症、传导性失语症、命名性失语症和完全性失语症等类型。

2. 语流障碍

连续发出的许多因素或音节形成了语流，语流障碍是指在速度、停顿、轻重、节律等方面存在的异常。常见的语流障碍包括口吃和速语症两种。

口吃的主要特征为：①重复音节，如“我我我有很多功课”；②延长语音两秒以上，如“我——有很多功课”；③句子中阻或随意添加句子成分，如“我(中断2秒以上)有很多功课”；④第一个字很难开口。

速语症的主要特征为：①语速过快；②发音短促；③语音错误；④音节遗漏。

3. 语言发育迟缓

语言发育迟缓是指儿童语言发展顺序与同伴相同，但是发展进步缓慢、所需时间拉长、语言理解和运用水平明显低于同龄儿童的现象。表现为起步晚、进度慢、程度低。

4. 语言发展异常

语言发展异常是指儿童在词汇、语义、语法、语用等方面的发展较同龄者有明显偏差，未能正常获得语言而出现的障碍，表现出独特的方式。

存在重度语言障碍的儿童常常在沟通中出现问题，且存在口头语言障碍的儿童可能在阅读和书写上都存在困难。

五、沟通障碍的成因

沟通障碍的产生原因大致可归纳为器质性原因和功能性原因两大类。器质性原因是指身体某个器官、部位的损伤、畸形或病变；功能性原因则通常不表现出特定的身体缺陷，主要由环境造成。

(一) 言语障碍的成因

常见的导致言语障碍的器质性因素有兔唇、腭裂、下颌畸形、声带麻痹、言语肌肉麻痹等。器质性言语障碍可能是一名儿童主要的残疾，也可能是其他残疾如脑瘫、自闭症、智力障碍的次级表现。导致言语障碍的功能性因素主要为发音器官、肌肉的不灵活或运动不协调。

(二) 语言障碍的成因

语言障碍产生的器质性原因主要包括大脑损伤、听力受损、大脑先天性发育不良 (如智力落后、自闭症) 等，功能性因素包括环境剥夺、心理及情绪问题等。语言障碍常和学习障碍关联密切。

第二节 沟通障碍儿童的鉴别与评估

大部分存在沟通障碍的儿童，如果不及时接受干预，其沟通能力往往无法得到改善，甚至会恶化。通过评估儿童的沟通能力，首先可以确定儿童是否存在沟通障碍以及障碍的程度和具体类型，进而可以根据评估结果制订相应的干预方案，此外还可以监控干预效果。因此，科学合理的评估对沟通障碍儿童具有重要的意义。

为了使评估结果更为客观、准确，沟通能力的评估最好采用团队形式。这个团队通常包括言语 - 语言病理学家、任课教师、家长等，各领域人员密切协作，能够提供更为全面的评估结果。

一、筛查与观察

在美国，由言语 - 语言病理学家对所有幼儿的口语能力进行筛查。这些筛查包括标准参照测验、非正式评估以及由家长和教师填写的问卷和调查表。未通过筛查的幼儿需接受进一步评估。

中国台湾地区的沟通障碍儿童除可到医院复健科、早疗中心接受评估及治疗外，通常还可通过教育系统普通班及特殊教育班教师的发现，转介至各县 (市) 鉴辅会，由评估小组人员做进一步的评量。

目前中国大陆对幼儿言语语言能力筛查的普及程度较低，一方面是由于缺乏专业的人员 (如言语 - 语言病理学家)，另一方面则受经济水平、康复教育水平等各方面条件的制约。

二、评估

沟通功能评估较筛查更为全面、细致，可以诊断儿童具体的沟通障碍类型及程度，为干预提供更加科学的依据。综合性的评估通常包括以下几个部分。

(一) 资料收集

通过询问儿童的家长与任课教师，全面了解儿童的基本情况。

个人病史：包括母亲怀孕史，儿童出生史、发育史、生长环境状况、智力状况、沟通能力现状及其他技能发展状况等。

家族史：主要询问家庭成员中是否有遗传病史。

干预史：询问儿童是否接受过专业性的康复训练，以及训练时间和效果等。

(二) 专业评估

1. 听力检测

通过听力检测，可确定儿童的沟通障碍是否由于听力问题引起。听力检测的常用方法包括听力计检查法、听觉诱发脑干反应检查 (ABR)、游戏测听法 (PA) 等。

2. 听觉能力检测

该项测验用于确定儿童是否能准确地分辨声音的异同。这是保证儿童根据声音做出正确的沟通反应的前提。可通过听觉发展的四个阶段 - 听觉察知、听觉分辨、听觉识别、听觉理解分别进行评估。

3. 构音能力测试

构音能力的测试不仅包括对构音器官 (如下颌、唇、舌、软腭等) 结构和基本运动功能的检查，还包括对构音语音能力的检测 (如测试儿童对汉语普通话 21 个声母、37 个韵母的发音情况)。通过构音能力测试，可诊断儿童具体的发音错误类型及错误走向，使得干预更具针对性。构音能力测试方法包括：

(1) 利用自然会话与目标语检查。

(2) 构音器官检查。

(3) 语音听辨检查。

(4) 正确音模仿。

(5) 分析与记录。

4. 声音异常测试

声音异常的测试主要是对音调、响度、音质等的异常进行测试，常用的测试方法包括：

(1) 声音检查，即音质、音调、音量、持续发声、呼气检查。

(2) 发声器官检查，即用喉内窥镜、电声门图仪等观察喉头、声带发声的情形。

5. 语言能力测验

语言能力的评估通常包括正式评估与非正式评估。正式评估是指利用标准化评估工具，按照指定施测程序、方法、指导语、计分标准施测，并有参照指标可以对照。非正式评估是利用观察、晤谈、家访、检核表、录像、录音、图卡、字卡、档案、课程本位、生态评估等方法，搜集个案的语言样本加以分析，了解语言理解与表达能力或语言缺陷所在。

常用的语言能力测验包括皮博迪图片词汇检查 (PPVT)、伊利诺斯心理语言测验 (ITPA)、韦氏学龄 / 学龄前儿童智力量表、汉语版 S-S 法等。通过语言测验，能够发现儿童在词汇、语法、语义、语用等方面的问题，从而为语言障碍的评定、分类及矫治建立基础。

(三) 评估结果分析

各项评估结束后，结合儿童的个人资料对评估结果进行综合分析，得出儿童具体的沟通障碍类型及程度，并制订初步的干预计划，保证后期干预的针对性、有效性。

第三节 沟通障碍儿童的教育需要

在对儿童的沟通能力进行全面评估与综合分析后，便可以获取关于儿童沟通障碍的多方面信息，包括其沟通障碍的成因、类型、程度等，并以此为依据为儿童制订科学的干预方案、选择合理的教育方法。

沟通障碍的干预需由专业人员提供，如言语语言病理学家、言语治疗师，干预的常用形式为“一对一”干预 (个别化干预)，即每次由一名言语治疗师对一名沟通障碍儿童进行直接的、面对面的康复治疗。当然，沟通障碍也可通过集体教学加以干预，它是个别化干预的重要辅助形式，主要由沟通障碍儿童所在的班级教师提供。值得注意的是，如果在评估过程中发现儿童的沟通障碍主要是由器质性原因 (如腭裂) 引起的，则需先至医疗部门进行手术或药物治疗，之后方能至康复部门或学校进行专门的干预训练。

作为沟通最常用的形式，言语和语言障碍的干预自然成为沟通障碍干预过程中的首要目标；对于那些无言语或语言的儿童，干预目标则定位在帮助他们最大限度地实现沟通潜能，这就涉及补偿技术及增强性和替代性沟通手段的运用。

本节主要介绍常用的言语、语言干预方法，简单介绍增强性和替代性的沟通方式。

一、言语与语言干预

(一) 发声 (或嗓音) 障碍干预

当喉部器官 (尤其是声带) 出现器质性病变时，常会导致发声障碍，造成音调、响度、音质等方面的异常。此时，儿童需要接受全面的医学检查和手术治疗，之后可进行发声障碍的术后干预。由于听觉反馈和自我监控能够有效地改善发声异常，因此，在言语治疗师进行正式干预之前，首先必须让儿童意识到自身存在的问题，否则想要改变儿童的发声 (或嗓音) 是非常困难的。

以下介绍几种常用的发声障碍干预方法。

1. 音调干预法

(1) 咀嚼法：咀嚼法可以帮助儿童张大嘴巴，从而使嘴和喉部放松。在咀嚼的同时训练说话，能形成与自己的自然音调非常接近的音调。这种干预法简单易行，趣味性强，且效果明显。该方法同样适用于增加响度的训练。

(2) 哈欠 - 叹息法：打哈欠 (没有声音) 时深吸气，叹息时呼气，嘴和喉部会立刻得到放松。叹息时的音调与自然音调非常接近。对于需要降低音调的儿童而言，叹息时所产生的嗓音是非常好的训练参照。

(3)“嗯哼”法：由于“嗯哼”音接近于发音时的自然音调，因此可通过让儿童在放松状态下发“嗯哼”音来寻找目标音调。要求儿童体会这个音调，并努力在说话时使用。

(4) 音乐辅助法：准备钢琴或电子琴，言语治疗师弹奏对应于儿童目标音调 (准自然音调) 的琴键，要求儿童模仿这个音调。这种方法的前提是言语治疗师和儿童均具备一定的音乐知识。

2. 响度干预法

(1) 增加肺活量训练：该方法适用于响度过低的干预。可根据儿童的喜好和兴趣，通过运动 (如跑步、爬楼梯、仰卧起坐)、游戏 (吹气球、吹口哨) 等方式进行。

(2) 发声练习：言语治疗师首先通过举例的方式让儿童熟悉响度的五个等级 (表 6-1)，然后，通过由强到弱 (或由弱到强) 的发声练习来降低 (或增加) 儿童说话的响度。

表 6-1 响度五等级表

等级	类型	描述
1	低语声	用低语声与人沟通交流时，声带不振动
2	轻声	用轻声说话时，不会吵醒周围休息的人
3	交谈声	交谈声适合与他人进行正常沟通交流
4	大声	适合在大众面前演讲(不使用麦克风)，或者想引起他人注意时使用
5	喊叫声	生气时或在运动场上的啦啦队员使用

3. 音质干预法

音质的异常主要是由器质性原因引起的，如声带炎症、声带小结、声带麻痹等，因此，音质异常首先应至医院耳鼻喉科进行专业治疗，中重度音质异常者一般需要手术治疗或药物介入，轻度音质异常可通过声带放松训练(打“嘟”法)等进行矫治。

此外，由于环境、心理等因素也会引起发声障碍，干预时应注意从这些方面加以综合分析。从环境方面考虑，例如，当儿童处于吵闹的环境中，他们会出现大喊大叫等嗓音滥用行为。言语治疗师在训练时必须首先让他们意识到这些行为的危害性，同时家长和老师应监督他们的嗓音行为。心理原因如紧张、内向等，也可能造成发声异常，此时需要对儿童进行心理辅导。

(二)构音障碍干预

构音障碍主要是由于构音器官(如下颌、唇、舌、软腭等)的运动不灵活或协调性异常而导致的。干预时，首先通过口部运动治疗来增强构音器官的灵活性及协调性，然后通过构音训练帮助儿童正确、清晰地发音。

1. 口部运动治疗

(1) 定义：口部运动治疗是指通过自助或协助的技术对构音器官的运动异常(过度或受限)进行有针对性的治疗，以阻断其异常运动模式，建立正常运动模式，最终以提高口部构音器官的灵活性、稳定性和协调性为目的。

(2) 治疗步骤。

1) 增加感知觉：通过按压、触摸、振动、冷刺激等方式，增强儿童构音器官(下颌、唇、舌)的感知能力。

2) 提高肌力：通过各种抵抗练习，增强儿童面部肌肉(咬肌、唇肌、舌肌)的肌肉力量。

3) 针对性治疗：利用各种可利用的工具和食物(如压舌板、勺子、唇操器、棒棒糖、果酱、海苔等)，对儿童各个构音器官(下颌、唇、舌)具体的运动障碍进行针对性的训练。

2. 构音音位训练

构音音位训练的目标是让儿童掌握正确的语音，并于治疗结束后保持这些正确的语音。主要包括循序渐进的四个步骤。

(1) 音位感知：音位感知的目的是让儿童初步认识将要学习的音位，可通过视觉、听觉感知等方式充分感受该音位的特征。该阶段最好选择儿童在日常生活中比较熟悉的材料。

(2) 音位习得：音位习得是音位训练的核心内容，包括两个基本步骤。

1) 发音教育：发音教育的目的是让儿童真正掌握某个音位的发音。可借助简明的图片或动画，帮助儿童直观认识发音时各构音器官的运动方式，从而帮助儿童理解具体的发音部位、发音方法。

2) 发音练习：发音练习的目的是巩固已习得的某个音位的发音，通过编制包含目标音位的单音节、双音节、三音节词来实现。编词时以选择儿童熟悉的词汇为原则，并且通常配合图片形式呈现。

(3) 音位对比：即使掌握了目标声母的发音，很多儿童还是经常会与相似的音位混淆，如“b-p”“d-t”“g-k”。因此需要将容易混淆的音位提出来进行对比训练，以进一步巩固和强化新习得的音位„

(4) 音位强化：构音训练的最终目的是实现日常情境中的沟通交流，音位强化就是在言语治疗师 (或家长) 与儿童的轻松对话中，引导儿童进一步巩固已习得的音位。

(三) 语流失调干预

口吃是语流失调最常见的表现。口吃形成的原因众说纷纭，大致有器质学说、心理学说、后天学习论、遗传论等。但至今仍未找到造成口吃的确切原因。有些口吃问题会在未经任何治疗的情况下随着年龄的增长而得到好转，但仍有很多儿童无法自然康复。因此，为了预防儿童成为重度口吃者，早期干预显得尤为重要。言语治疗师、教师、家长应发挥各自的作用，共同协作，最大限度地帮助儿童治疗口吃。

以下介绍儿童口吃干预的几种常用方法。

1. 减慢语速

减慢语速可以减少单词重复的次数，易化起始音的发出。指导人员可以先示范发音，再让儿童模仿说话。

2. 肌肉放松

轻轻按摩儿童的胸腹部，帮助儿童克服由于胸腹肌肉紧张造成的口吃。

3. 节律练习

对于有些儿童而言，唱比说容易得多。因此，可通过一些节奏感明显的儿歌或乐器获得节律效应，有效地干预说话时的口吃问题。

4. 心理干预

积极倾听儿童说话，给予儿童说话的机会，并注意目光的交流和接触。这样能够增强儿童的信心，一定程度上增加言语的流畅性。

此外，在与口吃儿童沟通交流时，应重视对儿童表达内容的理解，忽视儿童表达的方式；应对流畅言语的出现进行强化，忽视其说话不流畅的瞬间，这样也可以增强儿童的自信心。

(四) 语言障碍干预

一般意义上讲的语言障碍主要是指词汇、语法、语用等方面的异常。以下即从这几个方面简单介绍语言障碍的干预方法。

1. 词汇的干预

对儿童进行词汇干预的总体原则：①从日常生活中的、儿童感兴趣的事物入手；②以名词、动词、形容词这三大类儿童最易掌握的词汇为主，在此基础上逐步导入数量词、方位词、介词、副词等。

词汇干预的常用方法有：

(1) 词义归类：将意义相关的词集中在一起学习，如将交通工具归为一类，将动物归为一类。该方法运用了语义场的理论，对儿童了解词义间的相关性，掌握概念的上下位关系，以及正确掌握词语差异、辨别词义非常有益。

(2) 词语联想：言语治疗师或家长先说一个词，请儿童说一个由此联想而来的其他与该词相关的词。例如，言语治疗师说“猫”，儿童可以说“狗”等。该方法通常和词义归类法结合使用，还可训练儿童的联想力。

(3) 词语搭配：言语治疗师或家长说出一个名词，让儿童说出可与之搭配使用的量词、动词、形容词等。例如，言语治疗师说“香蕉”，儿童可以说“一根香蕉”“吃香蕉”“黄色的香蕉”等。

(4) 词语积累：配合图片或动画，通过讲故事、念儿歌等儿童感兴趣的方式，丰富儿童的词汇。

2. 语法 (句子) 的干预

语法 (或句子) 涉及的是规则，语法训练包括单句训练、复句训练、社会交际适应训练等几个方面。常用的训练方法如下。

(1) 你说我做：该方法用于训练儿童理解句义的能力。言语治疗师或家长根据语境发指令，让儿童执行一系列动作。指令的发出需遵循由易到难的原则。

(2) 模仿说句：言语治疗师或家长根据不同年龄儿童的认知能力、理解能力及兴趣爱好，设计三音节句、五音节句、七音节句等，先由治疗师或家长示范说句，然后让儿童模仿说句。如果儿童能够说好五音节句、七音节句，那么就具备了基本的句子表达技能。

(3) 替换语言要素：替换句子中的某些成分是句子训练的一个好方法，而且便于儿童归纳该句的特点和语序特征。例如，“爸爸是医生”一句，可将“爸爸”替换为“妈妈”“叔叔”或“他”等；将“医生”替换为“老师”“工人”等。通过替换练习，让儿童很快掌握句型。

(4) 扩展句子结构：通过扩展句子内部结构的训练，可以丰富儿童的表达。

例如：①“我吃香蕉”；②“我吃了一根香蕉”；③“我吃了一根大大的香蕉”。这些句子的信息是不同的，其不同之处在于逐步复杂的句型不断地扩展了句子的内部结构。

(5) 学习复句表达：训练者设计一些需复句才能表达的场景或语境，要求儿童用复句表达。

(6) 学习关联词语：言语治疗师或家长创设具体的语境，引导儿童理解体会和学习使用关联词语。可采用训练者说复句，儿童说关联词的方法；也可以采用训练者说前一分句，儿童说后一分句的方法进行。

(7) 说半续完：训练者说上半句话，儿童续接下半句话，或反之。该方法可帮助儿童完善句子结构，使儿童思维得到发散。

(8) 讨论式：该方法采用自我介绍、传话会话、讨论等方法在团体中进行训练。可以使儿童将其所学的句型、句式在活跃、轻松的气氛中自然运用，这对典型句的归类与运用生成非常有利。

(9) 实践运用：训练者可以常带儿童到公共场所，利用一切机会让儿童与周围的人交谈，培养儿童交流的兴趣与技巧，引导其将所学与生活有机结合。

3. 语用训练

语用是交际双方共同创设的一种交际情境和交际气氛，因而语用训练应该在团体或交际双方中进行。语用技巧的干预有些需要单独进行，有些则需集体进行。

(1) 个体训练：主要是训练儿童参与会话的基本素质，静坐训练、目光接触、忍耐训练、礼貌训练等。

(2) 团体训练

1) 轮流发言：轮流发言含有轮流、静心、倾听、思考等语用技巧，因此轮流发言也是语用的训练。

2) 故事接龙：该方法有助于儿童集中注意力去听、动脑筋想以及选择适当的词语和句子进行表达。选择词语、句子和表述方法，本身就含有大量的语用成分。

3) 回答说明：该方法训练的重点在于说明“为什么”上。在说明“为什么”时，往往含有语用的成分。

4) 复述：训练者讲故事、念儿歌或陈述事件，让儿童复述。复述有完整复述，也有复述大意。

5) 角色扮演：将所学课文和故事编成小品，然后教儿童其中的对话，让儿童在掌握对话和熟悉情节后做一个练习。

6) 谈话：训练者和儿童就某个话题进行交谈，帮助儿童学会维持话题。

二、增强性和替代性沟通

(一) 含义

2002 年美国听语协会 (ASHA) 所下的定义：增强性和替代性沟通 (Augmentativeand Alternative Communication，AAC，又称辅助沟通系统) 是指针对严重表达沟通障碍者 (如声音表出及书写障碍)，暂时性或永久性的补偿其丧失的沟通机能所提供的临床服务。AAC 包含用以扩大个人沟通能力的符号、辅具、技术及策略等各种要素的统合应用。这个系统有效辅助个人借由肢体表达、图形文字等实现沟通。

AAC 定义中四大基本要素的含义如下。

“符号”，利用视觉、听觉、触觉等方式来表达想法。

“辅具”，应用装置或设计以传送或接收沟通讯息。

“技术”，传送讯息的方法。

“策略”，个体自我学习或被教导而学到能增进个体表现的方法。

(二)AAC 的使用对象

AAC 的使用者通常是重度沟通障碍者，其口语、动作或书写能力受到暂时性或永久性的损伤而无法进行有效的沟通。

先天性的障碍包括脑性麻痹、智障、听障、视障、自闭症、语言发展迟缓等；后天的障碍则包括脑伤、中风、喉头切除、脊髓损伤、反复性紧张等。无论是先天性或后天性的障碍，都可以借助 AAC 的使用来增加沟通效能。

(三)AAC 的分类

1. 无辅具系统

包括手语、手势、面部表情、身体动作等。

2. 低科技辅具

包括沟通板或沟通簿、列字表或列字册、目光对话框、简易沟通器等。

(1) 沟通板与沟通簿：沟通板、沟通簿是低科技的非电子辅助沟通系统。沟通板是将文字、线条画、照片或图片等符号放入一个板子上，儿童可以选择其中他想要用来沟通表达的符号。沟通板的呈现可以是单一符号、多一符号呈现。随着儿童学习的进步，习得的符号越来越多，便可以将他们会用到的符号加以整理、分类。进而以沟通簿的形式呈现。

(2) 列字表与列字册：对于识字的沟通障碍者而言，依靠书写的方式可能过于费时，因此可以将有关的字母、文字或注音符号放在一张表上或放入沟通使用的笔记本内，按照使用者的需要与习惯来安排设计，让他只要指出文字或字母就可以达到沟通的目的。

(3) 目光对话框：目光对话框是用木材、塑料等材料制成一个框架，框架上面可利用粘贴、印制等，将沟通需要用到的图片或文字粘贴在框架的四个角落上。沟通时，必须将此框架放在使用者的眼前，使用者只需要将视线停留在框架某个角落的图片 (或文字) 上，他人就可以了解使用者想要表达的意思。

(4) 简易沟通器：简易沟通器是早期沟通障碍者比较常用的、设计较为简单的低科技电子辅助沟通系统，是协助沟通障碍者简单表达的沟通辅具，具有录音功能，由电池提供电量，可以随洗随录，辅助者将沟通障碍者所要表达的语句事先录制存储，沟通障碍者通过播放表达自己的需要和想法。

3. 高科技辅具

包括微电脑沟通板、计算机辅助沟通系统等。

(1) 微电脑沟通板：微电脑沟通板可分为两大类：一类是计算机语音合成，使用者只需将单字、词组或句子输入沟通器，语音合成器就会将文字转换成语音输出；另一类是运用数字化语音 IC 来存放声音讯息，并以一个沟通板的外形呈现，将图形与声音讯息交互运用，父母或家长必须事先将语音透过麦克风存入沟通器中，以方便障碍者使用声音讯息。

(2) 计算机辅助沟通系统：由于计算机的普及率上升，因此许多辅助沟通系统的软件、硬件也跟着迅速发展，使得个人计算机也变成了一个辅助沟通器。其中，携带方便的笔记本计算机、平板计算机、PDA 与手机，以及触摸式屏幕、数字化录音、语音合成器等的整合运用，让个人计算机成为辅助沟通系统的一个趋势，为沟通障碍者提供了更有效、更便利的沟通模式。

第七章 超常儿童教育

第一节 超常儿童概述

智能显著高于同龄儿童发展水平或具有某些才能的儿童称之为超常儿童。美国关于天才儿童的定义则是："与年龄、经历和所处环境相同的人相比，有接触才能的儿童和青少年能表现出创造高水平成就的潜能。这些儿童和青少年在学业、创造性思维、艺术领域上表现出具有非凡成就的能力，拥有罕见的领导才能，在一些特殊领域出类拔萃。他们所需要的不是一般学校所提供的服务和教育。卓越才能存在于来自不同文化背景、不同经济地位的儿童和青少年身上，也存在于人类活动的各个领域。"超常儿童在智力和技能上的优势需要我们给予特别的关注，一方面需要通过加强培养和教育，不仅使其身心获得健全地发展，同时使其充分发挥超常的潜能；另一方面，不能把他们看成是早熟的成人和完人，对他们的培养和教育不能脱离其身心发展的年龄特征，同样也要遵循教育规律，才能使其健康地成长，否则就会拔苗助长，或放任自流。对超常儿童科学的家庭教育，早期挖掘超常儿童的潜力，对于培养一大批国家的杰出科技人才，具有十分重要的意义。当前国际上针对超常儿童的教育主要是"加速式教育"和"丰富式教育"两种模式。其中广泛受到认同的是"丰富式教育"。我国也采用的是这两种教育模式，但是更多的是"加速式教育"。但是近年来随着"丰富式教育"的引进，我国的超长儿童教育也逐渐在向"丰富式教育"过度。30年来，我国运用"加速式教育"对超常儿童进行教育，取得了一定的成果，速成了一批人才，为国家早出人才、快出人才，建设社会主义国家方面，做出了积极的贡献。但是不可否认的是，在这个过程中也暴露了一些问题，不容忽视并且我们也必须重新审视我国对超常儿童的教育培养。

一、超常儿童的定义

超常儿童又可称为天才儿童、天赋优异儿童或神童，一般指智力水平明显高于同龄者的平均水平(一般智商在130以上)，或在某一方面具有特殊才能的儿童。一般来说，超常儿童不仅智力水平高，而且在身体素质、情绪调节和社会适应等方面，亦优于常人，他们的出现率在1%～3%。在超常儿童教育发展史上，不同的认识、不同的视角，乃至不同的社会文化观，都会影响到对超常的定义。

国际上比较有影响的是美国联邦政府引用1972年《马兰德报告》Mar/wW中对超常儿童的定义，认为包括在下列任一种或多个领域中具有成就或潜能的儿童：一般智能、特殊学术能力性向、创造思维能力、领导才能、视觉或表演艺术能力、心理动作能力。1994年修正的《超常儿童教育法》对天赋优异的定义做了修正与补充当天赋优异用于儿童或青年时，是指该儿童或青年经证实在智能、创造力、艺术、领导才能和特定学科领域中有高度表现之能力，并需要超乎一般学校所提供的服务与活动，以充分发展其能力。

对于超常儿童的定义牵涉到智力理论问题，以下几种代表性的观点对当代超常儿童定义有着深刻的影响。

二、超常儿童的类型

1. 智力型

主要的特点是智商高。

2. 学术型

学业成绩特别突出，显著特点是一门或几门功课特别优秀，超过了同年龄或同年级儿童的学业水平。

3. 创造型

特点是创造性强，能不拘一格进行发明创造。这类儿童的思维具有流畅、灵活、新颖等特征，善于从不同的角度来考虑问题和解决问题。

4. 领导型

具有很强的组织能力、分析判断能力、讲演能力、决策能力、感召力和自我控制能力等领导者的素质和潜能。

5. 艺术型

擅长美术、音乐、戏剧，有很高的艺术天资和素养。

6. 运动型

不仅有很高的运动记忆和形象思维能力，而且反应灵活，具有很好的动作协调和模仿能力。

第二节 超常儿童的特征

一、超常儿童的特殊需要

超常学生在学习和发展中既有和一般学生相同的需要，也有他们的特殊需要。

由于我国长期以来的刚性教育制度和大一统的课程教学计划，一些超常学生的需要常常得不到满足，他们被迫无奈地坐在教室里学习他们早已学会的内容，学习兴趣荡然无存。虽然现行课程改革在这方面有了较大改进，但传统的教育观念和教学方法仍根深蒂固。有的教师总认为，超常学生聪明，不教也能学得很好，因而忽视了这些学生的特殊学习和发展需要，对他们缺少必要的帮助和指导。真正意义上的教育公平，不是教育资源上的简单平均分配，而是针对不同学生的不同发展需要给予差异化的满足。

在班集体教学中应实施差异教学，处理好共性与个性的关系，满足超常学生深造与速成的学习需要。深造是指超越一般学习标准或补充年级学习内容，但又不以升级或分数为目的的策略。为了满足普通班超常学生的学习需要，往往需要针对他们的特长加深拓展某方面的学习内容。

对于智力超常又具备提前入学和跳级条件的学生，应允许他们缩短学习年限，但要帮助他们作好社会调整，提高他们适应新环境的能力，并弥补由于学习速成而带来的知识技能的缺漏。超常教育的核心是开发学生的创造力，天才教育课程非常重视创造力的培养。教育既可以培养学生的创造力，也会扼杀学生的创造力，关键是怎样开展教育活动。现在有的学校将超常教育等同于争取名次、拿奖牌，这对超常学生的发展是不利的。我们应该为超常学生开设有关创造力的选修课程，让他们明白创造原理、过程，掌握创造的技能技法，例如移植法、属性罗列法、头脑风暴法等。学校既要在各科教学中引导学生进行探究性学习，培养学生的创新精神，也要开展综合实践活动，特别是在研究性学习中，让他们从发现身边值得研究的问题开始，经历完整的探究过程，体验探究的奥秘，感受成功的欢乐和失败的教训，从而逐步提高学生的创造能力和水平。

托兰斯认为，创造教学的核心目的就在于创造一种“易起反应的环境”，而这样的环境应是民主和谐的、激励创新的环境。爱默比尔认为“内在动机原则是创造力的社会心理学基础，当人们被工作本身的满意和挑战所激发，而不是被外在压力所激发时，才表现得最有创造力”。教育应改变过去那种权威式的教学关系，不是让学生在教师、父母的压力下学习，而是自主地、主动地去学习。教师要爱学生，承认学生间的差别，允许他们在学习上有选择的机会。著名科学家爱因斯坦非常重视“神圣的好奇心”和“内在的自由”。所谓“内在的自由”就是“不受权力和社会偏见的限制，也不受常规和习惯的羁绊，能进行独立思考”，民主和谐的环境就是给学生提供这样自由的空间。

优良环境创设需要变革教育的体制与管理，如改变大一统的僵化的教育模式，倡导有利于培养学生积极健康个性的、有一定选择余地的教育模式；从单纯行政管理转向服务型管理，倡导人本管理，使管理科学化、人文化，解放学生的创造力；改革现有的学生评价制度，建立有利于创新人才脱颖而出的评价制度，改变仅用统一的标准和分数衡量学生，通过多元评价促进多样化人才成长；加强自我评价，鼓励学生不断超越自我，等等。

二、认知

(一) 语言发展快速

超常儿童最显著的特征就是他们在语言和思考方面的发展很快，他们与同年龄的孩子比起来，语汇和知识快速增加，可以运用词汇表达自己的意思，通常可以从故事、影片之中，看到或得到比同龄孩子更多的知识或信息。Bmet 曾经形容聪慧的儿童心理年龄比生理年龄高，也就是说超常儿童的心智发展大幅超前于他们的生理发展，他们的智力测验表现与比其年长的儿童相当，同时他们的学业成就也往往有同样的杰出表现。

(二) 阅读和理解的提前

超常儿童学习抽象的文字并开始阅读，可以提前到四岁，甚至三岁，他们往往可以抓住很多机会，要求父母或家人指出文字的发音，并学习其意义。由于阅读得早，他们拥有大量的工作字汇并储存大量的信息，所以有助于理解复杂和抽象的概念，增进学习效果。但是，并非所有的超常儿童都很早就学习阅读，或者进步很快。很多人是在幼儿园或小学一年级，因为进入学校才开始学习。

(三) 合理的逻辑思考

和一般儿童相比，超常儿童的思考过程比较快也比较有逻辑，因为渴望学习，加上天生的好奇心，早熟的超常儿童可能会不断地发问、想要知道为什么。他们富有逻辑性思考，很快就能洞悉事件的因果关系，对于问题常有变通且独特的想法。

(四)强烈的动机、毅力与专注力

很多超常儿童和名人身上都具备持久的高度动机，这是他们最常被提到的一项特质。在推孟的研究当中，成功与否的主要差异之一在于他们的动机水平。超常儿童对其有兴趣的领域，往往表现出对事物的专注、好奇与锲而不舍，不容易受外界干扰而分心，常有忘我的现象。不过，对于没有兴趣的事物也常常表现出无聊、缺乏耐心的态度。

(五)不寻常的记忆力及数据组织能力

超常儿童阅读早且涉猎范围广，不仅对于信息的回忆能力强且可以自己组织出信息间的关联性并分析信息间的差异。

(六)优异的思考能力

超常儿童从小就会不断地询问每件事物，抽象思考能力佳，如空间推理能力、问题解决能力、创造力能力、后设思考能力等，容易了解别人的反应、联结不同的观念，综合归纳自己的结论，甚至将其转化为幽默的点子，融入于生活的应用中。

(七)偏好独立学习、弹性思考

和一般同伴比较起来，超常儿童倾向于独立、自我激励型的学习者，而不是教师激励型，他们喜欢非结构化和弹性的学习任务。他们偏好主动参与的学习取向而非旁观取向。超常儿童比较喜欢在安静的学习场所独自学习，或是与其他超常同伴或知心同伴一同学习。

虽然学者们列出许多超常和特殊才能儿童的特质，但并不代表所有的超常和特殊才能儿童都展现出学者们所指上述所有行为。事实上，超常和特殊才能儿童是一个异质性的群体，除了他们彼此之间的能力、特质不同外，他们自己本身的各项能力也不同。对教师而言，孩子超常与否可能反映在测验分数、学校成绩及其作品上，对家长来说则可能反映在日常生活对孩子是否具有天赋优异潜能的观察，以此可作为鉴定时的参考。

三、个性情感

(一)个性独立、自信和内控

高度自信、独立性与内控倾向是典型与超常有关的一组重要的人格特质。高度内控的人是比较有自信的人，他们觉得成功和失败都是自己应该负责的。例如：把失败归因于自己的努力不够，而不是缺乏能力，他们会从失败中学到经验，激励自己下次更加努力。反之，外控的儿童常会将成功或失败归因于运气、概率或工作难度。由于高度内控和对责任的担当，这些超常儿童也通常会为自己设定更高的目标。他们挫败的产生不是因为他们拿自己的表现和别人做比较的结果，而是由他们自己的高度期望和完美主义所造成。

(二)人际差异知觉影响自我认同

超常儿童因为和同伴有先天及后天的差异，自我认同的过程显得较为复杂，在学业、人际及社会的自我概念的发展上显得不平衡，他们可能拥有高学业性自我概念，却有较低的人际或社会自我概念。此外，差异知觉会让超常儿童觉得与人不同，有时因害怕人际孤独而产生严重的罪恶感及自我怀疑，从而影响其潜能发展及自我认定。

一些国外学者的研究中发现，超常儿童孤单与社会孤立的感觉在 10 岁以前为最。有些超常儿童为了要在同伴文化中获得认同，于是戴上面具掩盖超常特质，牺牲自己和同伴不同的学习爱好、兴趣以及超前的社会发展。

大人常以社会欣赏、认定、顺从或成功的角色来鼓励超常儿童，这与超常儿童批判、创新、反传统的本质相冲突，因此即使他们表面顺从，隐藏在内心的却是压抑、怀疑、不服与不适的感受。自我认定是超常儿童发展天赋的关键，超常儿童常从他人的反应获得增强，却造成自我认定与他人认定之间的差别，他们往往为了迎合教师或家长的期待放弃自我认定的机会，进而影响生涯选择。超常儿童所戴的面具及伪装并不是天生的，而是因为大环境没有提供自由让他们“做自己”。

（三）道德思考与同情心的层次高

很多超常儿童从小就对道德或价值的议题较为敏感，对于哪些行为是好的，哪些行为是不好的，他们有较清楚的认知。他们对事实及伦理的标准相当高，并亟欲追求世界的公平与正义。这些儿童在平时就会有对抗不公、挑战权威、对他人的困境表示同情、关心世界议题等表现。皮亚杰等认为，发展超前的儿童较不会以自我为中心，他们会从他人的角度看待事情，因此超常儿童较能认可他人的权利和感受。

（四）追求完美主义

国外研究者长期追踪超常儿童的研究结果确认，“完美主义”是超常儿童的情绪特征。完美主义是行为与想法的结合，可区分为两种类型，包括正向的完美主义与神经质的完美主义。正向完美主义特质是触发超常儿童努力的动力，可助其达到成功与卓越，这样的儿童虽坚持高标准，但在追求成就时可以因为环境或个人的限制为自己设定合理的标准，以较平衡的观点看待自己的表现，即使失败也能够再接再厉；相反的，如果儿童的动机是来自于避免犯错、得到大人的赞美与奖励或满足家长、老师的愿望时，那么就很容易对努力的结果感到不满意或怀疑，此时难免产生紧张、焦虑、羞愧，严重者甚至有身心疾病乃至逃避及自杀等负面行为，这就是适应不良完美主义的类型。

教师及家长应创造一个支持、宽容的教育环境，倾听儿童的需求，容许他们在学习过程中犯错，聚焦于其个人的成长、改变及学习的过程，而非其完美的表现，并在过程中指导儿童如何选择、分析目标、计划并达到预期的成果，在事后借由分享、自我检验的后设认知历程促进其对自我的了解，体验超常的真正意义。

（五）追求自我成就

超常儿童基本上对自我都有较高的标准，却难免有眼高手低的现象，产生低成就的学习表现，影响所及可能扩展至生活中各个层面。到底超常儿童表现出何种程度的差距才能称之为低成就呢？事实上因为各研究标准或定义的差异，造成对于超常低成就出现率有不同的看法，以美国、加拿大的研究为例，超常儿童中低成就的出现率从 15% ～ 70%。综合各研究可将低成就的原因能力归纳如下。

个人因素：低成就的个别差异性高，并非单纯的几种特质可以描述，各特质是背后多种因素交织的结果，低成就的个人表现有自我概念消极、自信心低、自尊不足、自我效能低或是动机不足、适应力差、挫折容忍力低等。

学校因素：儿童主要的学习环境在学校，低成就的主要表现也是在学校的学科成绩上，可能的因素包括课程缺乏挑战性、教学方式不符合其学习风格、教师负面的期望、班级过度竞争的气氛以及班级中同伴团体的负面影响等。

家庭因素：家庭的支持与家人的陪伴甚至是经济支持都在个体成长发展中扮演关键角色，家庭气氛的和谐与父母的价值观念、期望度、管教方式等都可能影响儿童的成就表现。

低成就是一个不会自行解决的问题，如果不能克服低成就，超常儿童会一直处在低成就的挫折中，到高中以后，改变的概率就很小。辅导儿童克服低成就必须把握小学高年级及初中的关键时机，分析低成就的原因，长期支持、辅导，提供系统性、多样化的策略才能成功。

(六) 过度激动

Dabrowski 以智力与创造力表现优异者为研究对象，发现超常儿童具有更强的知觉与敏感度，是智商越高的儿童，知觉与敏感度表现得越强，而这种情绪的敏感与强烈感受往往也成为辨别超常儿童的重要特质。Dabrowski 提出过度激动理论 (OE) 来描述这种强烈的敏感度，虽然并不是所有超常儿童都具有这种特质，但相较于一般儿童而言，超常儿童比例较高。他提出超常儿童的五种过度激动特质如下。

心理动作的过度激动：说话快、动作快、冒险性强，但精力旺盛而有强迫性多话的倾向或神经质的表现。

感官的过度激动：对听觉、视觉、嗅觉、味觉等的感觉敏锐，但为疏解内在的紧张而寻求感官的满足或纵欲，不能忍受噪音、不美好的事物。

智能的过度激动：渴望知识、好问、追求真理、思考独特，但不满现实与权威，批判或反抗性强烈。

想象的过度激动：想象力丰富，善用视觉表征，但喜欢幻想、做白日梦，注意力不集中。

情绪的过度激动：人际敏感，关心他人及社会，但常有强烈而复杂的感受，因此对感情的记忆深刻鲜明，关切死亡问题、忧虑社会，可能产生心身性反应，如胃痛、焦虑、抑郁等。

超常儿童过度敏感的表现是未来发展的动能，童年时期内在纷扰、高自我期望、高水平的道德感与外在世界交互作用造成身心不完整的过程，让他们学习突破内在冲突而不断提升自我，有助于人格的统整与成人时期的高层次发展。

超常儿童是一群异质性相当高的群体，当我们思索要如何为超常生提供教育措施时，确有必要仔细探究超常儿童的独特特质及其可能产生的影响。

第三节 超常儿童的鉴定

鉴定的目的在于找出超常儿童，而后为他们提供适宜的教育措施。随着智力概念发展的多元，除高智商、高认知功能的表现外，各种超常才能均受重视，如何将超常定义转化为可观察的向度、订制观察系统指针，并同时考虑超常儿童的情意特质，以构建具有客观性、公平性、科学性的鉴定方式乃为超常鉴定的重要工作。

一、超常儿童鉴定的原则

超常儿童的定义、鉴定与课程计划乃为一体三面，彼此应互为联系。界定超常方案的对象、厘清超常儿童的定义，才能鉴定出超常方案所需要的儿童。鉴定时应把握下列要点：①鉴定必须使用“多元能力”的概念；②鉴定工具必须能证明该儿童相较于同龄者能展现超常的能力；③鉴定工具提供有关儿童能力与需求范围的证据；④鉴定工具及方式能够兼顾“潜能”与“成就”；⑤鉴定工具及方式能鉴定出不同语言、经济、文化背景与特殊族群的儿童，并提供每个人公平的鉴定机会；⑥采用弹性的鉴定工具及鉴定流程，以能鉴定出每位儿童不同能力为主要考虑；⑦鉴定结果要有助于教育规划。

二、超常儿童鉴定的流程

多元、多阶段的鉴定步骤是超常鉴定的趋势，在中国台湾地区超常儿童需经推荐、初选、复选、遴选，最后通过者才能被超常方案正式录取。

(一) 推荐

教师或家长是与儿童相处最多的人，他们可以根据日常生活中对儿童或子女的观察提出推荐；而同伴在平日学习互动中可以知道谁的想法最独特、谁的知识最丰富、谁的点子最多，同伴评鉴也可能协助挑选出一些弱势族群或社会经济不利、文化殊异的超常生，但同伴评鉴在四年级以下时可靠性较差。

另外，此阶段也接受具有特殊能力表现、获奖纪录或优异作品的儿童自我推荐。

(二) 初选

通常由校内自行组成初选小组，针对教师、家长或儿童提出的推荐名单进行审核，确定可参与初选测验的名单，初选测验可以是团体智力测验及成就测验。

(三) 复选

复选由辅导单位、大专院校或政府教育单位协助学校实施进一步的个别智力测验、性向测验、创造力测验及其他成就测验、术科测验等。部分地区 (如台北市) 在个别智力测验后安排进入复选阶段的儿童参加鉴定观察课程，由超常教师担任观察员，了解儿童在课堂中的实际表现，观察项目包括领导能力、口语表达能力、人际互动与同伴合作能力、创造力及作业完成能力等测验中无法观察到的能力，据以确认儿童是否适合进入超常方案学习。

(四) 遴选

由辅导单位、大专院校或政府教育单位召集学校人员、超常儿童教育学者、家长代表组成鉴定安置辅导委员会或甄试委员会，召开复选或甄别会议决定入选名单。

至于美术、舞蹈、体育等技能领域的特殊才能者，在鉴定时并不会以智力测验作为评鉴的工具或制订相关的智力标准，而会以该领域中的表现及性向作为评鉴指标。

三、超常儿童鉴定的工具

(一) 正式评估工具

一直以来量化资料在鉴定超常儿童的过程中都扮演着极为重要的角色，尤其是智力测验。它所呈现的结果也较能获得专家、教师，甚至是家长的认同。

1. 智力测验

智力测验包括团体智力测验，例如 CPM(瑞文彩色图形推理测验)、SPM(瑞文标准矩阵推理测验) 都是我国台湾地区小学中常用的团体智力测验工具。团体智力测验的优点是花费低廉，可多人同时进行测验，因此非常省时，缺点是准确度较个别智力测验差。

2. 性向测验

“性向”是心理能力的一种，测量一般认知能力的性向测验就是所谓的智力测验，但如果是测验特定领域、科目，则会有如数学性向测验、科学性向测验、语文性向测验、音乐性向测验、美术性向测验等。

3. 成就测验

学业能力是一般超常者进入鉴定程序前参考的重要指针，如各种标准化成就测验、教师自编测验、术科测验等。

4. 创造力测验

虽然智商与创造力仅呈中等程度的相关性，高智商的儿童不一定具有高创造力，然而要了解儿童是否有创意潜质则可以通过此测验来进行。常用的创造力测验有威廉斯创造力测验及陶伦斯创造力测验 (TTCT)。

(二) 非正式评估工具

智力测验的指标作为评估智力的标准，已随着时代的演进与研究的发展而落伍。超常概念单一化、刻板化的单视角观点已被多视角的论点所取代。过去鉴定方式多采用量化数据，强调客观、公平，对于特殊个案的考虑较少。事实上，由于测验内涵及测量误差的问题，测验未必对于每一位儿童都是公平的。实作评估、档案评估、动态评估等也随着智力理论的扩展、超常儿童对象的多元化及无文化偏见评估的渐受重视而逐渐被运用在超常的鉴定上。各种非正式的评估工具介绍如下。

1. 档案评估

如儿童个人的成长及心理评估资料、系统的学习观察记录、优良作业或作品的搜集、特殊表现或竞赛记录、学习成绩记录、追踪转衔资料或其他轶事资料。

2. 实作评估

以生活中可能遭遇的事件作为题材，儿童利用学习过的知识解决问题，强调将知识转换成具体行动力，而非仅静态知识评估。

3. 观察量表

提供教师对于儿童能力特质的观察资料，以弥补传统以客观化测验鉴定儿童的不足，使鉴定人员以多元的方式了解儿童的能力，而不局限于以纸笔式测验的结果鉴别儿童的能力。

4. 竞赛成果

例如全国性竞赛的前三等奖，以各类竞赛做评估时也可利用实作评估再加以确认。

5. 作品

如儿童独立研究的报告、摄影、绘画作品、文学著作等均属之。

6. 其他方法

如面试、表演、观察课程等，均可根据各类超常鉴定的需要加以采用。

社会越来越趋于多元化，近年来超常儿童教育学者也致力于突破原来单一而固定不变的智力概念，而从更多元、可学习、可改变的角度来诠释人类潜能的特质。希望每个人的不同才能都能被发现。

第四节 超常儿童的教育需要

为适应超常儿童的学习需求，在教育内容和教育方法上应进行相应的调整，以求满足其个别化的特殊教育需要。

一、超常儿童教育的现状以及存在的问题

(一) 我国超常儿童教育的现状

我国的现代超常教育最早可以追溯到20世纪三四十年代。在20世纪30年代到40年代，陶行知和沈亦珍提出了超常教育理论和探索了超常教育实践。但是真正有体系的进行超常教育还得从1978年3月中国科技大学创办少年班开始算起。中国科技大学创办少年班初步形成了从小学、中学到大学的超常教育体系。虽然说我国的超常教育已经有三十多年的历史，但是其实还是尚属于起步阶段。我国对超常儿童的教育培养还没有正式的法律规定，国家并没有专门针对超常儿童订制的教学计划、教学要求和教材，对超常儿童进行专门的鉴定、教育、评估的机构也比较少。并且大部分的中小学没有专门针对个别超常儿童订制的教学计划，培养措施以及专门的教材、课程；对于那些被父母送进学校的超常儿童应进行哪一年级的教育，学校也并没有进行严格、科学的鉴定评估。虽然有些学校也有所谓的“培优班”“实验班”，但这与超常儿童的教育在意义上并不完全相同。许多超常儿童在学校并没有接收到能最大程序开发其潜力的课程。再者，超常儿童普遍的智力年龄与实际的年龄有差距，在智力、情绪、身体发育方面不同步，甚至是不平衡，而这样往往会产生与学校教育的矛盾。超常儿童往往有各方面发展不平衡性的特点，他们的智龄与实际年龄有差距，智力、情绪、身体发育不同步，而这个特点往往与学校的规章制度发生矛盾。例如，按照身体发育的情况，10岁儿童如果上小学也许上午下午各上三节课，但是如果他上初中上午下午就要各上四节课。如果上高中的话，在校时间会更长。能不能提前离校？体育课超常儿童如何上？这些看起来很琐碎的问题给学校管理带来了很多挑战。而且由于超常儿童的年龄在班级中偏小。社会化程度和心理发育远不如智力发展得快，极容易被大孩子欺负，给孩子的成长带来阴影。我国的大多数超长儿童的教育主要是通过跳级来完成的。但是这个过程中也存在着一定的缺陷。例如，一个八九岁的超常儿童，可能跳级到高年级学习，他在文化课的学习上可能比大多数孩子都强，但是，如果他像这个班的大多数孩子一样接受体育教育，那么他能承担下这么大的运动负荷吗？再者，由于超常儿童随班就读，自身年龄可能还小，注意力并不能像班上其他孩子那样能坚持那么长的时间。在这个过程中老师又应该怎样组织教学也是一个问题。而且，由于超常儿童的智力肯定比同龄的孩子超出许多，所以采取的往往是“跳级学习”。但是，由于超常儿童的年龄往往低于班级里的其他同学，加之自身的社会化程度较低以及心理的发育远不如智力的发育，在一个班级中很容易受到大孩子的欺负，给孩子的成长心理带来阴影。同样，由于超常儿童在班级中年龄小，对于大孩子的世界并不是很了解，同学们也会觉得他很幼稚没有共同的话题，超常儿童在这样的班级中势必会缺乏交流，长此以往在社交方面便会发生一定的困难。儿童期的同伴关系对儿童的身心发展有着重要的作用，但是对于一般孩子来说很容易的交朋友。对超常儿童来说则要困难得

多。在班里，他周围的同学年龄比他大，觉得他太幼稚，没有共同话题。而和他同龄的孩子则不同班、不在一起学习生活。因此超常儿童几乎总是孤独的，他们最亲密的伙伴就是父母。超常儿童在生活中必定受到周围人的赞誉，在某些时候甚至是有些优待的，这样就会使得超常儿童受到周围同学的嫉妒以及在无形中也会助长超常儿童自以为是的性格，使他们产生一种优越感，形成畸形自尊心，养成懒惰、自私的心理。这对超常儿童的成长是极其不利的，会使孩子产生社会适应不良以及社交困难。在超常教育方面，教育机构应该起着举足轻重的作用。但是，纵观我国的超常教育，几乎很难找到与超常教育相关的法律法规以及专门的超常教育师资培养机构。这就使得超常教育缺乏师资力量而举步维艰，从而导致绝大多数超常儿童没有机会获得与其自身相适应的特殊教育服务。再次，家长是孩子的第一任教师，但是，对于大多数超常儿童来说，他们的父母可能资质平平也没有多大的教育能力，这就使得孩子在接触学校教育之前的家庭教育落后了一截。

(二)我国超常儿童教育存在的主要问题

1. 超常教育功利化

受现有“应试——升学”教育体制的影响，应试成绩和升学率，依然是我国某些超常儿童教育机构最大的追求目标。这就很容易使对超常儿童的教育沦落为应试教育的牺牲品，使一切对超常儿童的教学活动都接受高考指挥棒的指挥。其中最为典型的就是中学超常教育以把超常儿童送进大学为目的，大学少年班以学生考上硕士、博士、留洋海外为目的。在这一功利化理念支配下的超常教育只重视超常儿童智能的发展，而忽略了培养他们的创造性、情绪智力和社会性交往方面的能力，因此导致一些超常儿童不能很好地适应竞争激烈的社会，不能应对社会对多元人才的挑战。这样畸形的教育对超常儿童的身心健康是极其不利的。

2. 培养模式单一

当前，我国对超常儿童的培养模式基本上限于加速式教育，应用较多的是缩短学制的教育，其中最典型的是中国科技大学少年班，它缩短了人才生产周期，并节约了教育资源。然而这种特殊班级需要专门的课程设计、教材设计、高水平的师资队伍，普通学校很难达到这些要求，因此，这种教育模式缺乏大面积普及的可能性，加之超常儿童的学习时期被人为缩短，环境特殊，学业压力大，不利于超常儿童综合素质的发展。

3. 城乡超常教育发展不均衡

我国是一个农业大国，农村人口约占全国人口的56%。从理论上讲，农村超常儿童应占全国超常儿童的一半以上，遗憾的是，农村超常教育几乎还是一片空白，我国的超常教育主要集中在城市，城乡超常教育发展极不均衡。

4. 忽略超常儿童的差异性

在超常儿童的教育过程中，我国的教育可能选择得更多的就是模式化的大规模的生产“超常人才”。但是，就和其他普通学生一样，超常儿童也有差异性，有独特领域的范围不一样，但是我们却人为地把他们进行一样的教育。很大程度上没有开发完全他们的潜能。

二、超常儿童教育的对策

在对超常儿童教育经验和教训的基础上，认为30年来我国超常教育的基本格局是“重快轻好”，为此，他们提出了又好又快的“双超常教育”的主张。“双超常教育”的基本理念是暇;

超常教育要从超常人才的本质出发，充分尊重超常人才的主体地位，发挥超常人才的首创精神，致力于开发超常人才的主体性、能动性、创造性、身心和谐性，促进超常人才的健康、和谐与全面发展。

要注意超常教育的全面协调可持续，按照超常人才成长的规律，促进其身心和谐全面发展，要注意超常教育的智力与非智力、左脑与右脑、学业与心理、显能与潜能、加速式与丰富式、一元与多元超常教育的相互协调，坚持又好又快的生态式超常教育发展道路，使超常人才实现人生和事业的双丰收。“双超常教育”的根本方法是统筹兼顾，要统筹协调超常教育的各种关系，充分调动各方面的积极性根据“双超常教育”的理念，针对我国超常儿童教育存在的问题，我们提出以下对策：

(一) 订制针对超常儿童教育的法律法规

由于我国的超常教育还缺乏法律方面的支持，在实施的过程当中难免遇到一些困难，重要的是由于缺少法律的支持与保护，我国专门从事超常儿童教育的人数相当的少，这方面的投入也相对很少。因此，国家教育管理部门必须加强对超常儿童教育研究的投入，使得超常教育更好的发展。

(二) 成立专门的教育机构

建议成立专门的超常儿童鉴别、教育机构。这样，不仅避免了超常儿童随班就读过程中人际交往方面的问题，可以使得资源得到最大化地利用。在这个过程中值得注意的是，要使农村的孩子和城市的孩子一样受到相等的超常教育的机会。尽量做到城乡的超常教育平衡发展。

(三) 注重超常儿童的心理品质的培养

超常儿童在成长的过程当中，不管他自己愿不愿意都会或多或少的受到外界的关注，这些关注可能是正面的也有可能是负面的，同时，由于从小在某个方面的能力强于同龄人，有的超常儿童势必会在心理上产生骄傲、自以为是、自我为中心的不良心理。所以，在重视对超常儿童的教育的同时，也有注重他们心理健康的培养与教育。使其成为一个心理健康、意志坚强，人格日趋完善的人。这样才能在以后的生活工作中，为国家做出更大的贡献。

(四) 制订教育计划的总目标

由于超常儿童的个体差异性，所以我们在进行超常教育的时候得有个总体的目标计划。这个教育计划应该是使每个孩子的实际能力与潜能尽可能地得到充分发展。这个过程中课程计划的制订就显得尤为重要。针对超常儿童的课程设计主要是差异式可能，在这个过程中需要注意以下几点。

(1) 要满足天才学生作为天才成员之一，同时又是普通大众之一的需求。

(2) 要包括或者纳入普通课程的内容。

(3) 为天才学生提供展现他们特征的机会，这些特征有助于天才儿童的鉴定。

(4) 不要在学习和生活方面把这些学生与他们的伙伴隔离开来。

(5) 差异式课程不应该被用作对天才学生的一种奖赏或者惩罚。拓宽超常教育的培养目标创新是人类社会发展与进步的永恒主题。

世界哪个国家具有人才优势，哪个国家将占据竞争的制高点。因此，应该拓宽超常教育的培养目标，从培养知识型人才转变到培养智能型人才和创造型人才上来。具体来讲，超常教育的目标不仅要开发超常儿童的智力，更重要的是要培养他们的非智力因素，重视对他们的情绪智力、社会适应能力的培养。这样才能使他们立足于竞争激烈的社会，才能够应对社会多元人才的挑战，使超常儿童通过适宜的教育成为人格健全的社会精英。

改变单一的超常教育模式，多种模式综合使用从理论上讲，有多少种类型的超常儿童，就应该有多少种超常教育培养模式。而我国三十多年来超常教育的主流模式是加速式教育，片面的“快”，偏离了促进超常儿童自由、全面、和谐发展的大方向。因此，我国应该改变单一的超常教育模式，因地制宜、因材施教、将多种超常教育模式综合使用，优势互补，各尽其能。

发展远程教学，促使城乡超常儿童教育协调发展“双超常教育”主张城乡和地区超常教育的协调发展。而实际情况是，我国的超常教育主要集中在城市。城乡超常教育发展非常不平衡。而且我国幅员辽阔，学校相对分散，发展远程教育是一个可行的办法。通过大力发展远程教学，能够有效地解决广大地区和学校超常师资缺乏的问题，逐步实现“双超常教育”所主张的城乡超常教育的协调发展。

三、课程调整

(一) 课程调整的原则

超常课程的设计可能来自普通课程的充实或是另行设计特殊的超常课程，但都要适应超常儿童的身心发展特征。

1. 课程调整强调高层次思考能力

普通课程内容多为知识的堆砌或整编，不符合超常儿童的需求，超常课程应使儿童具有分析、综合、评价、创造的能力。课程的抽象性与复杂性程度要高。超常儿童学会抽象化的概念后较能进行类化、推论，也较能进行高层次的思考，因而教师应尽早引导儿童进入抽象思考的历程之中。如“问题本位学习”提供新奇的真实世界问题、建构丰富的知识脉络，并将它们植入社会脉络中，这种学习方式是非常适合超常儿童的。

2. 课程调整强调研究性的学习方法

超常课程应及早为儿童规划研究性学习的课程，通过探究式研究，不断发展其能力。研究性学习的主要方式就是探究，通过学习观察、记录归纳与摘要数据、整合分析多重信息、结合信息与个人观点，或者通过研讨他人的研究方法来了解研究方法的运作过程，进而将研究技能与方法应用于实际情境中。

(二) 课程调整的策略

由于超常儿童学习速度快，并能吸收和重组更多的概念，因此在调整课程时应充分考虑他们学习的速度和深度，并做出相应的调整，主要有两种策略：加速制和充实制。

1. 加速制

所谓加速制，就是通过弹性的学制与课程，让儿童依其个别的学习速率进行学习，以较短的时间完成学习内容。大部分的研究结果，都呈现正向的成效。加速制有不同的形式，诸如：提早进入正规学校体系、以较少时间完成各年级的课程或是加速学习课程的教材。台湾学者总结了部分形式的加速法。

(1) 提早入学：提早入学是指提早进入小学学习。由于学前儿童心理及智力发展的差异很大，所以必须谨慎评估，以免其产生不适应或是不快乐的学习经验，进而影响其未来的学习。评估时主要有以下列几个因素作为是否提早入学的参考，包括智力的成熟、阅读准确度、社会性和情绪的成熟、生理的健康、教师的接受度以及家庭的支持等。

(2) 跳级：跳级可分为完整跳级和部分学科跳级。完整跳级是让儿童跳过某一学年或学期的课程，以较短的时间完成学业。部分学科跳级是为适应儿童在不同学科的学习速率，让儿童某些学科与较高年级的儿童一起上课，而非全部学科跳级。这样的措施对于在某些领域有高能力的儿童而言，是很理想的方式。不过也要考虑到儿童在不同学制的学习问题，例如当某位小学五年级儿童的数学已达到初中程度时，是否能提供他跨教育阶段的学习机会就是必须思考的问题。

(3) 免修：儿童通过自修或其他方式而在某些领域的成就表现已达到该年级段的学习要求时，可以免修该领域课程。如此可避免儿童重复学习已经精熟的课程内容，并可自行规划学习。

(4) 提早选修：提早选修高一级的教育阶段的课程，例如让高中儿童选修大学学分，除了让高中儿童有更早的机会接触到大学教育之外，同时也缩短了儿童在大学学习的时间。

此外，加速制还可以函授课程、远程教学、缩短学程等方式进行。

加速制是一种服务措施，也是一种课程模式。若以服务措施的角度来看，是指提供给年纪较小的儿童标准的学习内容，如提早入学、提早选修大学课程、跳级等；若视其为一种课程模式，是指加速课程与学习材料，让儿童以比较短的时间完成学习。

每种加速的方式都有其优缺点，我们必须重视儿童的学习特质与需求，帮他们规划最适合的加速方式。

2. 充实制

充实制是提供儿童更丰富及多元的学习经验，内容上比一般课程更为深入与广泛。充实制可分为垂直的充实和水平的充实两种形式。垂直充实是指课程上的加深，目的在于发展儿童较高层次的概念和思考技巧；水平充实是指在课程上的加广，目的在于提供超常儿童较为广泛的通识课程基础。

充实制有不同的方式与取向，也有许多不同的超常儿童教育课程充实方案，其目的都是希望能为超常儿童提供适应性的学习。

四、教育模式

在长期的超常儿童教育实践中，已探索出不少富有成效的教育方法，形成了许多经验模式。在此，主要介绍三合充实模式、多元菜单模式、创造性问题解决模式。

(一) 三合充实模式

Renzdli 提出的三合充实模式，是一项最为人所知，以充实教学为基础的课程方案。三合充实模式鼓励儿童依据自身的学习风格和兴趣，积极扩展学习的深度，并以个人或小组的方式，进行独立思考，进而解决问题。

该模式包含了三类充实活动。

第一类，一般探索活动。本类型活动强调试探儿童的兴趣领域及具有拓展性质的充实课程。其课程目的为扩充儿童知识领域与生活经验；试探并培养儿童从事高层次研究的兴趣；作为教师安排认知与研究方法训练的基础。诸如安排校外教学、专题演讲等课程，让儿童能多元地接触不同领域与探索自己的兴趣。

第二类，团体训练活动。本类课程强调认知、情意与研究方法的训练，其目的在于培养儿童创造性思考能力、问题解决能力、学习策略与技能等，诸如各种思考策略的学习，计算机、工具、媒体等的运用学习。

第三类，个人或小组对实际问题的探究。强调对高层次问题的研究，其目的是让儿童成为知识的生产者，依据自己的兴趣与能力，运用课程中学到的知识与策略进行实际的问题研究。

在进行三合充实模式时，有五个步骤：第一，要先评估儿童的长处、能力、兴趣与学习风格。第二为课程的浓缩，让超常的儿童用较少的时间完成一般课程的学习，然后有更多的时间进行充实与探索。第三为进行一般性的探索活动，以扩展学习的深度与广度。第四为团体训练活动，以培养儿童认知与情意的技巧。最后为个别或小组针对实际问题探讨感兴趣的主题。

(二) 多元菜单模式

多元菜单模式为阮儒理 (Renzulli，1988) 提出之模式，教育者可以依照理论、教学或课程设计以菜单组合的方式实施教育。其目的在于提供课程设计者系统的计划，协助课程设计者将教学策略与学科知识结合。包含六种菜。

知识菜单：包括知识领域的整体组织、基本的原理与功能性的概念、方法论的知识及具体细节。

教学目标 / 儿童活动菜单：包括知识的吸收与记忆、信息的分析、信息的整合与应用及评估四部分。

教学策略菜单：教师们常用的教学方式，包括反复练习与背诵、讲述、讨论、同伴指导与学习中心等。

教学顺序菜单：包括引起注意、告知儿童、提供进阶程度选项、将知识与先前学习经验联结、教授教材、评估儿童表现及给予建议、与其他学科产生联结、提供转移及应用机会等。

艺术化调整菜单：教师可将自身的创意融入教学中，包括分享个人的知识、经验、信念、诠释、争议、偏见，或可使教材更具独特性。

教学成果菜单：可以通过艺术、表演、口语、视觉模型、文字等具体成果，或问题解决策略、结论类推能力、自我效能、同情心的提升等认知或情感抽象成果来表现。教师对高能力儿童可以要求多些抽象的成果；对于不同风格的儿童也可以让其选择适合的表现形式。

各种菜单都有不同的选项与内容，就如同教师的教学锦囊，提供教师教学时的选择，包含不同层次的知识，各式各样的教学方法、教学顺序，适应儿童经验与背景变化的教材，或是不同形式的成果表现方式与学习成果要求，在此不详细说明。在运用菜单前，设计者首先需了解教学领域的知识体系、探讨的议题及寻求解答的方法。菜单可以提供教学者有关知识发展的信息，用以设计有趣而真实的教学。教学者越了解知识如何发展，便越能选择适当的教学内容及教学策略。

(三) 创造性问题解决模式 (简称 CPS)

PameS(1967) 认为人类先天具有不同程度的创造力，经由知识的增长、环境的因素。以及教师的鼓励与提供练习的机会，进而可以获得更高的创造力。他指出问题解决之历程有 5 个阶段，包括发现事实、发现问题、发现主意、寻求解决方案、寻求接受，并强调个体在问题解决历程中需要运用发散性思维与聚合性思维提高问题解决的能力。在每个阶段行动中，发现困惑旨在寻找问题，确立所要解决的目标；发现事实旨在收集大量数据，从各种不同观点、不同信息中了解一些事实，并分析重要资料；发现问题旨在尽可能对主要问题及次要问题做出叙述，并选出一个来运作；发现主意旨在对问题陈述列出很多可能性的构想，并选出最有趣、最有希望的点子；寻求解决旨在找出可能的解决途径，并列出很多评鉴的标准来评估各种构想；寻求接受旨在找出最可行、最无阻力的解决方案并加以执行。

第五节 特殊族群超常儿童

在超常儿童这个群体当中，仍有一些特别的儿童或青少年容易被忽略，他们可能是在危机中的超常儿童，如学前超常幼儿、文化殊异 (居住地偏远、低社会经济地位背景) 儿童、低成就儿童、女性或双重特殊需求儿童，这些可称为隐性超常 (Invisible Gifted) 儿童，或可统称为“特殊族群超常儿童”，是指受到优势文化的主导及家庭社会经济地位的影响，而未能充分地在超常鉴定工具上有适当表现者。本节重点介绍文化殊异超常儿童与双重特殊需求超常儿童。

一、双重特殊需求超常儿童

一般社会大众的看法中，“天赋优异”与“身心障碍”一直被视为互不相隶属的范畴，这两种差距甚大的特质，叫人难以相信会在同一个体身上存在。20 世纪 70 年代以后，这一类型的儿童成为专家学者讨论的新议题，在重视人权与教育机会均等的时代中，强调以“最少限制环境”为原则，让他们有机会于融合教育中学习。

Kanes 等认为，双重特殊超常生其能力受到身体、感官、社交情绪或学习缺陷的阻碍，但仍能展现出优秀的一面，或能显示其具有优异的学习潜能。他们符合超常定义中任一才能，同时带有身心障碍类别中的一项或多项困难。

双重特殊需求儿童兼具正向及负向特质，他们表现出的正向特质大约与一般超常生一致，同样也会表现出一般身心障碍生可能会出现的负向特质。

Friedrichs 在许多案例中发现，双重特殊儿童的正向特质有可能被周遭大人视之为负向而影响发展，例如，超常生常见的心理动作或智能的过激特质反被教师或家长视为多动症 (ADHD) 的表现。

这些具有双重特质、双重教育需求的儿童除了因为缺陷特质的影响不容易被发现或被误解之外，在教育上则面临更为复杂的问题。他们通常在一两个领域内有优异的能力，其他领域却需要补救教学，或者有行为问题，很难与同伴一起学习。他们有时候甚至无法接受一般基础教育，在学习的内容上以才能的发展为重点。例如：美国游泳选手菲尔普斯幼年时即被诊断患有 ADHD，然而 2012 年伦敦奥运会后，却成为奥运会历史上获得金牌数及总奖牌数最多的运动员。好莱坞当红明星汤姆 • 克鲁斯 (Tom CmLse) 同时也是位阅读障碍者，他曾说虽然我是天生的左撇子，但却被强迫用右手，我常常将字写颠倒，而阅读对我来说是如此的困难，我不得不在特教班上课，觉得大家都当我是笨蛋。

近年来，双重特殊超常生的教育需求渐受重视，一般教师在设计课程时多考虑到他们在认知功能上的限制。事实上，通过才能发展课程使得双重特殊超常生发挥所长，同时增加其自信心与克服障碍的勇气，也同样重要。而身心障碍与超常儿童教育教师的合作，可为双重特殊超常儿童提供支持性的学习环境与学习策略，再加上普通班教师、行政与辅导人员、家长的通力合作即能帮助他们发挥潜能。

每个儿童都是不一样的，不论是身心障碍抑或是天赋优异，我们都必须重视儿童的个别差异，帮助他们找到自己的潜能并使其得以发挥。优秀的人才是国家的瑰宝，是社会进步力量的核心。超常儿童教育对儿童来说，是在协助个人朝最大的可能性发展、实现人尽其才的理想；对教育来说，是在引导教育潮流的发展；对国家社会来说，乃是培育与拔擢各界领军人物，让世界迈向更美好的境地。在科技与知识竞争激烈的时代，天赋优异者的教育更被各国所重视。期望今后通过实证性研究更加了解他们，进而结合各种资源，为他们提供最适宜的教育措施。

二、文化殊异超常儿童

文化殊异超常儿童指的是来自文化剥夺、殊异文化、教育剥夺、教育弱势、低社会经济地位等背景的超常儿童，由于文化的差异影响其语言、行为、人际互动、学习风格与价值观。

根据中外一些学者的研究，文化殊异超常儿童具有较强的想象力、幽默感、肢体表达能力、艺术能力、非语言的创意表现能力等特质。然而他们也有不喜欢某些学科、数学逻辑和理解能力较弱等表现。有些人认为这是文化背景带来的影响，有些则认为是基因的因素造成的。

这群儿童在超常方案中出现的比例非常低，原因包括：测验的偏差、教师倾向做选择性的转介、以缺陷为导向的教学典范、缺乏多元的评量指标及数据源、筛选指标未加调整等因素。于文化殊异的超常儿童来说，鉴定方式的调整极为重要，由于先天文化的差异常使他们无法适应传统、主流的鉴定方式。例如在天赋优异的鉴定流程中，占有重要分量的是智力测验，这些智力测验的题目选项往往来自学校课程中的概念与技能，特别是阅读、语文、数学等较为基础的能力，因此，智力测验成为预测学业成就时预测力相当高的一项指标。建议面对文化社会处境不利儿童时，鉴定过程中不使用成就测验及语文测验，若需采用语文测验则以报读方式进行；数学能力测验需语文理解的部分则调整为实作方式进行。除了教师观察外，在提名与筛选部分加入小区负责人、同伴甚至是儿童自己，将使鉴定更为顺利。另外，应加强观察课程在鉴定中之比重，观察课程之设计亦须避开弱势领域，而重优势之发掘，同时加长观察时间。另外动态评估 (Dynamic Assessment) 也在文化殊异超常生的鉴定过程中被认为具有相当显著的效果。在运用测验分数来判断是否通过鉴定时，亦须依其文化特质稍作调整。例如：韦氏智力测验宜依分测验结果选取分测验优势特质明显之儿童，尤应重视作业量表及其分测验成绩。

研究发现，文化殊异超常儿童在能力上并未较一般超常儿童低，是否能通过鉴定进入方案，接受超常儿童教育的服务成为重要的议题。文化殊异超常儿童之权益在过去常被忽视，他们较少有机会接受超常儿童教育。今后超常儿童教育应考虑资源均匀分配的因素，让文化殊异及处境不利的超常儿童皆有机会接受超常儿童教育。

第八章 自闭症儿童教育

第一节 自闭症概述

自闭症最早是由美国儿童精神科医师肯纳于1943年所提出。自闭症患者在整体心理社会功能、气质与人格功能方面皆出现障碍。中国台湾地区“身心障碍及天赋优异学生鉴定标准”(2011)所称自闭症，系指因神经心理功能异常而造成广泛性发展障碍，导致人际交往、情绪、沟通、行为、兴趣、学业学习、生活自理有显著困难或偏异。其鉴定基准须符合：①显著社会互动困难；②显著口语、非口语沟通困难；③表现出固定而有限的行为模式及兴趣。在特殊教育领域所指的自闭症则涵盖了儿童期崩解症、雷特症、典型自闭症、阿斯伯格症及非特定的广泛性发展障碍，并在社会互动、沟通、行为、兴趣、学科(领域)学习、生活自理或职业适应方面有显著困难者。

一、自闭症概念的提出

自闭症又称孤独症，是一种广泛性的发育障碍。1943年美国精神病医生肯纳(LeoKanner)在《情感接触的自闭障碍》一文中，以“婴幼儿自闭症”(Early Infantile Autism)一词，称说11名儿童，他们的共同表现包括对人冷漠、不喜欢与人交往、对事物表现出刻板兴趣、以同样的方法不断地操弄物品、感官知觉过于敏感或迟钝、自发性语言有限、机械性记忆能力佳、动作能力正常或接近正常等。此后，学界与医界就以“自闭症(Autism)”称说这一类儿童。

在早期的研究中，自闭症并不为大众所了解。直到1979年《国际疾病分类手册(第九版)》(ICD-9)将自闭症从“精神分裂症儿童期”一类中分出来后，人们才逐渐对它有所了解，在1980年“美国精神医学学会”的《精神疾病诊断与统计手册(第三版)》(DSM-IH)中，将自闭症列入广泛性发展障碍(Pervasive Developmental Disorder，简称PDD)之一，与阿斯伯格症、瑞特综合征、儿童瓦解性精神病等并列。近年来，随着对自闭症特质了解更加深入，学者逐渐将典型自闭症、高功能自闭症、阿斯伯格症与广泛性发展障碍非特定典型等独立出来，称以“自闭症谱系障碍(Autistic Spectrum Disorders，简称ASD)”，成为单一类的障碍，并且诊断标准也做广修正，DSM-V于2013年5月公布。以下采用“谱系障碍”观点，以“自闭症”一词，统称上述自闭症谱系障碍。

二、自闭症发生率

自闭症是一种神经系统的发展障碍，其主要的特征是在人际互动及沟通能力上呈现障碍，以及表现出刻板且重复的行为。专家们对于诊断的意见不一致，因此自闭症儿童的估计数目也随定义的严格程度而不同。一般而言，每一万名儿童中约有4～5名自闭症儿童，其中男性儿童约为女性儿童的3～6倍。台湾(1992)第二次全地区特殊儿童普查发现6～15岁学龄自闭症儿童的出现率是0.79%。该统计数据显示，自闭症者在不同年度的人口数分别为2010年10 160人，2009年9160人，2008年8151人，2007年7207，2006年6185人，平均每年增加

993 人(台北市自闭症人口数高达 2513 人，新北市 1987 人，共占该地区人口 44%)，增加率高达 16.52%，可以说是各障碍类别中人口数增加最快的族群。

三、自闭症的症状

自闭症是一种综合型的行为发展落后现象，心理学、医学、教育学等专业领域持续进行自闭症的相关研究，但对于自闭症的成因依旧没有绝对的答案。自闭症是一种严重的发展障碍，通常在三岁前可以觉察得到。除前述的自闭症三大典型特征外，表现出来的症状主要是言语发展障碍和社交发展障碍。除此之外，自闭症儿童在人际关系及其他方面也有不同于一般人的表现。其主要的人际互动问题呈现在“质的缺损”上。自闭症儿童有下列四项症状。

(一)没有依恋行为

自闭症儿童通常不易哭闹，喜欢自己玩，对父母或主要照顾者不会表现出依赖、依附的行为，不会主动寻求安慰及协助，在亲情关系的建立上有困难。

(二)面对亲人和生人时，其反应无显著的差别

自闭症儿童不会认生也不怕生，且很少与两岁前出现分离焦虑，即使较大之后出现分离焦虑，其表现的方式也不容易为他人所了解。

(三)对人际关系不感兴趣

自闭症儿童对团体活动不感兴趣，缺乏社交能力，有时无法体会他人感受，缺乏或不会表达同情心，故难以和他人建立友谊。

(四)回避与他人的视线接触

自闭症儿童用眼神表达人际沟通及需要时，所呈现的表达方式会有质量上的差异，无法呈现良好的沟通效益。

自闭症儿童的特殊偏差行为有自我刺激与固定仪式行为，而特殊技能方面也呈现狭窄且反复性的同一行为，说明如下：①自我刺激。自闭症儿童会出现如绕圈子、不断摇晃、转动、拍打身体部分器官或摸身体某一部分、将东西拿近鼻子闻、踮脚尖走路、摇头、拍手等知觉运动偏好的行为。有些自闭症儿童会有自伤行为，即反复不断或习惯性的伤害自己(例如，撞头、拍头)。②固定仪式行为。自闭症儿童会表现出固定的行为模式，例如，在饮食方面(吃固定的食物)，在日常生活的某些细节中(彩色笔要按照颜色深浅排列在盒子里)，在语言及思考沟通方面(问固定且重复的一样的问题)。某些自闭症儿童可能会表现出特殊技能，包含不涉及语言的技能与不寻常的记忆方式：不涉及语言的技能也可称为“零碎天赋”，包括对机器的拆解、拼图及组合积木的能力、绘画能力、良好的音感及数学计算的能力等；不寻常的记忆方式则包括记忆力佳，能够长时间记住一些内容，包括路线、乐曲、他人的谈话等。

四、自闭症儿童的鉴定标准

国际上，有关自闭症的诊断主要依据“美国精神医学学会”的《精神疾病诊断与统计手册》和国际世界卫生组织的《国际疾病分类》，目前，《精神疾病诊断与统计手册》为第四版的修正版(DSM-IV-R)，《国际疾病分类》目前为第十版(ICD-10)。20 世纪 60 年代至 70 年代间，ICD-7 与 DSM-I 中，将自闭症列入“儿童精神分裂症”中，直至 1978 年 ICD-9 与 1980 年的 DSM-I 不再将自闭症列入儿童精神分裂症，改将其列入“广泛性发育障碍”之中。两者有关自闭症的定义，几乎一致，以下采用美国《精神疾病诊断与统计手册》第四版来说明自闭症的鉴定。

中国在 1989 年的《中国精神障碍分类与诊断标准》第二版 (CCMD-2) 中，开始将“自闭症儿童”列入诊断标准；此时，仍列在儿童精神病的名目下，不过，其后又注明为广泛发育障碍。直至 1995 年修订时，再将其改归属于广泛性发育障碍类型下，2001 年的 CCMD-3 融合 DSM-IV 与 ICD-10 版的结构与内容，不过，内容更偏近 ICD-9 的内容，按照诊断标准，仍属于广泛性发育障碍类别。在 CCMD-3 的诊断标准中，将自闭症的诊断症状归纳为人际交往，语言交流，兴趣狭窄和活动刻板、坚持生活环境和生活方式等三方面，并且病因起于 3 岁之内，排除阿斯伯格症、童年瓦解性精神障碍、雷特综合征、特定感受性语言障碍、学生精神分裂症。

有关 CCMD-3 中的自闭症称为学生孤独症，其诊断标准包括：是一种广泛性发育障碍的亚型；以男孩多见，起病于婴幼儿期，主要为不同程度的人际交往障碍、兴趣狭窄和行为方式刻板；约有 3/4 的患儿伴有明显的精神发育迟滞，部分患儿在一般性智力落后的背景下具有某方面较好的能力。

【症状标准】下列 (1)、(2)、(3) 项中，至少有 7 条，且 (1) 至少有 2 条，(2)、(3) 项至少各有 1 条。

(1) 人际交往存在质的损害，至少 2 条。①对集体游戏缺乏兴趣，孤独，不能对集体的欢乐产生共鸣；②缺乏与他人进行交往的技巧，不能以适合其智龄的方式与同龄人建立伙伴关系，如仅以拉人、推人、搂抱作为与同伴的交往方式；③自娱自乐，与周围环境缺少交往，缺乏相应的观察和应有的情感反应 (包括对父母的存在与否亦无相应反应)；④不会恰当地运用眼对眼的注视，以及用面部表情、手势、姿势与他人交流；⑤不会做扮演性游戏和模仿社会的游戏 (如不会玩过家家等)；⑥当身体不适或不愉快时，不会寻求同情和安慰；对别人的身体不适或不愉快也不会表示关心和安慰。

(2) 言语交流存在质的损害，主要为语言运用功能的损害。①口语发育延迟或不会使用语言表达，也不会用手势、模仿等与他人沟通；②语言理解能力明显受损，常听不懂指令，不会表达自己的需要和痛苦，很少提问，对别人的话也缺乏反应；③学习语言有困难，但常有无意义的模仿言语或反响式言语，应用代词混乱；④经常重复使用与环境无关的言词或不时发出怪声；⑤有言语能力的患儿，不能主动与人交谈、维持交谈，及应对简单；⑥言语的声调、重音、速度、节奏等方面异常，如说话缺乏抑扬顿挫，言语刻板。

(3) 兴趣狭窄和活动刻板、重复，坚持环境和生活方式不变。①兴趣局限，常专注于某种或多种模式，如旋转的电扇、固定的乐曲、广告词、天气预报等；②活动过度，来回踱步、奔跑、转圈等；③拒绝改变刻板重复的动作或姿势，否则会出现明显的烦躁和不安；④过分依恋某些气味、物品或玩具的一部分，如特殊的气味、一张纸片、光滑的衣料、汽车玩具的轮子等，并从中得到满足；⑤强迫性地固着于特殊而无用的常规或仪式性动作或活动。

【严重标准】社会交往功能受损。

【病程标准】通常起病于 3 岁以内。

【排除标准】排除阿斯伯格症、童年瓦解性精神障碍、雷特氏症候群、特定感受性语言障碍、学生精神分裂症。

综合上述资料可知，目前为止，自闭症儿童在社会交往、语言沟通、行为 / 兴趣等三方面显现障碍，此三方面又被称为自闭症儿童的三联症，且个体间呈现出质性的差异，此症状出现于儿童 3 岁之前，无法以雷特综合征、学生瓦解性精神病等来归类。此外，DSM-IV 版的手册中也指出 70% ～ 80% 的自闭症儿童伴随着智能障碍，自闭症儿童也会伴随有多动症，并且，在听、视、触、味等感官知觉上，表现出程度不一的敏感或迟钝。相较之下，CCMD-3 里排除的病状较多，将自闭症儿童的感知觉问题纳入诊断标准里，表述的症状也比较多。

目前，DSM 在进行修订，将在 DSM-V 中将自闭症独列出来，成一单独类别，并指出自闭症要符合在社会交往、感知觉、兴趣 / 行为上出现质的偏异之特征，加上病发于幼儿早期，障碍导致日后的功能受损等原则。在 DSM-V 中，自闭症的诊断标准有着较大的改变，主要有：将三联症中的语言沟通及社会交往合并，成为社会交往维度，将语言沟通的行为融入其中；保留重复、刻板的兴趣 / 行为的维度，增加感知觉异常的项目；儿童确诊年龄，可能改在 3 岁或 3 岁以下；强调个体的症状导致日常的功能受损，非以病症来看待之；此外，对于谱系障碍，不再以阿斯伯格症、高功能自闭症、典型自闭症等类别称之，而以自闭症障碍需求程度一级、障碍需求程度二级和障碍需求程度三级等分类。新的诊断标准出台后，对于后续的诊断、疗育、就业、生活会产生极大的影响。

五、自闭症的类型

关于自闭症的分类，早期的研究与近年来的认识有所不同。

(一) 早期的分类

早期对自闭症儿童的分类，主要以美国学者 Wing 和 Gould 为代表，1979 年他们依据自闭症儿童在社会交往能力上的表现，将自闭症儿童分为孤独型、被动型与主动且怪异型三类。

1. 孤独型

孤独型自闭症儿童的社会交往能力很弱，他们逃避与人接触及眼神交流，对人冷漠，不喜欢别人碰触，感官知觉有强烈的反应。口语沟通能力弱，甚至无口语能力，肢体语言也怪异，让人不易理解。负面情绪的强度很大，只有重复性、固着性的行为表现，对物品的兴趣高于对人的兴趣，对物品的兴趣常是部分高于整体。例如：对于一部玩具汽车，他们对汽车轮子的关注与喜爱高于整部汽车，并且以自己的方法重复着、毫不厌倦地玩着汽车的轮子。模仿能力很弱，常伴随有严重的智力障碍、注意力障碍，以及自我刺激行为，如摇手、转手，或是严重的问题行为。

2. 被动型

被动型的自闭症儿童在要求下能与他人进行交往，不过，多为被动式的回应，互动时间不长，互动对象多为大人，无法与年纪相近的儿童互动，能主动要求他想要的物品，可以接受他人的接触。口语沟通能力较孤独型好，多为喃语或仿说性语言，可以表达长句，但使用语言的场景或语言的功能不佳。这类型的自闭症儿童也存在着感知觉敏感、自我刺激行为、问题行为、情绪过激、模仿能力不足、智力障碍、注意力障碍等问题，障碍程度较孤独型轻。

3. 主动且怪异型

主动且怪异的自闭症儿童喜欢与人接触、交流，与大人的互动多于同龄儿童，然而，与别人的互动及情感交流多为自己一头热，不管对方的回应或感受、例如：对于他喜欢的人，他会滔滔不绝地问问题，或是跟在对方周围，不愿离开，即使对方请他离开，他都不愿意离开。这类型的儿童口语能力很好，甚至很会背诵诗词，讲话时会引经据典，只是使用时的语意或是情景有偏误，话题的开启、持续及结束很怪异，缺乏或怪异使用礼貌性用语与客套性用语。此外，他们对于情境信息的解读很弱，所以常会闹笑话或是不解风情。他们的行为 / 兴趣的固着性与重复性较低，对于感兴趣的活动的强度仍明显高于一般儿童，智力多为轻度智力障碍到正常以上，也会有程度不一的注意力、感知觉、情绪等问题。

(二) 近年来的分类

近年来，由于对自闭症研究的深入和发展，对于自闭症的分类，多以障碍名称进行。美国学者 Volkmar 与 Klin 将自闭症分为三类，分别为典型自闭症、高功能自闭症或阿斯伯格症、非典型广泛性发展障碍自闭症等。

1. 典型自闭症

典型自闭症儿童的发现年龄在 3 岁之前，会有能力退化的表现，男生的出现率高于女生，社会交往能力相当薄弱，口语沟通能力也很弱，有明显固着的、刻板的、重复性的行为 / 兴趣，智力障碍多为中重度以下，感官知觉反应强烈，常会出现癫痫症状，家族史中有时会出现典型自闭症的案例。

2. 高功能自闭症或阿斯伯格症

高功能自闭症或阿斯伯格症儿童的发展年龄一般多在 3 ～ 6 岁之间，男生的出现率高于女生，社会交往能力弱，口语能力正常或接近正常，语言使用能力弱，几乎不会有癫痫症状，也会出现程度较轻微的行为 / 兴趣固着、刻板现象，智力为轻度障碍、正常，甚至超常，家族史中常有高功能自闭症或阿斯伯格症案例。

3. 非典型广泛性发展障碍自闭症

非典型广泛性发展障碍自闭症的发现年龄不一定，他们有部分自闭症儿童的特征，但是又不完全符合，男生的出现率高于女生。有些非典型广泛性发展障碍儿童社会交往能力很好，有些则很弱，个体间的差异很大，且呈现质的差异；口语能力多为正常或很好，但是，语言使用能力不佳；智力的表现多样，从重度智力障碍到正常，家族史的部分未知。

上述两种分类的共同处是，都以儿童在三联症及智力方面的严重程度来进行分类，Wing 与 Gould 辅以其他的特征，如感官知觉、注意力等，Volkmar 与 Klin 则以发病年龄、癫痫、性别比及家族史来进行区分。可见，学者们对自闭症的认识，不再局限于病症的特征，还有其他方面的延伸。至于 DSM-V 中则依自闭症儿童严重等级分类，将目前阿斯伯格症、自闭症非特定性等归类于第一级，高功能自闭症归类为第二级，而典型自闭症归为第三级，也规范出每一级在诊断和干预上的依据。

六、自闭症的成因

专家们努力寻找形成自闭症的病因，但是，至今仍无明确的说法。虽然如此，专家们仍持续地从环境、营养、药物中毒、基因定位等方面努力，希望从胎儿、婴儿的筛检中就能及早发现，及早实施预防策略，至今，相关努力仍在进行中。

目前，专家们认同自闭症是一种基因 - 神经生理方面的疾患，基因与神经生理因素造成自闭症患者的大脑神经在信息传导时出现混乱或阻滞的问题。通过研究发现，自闭症儿童的大脑结构异于一般人，从脑电图 (EEG)、睡眠和快速动眼期 (REM) 的研究，发现自闭症儿童有轻微的病症，异常的部分牵涉到感官知觉的统合、情绪及信息的整合。

学者也从神经传导的生化因素来解释成因，发现 5- 羟色胺 (5-HT) 会影响自闭症儿童的睡眠、情绪、食欲、体温、激素的分解；多巴胺 (Dopamine) 会影响自闭症儿童的固着行为及多动状况；去甲肾上腺素等激素影响交感神经系统的平衡，对于唤醒注意力、焦虑、记忆力与对压力的反应等有相当的影响力。自闭症儿童这些方面也都呈现着障碍。2012 年环境生物学家发现环境中的农药、多氯联苯、烟、空气污染等，都是造成自闭症的高危险因素，这些有毒物质进入胚胎或婴幼儿的大脑，与大脑组织体素进行结合，扰乱大脑细胞的联结。

再者，专家还试着从基因中的染色体来寻找答案。通过双胞胎的研究发现同卵双胞胎的发病率比异卵双胞胎还要高。依靠基因定位技术，目前专家也找出自闭症儿童在某些染色体上出现问题，2012 年《科学》(Science) 杂志所刊文章指出，自闭症的成因来自于胚胎、精子细胞与卵子细胞的微小基因突变，而随着父亲的年龄越大，基因突变的概率越高，产生自闭症后代的可能性也随之增加。有些学者还从肠胃异常、维生素缺乏等因素寻找成因，有学者也从病毒感染方向着手，蔡逸周医生的报告指出滤过性病毒感染与自闭症的发生有关。

对于自闭症的成因仍有许多未知与未确定的部分，因此，目前为止，在找出真正的病因之前，以教育介入来改善自闭症的症状，是目前公认最有效果的方法。2012 年，学者发现用于肌肉痉挛的药物 Arbaclofen，可以改善 X 染色体脆弱症患者的社会交往状况，未来，学者将研究此药物用于自闭症患者的可行性。

第二节 自闭症儿童的身心特征

近七十年来，研究人员仍不断深入探讨自闭症儿童的行为表现与特征，以求更加深入地了解此症候群，进而开发适应性的教育计划。以下从病现象、社会交往、沟通、兴趣行为、智力表现等方面来概述自闭症儿童的身心特征。

一、语言沟通

自闭症儿童语言沟通的障碍主要表现在语言的使用上，即在特定情境中，正确、适当地使用声音、面部表情、行为 / 姿势及口语，进行沟通，也就是语用学的领域。据 Rutter 统计，自闭症儿童中，有 50% 左右的儿童，一生中无法发展出有用的口语。近年来，随着我们对自闭症了解的深入、医学技术的进步、教育方法的不断优化，加上对早期干预的重视，学者们推估自闭症儿童学会使用语言进行沟通的比例，应该比此数字有所提高。而美国学者 Koegel&-Koegel 于 1994 年指出，若经过合适的引导与干预，85% 左右的自闭症儿童可以发展出有用的沟通。

自闭症儿童语言沟通的问题包括缺乏点指、语音问题、副语言使用与理解困难、代名词反转困难、仿说性 (回声性) 语言、语法、会话、叙事及阅读等。

(一) 缺乏点指

一般儿童在尚未学会说话或刚学会说话前，常常使用点指的形式来表达他们的要求与沟通意图；然而，自闭症儿童却很少有此行为，取而代之，他们会使用拉别人的手代替自己的手的方式来表达需求，此行为也是自闭症早期诊断的关键行为之一。若连拉人的行为都没有，那么，自闭症儿童则会出现许多哭、闹、发脾气等问题行为，来表达他们的需求。

(二) 语音

语音扮演着文法、语用、理解以及情感的功能。与一般儿童相较，有口语的自闭症儿童会出现语调单调、平坦，重音位置不正确，断词、断句的位置混乱，鼻音过重，音质异常沙哑，音调及语义相互冲突等现象，如将陈述句的语调放在疑问句上，相同的，他们也难以通过语调的特质来理解他人的语义。此外，他们在说话速度、流畅性、音量大小、构音等方面，也会出现质的异常。

(三) 副语言问题

所谓副语言是指非口语的语言，包括面部表情、动作 / 姿势及声音。自闭症儿童很少使用副语言，对于副语言的理解也有困难，其中，学界研究最多的是情绪表情的辨识。与他人进行沟通时，副语言是个很重要的线索，有时我们不是从对方的口语里了解对方的意思，而是根据对方的副语言加上情境，来了解对方沟通的意义。例如：上课时，全班闹哄哄地在说话，老师进教室后，板起脸看着同学们，一言不发，同学们由老师的脸部表情就可以理解老师的意思，但是，这对自闭症儿童是有困难的。自闭症儿童在副语言的使用上会出现不适当的现象，并且难以理解他人的副语言信息，例如不会辨识他人面部表情的情绪。

(四) 代名词反转

自闭症儿童发展过程中，代名词反转是个很明显的现象，对于有会话能力的自闭症儿童，他们会出现“你”“我”“他”等代名词使用混淆。虽然随着生理年龄的发展与教导，这种现象会慢慢改善，然而，研究发现 16 岁以上的自闭症青少年，即使已经具有使用代名词的能力，也仍会出现避免使用代名词，直接称呼对方姓名代替使用代名词等现象。此外，研究人员对一群 6 ～ 8 岁的高功能自闭症和阿斯伯格症儿童，进行使用代名词研究，发现通过书写形式，这些儿童能几乎完全正确地回答代名词，但是，在日常生活对话中，他们则会错用代名词或避免使用代名词。学者们也推估，对于功能较高的自闭症儿童而言，他们已经拥有使用代名词的能力，不过，在会话时，由于反应时间太短，中枢神经无法很快地处理信息，导致出现代名词误用，而书写时有足够的处理信息时间，就容易正确回应。

(五) 仿说性语言

仿说性语言是指说话者对他人话语的部分重复，或是完整重复，有时甚至是对他人话语语音语调的精确重复。仿说性语言是自闭症儿童特殊的沟通形式，可以分为立即性仿说与延宕性仿说两种。所谓的立即性仿说意指在别人说话后，儿童立即复诵他人说话的全部或部分内容。例如，妈妈问孩子你想吃西瓜吗？孩子回答吃西瓜。如此，即为立即性的仿说。

延宕性仿说是指别人说话后，经过某一段时间的延迟，儿童复诵他人说话的全部或部分话语。例如，学校下午的点心是西瓜和玉米棒，学校老师告诉儿童吃西瓜了！吃好吃的西瓜！下午妈妈接儿童回家，回到家中，儿童看见家门口放了一个西瓜，儿童复述老师的话语，说吃好吃的西瓜。如此，即为延宕性仿说。而延宕性仿说的延宕时间可能几分钟，也可能几天、几个月，时间不一定。

早期，人们视自闭症仿说性语言为问题行为，后来，通过分析发现，自闭症儿童仿说性语言的背后可能是有沟通功能的，从此打开仿说性语言的研究。Pnzam 与 Whethby(1978) 指出，可以依据互动及仿说时间、仿说性形式等三个维度，来区辨仿说性语言的功能。自闭症儿童常常借由仿说性语言来表达他的意图，达到下命令、引起注意、作要求、作确认、自我引导、维持互动、拒绝他人、作说明、澄清事实等功能。

(六) 语汇及语法

自闭症儿童所使用的语汇，主要以主词、术语和宾语的出现率最高，连接词、形容词和介词的出现较少。至于语法的研究则不多，平均话语长度被视为语法的发展指针，Tager-Flusberg(1995) 和 Capps 等人 (2000) 的研究发现，自闭症儿童的话语长度和同龄儿童相近，显示阿斯伯格症儿童语法的发展正常。Bartolucci 等人研究了说英文的高功能自闭症儿童的言谈，发现自闭症儿童容易省略一些语词，特别是定冠词、助动词和动词。研究也显示，自闭症儿童语法发展过程与一般普通儿童一致，只是发展速度可能呈现迟缓的现象。

(七) 会话

在自闭症儿童中，只有少数儿童能发展至流畅的、自发的立即会话程度。与一般儿童相比较，自闭症儿童在会话时的主动的共同注意力能力弱，他们在会话之初，会出现话题开启困难，话题局限，一旦开启他们喜爱的话题后，会变得喋喋不休，不停地说着感兴趣的话题，不让对方有表达意见的机会，显得过于唠叨与繁复；他们会开启与情境不相符合的话题，加上过大或过小的音量，容易出现让周围的人感到尴尬的场景；缺乏会话时一来一往的轮流能力，在与别人的会话破裂时无法察觉，不会修复话题，轮流时回应延宕，无法理解问句，无法理解对方的沟通意图、无法体会对方的观点。如此，也导致他们人际交往的困难。

(八) 叙事

叙事是一种言谈形式，也是一门跨专业的学问，涉及语文、心理、认知、社会等领域的发展状况。有关自闭症儿童叙事的研究，尚为数不多，值得未来加以深入探讨。对高功能自闭症儿童的研究显示，高功能自闭症儿童的叙事问题，不在于语言的形式 - 语言长度，而在于语言的内容 (语意理解) 与功能 (语言使用)——叙事结构、因果关系、心智理论，尤其是语言的功能部分。

(九) 阅读

许多高功能自闭症幼儿或阿斯伯格症幼儿对文字或数字感兴趣，有些孩子甚至在没有教导的情况下，也能自己学会阅读；学习英语的自闭症儿童在文字的解码、读字及拼音上有优势。5% ~ 10% 的自闭症儿童会出现识字能力强的现象，虽然这个数字较其他障碍儿童的发现率高，但是与一般儿童相较，还是偏低。虽然有些自闭症儿童识字能力强，但是，他们在文字、语词、句子、篇章的理解等方面就明显的低弱，此为他们阅读的最大问题。为此，对于识字能力强的自闭症儿童，很适合使用社会性故事、生活故事、提示卡、概念构图、常用字表等教学方法，来促进他们的能力发展。

言语沟通问题是自闭症儿童的重要特征，也是疗育的重要方向。值得注意的是：自闭症儿童常因为表达能力不佳，衍生出情绪困扰的问题，而教育人员往往忽视他们语言沟通能力，而困扰于他们的情绪行为的表象，因此，当处理自闭症儿童的情绪行为问题时，首先需要了解他们语言沟通的问题。

二、共病现象

共病现象是疾病与疾病之间具有共同病症表现的现象。自闭症儿童共病现象是造成自闭症儿童诊断困难的原因之一。近年来，有关基因的研究发现，自闭症儿童都有一些边缘症状的表现行为，如社会退缩、害羞、轻微的社会恐惧症、缺乏弹性、学究性语言、强迫行为，等等。自闭症儿童在临床的行为表现，会和下列症状存在共病现象，包括非口语的学习障碍、语义语用障碍、多动症、发展性协调障碍、强迫症、行为障碍、注意力缺陷等。

2002 年底，由台湾师范大学张正芬所主持的阿斯伯格症的研究中发现，多数阿斯伯格症患者幼儿期容易出现注意力不佳、多动、固着、学习迁移困难等问题，因此容易被误诊为多动症、发展协调困难，有些语言发展明显迟缓儿童，也容易被误诊为轻度智力障碍、学习障碍。可见，共病现象的问题，值得医学界在诊断时进行辨证，以避免误诊。

三、社会交往

社会交往问题是自闭症诊断的重要指标，也是自闭症儿童最基础的障碍。自闭症儿童社会交往问题最明显地表现在眼神注视、共同注意力、依附行为、社会互动以及游戏行为上。

(一) 眼神注视

眼神注视是自闭症儿童早期诊断的关键因素之一，自闭症婴幼儿眼神注视的行为表现与一般婴幼儿在量与质上，有所差异。研究发现自闭症幼儿对物的注视多于对人的注视，会有眼神回避的现象。3 个月后的一般幼儿能辨识出熟人的脸，而自闭症幼儿见到重要照顾者时，却未能呈现正常的反应。由眼动测试的研究发现，自闭症儿童在会话时，眼神注视的区域与一般儿童有很大的差别：一般儿童的注视焦点多在眼睛到鼻子之间的区域，而自闭症儿童回避开眼睛的区域，而落在嘴部、脸颊周围到脖子之间。

(二) 共同注意力

共同注意力属于注意力之一，是指通过眼神的注视、追视或点指 (Pointing) 的行为，与他人分享观看一个物品或一个事件的过程。例如妈妈和孩子一起看书，孩子指着喜欢的玩具要妈妈看，小女孩展示自己美丽的新裙子要家人观看等，这些行为都需要运用共同注意力。在妈妈和孩子一起看书时，妈妈和孩子的眼神共同聚焦于书本内容，二人共同分享看书过程，此时两者都运用了自己的共同注意力。若孩子缺乏共同注意力，孩子就会离开妈妈身边，到别处去玩。此能力是社会发展、语言获得及认知发展的基础关键能力。目前，我们尚无法得知婴幼儿何时开始发展共同注意力，不过，婴幼儿大约在三四个月以后，会主动关注环境中的人、奶瓶、玩具、声音等，由此可以知道他已经拥有共同注意力的能力。例如：当他听到妈妈摇晃奶瓶的声音时，他会开心地笑；见到熟人向他走来，会笑着举起手要拥抱。这都是共同注意力的行为表现，而自闭症婴幼儿在共同注意力行为的表现上，呈现质的缺陷，此特质也是早期诊断的关键因素之一。

(三) 依附行为

依附关系是幼儿与家人建立亲密关系的重要基础，研究发现自闭症幼儿对父母的依附呈现两极化的现象：有些幼儿过于亲密，不愿意与父母分离，甚至衍生出与父母间的分离焦虑；而另一群自闭症幼儿与父母的关系并不亲密，不关心家人是否陪同。此外，研究也发现，在陌生的环境下，自闭症幼儿主动寻找妈妈的倾向，其时间长短不一。

（四）社会互动

自闭症儿童的社会互动情况和普通儿童的差异很大，呈现质的缺陷。有些自闭症儿童表现得极度孤独，逃避与人接触及互动；也有自闭症儿童很喜欢主动接近人，不过，接近的人多为大人，而且互动的行为怪异，表现在开启话题的方式、话题的类型、互动的行为等方面。此外，一般情况下，他们与物品的互动会高于与人的互动，对物品的依赖高于对人的依赖。

（五）游戏行为

学者们发现，儿童在游戏上的发展和其社会认知的发展是一致的。自闭症儿童的游戏发展过程与一般儿童相似，不过呈现发展迟缓及怪异的现象，怪异的现象如不愿意改变玩法、喜欢将玩具排列、与玩具的互动多于与人的互动，等等。Piaget(1962) 将儿童的游戏发展分为练习性游戏、表征性游戏、规则性游戏，SmilanSky(1968) 在练习性游戏与表征性游戏间，又插入功能性游戏与建构游戏。研究发现自闭症儿童的游戏发展较一般儿童迟缓，而且多停留在练习性游戏、功能性游戏与建构游戏阶段，与同伴一起玩游戏的情形很少，多停留在各玩各的平行游戏阶段，能进入表征性游戏与规则性游戏阶段的自闭症儿童，多数为症状程度较轻的自闭症儿童。随着年龄增长，自闭症儿童会变得越来越希望获得他人的关注，若是社会互动技能不佳，则往往会出现偏差行为。此外，游戏技能不足可能导致成年后的休闲技能不佳，无所事事的状况下，更会衍生许多问题行为，甚至造成社会问题。

游戏是对自闭症干预的良好方法之一，也是近年来的整合性干预的基本方法，值得深入了解。

四、兴趣／行为

自闭症儿童会出现刻板、重复、固着的行为，这些行为可表现在感官方面（如重复地旋转某一物品、用手感觉物品的材质、尝闻某些味道、聆听某些声音）、学习方面（局限于学习某些知识、资料，谈论这些话题）、物品依赖方面（如收集某些物品，如汽车、恐龙、昆虫）、环境依赖方面（要求环境有固定的摆设）。

此外，自闭症儿童因为身心特质、学习特征、环境因素、人为因素，可能产生不同程度的问题行为，如自我刺激行为、自伤行为、攻击行为、冲动行为等。20 世纪 80 年代末期以来，学者们采用生态的观点来看待这些行为，并且通过应用行为分析的技巧，找出问题背后的原因与功能，从功能等值的角度，设计干预方案，解决根本问题。

五、智力表现

谈及智力问题时，连带的，大家会关注智力量表是什么，意义在哪里。专家与学者同意自闭症儿童在智力评价时，所得的结果往往低于他们的实际能力，然而，目前为止，实在很难找到较好、信效度较佳的工具，来评价自闭症儿童的智能。

1979 年 Wing 和 Gould 采用传统的智力测试的方式，发现大约 80% 的自闭症儿童伴随着智力障碍，Fombonne 等人 (1999) 与其他学者的研究结果也显示 70% ～ 80% 的自闭症儿童伴随有智力障碍。有些学者认为自闭症儿童的智能不是稳定的结果，是个动态的结果，他们比较自闭症患者儿童时期、青少年时期与成人时期的智力测验结果，发现期间的相关性不高。虽然如此，大部分的学者认为多数自闭症儿童从小至青少年期间，他们的智能是稳步缓慢发展的，只是发展速度较一般人慢，最终无法发展至一般人的水平，只有少数的个案有发展退化的现象。

除了伴随智力障碍的自闭症儿童之外，其余的 20% ～ 30% 的自闭症儿童为智力正常，甚至正常以上，其中不乏智力超常者。由自闭症儿童在韦氏智力量表的表现了解，自闭症儿童的语言智能几乎都低于作业智能，然而，当自闭症儿童的全智商高于 100 后，会产生反转现象，即他们的语言智能高于作业智能。有些专家认为语言智能可以作为自闭症干预前后结果的重要指标。

六、认知与学习

(一) 视觉处理优势

研究结果显示，多数自闭症儿童认知学习的优势渠道在于视觉处理，其他方面的处理渠道则较弱。甚至有学者发现，将视觉渠道与听觉渠道相比较，95% 的自闭症儿童的优势学习渠道在于视觉，仅有 5% 在于听觉。

(二) 记忆力

自闭症儿童在认知上的表现，最明显的是有着优越的机械记忆力，可帮助他们的认知学习。学者也发现，记忆时自闭症儿童出现重细节轻整体，不善于整块地吸收信息，无法主动理解的现象。

(三) 感知觉

听觉及触觉过度敏感及过度迟钝是自闭症儿童的重要特征，也是重要的诊断指标之一。大约 40% 左右的自闭症儿童对环境中的声音感知异常，有时候他们可以听到环境中一般人听不到的音域，这些声音让他们很不舒服，有时，他们又对我们的话语或周围的声音听而不闻，因此，我们常常看到自闭症儿童会一直捂着耳朵不放。

自闭症儿童触觉敏感主要表现为皮肤容易过敏，不愿意他人触碰等。还有些孩子对痛觉似乎特别迟钝，例如有些自闭症儿童生气时，会用力地敲打墙壁或地板，有些有自伤行为的自闭症儿童，皮肤都已经明显破皮甚至溃烂，但是他似乎毫无知觉，令人心疼。

(四) 动作笨拙

自闭症儿童的大、小肢体动作发展与一般儿童差异不大，与其他方面能力相较，他们的动作能力的发展也较为正常。他们在大肢体动作方面的能力较佳，但精细动作能力不好。虽然如此，Wing(1981) 观察到阿斯伯格症儿童在动作协调能力与平衡感方面的表现不佳。台北市巡回辅导老师们观察到阿斯伯格症儿童的肢体动作不协调、不灵活，运动时动作笨拙，功能性肢体动作，如协调能力、操作能力等，比高功能自闭症儿童差。此外，因为在写字课和画画课时需要运用精细动作，他们在这方面的学习上会有困难，也因此衍生一些问题行为。

(五) 注意力

学龄前阶段与学龄阶段的自闭症儿童多数呈现出注意力的问题，他们的行为表现出不专心、注意力迁移困难、过动与冲动等特质，这些行为问题甚至会持续到他们成人后。对于注意力的问题，除了采用药物治疗外，还可以配合认知行为治疗，如教授自我管理策略。不同年龄的自闭症儿童所表现出来的注意力问题的形式与程度也有所差异，例如：幼儿园阶段可能表现出更多的大肢体过动行为，如跑来跑去，爬上爬下，无法安坐在椅子上；进入小学阶段，大肢体的活动量可能有所降低，可以坐在椅子上，但是坐的时间不长，坐着时会全身不断地扭动，如俗语形容的“好像身上有虫的样子”；若没有获得合适的疗育，随着年龄的增加，大肢体的活动量降低，小肢体的活动量则不会降低，冲动行为的强度会加大，自我控制的能力很弱。

此外，注意力是中央信息处理机制的核心能力，负责信息的降低、选择所需要的回应及预备最后的回应等。在信息处理过程中，自闭症儿童容易出现分心，无法持续回应刺激，过度选择某一刺激，尤其是视觉形式的刺激等问题，并且一旦接受某一类信息，就难以转换注意力，形成注意力的迁移困难。自闭症儿童的注意力优势在于对视觉刺激的持续关注。

(六) 想象力与创造力

自闭症儿童常活在自己的想象世界中，而想象力是一体两面的，所以有些自闭症儿童的创造力很高。又由于不理解别人的神情、手势等，因而，他们有“打破砂锅问到底”的学习精神，对于无法理解的问题，他们常问“为什么”。阿斯伯格儿童通常在数学或自然学科上表现良好。依据 Myles 等人 (2002) 的研究，阿斯伯格儿童的课业成绩常落在班级中的平均成绩之间，但是，就各科来看，他们的成绩表现不是明显地高于平均分就是明显低于平均分。

(七) 情绪发展

虽然大量的临床实验已证明自闭症儿童的情绪发展与一般儿童有所差异，然而，实验室的研究结果却未发现自闭症儿童在情绪确认、理解与表达上与一般儿童有所差异，这有待未来继续探讨研究。据实证资料可知，学龄阶段的自闭症儿童由于情感的不足，导致与同伴的友谊关系发展困难，例如自闭症儿童无法了解，若他常常冒犯别人，那么其他同学就不愿意和他做朋友。未来研究需要探讨，在自然情境下自闭症儿童的情绪行为和对情绪的知觉以及情感缺陷如何影响其社会发展。

(八) 学业成就

对自闭症儿童来说，学校适应对他们是很大的挑战，直接影响到他们的学业表现与社会性发展。学校里，教师对于自闭症儿童的关注，可能多着重于社会性与情绪行为方面的问题，较忽略他们的课业学习需求，尤其是那些智力分布在常态两端的自闭症儿童。

安置于特殊教育学校的自闭症儿童适合功能性的社区性课程，例如乘坐公交、看病、购物等功能性的关键技能。在教学与班级活动上，可能需要结构化的教育环境、结构化的教学流程、明确的指令等，结合个别化教育计划为他们量身定做合适的课程与教学。多数的阿斯伯格儿童就读于融合的环境，他们原始的记忆能力很好，对于实物或有事实根据的教材的理解很好，也拥有其他必要的学习特质，某些方面的知识较老师渊博。但是，他们课业学习上存在某些问题，这和他们的社会障碍，语言障碍，兴趣窄化，固执于文字表面的思考形态，抽象教材的理解、推理、应用困难，变通性低，问题解决技能弱，组织技能弱，类化困难等因素息息相关。这些问题需要在适当的支持下，才能克服。

台北市的自闭症巡回辅导教师经过长期观察发现，年纪越小的阿斯伯格儿童，课业的学习越不是问题。但是，随着年级的增加，理解与应用型的教材增多时，他们的学业问题就会逐渐显现，学业成绩就会下降。

(九) 学究与天才特质

在自闭症儿童群体中，有些拥有特殊的天赋能力，例如数学计算、音乐才能、美术仿绘才能、记忆能力、操作计算机能力、运动才能等。拥有特殊才能之自闭症儿童的出现率约为万分之一，意即一万个自闭症儿童中才有可能出现一人。有些学者将他们的天赋才能以“零星火花”称说，来形容他们的能力只表现在某一点，非全面性的能力。例如会开根号的自闭症儿童，他在数学的计数、四则运算等方面却是呈现障碍的，他的数学能力仅在于开根号。值得探讨的是，研究发现，拥有天赋的自闭症儿童的信息处理与呈现，几乎均以视觉信息为中介进行。虽然这些天赋的出现率相当的低，但却是特殊人群中的亮点，引起众人的关注。

近年来，教育人员与家长对自闭症儿童的天赋，不再觉得惊讶，现在大家比较关注的是：如何运用他们的天赋才能，使得他们的天赋才能变得有价值、有意义。研究发现，自闭症儿童在展现他们拥有的天赋时却不会将它们加以应用、创造，例如很会弹奏钢琴的自闭症儿童，乐曲的弹奏技巧表现相当优越，但是，若涉及情感融入与乐曲创作时，对他们就会有很大的困难。也因此，教育人员近年来将重点放在如何教导他们运用他们的特殊天赋，让他们零星的天赋变得有价值。如台湾著名的钢琴演奏家庄天富，家人与他的钢琴老师在教导他弹奏时，重点在于引导他欣赏整个乐曲，理解乐曲中每一段、每一小节所要表达的情感，让他把乐曲的演奏技巧与情感丰富地呈现在他的作品里。这对教育人员是相当大的挑战，因为情感觉察、理解是自闭症儿童的原生障碍，要克服此障碍，需要对自闭症特质与能力的本质有深刻的认识，才能有所突破。就是因为如此，才体现出能引导他们展现才华的老师的不易之处。让自闭症儿童的能力有最佳的展现，这是一条艰辛的路，也是唯一的路。

第三节 自闭症儿童教育诊断评估

评估贯穿教育的各个环节，是教育活动得以有效开展的重要保证。在特殊教育中，根据功能的不同，评估可划分为筛查性评估、诊断性评估和治疗性评估。其中诊断性评估是指对已经被确认是发展偏常或迟滞的特殊儿童进行心理或行为问题的诊断。而教育诊断评估则是诊断性评估当中服务于特殊需要儿童教育的评估。教育诊断评估与教学的具体开展紧密联系，旨在通过评量儿童各方面的能力水平和偏常行为，了解学生的优势与弱势、学习前的预备能力和技能、具体的特殊教育需要及需要的优先等级，在此基础上为其制订符合其身心发展水平和教育需要的个别化教育计划，提供合适的教育。

教育诊断评估对于特殊需要儿童个别化教育计划的制订，接受适合的早期干预、教育训练，提高特殊教育及教学的质量，提升特殊教育的管理水平，促进特殊教育研究的开展都具有重要意义。特别是对个体症状差异较大的自闭症儿童进行系统的教育诊断评估比其他障碍类型的特殊需要儿童更为重要。

然而，从国内大陆范围内引进、修订和编制的自闭症评估工具来看，用于自闭症儿童症状诊断和筛查的较多，而真正适用于教育训练的较少。除 1995-1997 年由辽宁师范大学的孙敦科等人和北京大学精神卫生研究所的杨晓玲等人对引进的心理教育量表 (psycho-educational profile，PEP) 修订得到的《心理教育评定量表中文修订版 C-PEP》和北京市海淀培智，学校自行研发的《孤独症儿童教育训练评估表》外，国内学者对自闭症教育诊断评估工具的编制研发鲜有问津。随着自闭症儿童人数的不断增多，国内自闭症儿童教育训练实践对相应教育诊断评估工具的需求与日俱增，与国内对自闭症教育诊断评估工具的修订改编及相应研究工作的进度不相匹配。因此，本文旨在对国外学者、特殊教育工作者们使用较多的三套教育诊断评估工具进行分析，为我国的修编工作提出几点建议，促进相应研究工作的开展。

一、自闭症教育诊断评估工具

作为开展教育干预的基础，自闭症的教育诊断评估工作得到了重视，一些国家的学者进行了相关工具的研发，如日本国内有已经进行过三次修订的自闭症儿童行为评量表 (Check List for Autistic Children，CLAC)；津守真和稻毛教子 (1960)、津守真和矶部影子 (1965) 分别合著的婴幼儿精神发展诊断法 (0 ～ 3 岁)、(3 ～ 7 岁) 两个量表；美国学者 Rimland 等编制的行为障碍儿童诊断评量表 (The Diagnostic Checklist for Behavior-Disturbed Children，E-1(1964) 及 E-2(1968))；Schopler 等人 1979 年编制的心理教育量表 (PEP) 及其两次修订版本；Mesibov(1988) 等人编制的青少年和成人心理教育量表 (adolescent and adultpsycho-educational profile，AAPEP)，Wing 等 1990 年编制的交往和交流障碍诊断访谈量表 (diagnostic interview for social and commtmication disorder，DISCO) 及其多次修订版；以及台湾学者张正芬和吴淑敏 (1998 a) 编制的自闭症儿童发展测验等。本文选择了心理教育量表 (PEP)、交往和交流障碍诊断访谈量表 (DISCO) 和青少年和成人心理教育量表 (AAPEP) 三种近年来为各国学者使用较多、影响较大的工具进行了分析。

(一) 心理教育量表 (PEP)

美国学者 Schopler 等人在 TEACCH(the Treatment and Education of Autistic and related Communication handicapped Children) 项目的支持下，于 1979 年编制了心理教育量表 (PEP)，并于 1990 年和 2004 年对其进行了第一次 (PEP-R) 和第二次修订 (PEP-3)。PEP 及其修订版是专为自闭症及相关发育障碍儿童个别化评估所设计的，通过评估患儿发展水平和偏离正常发展的特征和程度，为临床医生、特殊教育工作者和家长制订个别化教育方案提供科学依据。

以最新版本 PEP-3 为例，量表适合 6 个月至 7 岁的儿童使用，测试时间为 45 分钟至 1.5 小时，由施测者对儿童进行测试的施测部分和由父母或者照看者回答问卷的照看者部分组成，共 13 个子测验构成。新版量表具有以下一些特点：第一，提供发展水平和偏常程度两个维度的信息。PEP-3 在试题结构上可划分为测量发展水平的发展性测验和测量偏常程度的适应不良测验两大部分。与此对应，在结果解释中发展测验部分得分根据正常发展儿童常模转化得到被试的发展年龄，反映儿童具体各项能力的发展和整体分布情况；适应不良测验部分的原始分数比照自闭症儿童常模，获得其百分位数排名，用于决定儿童是否有可能被归为自闭症的分类体系，以及属于自闭症谱系障碍中的哪种类型。第二，施测的灵活性。在测验实施方面，考虑到自闭症和发展障碍儿童的能力在各个领域分布不均，思维较特殊，沟通障碍等特点，量表有一套特别的指导程序，在测验顺序、测试时间、始测水平、指导方式和适应不良行为的记录评定方式等方面具有一定的灵活性。第三，关注发展潜力。量表沿用三级计分方式，如在发展性测验项目中采用“通过”，“中间反应”和“失败”的记录方式。在制订教育计划的过程中重视“中间反应”项目，将其视为儿童的最近发展区，作为教学目标的重要内容，体现在所制订的教育计划之中。第四，与教育计划的制订紧密相连。在计算得被试的发展年龄、百分位数排序和发展 / 适应等级等重要信息的基础上，施测者可根据儿童的优弱势项及儿童的需求结构，按照得分汇总手册中教育计划制订的五个指示步骤，对儿童的测试结果再次进行分析，获得课程领域、活动等方面的建议信息，作为订制个别化教育计划的基础和有力依据。在信效度方面，研究者分别对 PEP-3 的内部一致性信度、重测信度和评分者信度进行了计算，结果显示 PEP-3 具有较高的信度；研究者也对量表进行了内容效度、效标效度和结构效度的检验，证实 PEP-3 同样具有较高的效度。以上关于信效度的研究有力地证明了该版量表已较好地弥补了此前版本受众多学者所质疑的缺乏信效度证据的不足之处。

(二) 交往和交流障碍诊断访谈量表 (DISCO)

交往和交流障碍诊断访谈量表 (diagnostic interview for social and communication disorder，DISCO) 源于英国学者 Wing 在其研究 (Wing&Gould，1978，1979) 中编制的残疾行为和技能量表 (the Handicaps，Behaviour and Skills schedule，HBS)。为了满足评估需要，Wing 等人于 1990 年在 HBS 的基础上编制了更为详细的 DISCO，适用于所有年龄阶段和能力水平，旨在对广泛能力领域及被试从出生到诊断时临床信息进行收集。

DISCO 属于标准化半结构访谈，由三百多道题项组成，涉及家庭、医疗史和鉴定信息；婴儿期情况；发展性技能；重复刻板行为；情感；适应不良行为；心理问题；性行为困难等部分 (以 DISCO-11 为例)。大多数题目按照“严重问题”“轻微问题”和“没有问题”三级计分系统严格计分。量表由专业人员访谈疑似自闭谱系障碍者的父母或主要照顾者得以实施，访谈持续 2 ～ 4 小时。

基于其系统记录个体广泛的行为和发展技能的设计初衷，DISCO 具有以下独特优势：第一，广泛的诊断范围。DISCO 的诊断范围比世界卫生组织 1993 年的国际疾病和相关健康问题统计分类第 10 版 (ICI)-10) 和美国精神医学协会的精神异常诊断和统计手册第 4 版修订版 (DSM-IV-TR，APA，2000) 所认定的广泛性发展障碍的范围更为宽泛，题目内容涵盖从最常见的症状到很少见的症状的评定，系统地调查被评估者从出生到评估时的临床表现。第二，注重对全面临床信息的收集。DISCO 帮助临床医生获得每个个体发展和行为特征的详细资料，其独特价值在于不仅能够鉴别自闭症核心特征，还能收集被评估者技能、缺陷、非典型性行为等各个方面的临床信息，了解被评估者面对的实际困难，提供多维度的临床描述，为制订教育干预计划和开展临床工作提供有力帮助。第三，关注发展。DISCO 不仅了解被评估者当下的情况，还需受访者提供相关行为的历史信息，对题项涉及内容过去和当下的情况分别进行描述和评判、计分。因此，DISCO 可以反映被评估者在各行为领域从婴儿时期以来的发展轨迹，呈现被评估者更为立体完整的发展图像。

Leekam 等人 (2002) 对 DISCO-9 的信度研究结果显示其具有较高的内部一致性信度。瑞典学者 Nygren 等人的 DISCO-10 信效度研究证明量表具有很好的内部一致性信度和效标效度。Jarymke(2011) 对 DISCO-11 的效度研究表明其对于自闭症儿童和中轻度智力障碍儿童有很好的鉴别力。

(三) 青少年和成人心理教育量表 (AAPEP)

如前文所述，Schopler 等人在 TEACCH 项目的背景下完成了心理教育量表 PEP 的编制工作。当项目进入第二阶段时，许多参与者已长大成为青少年和年轻的成年人，仅适用于 6 个月至 7 岁儿童的 PEP 已不再适用。因此，作为 PEP 延伸阶段的青少年和成人心理教育量表 (adolescent and adult psycho-educational profile，AAPEP) 应运而生。Mesibov(1988) 等学者按照 PEP 的基本理念和哲学基础编制了适用于青少年和成年人阶段的新工具，旨在对自闭症者成功或半独立生活有重要影响的技能的实际和潜在水平进行评估。

为了更好地适应评估需要，AAPEP 在传承 PEP 灵活施测，三级计分，充足的测试时间，避免使用语言等众多优点的基础上，进行了一些实质性的调整，具有以下一些特点：第一，面向青少年和成年。大多数自闭症诊断评估工具适用于儿童时期，而较少关注儿童期以外自闭症患者的评估工作。AAPEP 面向青少年和成年，为儿童期以外的自闭症者提供了适用的评估工具，也为自闭症者的长期跟踪研究提供了工具。第二，对生存技能的重视。当儿童成长为青少年，他们将更多地参与到社区生活中，AAPEP 围绕着社区生活的方方面面，以重度残疾个体在家庭和社区中实现成功半独立生活最为重要的六项功能领域 (职业技能、独立生活、休闲技能、职业行为、功能性沟通、人际互动行为) 构建了整个测试的内容框架。第三，家庭、学校、工作场所三位一体。AAPEP 由直接观察、家庭和学校 / 工作三份量表共同组成，直接观察量表的测量是通过施测者直接指导和观察的方式进行，而后的家庭和学校 / 工作两份量表则是通过对家长、教师的访谈进行评估。三份量表所探索的是同样六个领域的能力情况，每份量表中每个领域对应 8 道测试题，共 48 道测试题。三份量表共包含 144 道测试题，将被测者生活中三处重要场所的信息都系统地纳入到了评估之中。

Mesibov 等人对 AAPEP 的信效度进行了研究。信效度研究的良好结果显示 AAPEP 是一种可信且有效的适用于自闭症和非自闭症中重度障碍青少年和成年人的评估工具。

二、教育诊断评估工具的特点分析及建议

以真实评量儿童能力水平和偏常行为，衡量特殊教育需要优先等级，订制适合的教育计划为共同目标，各教育诊断工具由于编制初衷的差异而各具特色。下文在对三项教育诊断评估工具的特点进行总结的基础上，为国内研究者进行相关评估工具的编制以及开展相关评估工作提出了几点建议。

(一) 以家庭为中心，重视家长参与

PEP-3 在原有版本的基础上新增了照看者报告部分，对儿童家长或其他照看者进行问卷调查，旨在通过家长的反馈了解儿童在不同于施测现场的家庭自然环境中的真实表现情况以及父母对于儿童发展、行为情况等的态度。并且，照看者报告部分的评估是在对儿童进行施测前进行的，这有助于评估者对被试儿童的信息有所掌握，在施测过程中更加准确流畅地进行指导。DISCO 量表的施测方式即是由专业人员对疑似自闭谱系障碍者的父母或主要照顾者进行访谈。构成 AAPEP 的三个分量表中第二份即为家庭量表，需要对被试的父母或小组家庭的监护者实施评估，了解被试在家庭中六项能力领域中的表现情况。儿童的父母和其他主要照看者作为儿童成长过程中的重要他人，家庭作为儿童生长发育的重要场所，对于儿童成长发育的影响是巨大的。对于特殊需要儿童的评估和干预不仅仅局限于儿童本身，而应将其所在的家庭和儿童相处最多的家长照看者也作为评估的重要对象。特别是对于以制订教育训练计划为目标的教育诊断评估而言，让家长参与到评估过程中，为测试提供充足的信息，与施测者良好的沟通，清楚地掌握儿童的真实发展和迟滞情况，在后续环节中更好地参与儿童个别教育计划的订制，将家庭环境纳入评估范围，对被试的家庭背景、成长经历、教育背景等详细情况进行评估能够有效

提高评估的质量和计划的可实施性，将儿童在家庭和学校中行为和表现的差异减少到最小。

(二)有针对性的评估内容安排

首先在内容领域上，三种量表虽在项目的具体组合和维度选取上存在一定差异，但在能力领域的选取上都将沟通、运动、生活自理、社会发展、认知五大领域能力发展的评估作为其评估内容选择的基础。其次，由于是针对自闭症者设计的教育诊断评估，量表在对被试发展水平进行评估的基础上可考虑对被试的适应不良情况进行评量，对其障碍程度及相关的各种适应不良行为进行测评，确定教育训练项目开展的优先等级。最后，在编制教育诊断评估工具时可根据测验设计的目的和具体定位，有针对性地设计测验项目，构成量表框架。如以获得被试自出生到被诊断时个体广泛的行为和发展性技能的详细资料以及使量表适用于较广范围障碍对象为目的，DISCO 的特色就在于其题目包括对一些少见的症状的评量，并以时间为线索，纵向地调查儿童从出生到诊断时的临床表现；又如 AAPEP 针对其实测对象的年龄特点，将工作、休闲等与其年龄相匹配的生活事件和所需能力纳入到评估内容中，重视对生存技能的评估。因此，在设计教育诊断量表，对量表内容进行选择和安排时可以针对相应能力领域，从正向的发展性和不良的适应情况两大部分，根据诊断工具的设计意图，结合具体施测对象的特点和施测范围的实际情况对量表内容进行设计和安排。

(三)多途径评估

PEP-3 的评估是建立在由施测者对儿童进行直接测评的施测部分和由父母或者照看者根据日常生活中对儿童的观察进行问卷作答的照看者报告部分的测评结果之上的；DISCO 是由受过培训的专业人员对被试的父母或主要照看者进行访谈的方式进行评估，但要求对项目评定结果的使用需要建立在施测者在访谈以外对孩子进行观察和了解到其他相关个案信息的基础上所做出的综合判断之上。AAPEP 由直接观察、家庭和学校 / 工作三份量表共同组成，直接观察量表的测量是通过施测者直接指导和观察的方式进行，而后的家庭和学校 / 工作两份量表则是通过对家长、教师的访谈进行评估，通过三份量表来探索相同六个领域的能力情况。

在教育诊断评估过程中，应考虑多途径地收集信息和做出判断和决策。在收集信息阶段，使用不同的评估手段，如结合访谈、问卷和观察等多种方法全面地获取被试的相关信息；对被试在不同环境(如家庭、学校、其他生活场景)中的表现情况进行观察记录；收集从不同人员(照料者、教师、语言病理学家)处得到的信息资料。在收集到的信息的基础上由多个专业人员发挥各自的专长共同参与评估过程，为被试提供能力、技能以及适应不良行为等综合且精确的评价结果。

(四)注重对学习潜能的评估

作为 PEP 系列量表优势之一的三级计分系统，在发展性量表中除了通过 (p)、不通过 (F) 级别外，还提供了“中间反应”(E) 级别。中间反应的得分通过儿童显示出了解如何完成任务但不能够成功地完成它；测试者需要重复演示或教被试儿童如何完成任务；儿童有特有的反应方式或自闭症相关行为打扰独立的正确的反应三种途径获得。对中间反应进行记录有助于把握年龄较低、功能较差被试的精确能力水平，确定被试的发展潜能，制订详细的教育教学计划，并以此来组织教学，为学生提供更多成功机会，增加信心。由于自闭症个体间、个体内能力分布的差异性，利用量表测量出被试确切的现有能力和潜在能力对于制订有效的适合的个别化教育计划显得尤为重要。因此应该将能够体现被试通过努力或在教师帮助下即可实现的技能或任务领域的学习潜能和教学准备情况作为评估重点，并对反应情况进行精确赋值，为评估结果的深入分析提供条件。

(五)与教育计划制订紧密联系的结果解释

制订教育计划是教育诊断评估的主要目的，在实施观察、访谈、测试收集到全面信息的基础上，怎样综合分析、使用这些信息，形成教育计划是评估的关键环节。首先，结果解释应充分考虑到儿童全方位的信息，可在评估工具计分手册或其他位置留出专门位置记录被试的人口学信息以及家庭的相关情况；被试的背景信息，如出生体检情况、发展里程碑、教育训练经历等内容。在结果分析环节，对评估记录的分析应细致区分儿童能够独立完成的技能，在教师帮助或任务调整的支持下能够完成的技能等具体层面，为教学起点的确立，方法的选择，教学策略的建立提供有效帮助。在制订教育计划的环节，将结果分析的信息与计划制订步骤的具体过程相联系，有效指导施测者及其他相关人员使用评估信息制订教育计划。

自闭症儿童的教育诊断评估作为教育教学计划订制的依据，越来越受到一线教师、研究者及家长们的重视。特别是随着我国自闭症儿童数量的不断增加，对教育诊断评估工具的需求将会越来越大，本文就各国已有的自闭症教育诊断评估工具进行了回顾，根据近年来量表的实际使用情况，选择了其中 PEP-3、DISCO 和 AAPEP 三种量表，对其评估项构成、量表施测过程及信效度说明等内容进行了说明，在此基础上，分析各量表的优势、特点，为国内相关研究者编制该类工具提供了几点建议，希望能够有所助益。

第四节 自闭症儿童的教育需要

一、自闭症儿童的受教育情况

目前，我国的统计数字显示：65% 以上的社会群体不能正确认识自闭症，75% 以上的自闭症儿童在 6 岁以前未能被及时确诊，90% 以上的自闭症儿童无法接受正常教育。

为什么自闭症儿童无法接受正规教育呢？因为他们在患上自闭症以后，精神发育就跟不上了，出现了明显的精神发育迟滞。再加上他们有明显的社会功能障碍和人际交流障碍，所以，无法适应正常的学校学习生活。

现在，全社会对自闭症的了解还很少，这方面知识的普及程度还很低。最先发现孩子问题的多数是家长，家长发现孩子不正常以后，他们心理上不愿意承认，不愿意接受这一事实，周围的人也不了解自闭症及其危害之大，也有些人虽然知道孩子不正常，但是为了不让孩子家长伤心，便挑好听的说，经常会说：孩子有早长也有晚长的，你们的孩子就属于晚长的那种，属于大器晚成。为了证明自己的观念正确，还会举出一些例子来，比如爱因斯坦当年是四五岁才会说话之类。反正这样说也不需要负什么责任，而且家长听得也顺耳。于是家长也认为似乎自己的孩子也没有什么大的问题，甚至很可能像爱因斯坦，自然也就无意于孩子的诊断与治疗。等到孩子该上学的时候，已经没有能力接受正规的教育了。于是，城市的自闭症患儿只能去特殊教育学校了，而农村的自闭者患儿一般都在家里散养。特殊教育学校招收的自闭症孩子，一般只招收 8 周岁以上的。自闭症患儿的最佳治疗时间是 3 ～ 6 岁，8 周岁自闭症儿童已经错过了治疗与训练的最佳时期。这部分人将成为家庭和社会永久性的沉重负担。

目前的统计数据显示，通过行为训练、干预及个性教育，约有 10% 的自闭症儿童能够完全康复，约 20% 虽然达不到完全康复水平，但是可以完全自理，还有近 25% 的儿童可以达到生活自理的水平。这三个数字加起来就是 55%。如果能够实施“医教结合”，早发现，早实施心理干预，实行医教结合，将“开窍疗法 + 四环节行为训练”全面应用到自闭症的治疗当中去，前景会更好。尤其是那些属于“五软”“五迟”的儿童，干预越早，效果越好。我们曾经干预过一名小男孩，在 28 个月的时候被诊断为自闭倾向，30 个月的时候再次复查，仍诊断为自闭症。我们在 30 个月的时候开始实施开窍疗法，从解决身体的一些不良症状入手，包括治疗肾积水、尿频尿急等症状，很快孩子的亲社会能力大大提高，社会功能障碍和人际交往障碍逐渐得到改善乃至最终消失。

因此，我们建议有关部门，比如全国妇联及其所属家庭教育学会，在广大的城市和农村，通过各级组织，大力实施自闭症患儿普查，发现问题后，及时实施开窍疗法和四环节心理训练，必将为自闭症问题的解决开创美好的前景。

二、教育安置

融合教育是目前国际上教育安置的趋势，也是未来的趋势，将来，会有更多的自闭症儿童就读于普通班级。需要让自闭症儿童有机会接触一般社会及年龄相近的同伴，通过真实情境下的社会交往，才能泛化所学的认知与生活技能，才能保持与促进他们的预后效果。

自闭症障碍是一种终身障碍，虽然通过教育康复可以减少障碍对生活的影响，提升儿童的适应能力，但目前为止，即使再高新的技术仍然无法“治愈”自闭症，这是不容否认的事实。也因为如此，不论自闭症儿童的教育安置方式为何，重要的是在安置的教育环境中为他们提供一套持续性的支持系统 (Support System)，而且是终身性的支持系统，内容随着儿童的成长而不断地调整。

支持系统的内容，则依据儿童的个别需求而有所差异；再者，此支持系统不是单一类型，而应是整组的。例如就读于普通班的自闭症儿童，可能需要资源教师的直接服务和间接服务，班级任课教师也需要在班级课程的调整、视觉化的提示、结构化的环境及流程等方面提供特别的服务，这些服务成为一套服务方案，以服务儿童适应普通班级的学习。

在支持系统中的教育安置最好保持弹性，弹性的意义有二：一为依据儿童的状况与教育需求，随时调整他的安置；其二是指，一位儿童可能不止一种安置方式，例如笔者曾经服务的学校的自闭症儿童，入学后，可以依据儿童特殊教育需求，弹性地安排上课场所，如生活教育、感知觉训练等课程在特教班学习，而语文、数学则在资源教室学习，音乐、美术、体育等课程则在普通班级学习，如此，来满足自闭症儿童的需求。在此原则下，各地方政府教育行政管理部门以及学校行政体系，要尊重教师的专业与判断，给予教师足够的弹性来服务好自闭症儿童。

三、自闭症儿童的教育原则

虽然自闭症儿童表现出许多挑战行为，让教育干预显得更加困难与不易，但是，了解自闭症儿童的教育原则有助于教师更有技巧地进行有效教学。目前，已经有很多有关自闭症儿童的教学方法被开发，即使如此，仍然没有一种方法可视为自闭症疗育的最佳方法。但是，学者们认同自闭症儿童的干预有一些共性，这些共性是每位从事自闭症儿童教育的教师们所应该知道，并且作为课程与教学设计的基础的，这应该成为自闭症儿童教育的主要原则。

(一)早期教育原则

特殊教育工作者都有“早发现，早干预”的概念，也了解早期干预对儿童的重要性。研究指出，早期干预可以改变自闭症幼儿的大脑结构与大脑神经的走位，进而影响他们未来的学习与生活适应能力。目前，自闭症幼儿的诊断技术已经有所突破，例如M-CHAT、ADOS-2等工具的开发，已经能诊断出12～18个月以上的自闭症幼儿。此时后续干预才是重点，若没有得到后续干预，诊断就只是标记，反而产生副作用。

目前国际上有些方案可以作为自闭症早疗计划的参考。例如“自闭症幼儿的融合计划”即是融合幼儿发展及自闭症幼儿特质所开发出来的教育方案，针对两岁以上自闭症幼儿的疗育。又如由加州大学洛杉矶分校教授O.IvarLovaas所发展的自闭症幼儿方案(简称YAP，有时简称“Lovaas方案”)，采用行为主义的应用行为分析的方法，开发出高结构性、高密集性干预的技术。在此需要澄清，有些人认为“Lovaas方案”就是应用行为分析(ABA)，这样的概念是错误的。应用行为分析是由行为主义学家们所发展出来分析行为的方法，而“Lovaas方案”是采用应用行为分析的方法进行自闭症幼儿的疗育，二者不可混为一谈。值得注意的是，目前所有自闭症幼儿疗育的方案，几乎都采用融合加个别或团体的教育模式。

Dawson等人主持并开发自闭症幼儿“丹佛早期干预模式”，在进行为期两年的研究后，他们从自闭症幼儿大脑结构、对社会信息的反应上发现，自闭症幼儿的早期疗育模式相当重要。Smith指出，成功的自闭症幼儿早疗方案的特质包括：有支持系统的教学环境，学习泛化的规划，可预期及固定的作息，行为理论取向的问题行为处理方式，转衔方案的支持，家庭参与及支持。

(二)诱发动机原则

动机是学习新事物的内在驱动力，也是持续引导儿童达成目标的心理因素。自闭症儿童与其他发展障碍儿童在学习上最大的挑战是缺乏动机，诱发自闭症儿童的动机是进入自闭症干预的门槛。当孩子不知道行为后果的有趣性，对于行为后果没有兴趣，或是对诱发行为的刺激不感兴趣，就会显得没有动机。也因此，为了提升儿童的学习动机，教师可以对前事的刺激或是行为后果进行调整，以诱发儿童的动机。甚至，很多教师会在行为结果的后面加上增强物，以诱发儿童的动机。例如：孩子不喜欢阅读，妈妈告诉他，如果把书读完(行为结果)，那么可以请他喝一瓶饮料(增强物)，为了能喝上饮料，儿童就愿意阅读。除了在学习上诱发儿童的动机，也要诱发儿童的自发性动机及泛化的动机，做选择、自然增强、前事成功经验的练习等方法，也是诱发动机的方法。

在教学时，教师可以通过前事(刺激物、刺激事件)或是行为后果的设计，来提升儿童的学习动机。1993年KoegelKoegel结合功能性分析，发展出一份动机评价量表。依据行为发生前、发生后及发生原因，找出行为的动机，从动机来找出解决的方法。

(三)共同注意力原则

共同注意力涉及幼儿未来语言及社会化的发展，例如，当儿童不会说话时，他会以点指的方式来表达，并与成人进行社会交往，于是成人会对他说他点指物品的名称，于是，他就学会这样物品的语词。自闭症幼儿出生以后到三岁之间，在共同注意力的发展上呈现显著差异，因此，共同注意力也是自闭症儿童早期诊断的关键参照标准之一。研究显示，自闭症幼儿在共同注意力的开启与回应方面有显著的差异。

Baldwin(1995) 对共同注意力下定义，认为共同注意力就是两个或两个以上的有机体的心智，同时同步啮合在相同的事情上，就是两个或两个以上的有机体，参与、协调他们的注意力，专注于物品或另一个有机体。此共同注意力还可以分为共同注意力的开启 (Initiation) 与共同注意力的回应 (Responding)；共同注意力的开启被定义为沟通行为的开始，此沟通行为用以引导他人对物品、事件或沟通话题的注意；共同注意力的回应指对他人所开启的共同注意力给予回应。共同注意力的开启能力与回应能力是共同成长的，儿童若是共同注意力的开启能力佳，那么，他的共同注意力回应能力也会不错。研究也发现，共同注意力的开启能力与语言表达的技巧明显相关，共同注意力的回应能力与语言理解和语言表达有密切关系。

自闭症儿童不论在共同注意力的开启或回应能力上，都显著落后于一般幼儿。最明显的是自闭症幼儿眼神注视及眼神相互关注的行为很少，甚至比其他发展障碍的儿童还要少，也比相同心智年龄发展的幼儿少。此外，研究者也发现，自闭症幼儿眼神注视及相互关注的行为，也无法随着年龄的成长而增长。

共同注意力的行为表现包括追溯音源、眼神追视、眼神相互关注、看着对方说的指示物、点指、展示等，一般人可以通过动作行为、注意力行为、情绪行为等方式，来观察有机体的共同注意力表现。然而，要观察个体间是否有共同注意力，则需要在自然的情境中观察。在此自然情景中，幼儿表现出主动同时注视一个物品或事件的启动，被动地注视一个物品或事件的启动，幼儿间巧合的同时注视同一个物品或事件，跟随别人的眼神注视着等四种行为，即是共同注意力的行为表现，此亦即共同注意力的双方的互动结构。而自闭症儿童在这些行为上的表现都显著较弱，较弱的原因不是动作的流畅度，而是能力不足的问题。

目前学者还不能完全确定共同注意力是何时开始发展的，可以确定的是，一般婴幼儿在 6 ～ 12 个月已经有一些共同注意力，而且还在持续发展。例如：学者发现一般婴幼儿追溯音源的能力，在 6 个月之前就已经发展出来，而视觉协调的共同注意力甚至在 2 ～ 4 个月之间，就已经完全发展完成，直到 18 个月时，已经趋于发展稳定。婴儿会以转头、追视等方式表达他的共同注意力，而 9 个月以上的婴儿会以点指、展示来表现自己的共同注意力。另外，几个月的婴儿与成人间的共同注意力在于彼此的互动，此称为初级互为主体，随着婴儿长大，他与成人间的共同注意力会加进物品或事件，称为次级互为主体。

(四) 视觉学习优势原则

相较于口语信息而言，视觉信息拥有保留时间较久与信息稳定等特质，更有助于儿童的学习。研究指出，自闭症儿童在视觉信息加工上，明显优于听觉信息加工。自闭症儿童由于感知觉敏感的问题，出现过度选择信息的特质，使得他们对于听觉信息的觉知较弱，加上听觉信息的加工时间较短，容易受到环境中的噪音影响，更不容易进行信息加工，如此，导致自闭症儿童更倾向于使用视觉注视形式来获取信息。

学龄阶段自闭症儿童的智力测验发现，他们在听觉信息加工、多形式知觉信息加工的测验上表现很弱；相对地，他们在木块图测验、空间理解、知觉组织和短期记忆等方面的测验结果，显示这些方面的受损较少，表现较佳。木块图与空间理解两个分测验都与视觉信息加工相关，由智力测验的剖面图 (profile)，可以证明自闭症儿童视觉信息加工能力较强的特质。基于视觉学习的优势，教师在教学上应多增加学具，以提供儿童视觉信息的刺激，并且通过视觉信息的提示，有效地增进口语信息的加工，以促进儿童对教师口语的理解。

(五) 结构化顺序原则

过度依赖提示也是自闭症儿童的学习问题之一。当儿童不知该如何回应时，教师会运用提示或模仿来引导他们，如此，儿童可以成功地完成要求，并且获得教师的增强。通过不断地练习，儿童可以获得技能的精熟，但同时，也造成他们过度依赖教师的提示。例如，有些自闭症儿童要贴剪好的花朵，他会将花朵一直拿在手上，指导教师走过来关注他，此时，他会拿着花朵在纸上游移着，直到看到教师的笑脸，才敢将花朵贴上。

面对儿童此类问题，除了技能的精熟与逐步褪出提示外，结构化学习程序的引导也相当重要。结构化的程序符合自闭症儿童固着、缺乏弹性、高度依赖提示的特质。在进行结构化的程序之前，首先要对学习内容或学习技能进行工作分析，意即将一个技能分成好几个次技能，然后依据分析好的步骤 . 逐一指导。1997 年 Wehmari 与 Kregel 指出发展工作分析的原则：每一个次技能的行为都能被命名，如此，可以很容易决定儿童的技能是否精熟。写下 (画下、拍下) 每一个次技能，如此，上一个次技能可以成为下一个次技能的提示。当确定次技能可以被命名后，想想儿童是否能达成这次技能的行为目标，或是这次技能是否还需要再被细分。工作分析好后，先让儿童做做看，确定适合儿童后再执行。

工作分析时，技能分析成几个次技能则依据儿童的能力而定，儿童能力佳，分析的次技能 (步骤) 较少，儿童能力弱，则需要分析更多的次技能 (步骤)。

(六) 泛化原则

泛化是指在学习情境下学得的能力或内容，应用于不同的情境、人、时间和工作。自闭症儿童智力测验结果显示，他们在泛化与应用时，缺乏举一反三、弹性思考与推理等。由研究与实操可知，自闭症儿童可以学习到许多知识与技能，可是，这些知识与技能却很难应用在学习之外的情境中，因此，知识与技能的泛化是自闭症教育计划的关键。从自闭症儿童的干预课程设计到实施教学都应该充分考虑泛化问题，教师需要观察与分析他们无法泛化的原因，从刺激泛化、反应泛化与塑造等三方面考虑与进行泛化。

所谓刺激泛化意即在提供自闭症儿童足够的教学提示、学具、材料、互动对象、时刻和情境等时，他们能够表现出可以接受行为的比率。例如课堂中，教师教会自闭症儿童数钱与超市购物，那么，当自闭症儿童在超市选购好物品去结账时，超市服务员对他说“13 元”，他会拿出相应数量的金钱付账，也会等待找钱。若自闭症儿童无法完成付账，教师即需要进入现场观察，看看他们的问题发生于哪一个步骤，进而分析是哪一个刺激造成儿童无法泛化的问题。

反应泛化是指个人在某方面的技能是否精熟，可能会涉及其他相关的或类似的行为，因此，在分析时，不仅要分析技能本身，还要分析相关的 (类似的) 行为。例如上述例子，当儿童会在超市购物时，他可能就能在速食餐厅、一般商店、菜场购买东西。若儿童无法完成购物，则要进而分析他是在哪一步骤的技能不精熟、需要继续学习。

塑造是反应泛化的过程，是一个逐步增强与逐步褪出增强的程序。例如教师要教儿童说

“吃”，刚开始，当教师在儿童面前拿出饼干，只要他发出“S”的音时，教师就立即给他饼干吃，渐渐地，他需要发“si”音时，才能给他饼干吃；接着，他需要发出“ch”，才能吃到饼干，再之后，他需要发出“chi”，才能有饼干吃，此为逐步塑造的步骤。接着，教师用布或纸巾盖住饼干，让儿童无意间很快地看到饼干，他会主动说出“吃”，那么就可以吃到饼干；之后，教师可以将饼干放在班级的某个角落，让他看得到却拿不到，如此，诱发儿童说“吃”；最后，在没有任何提示或刺激下，儿童能主动说“吃”，以要求吃饼干，并获得饼干吃，如此，以逐步褪出刺激。

四、自闭症儿童的教学方法

目前为止，有关自闭症儿童的教学方法很多，本章列出下列几个常用的教学法，在这些方法中有一些共同的特性。

(一) 结构化教学

结构化教学法是由美国北卡罗来纳大学的“自闭症与沟通障碍儿童治疗与教育(简称TEACCH)”方案，依据自闭症儿童的特质所发展出来的，是一种高度结构化的教学，它运用自闭症儿童视觉优势与规则性要求高的特质，制订出环境设计与教学流程。结构化教学法中有四个重要的部分，分别如下。

1. 空间结构

安排与归置教室中的课桌椅、柜子等硬体设备与物品，让环境空间的视觉清晰，界线明显，空间区域安排固定，以利于儿童了解在什么区域里可以做什么事，亦便于教师的班级管理。

2. 每日作息时间表

以儿童能理解的表征符号，采用个别化的方式，设计每日的作息时间表、每节课的活动表，让儿童能理解及预知他的作息。通过作息表的预制效果，达成教师与儿童间的沟通，了解何时何地会发生什么事情，提升课程与课程间(活动与活动间)的活动转换，增进遵循时间表的能力，增加儿童的安全感。

3. 个别化工作系统

个别化工作系统通过视觉化的结构组织方法，帮助儿童有效地完成工作，让儿童了解要做什么工作，要做多少工作，到现在为止做到哪里了，还有多少没有做完，做完后东西要放在哪里，接下来要做什么。通过个别化工作系统，协助儿童独立完成活动，使其静坐并专注于活动，在环境中独立学习，学会独立使用资源等技能。

4. 视觉提示

以儿童能理解的表征符号，采用个别化的方式，通过视觉提示来组织、清晰和区辨任务与工作，提供儿童完成工作的有关信息和如何使用必要的教具。视觉提示的应用包括三个种类，分别为视觉清晰、视觉组织和视觉教导。如此，增加儿童的练习与精熟度，增加儿童独立工作的能力与时间，增进集体上课时的任务理解，发展问题解决能力。

目前，结构化教学法被广泛地应用于自闭症儿童的教学，也成功地实施在特殊教育班级或是普通班级，只要是有关自闭症儿童的集体教学，或多或少都可见结构化教学的影子。

(二) 应用行为分析

应用行为分析 (Applied Behaviour Analysis，简称 ABA) 其基础理论来自原行为主义，将事件或互动的过程，分析为刺激、过程、结果三者，从中找出问题行为发生的原因点，并且针对问题设计与控制刺激，以达到改善的效果。在 ABA 的教学上，通过任务分析，教师将教学过程分析成可观察、可操作、可评价的学习目标，针对每一个目标，选择合适的刺激方式，以达到教学的效果。其基本理论包括行为改变原理、刺激反射原理和操作性条件反射原理。

进行ABA的核心教学法即为回合教学(Discrete Trial Teaching，简称DTT)，在教学预备阶段，教师要先将儿童的学习目标分析成适合儿童能力且具体的行为，并且依据所分析的结果，预备儿童的学具和教师的教材。教学过程中，教师下指令后，等待儿童的回应，假若儿童没有回应，则再下一次指令，等待儿童回应，若儿童仍没有回应，则给予各种适合他理解的提示，在儿童回应后，对他的回应给予奖励与增强，并且在下一回合开始之前，对儿童的回应做出评价，决定下一回合时进行调整或是重复练习。回合教学能让儿童很快地进步，然而目前在国内常遭诟病，主要是实施过程过于机械化，弹性不足，尤其在教师的指令、提示的褪除和增强物的使用等上，都存在着不规范或事实错误的问题，有待改进。

上述两种教学法是早期开发的以自闭症儿童的教育需求为基础，以教师为主导的教学方法，由于研究发现自闭症儿童干预的难点，主要在于如何诱发他们的学习动机，因此，在 20 世纪 80 年代后期所开发出来的教学方法，改变师生互动角色地位，改以儿童为主导，让儿童主动开启互动，由成人来回应。后来有关自闭症儿童的共同注意力以及新开发教学法的实证研究证实，这样的调整是相当正确且必要的。以下将对新开发的以儿童为主的教学法进行说明。

(三) 随机教学

随机教学(Incidental Teaching)法是由Hart和Risley于20世纪70年代所开发出来的教学法，此教学法为在非结构化的情境互动时，成人有系统地将沟通所必备的技巧传承给儿童，是一种兼具融合性与功能性的介入方法。在教育的情境中，成人需要事先安排引起儿童兴趣的诱因，让儿童在情境中主动对环境探索，成人借由自然发生的互动，来增强儿童的沟通技能。此教育情境可以是日常生活的家里或教室里，教育训练活动可以是日常生活的事件或活动，通过引导来提升自闭症儿童的原沟通与社会能力。此教学法中的“随机”与平常我们对“随机”的解释是不相同的，此教学法中所谓“随机”的概念是由儿童来主导，由儿童来开始自己的学习的意思。

随机教学法中包含重要的四要素：①安排一个可能促进儿童主动沟通的环境；②选择适合儿童的能力与技巧的教学内容，并要能诱发出儿童的兴趣；③以“询问”加强回馈；④增强儿童沟通的动机。

为了让实操者更能学习与操作，Hart 和 RiSley(1982) 从此教学法中摘出九项实施要点，可概括如下。

①情境：在互动的情境中需要事先加以安全，将儿童感兴趣的因素放入情境中，诱发他们探索的动机。②教学者：实施教学的成人必须是孩子熟悉的重要他人，让自闭症儿童与他相处时有自然、安全的感觉，能够很了解儿童的沟通意图，并能适时地给予协助或作某些决定。此外，离开教育情境后，可以将技能自然地泛化在日常生活中。③活动开始：教育活动开始，自闭症儿童尚未开启互动前，成人无须干预，可以在旁静静观察或是做着自己的事情。④开启互动：由自闭症儿童主动开启互动，可能是转头看你，寻求你的帮忙，或是要拿玩具拿不到，你可以过去询问他的意愿；在自闭症儿童开启互动时，成人要看着儿童的眼睛，给予微笑，并专

注地询问与聆听他的话题。⑤确认：如果成人不能确定儿童的话题或意图时，可以用动作或语言询问之。⑥扩展问题：在开启互动后，成人要主动地扩展互动的轮流，以提升儿童的语言。⑦提示，在儿童不知如何回答或不知所措时，成人可以运用多种方法，给予提示。⑧示范，在提示下，儿童还是不会主动回答，表示他的能力还不足，此时，成人可以改用示范的方式，教导他正确的回应方式。⑨给予肯定及增强。

在儿童做出正确回应时，成人要给予回馈，让他知道自己已经答对了，增强孩子的互动意愿。在教育训练进行的互动循环中，成人要不断地给予肯定与回馈，而不是介入快结束后才给予回馈与增强。也因此可以了解此处所谓的增强是指自然增强。

(四) 整合性游戏团体

整合性游戏团体是杨宗仁教授在2000年左右，与他的研究生们所开发的针对自闭症儿童的教学法。又鉴于自闭症儿童在装扮性游戏与社会交往上的障碍，深深地影响着他们的同伴互动与文化学习，因此，强调在整合性游戏团体中的教材、同伴、成人的支持下，提升他们游戏与人际互动的能力，进而提升他们其他方面的能力，达到全人疗育的效果。

整合性游戏团体在游戏结构生态、观察儿童游戏和增进儿童游戏等方面多有要求。游戏结构生态指的是教师的教学预备，游戏的生态必须在自然的情境中进行，情境中的空间、游戏材料需要事先设计与选择，游戏团体的成员以3～5人较佳，能力要高于自闭症儿童一些。游戏实施时间固定，游戏进行前与进行中，使用多种策略以增加自闭症儿童的理解、遵守规则、人际互动等能力，如使用视觉提示以增强自闭症儿童的理解，固定游戏的流程，游戏开始与结束以唱歌的形式展现等。引导儿童游戏的成人也是观察者，其对于游戏的进行相当重要，观察的同时也是在进行教育评价，影响接下来教师的教学决定。最后在引导游戏进行时，可以运用注视、模仿动作、平行游戏、共同焦点、共同行动、角色重演和角色扮演等策略引导儿童进入游戏。

游戏整合团体的理念与做法很好，整合性游戏团体的同伴多为自闭症儿童的兄弟姐妹或学校同学，在现今独子化的环境中，此教学法需要进一步进行调整。

(五) 社会性故事

Gray于1994年发表运用社会性故事来改善自闭症儿童的社会行为的方法，此方法逐渐受到重视。本方法由父母或老师以文字或图片的方式，以自闭症儿童为故事的主角，描绘他在特定的社会情境下的困难，通过故事文本，去克服困难。撰写社会性故事包括发现问题及问题发生的情境、过程，收集相关资料，设计实验，验证假设，依据验证的结果偏写文本，对自闭症儿童进行文本的教学，以改善他的社会行为。此外，Gray对文本中句子的使用，如描述句、观点句、指示句、肯定句、控制句与合作句等多有规范。

偏写社会性故事时，要使用自闭症儿童能理解的表征符号及语句，句子与文章长度要适合儿童阅读，字体大小要符合儿童的需求，文中的指示句与描述句尽量贴近事实，故事要有起承转合等文章的结构，一页只描写一个情境，使用正向的语汇来描述与教导正向行为。完成后，在教导的时间点与时间量上，也要依据儿童的行为特质与需求，而有适当的安排。

社会性故事可以分为两种：一种为通用性的社会性故事，如不要大声说话、不要取笑同学、我会上厕所、批评别人等；第二种为量身定做的社会性战事，即针对自闭症儿童个体的特定行为，经过行为的观察、记录与分析后，为此儿童此行为特别偏写出来的故事。每名自闭症儿童都需要此两种社会性故事的教学。

(六) 回合教学

回合教学 (Discrete Trial Teaching，简称 DTT) 的理论依据主要来自行为主义，为一种高结构、高密集性的教学法，属于 ABA 的教学法之一，被大量使用于一线的教学。主要希望通过教师所提供的刺激，让儿童达到特定的及预设的行为回应，以及通过清楚、分散式的特定刺激控制，来引导反应的行为，并且增强正确回应的行为，不正确的回应行为则不予增强。

回合教学包含五个步骤：①下指令，教师对儿童下指令，即呈现区辨性的刺激；②提示，提供儿童额外的协助，以达成诱发目标行为，此步骤不见得需要，依据教学时的状况与儿童状况调整；③回应，在教师下指令后，儿童表现回应的行为，此回应行为必须是可观察、可测量的行为；④结果，刺激出现后的回应行为，由此回应行为状况决定接下来要降低或增加刺激；⑤回合内的回合，在每个回合中要有清晰的开始与结束，还要记录儿童在回合中的回应行为，若儿童出现目标行为则给予增强，若儿童出现不正确的行为则明确告知“错误”，并给予矫正。此五个步骤合起来，即成为一回合 (Trial)。每个技能包含着数个回合的教学，因此，儿童在学习一个新技能程序的过程中，就可以获得许多回合的练习，容易达到精熟学习。

教师在下指令时，要确保儿童愿意参与教学，指令必须清晰且简短，让儿童容易区辨，教师的指令必须恰当，并且与教学内容相关，首先一定要完成一个回合的教学，然后再决定该如何调整，不要给予非计划中的提示。在提示过程中，所给予的提示类型依据儿童的状况而定，确保提示是有效的，在教学快结束后，一定要将提示褪除。

(七) 关键既能反映训练

关键既能反映训练 (Pivotal Response Training，简称 PRT) 是由 Koegel 和 Schreibman 等人依据应用行为分析的原则所开发的，针对自闭症儿童的教学方法，特别是自闭症幼儿。此方法强调以儿童为本，在自然的情境下诱发自闭症儿童主动探索的动机，并且让他们对多重信息的刺激有所反应，提升这两个行为的能力后，儿童就容易与他人有合适的互动与沟通，无形中降低问题行为，从而更好地融入日常生活。训练者可以通过提供选择的机会安排轮流，运用自然增强，增强正确尝试的行为 (或意愿)，并穿插促进行为维持的作业等策略，来增加孩子对物品或互动的动机，并且让儿童在多元刺激的环境中，通过刺激的安排与选定，让儿童表现出期待的行为，通过作业的完成、达到互动目的来自然增强儿童的行为。关键既能反映训练的教学法属于行为学派的方法，Koegel 和 Schreibman 改良以往应用行为分析太过于机械化、较适用于实验室、泛化不易等问题，让应用行为分析的技术应用于自然情境，且过程更加精致化、人性化，达到自然地泛化。如此也提高了儿童的自尊心、成就感，达到全人的学习。

五、自闭症儿童的职业教育

特殊教育 (身心障碍方面) 目的在于让特殊教育儿童获得独立生活时必需的技能与知识，进而实现独立谋生与生活，获得满意的生活品质。特殊儿童的职业教育，小学阶段即已开始，小学课程里的粗大动作、精细动作、生活自理、学业学习、社会技能等能力，这些都是为职业教育所预备的。若儿童选择的职业是饰品加工业，他至少需要良好的精细动作与手眼协调能力。笔者曾经参观浙江金华的东洋培智学校，东阳以雕刻闻名世界，该校以雕刻为学校职业技能训练项目之一。儿童毕业后，在家乡也可以很容易找到雕刻类工作，并且待遇不菲，为儿童成人后的生活奠定了基础保障，也创造出特殊教育的价值。

然而，职业教育不单指职业技能，也包括社会交往、求职技能、生活休闲、生活规划、生活习惯、金融理财与工作态度等，如此才能使其适应未来的职业生涯。职业教育也是社区参与的一环。对于身心障碍者而言，职业训练多以职业复健 (Vocational Rehabilitation) 为主，目标帮助身心障碍者获得就业机会及提高其职业适应能力。自闭症儿童的职业教育，应该包括自我了解、职业评估、职业探索、职业技能的发展、职业觉知、职业预备等内容。这些内容之下，教师可以依据儿童的需要，再设计儿童的学习目标。

家长与教师是社区里最了解儿童的人，通过团队合作的方式，教师、家长、学校职业训练师、学校行政人员与儿童自己共同设计有意义的个别化教育计划 (IEP)，将职业教育的内容融入其中，让儿童得到发展，学习得以进步。团队合作的方式是很重要的，因为通过团队努力，可以增加儿童练习的机会、技能类化的机会，为儿童未来就业创造更大的可能性。自闭症儿童在技能教学或实习时，特别要运用时间表、视觉提示、工作分析、结构化的程序等方法，进行教学。

自闭症儿童职业教育最重要的部分，即是成功地以学校为基础，转衔到成人生活与职业生活。他们就业的问题，有时不见得是技能问题，可能更是工作态度、人际互动、语言理解的问题，因此，在转衔过程中需要为他们提供支持性就业 (Supported Employment) 服务。此时，家长是儿童进行职业训练的关键人物，也是关系孩子就业成效的重要人物。

六、自闭症儿童的家庭支持

自闭症儿童的家长比其他障碍类别的家长需要面对更多的问题，而且问题更为独特，许多家长会自责自己无法解决孩子的问题，为此而产生挫折感。美国 H3 EA 法案里指出障碍儿童的家长需要参与儿童的疗育，例如诊断与评估时参与决策等。家长对自闭症孩子的支持，主要在于养护、进行教育、做决定，以及为孩子维权。

家长与专业人员的合作，已经成为障碍儿童疗育的必要道路。Marcus 与 Schopler(1987) 指出专业人员与家长合作的态度最重要，专业人员的态度有：①避免以评判的态度面对家长与家长的言行；②教养自闭症儿童的工作并不容易，专业人员不能将儿童的行为问题都归因于家长教养能力不佳；③专业人员被动地进入家庭的互动中，家长有优先选择与做决定的权利，少有家长喜欢专业人员的权威角色；④专业人员不但要考虑自闭症儿童的需求，还需要考虑到其他家人的需求；⑤专业人员与家人间要保持公平且诚实的关系，互相合作，保持开放与分享的关系；⑥家长有权利为自闭症儿童做决定，专业人员必须明白，他们看到的仅是小部分的家庭互动，无法代表全部。

自闭症儿童的家长与专业人员合作很重要，最让他们感到挫折的是孩子的特殊行为，因为孩子的特征，让他们不知如何与孩子建立情感，不知如何与孩子互动。因此，合作时教导家长如何分析自闭症儿童的问题行为，了解行为背后的功能，是他们必备的技能，也是合作中最重要的一步。一旦家长有能力面对孩子的行为问题，他们才愿意主动参与孩子的教育与行为干预计划。在家长学习成长的过程中，需要专业人员持续且密集的督导，直到家长获得相关能力。由于家长是最了解孩子的人，与孩子的接触最多，当他们拥有行为分析的能力后，他们能很快地察觉孩子的动机，并且协助教师执行、练习行为干预计划，促进行为的泛化。当家长可以独立操作行为分析后，专业人员才能逐步退出。关键能力回应训练、结构性教学法、社会性故事等都强调家长的培训与参与。

七、自闭症儿童教育实施情况

我国自闭症儿童的教育现状可以从下面四个方面来阐述，分别是学习环境、课程、教学策略、技术。

1. 自闭症儿童的学习环境

我国自闭症儿童，在学龄前的教育安置形式主要是康复机构、普通幼儿园中的特殊班、特殊学校中的学前班和在家教育。进入学龄阶段的自闭症儿童主要在特殊学校和普通学校就学。自闭症儿童的就学一般需要父母、家人或学习支持者陪同学习，帮助他们听清指令，强化学习内容。

2. 自闭症儿童的课程

对于进入普通学校学习的自闭症儿童而言，他们的学习课程与正常学生一样，其中有些有着较高认知发展水平的自闭症儿童，确立适当的课程目标，并在策略上给予保证，能帮助其适应普通教育的课程。

大多数自闭症儿童进入特殊学校，其课程常常与智力障碍儿童的课程相似。针对自闭症儿童的典型课程目标包括：生活技能(包括适当的行为、社会性发展、人际交流和问题解决)；功能性学业；职业准备。

生活技能课程从自闭症儿童一入学就开始了。它强调适当的行为、社会性发展，人际交流，问题解决、安全和日常生活技能。功能性学业，主要关注每日生活中有用的技能(如金钱计算、看时钟等)，这种课程贯穿于整个学校学习的过程中。职业准备课程教导他们形成学习工作习惯和在集体中的责任感，并学会做不同的工作，进行相应的职业训练。

3. 自闭症儿童的教学策略

针对融合环境下障碍儿童的特殊教育服务应采取以下五种策略，以帮助自闭症儿童和其他发展性障碍儿童获得技能、发展人际关系和融入班集体。

一是教授沟通与社会能力。运用图片交换交流系统(PECS)，可以帮助那些缺乏功能性语言机能的自闭症儿童进行有效交流。利用模仿性机能来提供系统性指导。模仿对于学习和交流很重要。要将模仿训练融入课堂教育中，包括在小组活动、体育活动以及户外游戏中。要为自闭症儿童提供与发展正常儿童进行直接交流的机会。

二是在班级的自然活动进程中运用指导性策略。如将同伴吸引到指导性情境中来。既要利用儿童之间自发的互动，还要运用事件的自然后果；运用不同的线索和提示保证每个孩子得到适当的支持。教师只给予必要的帮助，以使儿童不会对其产生依赖。

三是教育自闭症儿童并提供机会培养其独立性。随时给儿童提供选择的机会；在必要时，教儿童做出选择。图片时间表能帮助自闭症儿童学会遵从日常活动的次序和过程。对于没有语言的自闭症儿童，教师要经常给予他们机会，让他们对教师的提示做出反应。当自闭症儿童获得一些成功时，教师要带领学生及时祝贺。

四是建立能融合所有学生的班级团体。运用活动使各种能力的学生一起加入进来设计一些开放式结局的游戏，采用适当的材料，对自闭症儿童的反应进行积极支持，发掘他们的能力。同时，让每个学生有机会扮演不同的角色，包括自闭症儿童在内的每个学生，都要轮流负责发材料。这样，自闭症儿童就能与班级里其他同学一样处于平等的氛围里，并能与同伴交流。

五是促进技能的泛化与保持。目标技能在每个儿童的生活中用处很大。一个自闭症儿童在很多情况下需要的技能很有可能被泛化，因为他们经常练习，并得到行为后果的自然强化。为了使自闭症儿童脱离成人的帮助和指导，要运用指示性和干扰性最少的提示法，从而保证已成功获得的技能得以表现，并在不破坏技能表现的同时尽快隐去提示。自然地进行学习试验，要利用学校日常活动中的教学机会，这样才能增加技能泛化和保持的可能性。

4. 我国自闭症儿童的教育现状的技术问题

与自闭症儿童交流的重要性已被大家广泛认可。在儿童不能以一种常规的方式来发展言语和语言时，很多设施 [被称为增强和替代性交流 (AAC)] 被应用于加强或增加儿童的社交技能。这包括图片交换交流系统 (PECS)。

有时候要使用一块沟通板。这样，一些基本的沟通就能在儿童和成人之间建立了。在这里，儿童可以表达他们的基本需求和感受，成年人则给予回应。在这种交流中，帮助性图片的使用大大增加。

图卡可以用于普通儿童的教学，也可以用于自闭症儿童教学。卡片上印有图案，也印有拼音和文字。学生可以通过观察图案，读出文字。达到认识图案和文字的目的。同时，也锻炼了语言表达。

计算机也可以与人工语言结合起来。儿童可以输入一个单词的首字母，屏幕上就会出现一系列以此字母开头的常见单词。这样，一些不能读的自闭症儿童可以利用鼠标或方向键来选择语言合成器大声读出单词。

第九章 学习障碍儿童教育

第一节 学习障碍概述

一、学习障碍概念的提出

对学习障碍的研究最早源于医学领域对脑损伤的研究。19世纪60年代，布洛卡(PaulBroca，1879)发现一名失去言语能力的成年患者其大脑的左前部受到了损伤，从而发现了与语言相关的区域一布洛卡区，并将因此失去语言能力的病症称为布洛卡失语症(Broca’s Aphasia)。1917年，医生James Hinshelwood发现了一位词盲(Word Blindness)儿童，推测其问题在于大脑的一个特殊区域angular回的损害。之后，有关脑损伤的研究成果越来越多，但主要在于揭示脑损伤对学习的影响，并没有考虑到临床治疗。Alfred StrauSS(1947)把脑科学的研究应用到了临床治疗上并过渡到教育方面，出版了《大脑损伤儿童的精神病理和教育》，揭示了大脑损伤与语言、多动和知觉障碍之间的关系。他的研究主要是与学习过程相关的轻度脑损伤，有这类问题的儿童在感知、思维、情感等方面表现出单一或综合的障碍，并妨碍其学习过程，也称为诵读困难或发展性失语症，他在研究的基础上还提出了这类儿童的教育计划。Alfred Strauss的研究建立了学习障碍研究的医学基础，对学习障碍儿童病理的探讨做出了巨大的贡献，但他把脑损伤作为智力落后中的一种，没有将两者区分开，并且也不是所有的脑损伤儿童都表现为学习问题。

ClementS(1966)提出了轻微脑功能失调的标准概念这些儿童智力接近正常或超过正常水平，但伴随有与中枢神经系统功能偏差有关的、从轻度到重度的学习或行为问题；这些儿童会出现感知、概念形成、语言、记忆、注意力或运动功能方面的失调……在学龄阶段最为明显的表现是一系列与学习相关的障碍。该定义明确地指出了轻微脑功能失调最明显的后果就是学习障碍，并建立了学习障碍与中枢神经系统失调之间的联系，研究的角度也转向了教育学、心理学等学科，并涉及了语言学的知识。

1963年4月6日，美国教育家柯克(Krik)在全美知觉障碍儿童基金会的研讨会中为一群有阅读障碍、多动症及无法解决数学问题的儿童的父母做讲座时首次使用了学习障碍(LD)这一名称。该名称的提出统一了之前有关学习障碍诸如失语症、脑损伤、轻微脑功能失调、知觉障碍、神经性损伤和诵读困难等的各种称呼，并将知觉障碍儿童协会改为学习障碍儿童协会，学习障碍作为一个单独研究的领域开始建立起来。

二、学习障碍的定义

国际学术界最早的界定是美国教育心理学家科克(S.Kirk)于1963年提出的学习障碍概念。他认为学习障碍是指儿童在语言、说话、阅读和社会交往技能方面的发育障碍。这些障碍不包括视、听觉障碍和智力障碍。在此之后，学术界研究比较活跃，不同的研究领域，不同的研究宗旨，其概念有所不同，其中具有代表性的定义如下。

1. 美国公法 94 ～ 142 的定义

LD 是指与理解、运用语言有关的一种或几种基本心理过程上的异常，导致儿童在听、说、读、写、思考或数学运算方面显示出能力不足的现象。这些异常包括知觉障碍、脑伤、轻微脑功能失调、阅读障碍和发育性失语症等情形。但 LD 一词不包括因视觉、听觉、动作障碍、智能不足或环境、文化、经济等不利因素所造成的学习问题。

2. 美国“全国学习障碍联合会”(NJCLD) 的定义

LD 是指听、说、读、写、推理或数学等方面的获取和运用上表现出显著困难的一群不同性质的学习异常者的通称。这些异常现象是个人内在的，一般认为是由于中枢神经系统功能失常所致。个体内在自控行为、社会认知与交往中的问题可能与学习无能同时存在，但这些问题不在 LD 范畴之中，同时，LD 也可能与其他残障 (如精神发育迟滞，情绪紊乱等) 或外界不利条件 (如文化差异，教育缺失或不良) 相伴发生于同一个体，但 LD 并非后者的直接后果。

3. 美国联邦教育署的定义

LD 是个体在涉及理解或运用语言 (口头或书面语言) 方面的一种或多种基本心理过程出现的失常。这种失常可能表现在 听、想、说、读、写、拼音或数学计算方面的能力不足。但不包括由视觉、听觉或运动系统缺陷，智力落后，情绪失常或由环境、文化或经济状况引起的学习问题。

4. 世界卫生组织 (WHO) 的定义

学习障碍是指从发育的早期阶段起，儿童获得学习技能的正常方式受损。这种损害不是单纯缺乏学习机会的结果，不是智力发展迟缓的结果，也不是后天的脑外伤或疾病的结果。这种障碍来源于认识处理过程的异常，由一组障碍所构成，表现在阅读、拼写、计算和运动功能方面有特殊和明显的损害。

5. 日本学者的定义

20 世纪 70 年代，在日本出现“学习障碍”这一用语。从字面上说，它给人以重度缺陷的印象，即“从智力发展水准看，属正常范围，但个人内差中有严重的失常，亦即具有差异这一 LD 的特殊状态”。

日本学者辰野千寿 (1986 年) 认为：LD 儿是指有的儿童虽然智力一般，感觉器官和运动功能也没有障碍，环境方面也不存在问题，却出现视觉或听觉障碍、注意范围狭小、持久性短、活动水平异常高、容易冲动、反应过敏、心神不定等问题，所以，在智慧学习 (如读、写、算等的学习) 上成绩不佳。这和学业不佳儿童、学业迟缓儿童是不同的。一般认为，这是由脑功能的轻微障碍所造成的。

1999 年，日本学习障碍以及类似学习上有困难儿童学生指导方法调查研究协作者会议的定义是：LD 一般是指总体的智力发育并不迟缓，而是表现在听、说、读、写、计算或是推理能力等特定的学习和使用方面显示出各种各样显著困难的状态。其原因与中枢神经系统某些功能障碍有关，视觉障碍、听觉障碍、智力障碍、情绪障碍等以及环境的因素不是产生 LD 的直接原因。

6. 俄罗斯学者的定义

俄罗斯特殊教育学者们把 LD 儿称为心理发展迟滞儿童。心理发展迟滞是一个心理教育概念。学者们认为：心理发展迟滞儿童是从儿童整个心理活动发展方面的障碍来确定的。主要有两个特征：第一，儿童现有的心理发展水平与其实际年龄水平不相符。第二，儿童所产生的学习障碍不是长期存在的，即是暂时的。儿童总是能够在完成任务过程中使用所给的提示或帮助，掌握解题原则，并把这一原则转移到其他类似问题的解决上。

7. 我国台湾学者的定义

LD是指在听、说、读、写、算等能力与运用上有显著的困难者。LD可能伴随其他障碍，如感觉障碍、智能不足、情绪困扰；或由环境因素所引起，如文化刺激不足，教学不当所产生的障碍，但不是由前述状况所直接引起的结果。LD通常包括发育性的LD与学业性的LD，前者如注意力缺陷、知觉缺陷、视-动协调能力缺陷和记忆力缺陷等，后者如阅读能力障碍、书写能力障碍和数学障碍。

三、国内标准

(一) 大陆的研究现状

长期以来，我国教育工作者是在“差生”“双差生”“后进生”“学业不良”等名义下进行LD的相关研究，很少探讨LD的界定。20世纪80年代以来，出现了“学习困难”“学习无能”、“学习障碍”等词语，以“学习困难”的出现频率为最高，这几个概念一直在混淆使用。

一些研究者对学习障碍的界定，时常简化为“差生”或“学习成绩低下”。例如，把智商在正常水平、学习的主要科目成绩不及格或低于平均成绩一个标准差以上的儿童认定为LD儿，或把因学习差而留级、被教师评定为学习能力差的儿童认定为LD儿。

到目前为止，我国学术界对LD还没有一个统一明确的界定。

课题组在长期研究的基础上，结合我国国情，对LD的定义如下。

(1) LD儿的总体智商(IQ)基本在正常范围内，也有的偏低或偏高。

(2) 在听、说、读、写、计算、思考等学习能力的某一方面或某几方面表现为显著困难。

(3) 大多数LD儿伴有社会交往和自我行为调节方面的障碍。

(4) 其原因是个体内在的大脑中枢神经系统功能不全所致。

(5) 需要排除由于弱智、视觉障碍、听觉障碍、情绪障碍等或由于受经济、文化水平的影响，未能接受正规教育的原因所产生的学习方面的障碍。

(二) 除学业不良外，比较常见的表现

注意力不集中，做事磨蹭，有头无尾，缺乏时间观念和任务感。慵懒、拖沓，学习迁移能力差，易形成习惯性惰性及自慰心理。社会适应技能缺陷，凡是都要依赖别人。缺乏良好彻底学习习惯与学习方法。

缺乏学习兴趣，缺乏好奇心，对人对事缺乏兴趣；或学习兴趣肤浅、范围狭窄、兴趣不能稳定持久，易于“见异思迁”，带有情绪性影响。

缺乏学习动机；或学习动机多停留在短暂、浮浅的消极水平上，具有游移摇摆的特点，缺乏强大而稳固的动机支持。一般其动机水平低，目标不明确，学习的社会意义和个人意义不统一。动机只表现在口头上，很少落实在行动上。

学习态度不良，目的不明确、呈现一种漫无目的的学习倾向。缺乏学习热情和自觉性。自制性和坚持性差。

活动过度、问题行为、违纪行为、自我控制力差，不易与同学建立良好人际关系。寻求反面心理补偿，出现逆反心理及情绪对抗。

自我评价差，容易挫折；忧郁、焦虑、窒息感、压抑感，易自卑及封闭。

四、学习障碍的原因

引起学习障碍的原因有很多种，既有儿童自身内部的因素也有外部的学校、家庭、生活环境等方面的因素。主要的导致因素包括脑损伤、遗传、生化失调和环境原因。

(一) 脑损伤

通过 NJCLD 对学习障碍的界定中“由中枢神经系统障碍所引起”的说法我们可以看出，学者认为所有的学习障碍儿童都有某些大脑损伤或中枢神经系统损伤。有的医生也称学习障碍的起因是由于轻微脑功能失调，也说明了儿童的大脑有损伤。也有研究者在核磁共振脑成像上发现有阅读和语言问题，个体的大脑的一些特定区域显示出与正常个体不同的活动模式，一些阅读障碍儿童的大脑结构和正常儿童的有着轻微差别。但需要注意的是，脑损伤不一定会造成学习障碍，它只是造成学习障碍的部分原因，而且也不是所有大脑损伤的儿童都存在学习障碍。正常儿童中有一部分也有曾经有某种程度脑损伤的情况，但却没有影响到他们的学业学习和行为的习得。

(二) 遗传

许多学习障碍的研究表明儿童学习障碍有家族遗传的倾向，这种遗传是由于一个或一组基因的异常造成的，性染色体的异常也被发现与儿童学习障碍有关系，第 23 对染色体呈 XO 模式异常的儿童会出现视觉运动统合功能失调问题。另有研究表明，单卵双生子发病率高于双卵双生子或对照组，且有明显的家族性，其遗传率高达 45%。许多学习障碍儿童的父母幼年时也有学习问题，主要体现在阅读方面 (Sterenson，1992)，阅读障碍者的兄弟姐妹和子女比正常人更容易出现阅读问题。

尽管有许多证据表明学习障碍与遗传关系很大，但至今学者还是难以断定各种学习障碍的出现是由于遗传因素还是环境因素，因而在分析不同性质学习障碍成因时，应综合考虑两方面的作用。

(三) 生化失衡

1. 维生素缺乏

大脑功能的正常运作离不开维生素的参与，因此有学者提出，如果儿童体内的维生素水平达不到大脑正常工作所需要的量或各种维生素比例失调，就会影响到大脑的正常运作，导致学习障碍。因此，有些医生就开始采用让儿童每天服用大剂量的维生素来补充学习障碍儿童可能缺乏的维生素的方法，但研究表明大量服用维生素并不能提高儿童的学业表现。

2. 低血糖

人脑的正常代谢需要一定的葡萄糖。研究表明，有的学习障碍儿童由于长期处于低血糖的状况而萎靡不振，经常感到疲劳、昏昏欲睡，没有足够的精力去完成学习任务而导致了学业困难。

3. 食物中存在的人工色素和调料

有学者指出 (Feingdd，1975)，儿童食用食物中的人工色素和调味料会导致学习障碍和多动症。据此，他为儿童提供不含人工合成色素和调味料的饮食疗法来治疗儿童的学习障碍。但该方法没有得到理论和科学证据的支持。

当前，学习障碍领域的学者都不认为生化失衡是导致儿童出现学习问题的重要原因。

(四) 环境的影响

1. 早期经验的剥夺

早期经验的剥夺指的是儿童在婴幼儿时期被不当地限制行为，从而剥夺了其正常的感官和动作发展，如视觉和听觉刺激及精细动作和粗大动作的发展，这些行为的限制都有可能会导致儿童入学后的学习问题。另外，家庭的不和睦、家长对子女的过分溺爱、婴幼儿长期患病等因素都会造成儿童的学习障碍。

2. 行为问题

儿童不寻常地爱哭、不良的睡眠习惯、饮食不规律以及过度精力充沛或昏睡等行为，使儿童接受体罚、虐待的机会更大，这些也容易造成儿童日后的学习障碍。

3. 教育机会的缺乏

Engelmann(1977) 提出，大多数被贴上了学习障碍标签的儿童之所以有障碍，并不是因为他们的感知、记忆有问题，而是因为他们所接受的教学是非常不适当的。这主要是由教师专业知识的缺乏、教育方式和教育行为的不当、标签化以及教育环境贫乏等导致的。对学习障碍儿童的教育干预已经证明，许多学生的学习问题可以通过接受直接的、系统的教学获得解决。

由上可见，各种因素都可以导致儿童的学习障碍，但需要清楚的是，以上所描述的导致学习障碍的原因并不一定都会必然导致儿童的学习障碍，这些因素的存在只是很有可能会使儿童出现学习上的困难。另外，儿童出现学习障碍往往不是单一因素导致的，而是多种因素共同起作用的结果。因此，我们在分析学习障碍的成因时，应综合考虑儿童的各个方面，针对不同学习障碍学生的个体差异，具体问题具体分析。

第二节 学习障碍的类型与特征

一、学习障碍的特征

(一) 阅读问题

阅读方面的困难是学习障碍儿童中最常见的特征，大多数学习障碍儿童都存在阅读问题。这类儿童不喜欢阅读，阅读时省略、代替或添加字、词，读同音异字困难或经常混淆，句中词序颠倒或含糊不清，阅读和书写时出现视觉镜像 (如分不清 b 和 p、6 和 9 等)，喜欢用手指指着字行阅读，命名物体困难，缺少阅读策略或难以选择合适的阅读策略等，由此导致语文成绩较差。由于不能理解题意，进而也导致了数学障碍。这类儿童常伴有多方面的认知障碍，如视知觉、记忆、注意等问题。

(二) 数学低成就

学习障碍儿童在数学学习上的低成就主要表现为，在数学符号的辨识、运算，公式的记忆和运用，数字推理、计算问题及问题解决上存在困难，并且在各个年级水平的各种算术问题上都表现出落后。在回忆数字和应用题解答上明显存在缺陷，存在语言知识和数学知识缺乏、问题表征类型单一、个体的知识积累和知识结构缺乏等问题。并且随着年级的升高，学习障碍儿童的读、写、算的困难也慢慢扩展到其他学科的学习上。

(三) 书面语言缺陷

大多数学习障碍儿童在书面语言上主要有写字和书面表达方面的问题。王晓平 (2008) 从写作认知过程、写作动机过程及写作结果三个方面对学习障碍儿童的写作表现进行了分析，指出学习障碍儿童在写作认知过程中不仅不能自发地进行计划，而且在他人提示下也不会使用计划进行写作，写作中所做的 80% 的修改都是无效的，将观念转化为一篇文章存在极大的困难，错别字多，标点困难，书写速度也很缓慢。学习障碍儿童普遍存在动机问题，他们不愿意写作、写作焦虑，甚至拒绝写作。学习障碍儿童的作文质量不高，长度比同龄学生要短，文章中包含更多多余和无用的信息。可见学习障碍儿童在书面语言方面存在较多的问题。但通过有策略的教学、频繁的写作练习及系统的反馈，大多数学习障碍儿童的写作和拼写技能都能够得到提高。

(四) 注意问题和多动

除学习困难之外，约有一半的儿童伴有注意缺陷，一些学习障碍儿童很难专心于一项任务或频繁地表现出无目的的动作。教师普遍认为，学习障碍儿童的注意力要比非学习障碍儿童的注意力差。如有的学习障碍儿童上课时东张西望，一会玩玩橡皮，一会晃动一下桌椅；窗外同学的嬉笑声、鸟叫声都很容易使他们分心；很简单的抄写作业题目也是坐一会玩一会；即使自己很感兴趣的绘画课，也很难安静地坚持下来……这些表现都是由于学习障碍儿童的注意问题所造成的。

(五) 情绪和行为问题

学习障碍儿童在学校和课堂中表现出较正常学生更多的情绪和行为问题，多伴有多动、冲动、焦虑、睡眠障碍和攻击性行为。有的学习障碍儿童对学校的不满情绪高，出现较多的负面情绪，若不干预，易出现品行障碍、过激行为，成年后易出现人格障碍、反社会行为。

有学者对学习障碍儿童的行为问题进行了研究，结果发现学习障碍儿童存在较多的行为问题，主要表现在多动、违纪、社交退缩和攻击行为、抑郁等方面。但需要注意的是，也有许多学习障碍儿童没有表现出任何行为问题，而且是学业问题导致了行为问题还是行为问题导致了学业问题也还需进一步研究。

(六) 社会能力缺陷

Kavale 和 Forness(1996) 总结出，大约 75% 的学习障碍儿童表现出社会能力方面的缺陷，这些缺陷主要表现在社会知觉能力不足，社会判断能力和角色、观点采择能力低，自我概念不良，社交能力缺乏或不会使用合适的社交技能上。这些儿童常常被他人排斥，社会地位低，师生关系紧张，与教师之间的互动非常少，缺乏友谊，亲子关系紧张。

在归因方面，一般儿童往往把自己的成功和失败归于内部的、稳定的、可控的因素，而学习障碍儿童不太相信自己会成功，很少把自己的成功归因于能力方面，而更多的是归因于运气和题目容易等偶然因素，并且这种倾向比较稳定，无年级差异。学习障碍儿童还倾向于把自己的失败归因于能力的缺乏，而很少认为是由于自己不努力造成的，他们更多地认为消极事件的原因是稳定的，在各种情景下都会出现。学习障碍儿童的这种归因方式具有消极影响，使得他们对未来成功的期望值很低，以至于会放弃尝试某些任务，不去努力，这直接影响到他们的学习、人际交往和日常生活。

学习障碍儿童往往表现出以上的一种或几种特征，也有的学习障碍儿童可能会表现出范围很广的学习、社会交往和情绪问题，不同个体之间的差异较大。在分析学习障碍儿童表现特征时，应多方面综合收集资料，针对不同个体表现出来的特征为其制订相应的个别教育计划和教育干预措施。

二、学习障碍的类型

学习障碍分为发展性学习障碍和学业性学习障碍两大类。

(一) 学业性学习障碍

学业性学习障碍是指在学校学习获得方面出现的障碍。这些障碍往往在儿童入学后由于当前的学业成绩低于潜在的学习能力而表现出来，主要包括阅读、书写、算术、拼写和写作等。

1. 阅读障碍

阅读障碍是学习障碍的主要类型之一，约占学习障碍的 80%。阅读障碍是指儿童具有正常的智力和教育机会，没有明显的神经或器质上的缺陷，在阅读能力方面显著落后于同龄人的学习障碍亚型，是学习障碍各类型中人数最多的一种。阅读障碍儿童在学习中的多个方面都有困难，存在认字和记字困难，刚学过的字就忘记；朗读时不流利、增字、减字，随意按照自己的想法阅读，不能理解课文的意义；听写成绩差，错别字多，经常多一笔少一画，颠倒偏旁部首；阅读速度慢。

一般来说，阅读障碍分为两种类型：获得性阅读障碍和发展性阅读障碍。获得性阅读障碍是指由于后天脑损伤 (如脑外伤、脑肿瘤等) 引起的阅读困难。发展性阅读障碍是指个体在一般智力、动机、生活环境和教育条件等方面与其他个体没有差异，也没有明显的视力、听力和神经系统障碍，但其阅读成绩却明显低于相应年龄的应有水平，处于阅读困难状态，其典型特征是字词识别的精确性与速度存在问题。

2. 书写障碍

书写障碍是指学龄儿童在书写可辨性上存在严重缺陷的现象，是学习障碍的主要类型之一。书写障碍儿童在写字时往往用力过重、握笔过紧、身体姿势和握笔方法不正确、笔顺错误较多，写出来的字不匀称、字迹潦草、字与字之间的空间关系不明确、有的字倒写等。存在这些问题的原因是由于儿童的视知觉分辨能力、记忆力和视动统合能力相对落后。

书写障碍主要包括动作型书写障碍、阅读困难型书写障碍和空间型书写障碍三类。动作型书写障碍是指由于动作缺陷导致的书写障碍；阅读困难型书写障碍是指由于语言缺陷引起的书写障碍；空间型书写障碍是指视觉空间知觉缺陷导致的书写困难。

3. 数学障碍

数学障碍是指儿童智力基本正常，具有一定的学习动机，没有感官障碍，但数学学习上明显落后于同年龄或同年级水平。数学学习障碍主要表现在计算错误较多、计数困难、运算法则混乱、问题解决能力和空间组织存在问题、理解数学术语或符号困难，尤为突出的是数学问题解决能力较差。产生的原因主要是由于儿童缺乏数学学习策略、语言阅读困难、视动协调不佳、注意力与记忆力欠缺等问题。

有关问题解决策略的研究表明：数学学习障碍儿童与普通儿童一样，都发展了提取策略和计数策略，但数学学习障碍儿童更多地依赖不成熟的计数策略，策略使用的准确性差，缺少选择合适的策略的能力，策略类型单一，在元认知知识和监控技能上也较正常儿童落后。

数学障碍主要包括语义记忆数学障碍、过程性数学障碍和视空性数学障碍三种类型。语义记忆数学障碍是阅读障碍和数学障碍儿童共同存在的现象，这类儿童的数学事实提取成绩很差，提取反应时间变化不定。过程性数学障碍主要特征是存在不成熟的策略，数学问题解决中出现执行错误，算术概念形成迟缓。视空性学习障碍的主要特征是不能恰当地排列数字信息，符号使用混乱，数字遗漏或颠倒，容易误解空间上相关的数字信息。

学习障碍主要是通过儿童入学后学科学习上的困难表现出来的，而这些困难总能从儿童的基本心理过程 (注意、记忆、知觉、思维) 中出现的问题找到原因。可见学业型学习障碍是学习障碍的表现，发展型学习障碍是学业型学习障碍的原因。

赫尔实 (2005) 将学习障碍分为言语型和非言语型两大类。这是根据儿童在韦氏智力测验分量表言语量表和操作量表上的表现为依据所做的分类。若儿童的言语智商明显小于操作智商，则把学习障碍儿童归为言语型学习障碍，把操作智商明显小于言语智商的归为非言语型学习障碍。言语型学习障碍主要表现在视觉空间认知缺陷、言语理解表达不足、注意集中困难、汉字再认困难、抽象信息的感知和加工处理能力受损等几个方面；非言语型学习障碍主要表现在视觉一运动和空间认知障碍，神经心理缺陷，精神运动能力及性格、行为缺陷和社会认知缺陷等几个方面。

另外，还有学者将学习障碍 (学习困难) 分为神经功能障碍性、认知加工过程障碍、学业性和社会性发展不良学习困难四种类型。该分类方法是以学习困难的研究领域以及学习困难的主导性特征为依据进行划分的。神经功能性学习困难的根本原因和本质特征是神经系统结构或功能障碍，儿童的学习困难是由神经系统结构或功能障碍引起的。认知加工过程障碍学习困难特指学习问题发生在认知加工的某一个或某几个环节，如感知觉、注意、记忆、思维等过程而引发的一系列学习问题。学业性学习困难专指那些通过学习获得的能力出现障碍，这些能力主要包括阅读、算术、书写、拼音和写作。社会性发展不良学习困难是指儿童除了学业成绩差、认知能力落后外，还有社会认知缺陷、社会交往技能差、社会行为偏离和情绪出现障碍等表现。

(二) 发展性学习障碍

发展性学习障碍是指儿童正常发展过程中应该具有的、达到学业目标的基本学习能力产生障碍，主要包括心理 (注意、记忆、知觉、思维) 和语言两方面的损伤，多与大脑信息处理过程的问题有关。

1. 注意障碍

许多研究证明，学习障碍儿童存在注意障碍，80% 的学习障碍儿童都存在注意方面的缺陷。韦斯 (Wdss，1971) 等人发现 80% 有注意问题的儿童其学习能力较差，即有注意缺陷的儿童其学业失败率要远远高于没有注意问题的儿童。刘卿、杨凤池、张曼华等 (1999) 的研究结果发现：学习障碍儿童在注意分配能力上有明显缺陷。在另一项学习障碍儿童注意问题的研究中 (2004)，研究者发现；除注意转移能力外，学习障碍儿童在注意广度、注意稳定性和注意分配能力上与正常儿童相比都存在显著性差异，学习障碍儿童的注意品质可能存在一定的缺陷。有注意问题的学习障碍儿童由于存在注意缺陷，使得他们在学习过程中不能像正常儿童一样专心致志，注意的持续时间短，好动，容易分心，而这些问题又会加深他们的学业困难，影响学习成绩，从而形成恶性循环。

2. 知觉及知觉 - 动作障碍

学习障碍儿童的知觉障碍主要包括视知觉障碍和听知觉障碍两个方面。有视知觉问题的儿童视觉分辨能力低下，容易混淆视觉信息的空间位置关系和数学符号，不能分辨镜像字母、数字，无法理解路标、方向指示。Sliver 指出，这种对视觉信息空间位置的混淆几乎在某些儿童一开始学习阅读、书写时就出现了，因而视知觉的发展关系到学习的成败。有听知觉问题的儿童无法理解听到的内容，能认出见到的事物、可以读，但通过口语表达出来时却不能理解。并且，存在知觉障碍的儿童知觉速度往往比一般儿童也要慢一些。

知觉 - 运动是指知觉和身体动作之间的协调能力，包括听 - 动和视 - 动两个方面。存在该类型困难的儿童可能在爬、走、跑、掷等大肌肉和精细动作发展上存在问题，该问题在儿童学前阶段就可以发现。

3. 记忆障碍

学习障碍儿童的记忆问题主要存在于短时记忆和长时记忆上。短时记忆问题主要指的是儿童在听或看过信息后短时间内对信息的回忆困难，缺乏或难以充分运用一定的复述策略使信息进入到长时记忆中，在复述的频率和复述的策略水平方面比正常儿童差。学习障碍儿童的长时记忆困难主要由于他们较少利用精细的复述策略使短时记忆中的信息转化成有意义的信息，难以运用语义编码，导致许多信息难于或很少进入长时记忆。另外，学习障碍儿童在回忆或提取信息上难以选择有效的策略。

另外，学习障碍儿童在记忆方面还存在机械记忆和序列记忆方面的问题，如有的学习障碍儿童很难记住无意义的字词与抽象概念，无法依照正确顺序回忆信息等。

4. 思维障碍

学习障碍儿童的思维问题主要表现在：思维的冲动性；思维的刻板性及抽象能力受损；按次序排列信息有困难、不能从错误和成功中总结经验；思维缺陷部分来自于注意和记忆方面的障碍；思维的不连贯性。这些思维问题造成了学习障碍儿童学业上的落后。

在概念形成方面，学习障碍儿童由于其思维能力受损，难以理解概念各要素间的关系，形成概念困难。在解决问题尤其是数学应用题方面，常常以固定的模式解决不同问题，缺乏灵活性，较少运用逻辑思维去分析问题。

5. 语言障碍

在学习障碍的初期便可观察到儿童在语言方面的问题。如有的教师发现儿童很少开口说话，语言发展迟缓，不能对指示做出恰当的反应，语法句型错误较多，学习词汇困难，缺乏音韵辨别的能力等。

三、学习障碍的认知特征

1. 学习障碍儿童的注意

Cecil D.Mercer 认为，大多数的学习障碍儿童在注意过程的诸方面存在缺陷是显而易见的。Keogh 和 Margolis(1976) 把学习障碍儿童的注意问题分成以下三类：引起注意，即注意选择上的障碍，指学习障碍儿童在挑选本应引起他们注意的重要信息方面存在困难和障碍；作决定，指学习障碍儿童凭一时的冲动做出决定，想到什么就做什么，注意力极容易分散；保持注意力，指学习障碍儿童很少能坚持把一件事做得有始有终。

我国学者对于学习障碍的注意缺陷的研究结果与国外学者的研究不尽相同，内部也存在些微差异。朱洌烈 (2000) 的研究证明，学习困难儿童的确比学习一般、学习优秀儿童存在更多的注意问题，注意困难和学习困难之间的确存在着紧密的联系，注意困难是对学习困难有着重要影响的因素。吴燕、隋光远 (2006) 采用辨别任务对学习障碍儿童在内外源提示下的注意表现进行了眼动研究，结果表明，学习障碍儿童在反应时间、加工速度上和正常儿童没有差异，但在加工广度和策略上不如正常儿童，也就是说学习障碍儿童的注意定向和相关的认知加工能力与正常儿童有所差异。

2. 学习障碍儿童的记忆

目前大多数研究发现学习障碍儿童存在不同程度的记忆缺陷，不同亚型学习障碍儿童的记忆缺陷有一定的特殊性，且记忆缺陷程度与学习障碍的严重程度呈正相关。Lyon、Speece、Torgesen 等研究发现，在学习障碍儿童中约有 15% 表现单纯短时记忆缺陷，另有 20% 可同时伴有其他认知能力缺陷。

对于记忆的研究成果表明，学习障碍的记忆缺陷主要表现在单个方面。

(1) 感觉存储中信息提取缺陷：蔡丹 (2011) 等人对数学困难儿童语数学优秀儿童的短时记忆、言语工作记忆以及数字工作记忆进行了测查，结果表明，两类儿童在阅读广度任务、倒背数字任务上存在显著差异，这表明数学学习困难儿童的记忆广度不如正常儿童。

(2) 信息的加工策略和信息的心理表征缺陷：Gaultney 研究了 3 ～ 5 年级学习不良儿童和一般儿童的记忆问题，发现即使使用同样的策略，一般儿童的回忆成绩也比学习不良儿童要好。学习不良儿童的记忆操作和策略使用在随年龄而发生着变化。李清，王晓辰 (2009) 采用一致 / 不一致应用题测验对小学二年级单纯型数学困难儿童与混合型数学困难儿童在解决应用题使用的表征策略进行比较，发现正常组儿童较多地使用问题模型策略，数学困难组儿童则较多地使用直译策略；正常组儿童在列示成绩显著优于数学困难组儿童，列式时间显著少于数学困难组；在两种表征策略、列式成绩及列式时间上，单纯型数学困难组与混合型数学困难儿童没有显著差异。这说明数学困难儿童在解决应用题的策略上不如正常儿童。

(3) 元认知水平较低：李伟健 (2004) 设置不同材料类型对学困生和学优生的阅读元认知知识及其应用特点进行了研究，发现学困生对材料组织特征的元认知知识水平与对词汇难度特征的元认知知识水平没有存在显著差异，而学优生存在显著差异；在实际的阅读过程中，学困生进行时间分配的人数显著少于学优生；学困生的元认知知识与元认知控制的联系显著弱于优。周楚 (2004) 等人采用有无意义联系的两种中文辞对的实验材料对小学学习困难儿童的元记忆监测、控制水平与控制组儿童的差异及其发展特点进行研究，发现学习困难儿童的元记忆监测判断水平、元记忆控制能力都低于学优儿童。

3. 学习障碍儿童的认知加工

国内外研究者采用不同的实验方法对学习障碍儿童的认知加工进行了研究，目前比较一致的结论是，学习障碍儿童存在认知加工方面的问题，不同类型的学习障碍儿童可能存在不同的认知加工缺陷。

周世杰、张拉艳(2007)等人采用工作记忆成套测验、中国修订韦氏儿童智力量表(C-WISC)之分类分测验、龚氏非文字智力测验之图形分类、图案接龙、填数型分测验对数学困难组、语文困难组、双困难组儿童的认知缺损特点进行探讨，结果发现，三组学习障碍组儿童的工作记忆容量、执行功能、加工速度均显著低于正常组儿童，因此，不同类型的学习障碍儿童存在某些共同而普遍的认知缺损，而且可能是领域一般性的。

王恩国、刘昌(2005)年采用事件相关脑电位对学习困难儿童的脑机制进行了研究发现，学习困难者的P300波幅较小、潜伏期较长，MMN波幅较小，说明学习困难儿童在信息的自动加工方面存在缺陷。邓赐平(2007)等人使用基于PASS理论的认知评估系统(DN：CAS)单纯型数学困难、混合型数学困难和正常儿童的同时加工和继时加工进行了比较，结果表明，两类数学困难儿童的两类编码加工水平均显著低于正常组儿童，两组数学困难儿童的同时加工差异不显著，而混合型数学困难儿童的继时加工水平显著低于单纯型数学困难儿童。

4. 学习障碍儿童的智力

学习障碍的界定中指明学习障碍是非智力缺陷个体，因而最初的研究较少地设计学习障碍儿童的智力问题。近年来，学习障碍儿童的智力研究倍受我国心理学界和医学界学者的关注，相关研究较多，所得研究结论也颇为一致。

第三节 学习障碍儿童的鉴别与评估

在儿童中学之前越早对其进行鉴定与评估越好。目前，针对学习障碍儿童的鉴别和评估模式主要有以下几种。

一、标准参照测试

标准参照测试是将儿童的成就与教师或学习障碍的研究专家预先订制的一个评价儿童学习水平的标准或技巧水平进行比较，而不是与其他学生的成绩常模进行比较。该鉴定模式所提供的信息不是具体的数据，而是一系列描述性的信息，可以确定儿童已经掌握的特定的能力和他们需要指导的那些能力。因此，在评估过程中，这可以帮助教师和学习障碍研究者把实际的教学目标与儿童的具体情况结合起来，有助于确定教学的目的和教学的进程。

Brigance基本能力全面诊断测验(Brigance Diagnostic ComprehensiveInventory of BasicSkills，1999)，是一项被特殊教育工作者广泛使用的标准参照测验之一，该测验包括4个子量表140个能力项目，分别考察儿童的准备状态、阅读、语言和数学四个方面。

二、课程本位测试

课程本位测试是一种动态测量方法，是一种形成性评价的方法。它是在儿童学习环境中，以儿童日常课程内容为评估材料对儿童某周或每日进行的评估。这种评价方式可以随着教学的进行为教师提供学生的学习情况，涉及对儿童参与课程所取得的进步的频繁测量，可由教师评定，也可由学生自己参与评价。评估的主要内容是基于课程的有关学习各方面的测验，如拼写测验、朗读测验、阅读理解测验、计算测验等。

该评估模式有四个步骤：首先直接观察和分析学生的学习环境，主要包括教材、教学方法、教学时间和学习时间等；其次是分析学生的学习过程，这包括学生的学习态度、注意力、阅读教材情况、听课情况和反应等；再次是评估学生的学习成果，如考试、作业、课堂回答问题或练习的表现及错误的类型等；最后是进行诊断和分析，用已有的系统的教学方法来观察影响学生学习效果的因素有哪些，作为将来教育干预的基础。以下是 Holloway(2000) 提出的一个针对阅读障碍儿童的基于语言学习的课程性评估过程：①完形填空：学生完成被删掉单词的句子和段落。鼓励略读和浏览能力，同时鼓励读懂文章。②默读流畅性：限时两分钟的阅读测验。测量其阅读速度，如果每分钟阅读少于 100 个单词，那么学生可能使用了机械阅读方法，即阅读单词，但不了解所阅读内容的含义。阅读者也需要用一句话写出刚刚读过的段落的意思。③朗读的个别评估：这对阅读障碍学生来说可能有困难和压力，一般阅读障碍儿童无法进行阅读，通过此测验能够观察儿童的特殊阅读策略，如手指点读、发音错误、停顿错误等。④限时写作 / 自由写作评估：包括一个五分钟的写作练习，这可以揭示学生写作方面的表现，如段落写作的质量、写作风格、拼写错误、句子和段落的使用以及学生口语和书面之间是否匹配。这也可以提供学生拼写练习。⑤拼写测验：通过测验了解异常的拼写形式和拼写错误 (视觉的、语音的)。拼写错误可以分为缩写错误 (把 mvolve 写成 volve)、运动感觉错误 (如把 market 写成 mdrket)、顺序错误 (单词顺序错误)、换位错误 (如把 canbinet 写成 canibet)、语音错误 (如把 brought 写成 brot)。

Holloway 建议，还可以将记笔记和听写测验纳入课程性评估过程，因为阅读障碍儿童经常表现出无法从黑板上抄录笔记，在听写测验中表现出较多的拼写错误。

课程本位测量模型将学习内容和学习环境纳入评估，关注学习环境和学习内容对个体学习能力获得的影响。该模型具有较高的灵活性，可以在教室内由教师直接进行评估，可操作性强。并且该模式的评估结果与课程的教学紧密联系，对课程教学具有较高的指导作用，实践性较好。

以上三种学习障碍的诊断模式各有不同的侧重点，差距模式更多的应用于学习障碍的筛选，标准参照测试和课程本位测试往往作为非正式诊断的主要类型，其作用和价值主要体现在教育干预和训练中。

三、差距模式

差距模式是当前学习障碍儿童鉴别和评估的主要方法，可操作性强。柯克 (1962) 认为个体差异是在一些领域里达到或超过正常水平，在另一些较少的领域里低于正常水平的现象。对于学习障碍儿童而言，这种差异主要体现在儿童的智力能力和当前学业成就的实际表现之间的差距，这种差距也是确定某个儿童需要与学习障碍相关的特殊教育服务的主要标准。

差距法也称常模参照法、标准化测验法，这是因为差距模式的评估首先需要标准化的智力测验和标准化的成就测验。这些标准化测验是常模参照测验，这些测验使得学生的分数可以与同龄的其他学生在此测验中所得的分数进行比较，以此来衡量学生在其他学生中的相对水平。在该诊断评估模式下，通常使用的智力测验是韦克斯勒智力测验。

该差距模式源于学习障碍定义中所强调的潜能与实际表现之间的差距。鉴定和评估的基本思路是将儿童当前学业表现的标准化分数与常模相比较，并考察对比的差异是否达到显著性水平。如果某个儿童的测评分数明显低于常模对应的分数，那么该儿童的学业表现则被判断为落后。

差距模式使用差距分数作为筛查的指标。差距分数是指儿童潜能与成就之间的差距量，或是量化儿童当前学业成就与潜能间差异的数学方法。差距分数的衡量方法主要有年级水平差距法、成就水平期望公式法、标准分数差距法和回归分析法四种。

(一) 年级水平差距法

年级水平差异法是将儿童预期的年级水平分数与实际的年级水平分数相比，这两者的差值即是差距。如以儿童的实际年龄为基础得出预期的年级水平，然后与该儿童的实际年级水平相比，结果为落后的年数。当落后的年级水平差异很显著时，通常为一个年级到两个年级，即存在差距，该儿童可被鉴定为学习障碍。另外，儿童的差距水平也可以用常模参照测验得出，如 Woodcock-Johnson 第三套成就测验，测验得出的结果是用年级水平来描述儿童的成就，如一名儿童的分数是 5，说明该儿童的实际水平与常模当中的五年级学生的水平相当。该成就结果再跟他的实际年级水平进行比较，就可以知道该儿童的年级差异是多少了。

年级水平差距法比较容易理解和实施，但是用年级水平来代替儿童能力高低的差异，误差较大。

(二) 成就水平期望公式法

期望公式法是通过智力年龄和实际年龄来推算学生所期望达到的成绩水平，然后将该儿童的实际成绩进行差异比较来决定儿童是否属于学习障碍的一种方法。

该方法将更多的变量包括在内，容易理解和操作，但也受到了很多批评。在实际应用上，用成就水平期望公式法得出的结果在数目上与其他鉴别方法有很大的差异。这是因为该方法存在统计学方面的问题，公式中既有顺序型数据也有等距数据，因而使得得出的结果存在很大的误差。

(三) 标准分数差距法

标准分数差距法是指将智力测验的分数和学业测验的分数转化为标准分数，然后进行统计检验，比较两者之间的差异。智商 - 学业成就差异差距水平达到 15 分即可判断为学习障碍。

该方法客观，操作起来简单，也考虑到了两种测验的信度，很符合差异模型的思想，提出之后成为美国很多州鉴别学习障碍的重要依据。

(四) 回归分析法

回归分析法是用回归方程预测期望达到的成绩水平，然后与实际成绩进行差异性检验。计算智商和学业成就的回归方程，以具有同等能力、年级水平和性别的群体的成就分数作为常模，即学生的期望成就分数。

该方法较其他三种有很大的进步，考虑到了测验分数的回归效应及智力测验和学业成绩之间的相关性，得到了较多人的认可。但该方法计算复杂，不易理解，也存在着测量误差，也是用得最少的一种方法。

差距模式法是学习障碍鉴别和评估的首选方法，但差距法检测只是一种资格鉴定，只能判断儿童是否有资格接受学习障碍的特殊教育服务，若想获得导致学习障碍儿童学习困难的原因和表现形式，为教师提供有关干预补救方面的指导性信息的话，则需要结合其他的鉴别评估模式。

四、反应－干预模型

反应-干预模型是在对差异模型的批评和课程本位测试的基础之上提出的，有良好的信度和效度。该模型是基于科学研究基础上，在问题解决框架下提出的有效的鉴别和教育指导学习障碍儿童的方法，是一种全面的评估与干预过程。

反应-干预模型是一个多层级的过程，主要包括三个层级又第一层级是全员检测和群体干预。在该层级中，首先对全体学生的读写技巧、学业和行为进行检测，然后在常规教育条件下为学生提供高质量的教育和行为帮助，并评估监控学生的进步情况。成绩水平和学习效率显著低于同伴的学生进入下一层级。第二层级是目标化的干预。该层级使用课程本位测量方法来评估学生，以问题解决模式为学生订制目标化的、密集式的、专门化的干预措施并实施，对学生的进步情况进行监控并记录下来。对干预仍然没有做出反应而提高学习成绩的学生进入下一级。第三层级是密集化的干预和全面的评估。该层级为学生提供更为密集的、个性化的和系统化的指导与干预，通常以小组形式进行。如果学生仍然没有对干预做出积极反应而提高学习成绩，将被诊断为学习障碍，并接受特殊教育服务，接受由多个学科专家对其进行的全面评估，并为他们提供个别教育计划。

反应-干预模型是结合教育教学过程来发现和鉴别学习障碍儿童的，是一个相对较长期的鉴别过程，也吸收了更多的专家参与到评估中。该模型提倡早期发现、早期鉴别，提倡在学龄前就对儿童进行诊断，因而能较早发现有学习困难倾向的学生。并且该模型将鉴别和干预相结合，比差异模型更完善，比课程本位测试更综合和全面。

五、阅读成分模型

阅读成分模型是基于阅读成分理论提出的，主要用于鉴定学习障碍中的阅读障碍儿童。根据阅读成分理论，阅读包含单词识别和语言理解两个潜在的独立成分。单词识别是指儿童识别书面单词表征的能力，包括单词解码能力和语词加工能力。语言理解是指儿童理解书面语言和口语的能力，主要涉及阅读理解和听力理解能力。在阅读发展的初期，单词识别是低年级儿童学习阅读的重要技能，也是阅读能力发展的最佳预测指标；在阅读发展的后期，语言理解是高年级儿童学习阅读的重要技能。任何一个成分或两个成分同时存在缺陷都会导致三种阅读障碍亚类型的发生，分别是单词识别障碍、语言理解障碍和一般认知缺陷(单词识别和语言理解都存在问题)。

①阅读成分模型检测及亚类型鉴定程序是实施标准化阅读理解测验和听力理解测验，对阅读理解和听力理解两个变量进行相关性检验。如果阅读理解和听力理解存在显著相关，则表明听力理解成绩可以预测阅读理解成绩。②将听力理解成绩和阅读理解成绩转换成标准分(Z分数)并推导出听力理解对阅读理解的线性回归方程，根据已建立的线性回归方程计算出听力理解所预期的阅读理解成绩。③根据听力理解所预期的阅读理解成绩和儿童实际阅读理解成绩之间的差异进行阅读障碍亚类型鉴定。④对已鉴定出的阅读障碍亚类型进行范畴归类。三种亚类型的鉴定标准为：若儿童阅读理解成绩低于所在年级平均分以下一个标准差，听力理解成绩达到或超过所在年级平均分以下一个标准差，实际阅读理解成绩低于听力理解所预期的阅读理解成绩(差异达到或超过一个标准差以上)，则为单词识别障碍；若儿童阅读理解成绩低于所在

年级平均分以下一个标准差，听力理解成绩低于所在年级平均分以下一个标准差，实际阅读理解成绩与听力理解所预期的阅读理解成绩基本一致(差异未达到一个标准差)，为阅读理解障碍亚类型；若儿童阅读理解成绩低于所在年级平均分以下一个标准差，听力理解成绩低于所在年级平均分以下一个标准差，实际阅读理解成绩低于听力理解所预期的阅读理解成绩，为一般认知缺陷。

阅读成分模型也是针对差异模型，在对差异模型的批评中提出的。该模型灵活、实用，重视儿童阅读技能之间的差异，而不是潜能和学业成就之间的差异，其检测结果可为儿童的干预补救提供有针对性的信息，使教师能够针对儿童的具体阅读成分问题进行教学干预，提高儿童的阅读成绩。

另外，对学习障碍的诊断和评估也可采用非正式阅读测试和日常直接测验的模式。非正式阅读测试是指教师使用自己设计和施测的测验。一份非正式阅读评估表通常包括一系列难度递增的句子和段落，学生需要朗读这些句子和段落。教师通过观察和记录学生在朗读时的表现，如阅读时增字、减字、跳读、替代等来了解学生在阅读中的表现，来确定哪个水平的阅读材料最适合该学生.以及需要教授学生哪些特定的阅读技能。

直接的日常测试是指教师在教授某项特定技能的每一天，都要对学生在该项技能方面的表现进行观察、记录和评估。如在教授乘除法法则时，在教学的每一天都要对学生该方面的表现进行评估。一般用正确率、错误率等指标来衡量学生的学习效果。使用直接日常测试可以提供儿童在教学过程中各方面表现的连续性的信息，教师可以根据这些信息提供的学生表现的变化及时调整教学的内容及进度。并且，直接的和频繁的测试也是行为改变技术的基础。

学习障碍儿童的鉴定和评估是对学习障碍儿童进行筛选和区别的有效过程，目的是对学习障碍儿童进行分类，制订干预教学计划或对干预结果进行评价，监控学习障碍儿童的发展进步情况。可见，鉴定和评估过程既涉及筛选也涉及评价、再评价的过程，对学习障碍儿童的教育干预和补救都有重要意义。因而，针对学习障碍儿童的异质性特点，对学习障碍儿童的诊断应采用全面、综合的鉴定评估方法，通过多种途径收集资料，综合分析，并采用多种量表及多项指标来衡量儿童。教师、专家、家长等多方面人员共同参与，有助于为儿童确定最有效的教育干预措施，提高其学业成绩，进而促进儿童认知、情感、意识等多方面的健全发展。

第四节 学习障碍儿童的教育需要

学习障碍是指一个人获得或者运用听、说、读、写、推拉、计算的能力方面存在明显困难。由于这些能力的欠缺，就造成儿童学习语文、数学等课程的问题。

读了上面的解释，你也许还要问：听觉或视觉障碍也会产生听、说、读、写能力的欠缺，那么聋哑学生和盲人学生是否也属于学习障碍儿童？弱智儿童更会存在学习问题，弱智儿童与学习障碍儿童有什么区别呢？从广义上讲，听觉、视觉、弱智、肢体等残疾会使儿童出现学习障碍问题，但作为一种独立的特殊儿童，学习障碍主要专指没有上述那些缺陷，可是还存在学习困难的儿童。也就是说，这类儿童一般来说感官、肢体、智力是健全的。虽然有的学习障碍儿童同时存在其他缺陷，但他们的学习问题也并不是直接有其他缺陷引起的。因此，由其他残疾引起的学习障碍不包括在学习障碍儿童的概念范畴内。这是学习障碍的概念含义与其他残疾引起的学习障碍的不同之处。

补救式教学是直接针对儿童的缺陷能力或学业学习问题而进行的矫正性的干预训练，能使学习障碍儿童最终成为独立的学习者。如存在书写困难的学习障碍儿童，则订制针对他的个别化的书写干预策略进行训练，让他进行大量的书写练习，直到他能够掌握书写技能为止；由于记忆问题而导致学习障碍的儿童则进行与记忆相关的一系列训练，提高其记忆能力，进而提高其学业成绩。直接教学就是补救式教学的一种有效形式。

补偿式教学和补救式教学对学习障碍儿童的干预都是很有效的方法。因此，我们应该将两种方法结合起来使用，在儿童缺陷能力没有得到显著性提高之前，教师先帮助儿童利用其优势或替代性的途径来学习，并不间断地对儿童进行缺陷能力的训练，以逐步的方式帮助学习障碍儿童达到学校所要求的目标。

一、实施直接教学

直接教学也称为明确的、清晰的和直接的教学，是一种系统的教学方法，是在教学过程中教师用口头或书面的方式，清楚地让学生知道接下来将要做什么、需要做什么，而不是让学生根据经验来推测自己应该做什么。这就需要教师课前精心设计教学材料和活动，为教学提供支持和框架，以使全体学生都能积极和成功地参与课堂学习。

Rosenshine 和 SteVen(1986) 提出了运用直接教学教授知识和技能的要点，主要包括：①每节课以订正学生前一天的作业和复习学生刚刚学过的知识为开端；②阐述本节课的主要目标；③分小步子呈现新材料，对要教授的技能做清楚和详细的解释 (示范)，通过策略性提问经常性地检查学生是否已经理解了教学内容；④为学生提供反复练习的机会，让他们能够以积极主动的方式进行练习，并获得关于其表现情况的反馈 (指导性练习)；⑤通过多种多样的练习来监控学生的学习；⑥持续提供练习的机会直到学生能够独立地、轻松地完成任务 (独立实践)；⑦在每周的开始重温上周的课程内容，在每个月末重温过去 4 个星期内学生们所学的内容。

可见，直接教学是“示范 - 鼓励练习”的过程，教师首先向学生展示如何完成任务，然后提供练习的机会并为学生提供反馈，之后提供练习，让学生不断地练习独立应用某项技能，直到学生独立完成为止。因此，在判断教师是否是使用了直接教学时，教师可以根据教给学生的知识的直接与否来判断。若课程中较多地运用了诸如“帮助学生……”“和学生一起……”“促进学生学习”这样的表述，往往是非直接教学的提法。直接教学中常常使用“我将……”“这是……”“让我们一起……”这样的说法。

二、改进教学内容

改进教学内容主要是指教师采用一系列的策略和方法来提高课程内容的讲授和组织效率，帮助学生更好地理解、记忆和组织所学习的内容。主要包括以下几种具体的方法。

(一) 笔记引导策略

引导性笔记是教师课前给学生提供的准备好的教学提纲，在上课过程中，学生以此作为指导，可以在讲义上记下关键的知识点、概念等内容，帮助学生巩固课程所学习的内容。

引导性笔记可以帮助学生在教师讲授过程中确定自己是否跟上了教学的进度，避免了因为记笔记而错过了理解和其他知识点的情况。引导性笔记也能够帮助学生快速地确定课程的关键知识点以及重点、难点，使其对教学内容做出积极的反应和互动。

(二) 图示组织策略

图示组织策略是通过视觉 - 空间排列的方式将词和概念联系起来，帮助学生学习抽象或复杂知识的一种教学策略。有效的图示组织可以帮助学生看到概念和概念之间的层次、顺序和比较关系，也可以将新学习的概念和已经学过的概念联系起来。

(三) 辅助记忆策略

辅助记忆策略可以帮助学生记忆大量不熟悉的信息，建立两个或多个知识点和概念之间的联系。主要的辅助记忆策略有：直观形象法、谐音记忆法、概括法 (字头概括法和简称概括法) 等。

1. 直观形象法

例如老师教“灭”字时，把一个小纸团点燃放进杯子里，然后在杯上盖一块铁板，火就灭了，学生便因此有了“火”上加“一块板”是“灭”字的直观形象。

2. 谐音记忆法

学习周期表或史地等事实性的教材时可以利用谐音的方式帮助记忆。例如“八国联军”是俄、德、法、美、日、奥、意、英。

3. 概括法

概括法是通过对信息的筛选，帮助大脑将输入信息中重要的、核心的思想内容记住，把相同的信息归纳起来，使大脑成为一个有条理的记忆信息库。概括法主要包括字头概括法和简称概括法。

字头概括法是将一些词语或句子的第一个字提取出来，重新组成一个新的词或句子。例如二十四节气歌就是将每个节气的第一个字提取出来组成的；春雨惊春清谷天，夏满芒夏暑相连；秋处露秋寒霜降，冬雪雪冬小大寒。简称概括法是将一些比较长的名称进行高度简化以利于记忆的方法，如上海简称为沪、江苏简称为苏等。

三、教授有效的学习策略

学习策略是指在学习情境中，学习者为了完成学习任务和目标采用的有效的学习方式。学习障碍儿童的策略数量不足，策略选择和运用水平不高，策略执行效能低，存在学习策略迁移困难、缺乏记忆策略和元认知策略等问题。其中，缺乏策略是学习困难的主要原因之一，因此教授有效的学习策略能够帮助学习障碍儿童掌握良好的学习方法，提高学习障碍儿童的学习效率和学习效果，做到学会学习。

策略教学是目前学习策略干预的主要模式，其基本流程是：首先要求教师根据学习障碍学生的需要选择合适的学习策略；其次教师在资源教室结合具体的学科以小组的形式简短集中地向学生讲解并教授这些策略；学生熟练掌握之后，再将所学的策略运用到普通班级学习活动中。在该过程中，教师主要采用六个教学阶段进行学习策略干预。

(一) 前测

教师使用学生熟悉的教学内容和教学方法对学生的能力和水平进行测试，了解学生对学习策略的掌握程度。教师向学生明确阐述新的学习策略对他们完成具体的学习任务将产生什么影响以及如何产生影响，目的是激起学生对学习结果的控制感和对学习策略的主动参与意识。

(二)描述

教师详细讲解策略的含义、使用范围、步骤和使用方法，组织学生讨论分析新策略的特点和适用性。在确定学生对学习策略已经形成清晰认识并做好学习准备之后，教师结合学习材料集中讲解策略的每个步骤和使用过程。教师通常借助字头概括法或图表、卡片等形式将学习策略形象地呈现给学生，帮助学生熟记策略的各个步骤和使用方法。

(三)示范

教师通过言语和动作向学生示范如何使用所学的学习策略。教师使用自言自语的形式，多次将如何使用策略的思维过程外化从而展示给学生，让学生不仅看到而且听到策略是如何使用的。并在此过程中，传递给学生策略是如何在学习中成功地起作用的，从而改变学生的消极态度，形成积极的归因方式。

(四)练习

教师选择适合学生接受水平的学习材料，首先让学生口头复述学过的学习策略，并在教师的指导下进行练习；然后在小组中复述策略的使用步骤并展示练习策略的过程；最后独立练习并将策略应用到相应的情境(如资源教室)中。随着学生技能的熟练化，教师可加大学习材料的难度。

(五)反馈

教师对学生的学习及时提供反馈，了解学生策略学习的掌握程度和熟练程度。并针对学生出现的问题及时指导和纠正，指导学生遇到问题时有意识地采用其他应对方式调整自身行为，促使学生对自己所采用的方法的有效性进行反思。

(六)迁移

教师要让学生将学习策略迁移到新的情境或新的学习任务中，并将这一技能成功地保持下去，能够自觉使用获得的学习策略。教师与学生共同探讨迁移的实质以及如何、何时在其他情境中使用相关的学习策略，要求学生列出一系列可以使用某一具体策略解决问题的学习任务和情境。然后选定某一具体、明确的学习情境或学习任务，与学生共同演练策略的每个实施步骤，加强学生理解和运用策略的能力。并与其他教师进行协调，提示和引导学生在其他科目中尝试使用学习到的策略。

四、运用多感官教学

多感官教学是指在教学过程中，教师尽可能地调动学生的视、听、触、味、嗅、动觉等多种感官同时参与学习，使学生的多种感官受到信息的刺激，帮助学生克服学习问题的教学方法。多感官教学的基础是基于感觉器官的相互作用及感觉器官间可能的相互补偿，对有学习困难和阅读困难的学生更有效。

在运用多感官教学满足学生解决学习和阅读困难的需要时，视觉、听觉、触觉和动觉之间会建立有用的联结。视、听、动和触觉是语言学习过程中主要使用的感觉系统。视觉主要负责认识单词、拼写、写作等；听觉参与语音识别、语音意识的形成和音-形联结等；动觉参与拼写和写作；触觉是学习单词和阅读的重要途径。这四种感觉通道相互作用，共同完成学习过程。

当这四种感觉通道某一方面存在缺陷时都有可能会造成学习困难或阅读困难，但当某一方面存在缺陷时，其他的感觉通道可以进行补偿，如语音意识缺乏的阅读障碍儿童往往视觉能力较好，可以通过视觉策略识别单词。并且，字词的学习就是音、形、义联结的过程，需要多种感觉的协调配合才能够习得，因此，对学习障碍进行多感官教学是必要的。

比较常见的多感官教学方法主要有奥顿 - 吉林厄姆式教学法 (Orton-Gillingham-StyleInstruction) 和斯林格 - 兰德教学法 (SlingerlandMethod)。奥顿 - 吉林厄姆式教学法的核心是多感官教学，主要依赖视觉、听觉和动觉的相互作用来完成教学，适合一对一的教学。该教学是为阅读障碍儿童提供基于语音的结构化教学，教学内容主要涉及语言经验、字母语音和将语音组合成音节和单词，教学项目通常包括卡片训练、拼写、阅读、书写和写作等内容。如卡片训练中，卡片上是常用的字母、音节或整个单词，帮助儿童发展组合能力，字母的形式用于增强儿童的视觉、语音和运动能力。具体的教学过程如下：①一开始教 10 个字母，包括 2 个元音 (a、i) 和 8 个辅音 (f、l、b、j、h、m、P、t)；②每一个字母都用一个关键词介绍；③教元音和辅音的区别，同时教两者发音位置的区别 (元音和辅音用不同颜色的卡片)；④一旦学生掌握了字母的名称和发音，就过渡到语音和字母的整合教学；⑤从简单的三个字母的单词开始教学，儿童重复这个单词的发音直至单词能被流畅地读出，两个连续的音之间没有停顿；⑥通过触摸、说、抄和写单词建立视觉一动觉、听觉 - 动觉之间的联系；⑦待儿童能够掌握辅音一元音一辅音组成的单词，并达到较高的自动化水平，能够熟练运用这些单词后，开始进行文章阅读。

斯林格 - 兰德教学法源于奥顿 - 吉林厄姆式教学法，该项目主要用于早期筛查和教育，用于帮助幼年时期具有阅读困难的儿童。与奥顿 - 吉林厄姆式教学法相似，该方法也强调多感官教学，从教授字母表的字母开始，整合了单词识别技能的教学和阅读理解策略的教学，并提供了大量的练习运用所学知识的机会。整个教学法明确、系统、高度结构化。

学习障碍的特征是多方面和多层次的，因此，针对学习障碍儿童的教学和干预应放弃单一的模式，采用多方位的教育教学方法。并且，在选择教学干预方法时，要根据个体的年龄、年级、缺陷的程度如何以及儿童现有的能力等特征进行有针对性的教育干预。只有这样，才能满足学习障碍儿童的特殊教育需要，帮助儿童尽早地摆脱学习的困扰。

参考文献

【1】孟宪乐，刘岸英 . 特殊儿童与早期教育 . 北京：气象出版社 .1995.07

【2】陈秀敏 . 特殊儿童早期教育研究 . 哈尔滨：哈尔滨地图出版社 .2010.06

【3】Allen，Cowdery. 特殊儿童早期教育 . 新加坡：商汤姆生亚洲私人有限公司台湾分公司 .2006.10

【4】K. E. 艾伦，I. S. 施瓦兹 . 特殊儿童的早期融合教育 . 上海：华东师范大学出版社 .2005.11

【5】张福娟，杨福义 . 特殊儿童早期干预 . 上海：华东师范大学出版社 .2011.05

【6】刘晶波 . 特殊儿童早期发展支持 . 南京：南京师范大学出版社 .2015.01

【7】刘建梅，赵凤兰 . 特殊儿童早期训练与指导 . 上海：复旦大学出版社 .2013.08

【8】朱楠，蔡迎旗 . 特殊儿童发展与学习 . 武汉：武汉大学出版社 .2016.03

【9】梁纪恒 . 特殊儿童早期鉴别、评估与干预 . 北京：中国轻工业出版社 .2015.05

【10】张文京 . 特殊儿童早期干预 . 重庆：西南师范大学出版社 .2016.08

【11】（美）M.C. 王 . 特殊需要儿童教育 . 重庆：西南师范大学出版社 .2011.04

【12】（美）约瑟夫·温尼克 . 特殊儿童体育与运动 . 南京：南京师范大学出版社 .2015.01

【13】许家成 . 特殊儿童生涯发展与转衔教育 . 南京：南京师范大学出版社 .2015.01

【14】秦奕 . 特殊需要儿童早期干预 . 南京：南京师范大学出版社 .2014.09

【15】韦小满 . 特殊儿童心理评估 (第 2 版). 北京：华夏出版社 .2016.08

【16】曹丽敏 . 特殊儿童早期康复指南 . 北京：华夏出版社 .2009.01

【17】张文京 . 特殊儿童早期干预理论与实践 . 重庆：重庆出版社 .2010.10

【18】（美）威廉·L·休厄德 . 特殊儿童 特殊教育导论 7 版 . 南京：江苏教育出版社 .2007.09

【19】赵树铎 . 特殊教育课程与教学法 . 北京：华夏出版社 .1994.04

【20】（美）伊萨 . 儿童早期教育导论 (第 6 版). 北京：中国轻工业出版社 .2012.05